스토리텔링
한국교회 선교역사

세움북스는 기독교 가치관으로 교회와 성도를 건강하게 세우는 바른 책을 만들어 갑니다.

스토리텔링 한국교회 선교역사

초판 1쇄 인쇄 2020년 3월 15일
초판 1쇄 발행 2020년 3월 20일

지은이 | 김은홍
펴낸이 | 강인구

펴낸곳 | 세움북스
등　록 | 제2014-000144호
주　소 | 서울시 마포구 양화로 78, 502호(서교동, 서교빌딩)
전　화 | 02-3144-3500
팩　스 | 02-6008-5712
이메일 | cdgn@daum.net

교　정 | 오현정
디자인 | 참디자인

ISBN 979-11-87025-59-7 (03230)

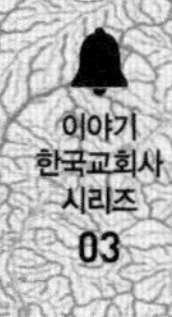

스토리텔링 한국교회 선교역사

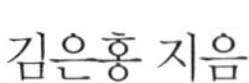

Contents

목차

Part 2 복음의 수용기

Part 3 한국교회 해외선교의 출발

Part 5 한국 기독교 선교의 도약기

Part 6 선교 대국으로의 중흥기

Preface

저자 서문

역사는 두 가지 의미가 있다. 하나는 객관적 의미의 역사이고, 다른 하나는 주관적 의미의 역사이다. 개관적 의미의 역사를 추구한 랑케(L. Ranke)는 "역사가는 자신을 숨기고 사실로 하여금 말하게 하라"고 말하며 철저히 주관을 배제한다. 그리고 "역사는 실제 본래…보여준다"고 하며 "역사가는 자기 자신을 죽이고" 라는 그의 말들에서 의도를 충분히 알 수 있다. 그러나 그와는 다르게 주관적 의미의 역사를 추구하는 콜링우드(R.G. Collingwood)는 "역사는 죽은 과거가 아니라, 현재 속에 살아있는 과거이다"라며 마음속에서 과거의 재현을 희구한다. 이와 동일한 의식을 가진 역사가 카(E.H. Carr)는 "역사란 역사가와 사실 사이의 부단한 상호작용의 과정이며…역사는 과거와 현재의 끊임없는 대화"라고 역사를 규정한다. 카는 캠브리지 강연에서 강의한 것을 엮은『역사란 무엇인가』라는 책에서 "인류생활의 과거에 일어난 수많은 사실 모두가 역사는 아니다"라고 했다.

이 양분된 개념들에서 우리가 구별할 수 있는 점이라면 랑케는 사료(史料)에 특별한 의미를 두고 있다는 점이다. 반면에 카는 역사가에 특별한 의미로 둔 것이다.

그리고 여기서 우리가 주목해야 할 점이 있다면 역사란 역사적 진실이 확인될 때 비로소 과거의 한 사건이 역사로서의 자격을 갖추게 된다는 것이다. 이처럼 역사는 이중의 의미(double entendre)가 있다. 즉, 그 역사 자체의 의미도 중요하지만, 그 역사를 통해서 얻게 되는 의미도 중요하다. 따라서 우리가 개혁을 말할 때 언제나 비판의 기초 위에서 시작한다. 비판이란 잘잘못을 가려 정당한 평가를 내리는 것이다. 이러한 비판력을 기르는 데에 가장 적합한 학문이 역사라고 믿는다. 따라서 우리의 미래에 긍정적 발전을 가로막고 해치는 악행들 가운데 으뜸은 역사왜곡이다. 그 다음이 역사관에 대한 무관심이다.

한국기독교 역사에 대해 사관을 가지고 시대를 구분하고 있다. 두 사람을 예를 들어 비교하면, 송건호는 한국 기독교의 시기를 5가지로 나누고 있다. 기독교 개화와 항일 투쟁으로 민족의 수난에 앞장서서 십자가를 맨 시기(1884~1919), 기독교가 항일의 현장에서 일단 후퇴해서 성도들의 계몽 사업에 전념한 시기(1920~1938), 기독교가 일제에 굴복하여 그들에게 봉사한 치욕의 시기(1939~1945), 양적인 팽창을 거듭하면서도 한국 기독교가 정신적인 면에서는 일부가 오히려 교회에 타협하는 시기(1945~1973), 기독교가 민중의 인권 수호를 위해 앞장서서 십자가를 맨 시기(1973~현재)로 구분하고 있다.[1] 반면 주재용은 기독교 역사를 5가지 분기로, 기독교 수용기(1976~1896), 민중의 교회 형성기(1896~1919), 비정치화 시기(1919~1932), 한국 바벨론 포로기(1932~1960), 그리고 각성기(1960~ 1932)로 나누었다.[2] 필자는 이들의 시대별 분류를 참고는 하였지만 그대로 따르지는 안았다. 본 책에서는 큰 주제로 총 6부로 나누고 세부적으로는 16장으로 주목할 만한 주제들로 나누었다. 또한 독자들에게 밝혀야 할 점이라면 본 책은 선교학도들이나 한국 선교역사에 관심 있는 학도들, 그리고 한국 선교역사에 관심 있는 평신도들에게 교과서의 용도로 집필된 것이다.

우리가 이제까지 관심에서 멀어져 있던 것을 돌려야 할 점이 하나 있다면 한국 기독교의 역사는 특별히 선교사관으로 보아야 한다는 것이다. 이처럼 역사학자 백낙준 박사는 1973년 연세대학교 출판부에서 출간된 그의 저서 『한국개신교사』에서 선교사관으로 역사를 이해했다. 그는 그의 책 서문에서 이렇게 적고 있다.

기독교사는 그 본질에서 선교사이다. 또한 반드시 선교사가 되어야 한다. 교회는 기독

1 송건호, "일제하의 민족과 기독교", 『민족주의와 기독교』, (서울 : 민중사, 1980), 81.
2 주재용, "한국기독교 100주년사", 신학 연구 제21집. (1979, 가을호), 199-216.

> 교 사상의 한 중간적인 존재이다. 우리 주님의 죽으심으로부터 다시 오실 때까지만 존재하게 되어 있다(고전 11:26). 이 중간적 존재체인 교회의 철두철미한 사명은 복음 선포이다. 기독교사는 自初至今에 선교사로 일관되어 왔다. 이러한 입장에서 볼 때 우리 한국 개신교사도 선교사가 되어야 한다. 선교사를 외인 선교사에 의한 피선교의 과정으로 해석하여서 만은 아니된다. 기독교 2천 년사의 교회의 흥쇄는 교회에서 행한 전도행동에 있었고 전도활동은 신도들의 신앙허실에 좌우되어 왔다. 전도는 교회의 지상명령이다.[3]

이상의 언급에서 주목할 만한 사실은 무엇보다도 선교사(宣教史)의 과정에서 보는 한국기독교 선교사는 기독교 2천 년史에서 계속되어 온 세계의 선교사의 맥락 속에서 한국기독교사를 헤아릴 수 있다는 지적과 이러한 관점에서 보더라도 단순히 선교사를 외인선교사에 의한 피선교 과정으로만 보아서는 안 된다는 것이다. 이러한 주장이 모순된 듯하지만, 초기의 기독교사를 이해함에 있어서 매우 중요한 두 가지 요인이 된다. 즉 한국개신교의 초기 역사는 무엇보다도 순교를 각오한 주님의 지상명령에 순종한 보냄을 받은 선교사들의 헌신적인 복음 선포의 열심에 크게 빚진 것이라고 할 수 있다. 그러나 또 다른 한편으로는 한국의 개신교회의 시작은 이미 성령의 역사를 통해서 한국인들이 자발적으로 수용한 기독교인임을 자증하는 면모에서 찾아볼 수 있다.

필자는 역사학자는 아니다. 다만 선교학을 연구하고 가르치는 백면서생(白面書生)으로서 한국선교의 역사에 대해 관심을 가진 게 집필동기라고 할 수 있다. 따라서 역사적인 자료와 서적들을 모으고 참고하여 나열하여 선교신학적인 관점으로 나름대로 엮은 것이 이 책으로 나온 것이다. 말하자면 어떤 거창한 역사적 의미의 객관적인 기술을 의식했거나 혹은 주관적인 역사관을 나름대로 갖추고 기술하려 한 것이 아니라는 말이다. 신학계에는 한국기독교역사 혹은 한국교회사라는 유사한 제목의 수많은 논문과 저술들이 많다. 그러한 제목들에서처럼 느

---

3 백낙준, 『한국개신교사: 1832–1910』(서울: 연세대학교출판부, 1991), v–vi.

껴지듯이 대부분의 저작들은 한국기독교의 역사이거나 한국교회의 역사로 국한하고 있는 것이 사실이다. 물론 선교적인 관점에서 기술된 논문은 더러 있었으나 한국선교의 초기부터 오늘날까지 전체를 조망한 저술은 거의 없었던 게 사실이다. 그동안 한국의 기독교 선교에 초기와 근대 및 현대 전체 역사를 아우르는 역사책이 나오길 목마른 사슴이 물을 찾아 헤매듯이 기다렸다. 마침내 이 책의 출판은 필자의 목마름에 목을 축여주는 해갈과 같은 의미가 있다.

필자는 집필 과정에서 될 수 있으면 한국기독교의 역사를 선교적 차원의 관점으로 보고 기술하려고 했다. 바로 이 점이 수많은 관련된 한국교회역사 서적들과 구별된다고 본다. 따라서 제목도 『스토리텔링 한국교회 선교역사』라고 붙였다. 한 가지 이 책의 구성은 '한국기독교 선교'라고 했을 때 두 가지 차원을 지닌다. 한 차원은 한국에 기독교를 전래의 시점부터 기독교의 자전(self-propagating)을 할 수 있는 성장과 능력에 이르기까지를 말하는 것이며, 다른 차원은 스스로 전도할 수 있는 능력이 국내에만 머무르지 않고 해외에 선교를 할 수 있는 오늘의 수준에까지의 역사를 말한다. 따라서 '한국기독교 선교'는 한국기독교를 위한 선교와 한국기독교에 의한 해외선교라는 두 차원을 함축한다. 이 두 차원은 이 책의 내용에서 명확한 시점을 기술하지 않았지만 독자들은 파악할 수 있으리라 생각한다. 그러므로 과거의 역사를 통해 한국기독교 선교의 역사 자체에서도 배우지만 역사의 교훈을 얻음으로 미래에 어떻게 나아가야 할 것인가 하는 선교의 전반에 대한 예지를 얻을 수 있으리라 필자는 믿는다.

이 책이 나올 수 있도록 그동안 도움의 수고를 아끼지 않은 분들이 있다. 집필에 필요한 귀중한 자료들을 수집 · 공급하는 데 수고를 아끼지 않으셨던 정년퇴임하신 한성흠 교수님께 고마움을 전하고 싶다. 집필 과정에서 특별한 조언과 도움을 주신 선배 교수님들께도 감사의 말씀을 전하고 싶다. 필자의 건강을 위해 하루도 쉬지 않고 기도해 주며 헌신적으로 돌보아준 아내 순주에게도 고마운 마음을 전하고 싶다. 필자는 오랫동안 질환으로 고생하다가 이제 건강을 겨우 회복 중이다. 나의 직무를 충실하게 수행하지 못했음에도 덮어주시며 관심과 배려와 사랑으로 돌봐주시고 기도해 주신 백석학원 설립자이신 장종현 박사님께 깊은 감사를 드린다.

필자의 건강을 위해 물심양면으로 돌봐주시고 기도해 주신 선배 및 동료 교수님들께 감사하며, 선교학을 전공하고 선교에 헌신하시는 제자들과 선교사님들에게 고마운 마음을 전하고 싶다. 무엇보다도 이 책이 나오기까지 늘 선하게 인도하셨고, 아름다운 결실을 허락하신 하나님께 오직 영광을 돌린다.

Soli Deo Gloria

백석대학교 목양관 연구실에서

김 은 홍

Part 01

복음의 접촉기

Story 01

천주교와의 접촉

1. 근대 이전의 접촉

1) 동양에 전래된 경교(景敎)

주전 200년경 중국 대륙을 통일한 진나라(秦, Chin)가 멀리 로마에까지 알려진 것으로 보아 일찍부터 동양과 서양 사이에 교역이 있었다는 사실을 방증한다. 고대 동서 간의 교역의 길은, 북방으로는 유라시아 대륙의 초원지대, 중앙아시아 지역, 그리고 유라시아 대륙 남방의 해양로를 꼽을 수 있다. 비단길(Silk Road)은 한(漢)나라 때부터 개척되었으며 이후에 동양과 서양이 상호 문화를 교류할 수 있는 가장 용이한 통로가 되었고, 중앙아시아와 서양의 종교들이 이 길을 따라 중국에 전래되었다. 예수님의 제자 도마가 시리아와 인도를 거쳐 중국까지 진입했다는 전승이 있고, 심지어 주후 67년경에 초기 기독교의 선교활동이 중국까지 미쳤다고 보는 견해도 있지만 이는 지나친 추론이다.

로마제국 시기, 안디옥학파의 대변적 학자이자 콘스탄티노폴리스(Constantinopolis) 대주교였던 네스토리우스(Nestorius)는 예수 그리스도의 인성(人性)과 신성(神性)을 분리하여 이중의 그리스도론을 창출해 내었고[1] 431년 에베소회의에서

1 John Calvin, *Institutes of the Christian Religion*(Vol. 1), Translated by Ford Lewis Battles(Philadelphia: The Westminster Press, 1960), 486–487. 네스토리우스는 안디옥 근처 유프레피우스 수도원에 거주하던 수도사였으며 428년에 콘스탄티노플의 감독직에 취임하였고 안디옥학파를 이끄는 가장 걸출한 인물로 명성을 날

크리스토토코스(Χριστοτοκος)를 발설했다가 이단으로 정죄를 받았다. 그의 추종자들은 눈길을 멀리 시리아와 페르시아 지역의 동방으로 돌려 새로운 지역을 대상으로 선교의 비전을 꿈꾸었다. 추방당한 네스토리우스의 후예들은 시리아의 에데사(Edessa)에 선교사를 양성하기 위하여 아담한 신학교를 세우고 그곳에서 동방선교를 시도하였다. 네스토리우스 후예들은 그곳에 이전부터 번성하던 원시 기독교와 합류하여 교세를 형성하였다. 안디옥교회가 서방선교의 근거지였던 것과는 대조적으로 유프라테스강 상류 중간 지점에 위치한 에데사교회는 동방선교의 근거지가 되었다. 에데사교회는 도마가 주후 46년에 인도로 가는 도중에 설립한 교회로 알려져 있다.[2] 에데사교회를 목회하던 아다이(Addai)라는 인물은 예수님께서 파송하신 70인 제자들 중의 한 사람으로 전해진다.

로마와 적대관계에 있던 동방의 페르시아는 로마제국이 기독교를 박해할 때 기독교에 대하여 관대하였다. 그래서 많은 신자들이 박해를 피하여 페르시아로 피난하였으며 페르시아에서 기독교가 흥왕할 수 있었다. 그러나 226년 아르다셔(Ardashir)가 바대왕조를 멸망시키고 왕이 되어 조로아스터교(Zoroastrianism)[3]를 부흥시키면서 기독교를 포함한 모든 종교를 탄압하기 시작하였다. 한편, 로마에서는 313년에 콘스탄티누스 황제가 종교자유령을 선포하고, 이후 391년에 테오도시우스(Theodosius) 황제의 칙령으로 기독교가 로마의 국교로 공인되었다. 그러자 페르시아는 기독교에 대해 더욱 박해의 수위를 높였고 많은 기독교인들이 순교하였다.

에데사에서 훈련을 받은 신학도들은 그 당시에는 감히 생각조차 하지 못했던 먼 이국인 인도와 중국을 대상으로 복음을 전하였으며, 당나라 초기에는 빛의 종교라는 의미를 지닌 경교(景教)라는 이름으로 전파되었다. 그로부터 200여 년 동안 경교는 평안을 누리며 번성하였으나, 점차 경교는 쇠퇴하였고 당나라 무종(武

렸다.

2 William S. McBirnie, 『열두 사도들의 발자취』, 이남종 역(서울: 도서출판솔로몬, 1995), 191-192.

3 고대 이란의 신앙 마즈다교(불을 숭상하는 종교)를 B.C. 7-6세기경 조로아스터(Zoroaster)가 개혁한 종교이다. '선'(아후라 마즈다)과 '악'(아후리만) 두 원리의 상극이 세계의 본질이라 규정하고, 종국에는 선의 승리로 끝난다고 풀이하며 선을 대변하는 대표적 요소인 빛, 불, 물, 흙 등을 신성시하였다.

宗) 때는 정통성마저 잃게 되었다.[4] 13세기 마르코 폴로(Marco Polo, 1254–1324)[5]가 교역을 전개하면서 중국은 다시 기독교와 접촉할 수 있었다. 폴로 일행은 주로 중국의 해안 지역을 거쳐 가며 선교하였다. 그러나 중국에서 뿐만 아니라 몽골에서 활동하던 기독교 선교활동은 14세기 중반이 지나면서 자취를 감추게 되어 지속적으로 기독교가 전파되지는 못하였다. 그리고 1368년에 이르러 명나라는 기독교에 대해 적대정책을 펼침으로써 아시아에서의 기독교 선교활동은 이후 약 2세기에 걸쳐 공백기를 갖게 되었다.

2세기의 공백 기간이 지나고 예수회파 천주교 선교사 마테오 리치(Matteo Ricci, 1552 –1610)가 명나라에 입국하여 선교하였다. 그는 천주교를 대표할 수 있을 만한 대표적 교리서로 『天主實義』(천주실의)를 남겼다.[6] 그는 중국인의 문화를 이해하는 일에 노력하면서 유학자적인 생활을 함으로써 중국인들의 호감을 샀으며 별다른 갈등 없이 효과적으로 선교할 수 있었다. 그러나 명나라가 멸망하고 새롭게 후금 청나라가 중원의 새 주인이 되면서, 1724년 옹정제와 1736년 건륭제 치세 때에 기독교 박해령이 내려졌다.

① 경교의 중국 전래

중국의 역사문헌에 의하면, 경교가 중국에 전래된 것은 당조(唐朝, 618년에 건국) 초기인 635년으로 기록되어 있다. 당나라 때는 동서교류가 매우 활발하였는데, 알로벤(Alopen Abraham)을 단장으로 하는 페르시아의 사절단이 당나라를 방문하여 기독교를 전파하였다.[7]

---

4 김인수, 『한국기독교회의 역사』(서울: 장로회신학대학교출판부, 1998), 17.

5 이탈리아 베네치아의 상인으로 동방여행을 떠나 중국 각지를 여행하였다. 원나라에서 벼슬을 하며 17년 동안 거주하였다. 그는 작가 루스티켈로에게 동방에서 견문(見聞)한 것을 기록하게 하여 자신의 여행기록을 담은 『동방견문록』을 발행하였다.

6 Matteo Ricci, *The True Meaning of the Lord of Heaven: T'ien-chu Shih-i* Translated by D. Lancashire, P. H. Kuo–chen(Taipei, Paris, Hong Kong: Ricci Institute, 1985).

7 김인수, 『한국기독교회의 역사』, 16–17.

638년 7월에 경교는 당시의 황제였던 태종(太宗)의 칙령에 따라 국가가 공인하는 종교가 되었다. 태종은 국비로 장안의령방(長安義寧坊)에 대진사(大秦寺: 대진은 로마를 뜻하며 기독교를 대진교라고도 칭했음)를 건립하고 승려 21명을 두게 하였다. 태종은 경교를 공인하게 된 이유를 다음과 같이 천명하였다.

이 교는 도덕적으로 숭고하며 심오한 신비성이 풍부하고 평화를 존중하는 종교이므로 나라가 공인하는 종교로 한다.

알로벤은 635년부터 641년까지 선교하는 한편, 『예수 메시아경』을 번역하였다. 650년에 즉위한 고종(高宗) 때에는 경교를 참된 종교라는 의미를 지닌 진종(眞宗)으로 명명하여 전국 각지에 사원을 건설하였고 알로벤의 지위를 높여 진국대법주(鎭國大法主)로 삼았다. 이때부터 경교는 사실상 국교로 인정받았으며, 도교를 숭상하던 무종[8]이 등극하여 845년 불교와 일체 외래 종교들을 총체적으로 박해하기까지 약 200여 년 기간에 걸쳐 융성하였다.

② 한반도 경교 전래에 대한 의문

많은 한국의 기독교사가들이 이에 대하여 긍정적으로 생각한다. 김광수는 『동방기독교사』(東方基督敎史)에서, 경교의 모조비(模造碑)에 관하여 언급하며, 조선 헌종(憲宗) 때의 이규경(李圭景)이 쓴 『오주연문』(五洲衍文)의 한 구절에 근거하여 경교를 알고 있었다고 보았다.

1917년 골든 여사(Mrs. E. A. Golden)가 금강산의 장안사에서 경교모조비를 발견한 일이 있었다.[9] 그녀에 의하면 신라시대의 경교에 관한 전설이 있고, 경주 석굴암의 무인상(武人像), 십일면관음상(十一面觀音像) 등의 옷 무늬와 신발, 유리 장

8 도교를 신봉하던 당나라 무종은 4,600개소의 불교사원을 폐쇄시켰으며, 환속된 불승은 265,000명에 이르렀다. 무종은 불교뿐 아니라 모든 외래종교에 대해서도 척결을 선포하였다. 이장식, 『아시아 고대기독교사』(서울: 기독교문사, 1993), 230.

9 이 경교비는 모조품 비석이며 고든 여사가 자신의 연구 업적을 증명하기 위해 비밀리에 설치했다는 주장도 있다. 민경배, 『한국기독교회사』(서울: 연세대학교 출판부, 2008), 35. 이만열은 이 모조 경교비는 고든이 세운 것이라고 단언한다. 이만열, 『한국기독교사특강』(서울: 성경읽기사, 1987), 22.

식 등이 페르시아의 것인 점으로 미루어 경교의 영향을 받았다고 주장하였다. 또한 불국사 경내에서 발견된 묘한 형태의 돌 십자가가 이를 뒷받침한다고 보았다.[10] 그러나 이 돌의 십자가상 여부는 학계에서도 의견이 분분하다. 또 통일신라 이후 능묘제도(陵墓制度)의 특색이 되어 있는 호석(護石)에 부조(浮彫)된 12지상(支像)과 능묘 앞에 배치된 페르시아의 무인상 등이 경교의 영향을 받은 것이라고 보기도 한다.

불교가 경교의 영향을 입어 변질되었다는 견해도 있다.[11] 석가모니가 가르친 불교는 개인의 구원과 해탈에 관심을 갖는 소승불교(小乘佛教)인데, 석가모니 사후 400년에 교세가 점점 약화되어 갈 무렵 인도의 북방에서는 도마가 전도한 후 기독교가 왕성해졌으므로 이에 대처하는 방안으로 중생의 구원을 가르치는 대승불교(大乘佛教)가 생겼다. 그리하여 교조의 전기를 예수님의 전기와 유사하게 만들었으며, 184년에 소승불교와 대승불교가 분리되었다.

우리나라에 들어온 불교는 기독교의 영향을 받은 종교로 알려졌는데, 아미타불(阿彌陀佛), 미륵불(彌勒佛), 대일여래(大日如來)가 곧 예수 그리스도이며 특히 관세음보살(觀世音菩薩)은 예수와 성모 마리아의 온화하고 자비로운 형상에서 본뜬 것이라고 한다. 삼국시대의 불교는 일본에도 전파되어 일본에서의 불교 사상 형성에 크게 공헌하였으며 이때에 기독교적 형태가 함께 전달된 것으로 추측한다. 그러나 우리나라에 전래된 불교가 과연 기독교의 영향을 받았느냐 하는 점에 있어서는 논란이 있으며 학계에서 크게 호응을 받지는 못한다. 신라가 경교와 어떤 형태를 통해서든지 접촉이 있었다고 하는 사실만은 나름대로 일리가 있는 것 같다. 그리고 한국인의 종교적 심성 어느 모퉁이에 미묘한 흔적으로 남아 있을지도 모른다.

---

10 백낙준은 불국사 부근에서 발견된 돌십자가에 대해 중국에 보존된 어느 경교십자가형과도 일치하지 않는다는 점을 들어 신라시대에 당나라로부터 경교가 전래되었다는 학설을 일축하였다. 백낙준, 『한국개신교사: 1832-1910』(서울: 연세대학교출판부, 1991), 22.

11 cf. 오윤태, 『한국기독교사: 한국경교사편』(서울: 혜선문화사, 1973), 제4장.

2) 몽고를 통하여 접촉된 천주교

징기스칸(Chingiz Khan, 1162−1227)이 몽고를 건국하고 세계 제패의 여세를 몰아 근동(近東), 중동(中東)의 회교도 국가들을 침공할 때, 서구의 로마 천주교와 기독교 국가들은 몽고에 대해서 우호적이었다. 이는 십자군을 십여 차례 파견하고도 회복의 엄두를 내지 못한 성지 팔레스타인을 몽고군이 쉽게 점령하고 기독교인이 자유롭게 순례할 수 있도록 배려해 준 종교정책 때문이었다. 1246년에 교황 인노센트 Ⅳ세는 카르피니(Fr. Plano Carpini) 신부를 몽고에 사절로 파송하였다. 교황의 의도는 징기스칸의 후예를 개종시키자는 데 있었지만 열매를 거두지는 못하였다. 그 이후에는 계속해서 루브루크(Guillaume de Rubruc)를 파송하여 선교를 시도하였다.[12]

루브루크는 비록 선교를 실현하지는 못하였으나 한국을 처음 세계에 소개해서 국호 표기를 'Korea'로 남기게 한 사람으로 기억된다. 그는 압록강까지 왔다가, 보고 들은 바를 교황청에 써 보낸 편지 가운데 고려를 언급한 적이 있었다. 기행문을 포함한 그 편지 속에 '카울레'(Caulej: 高麗)라는 말이 들어있었고, 후에 'Corée'로 되었다가 영어로 번역하는 과정에 이르러 'Korea'로 표기되었던 것이다. 비록 천주교가 고려 때 전래되지는 못했지만 고려의 이름을 세계에 알린 그 자체만으로도 의미가 깊다.[13]

3) 일본을 통하여 접촉된 천주교

일본에는 일찍이 사비에르(Francisco de Xavier, 1506−1552)를 위시하여 예수회(Jesuite) 교단의 선교사들이 찾아와서 로마 천주교 선교가 시작되었다. 1520년 사비에르는 로욜라(Ignatius Loyola, 1491−1556)와 함께 마르틴 루터(Martin Luther)의 종교개혁에 대응하여 예수회를 조직하였다. 교황과 로마 천주교의 질서에 충실하

---

12 민경배, 『한국기독교회사』, 38.

13 민경배, 『한국기독교회사』, 39.

면서 내적으로 쇄신을 도모하려는 의도에서였다.[14] 그는 이후 선교사역에 나서 인도의 고아(Goa)를 거쳐 1549년에 극동 지역 일본에 도착하였다.

프란시스코 드 사비에르

일본에 입국한 예수회 신부들은 당시의 통치자 오다 노부나가(織田信長, 1534–1582)의 관용으로 상당한 선교의 결실을 거둘 수 있었다. 이 관용책은 차기의 실력자 도요토미 히데요시(豊臣秀吉, 1536–1598)의 정치체제에도 그대로 반영되었다. 도요토미는 조선 정략(征略)에 예수회 신부들을 통해 조선술(造船術)을 도입하고자 하였다.

로마 가톨릭의 선교사로서 제일 먼저 한반도에 발을 디딘 이는 포르투갈인 세스페데스(Gregory de Cespedes)[15] 신부였다. 1592년 임진왜란 당시 소서행장(小西行長, ?–1600)이 이끄는 군대가 주로 천주교 신자들로 구성되어 있어서 세스페데스는 성사를 집행하기 위해 종군신부로 참전하였다. 그러나 그가 조선에서 선교사역을 전개했다는 흔적은 발견되지 않는다. 단지 포로로 잡혀 일본으로 건너간 조선인들 가운데 상당수가 그를 통해 천주교를 신앙하게 되었다.[16] 그리고 도꾸가와 이에야스(德川家康, 1542–1616)시대에 와서 엄격한 천주교 박멸정책[17]을 집행할 때 많은 천주교 신자들이 순교하였는데, 이들 중에는 조선인 신자들이 많았다.

임진왜란의 쓰라린 비극은 근대 초기의 조선으로 하여금 철저한 대외 불신임 국책을 고수하는 동인이 되었다. 일본에 뿌리내린 천주교는 임진왜란의 수모로 인해 조선에서 수용할 가능성이 없었지만, 명나라와 청나라를 통해서 접촉이 이루어졌다. 사대(事大)의 대의명분이 있었기 때문이다. 이때를 계기로 중국 천주교

---

14 Elgin S. Moyer, 『인물중심의 교회사』, 곽안전, 심재원 역(서울: 대한기독교서회, 1986), 345– 348.

15 스페인 출신의 예수회 신부로 일본에서 1583년에 다이묘(大名) 소서행장(小西行長)에게 세례를 베풀고 그와 깊은 교분을 쌓았다. 1593년에 소서행장 진영에 소속하여 조선에 반년 간 머무르며 성사를 베풀었다. 조선인 포로들과 고아들을 돌보았으며 일본선교를 34년 동안 감당하였다. 기독교대백과사전편찬위원회 편, "세스페데스", 『기독교대백과사전(9권)』(서울: 기독교문사, 1994), 518.

16 김영재, 『한국교회사』(서울: 개혁주의신행협회, 2001), 47–48.

17 도꾸가와 이에야스는 정권을 잡게 되자 천주교 박해령을 내려 일본 내의 많은 천주교인들이 처형당하거나 유배형에 처해졌다.

는 조선에 끈질기게 접촉을 시도하였다. 천주교의 조선선교는 일본이나 서양이 아닌 청나라로부터 여명이 밝았다. 이렇듯 조선의 천주교 수용은 중국으로부터 시작되었다.[18]

2. 천주교의 한반도 전래와 조선 천주교

1) 병자호란과 소현세자

한반도에 로마 천주교가 전래된 것은 선교사들을 통해서가 아니라 선조(宣祖) 이후 북경을 드나든 사절(使節)들이 서양의 문물과 함께 들여온 천주교 서적에 의해서였다. 이 새로운 종교에 대해서 처음으로 관심을 가진 계층은 실학자들이었다. 인조 9년(1631)에 정두원(鄭斗源)이 명나라에 사신으로 파송되었다가 귀국하는 길에 천주교 서적과 함께 화포(火砲), 천리경(千里鏡), 자명종(自鳴鐘), 만국지도, 천문서, 서양풍속기 등을 가져온 일이 있었다.

1636년 국호를 청으로 고친 후금(만주 여진족)은 조선의 반청정책을 문제 삼아 인조(仁祖) 14년에 조선을 침략하였다. 이른바 병자호란(丙子胡亂)이 발발한 것이다. 인조는 1637년 정월에 삼전도의 수모를 당하며 청태종에게 무릎을 꿇었다. 소현세자(昭顯世子) 일행은 청의 첫 수도인 심양에 볼모로 잡혀갔다가 1644년 청이 명의 수도인 북경을 점령하고 천도를 단행하는 바람에 다시 그곳으로 옮겨 갔다.[19] 거기서 소현세자는 중국주재 예수회파 신부 아담 샬(Adam Shall von Bell, 湯若望, 1591–1666)[20]과 친분을 맺었고, 복음을 듣는 기회를 가졌으며 천주교 교리를 접할 수 있었다. 세자는 귀국하면서 아담 샬이 선물한 물건들 가운데 천구의(天球儀), 천문서 등 과학자료들과 서양문물을 소개하는 책자들, 기타 물건들은 받아

18 민경배, 『한국기독교회사』, 50.

19 민경배, 『한국기독교회사』, 53.

20 아담 샬은 당시 청의 세조에게 신임을 받아 서양력을 본따 대청시헌력을 편찬하였고, 후에는 통광목사라는 높은 직위에까지 승진했던 학식 높은 천문학의 권위자였다. 민경배, 『한국기독교회사』, 54.

가지고 왔으나 천주상(天主像)과 『성교정도』(聖敎正道) 등 천주교에 관한 서책과 물건은 사양하고 훗날을 기약하였다. 그러나 소현세자는 귀국한 지 70일 만에 학질로 갑자기 세상을 떠나면서 천주교와의 접촉점이 사라졌다.[21]

그런데 천주교 서책은 훨씬 이전부터 조선에 전래되었다. 명나라를 종주국으로 섬기고 예를 갖추느라 조선 조정에서 보내는 사절단이 서적들을 지참하고 귀국하면서 전래되었던 것이다. 당시 사절단은 보통 300명 내지 500명으로 구성되었으며 여러 달 중국에 머무를 수 있었다. 광해군 때 이수광은 『지봉유설』(芝峯類設, 1614)에서 마테오 리치의 저작 『천주실의』와 천주교의 교리를 소개한바 있다. 뒤에는 이익, 안정복 같은 실학자들 역시 천주교에 호기심을 가지고 논의하였다. 그러나 이들은 사상적으로는 천주교를 신랄하게 비판하는 입장을 취하였다.[22]

2) 조선 학자들의 천주교 접촉

임진왜란과 병자호란, 두 차례의 큰 전란을 겪으면서 뼈아프게 체험한 서양 이기와 문물, 서양의 힘에 대한 뼈아픈 각성이 갑자기 터져 나오기 시작하였다. 조선에서 자랑할 만한 이기문물도 있었지만 근본적으로 서양의 '힘'은 동양과는 전혀 다른 것이었다. 이 '힘'의 문명과 그 전제에 대한 조선 학자들의 관심은 병자호란 이후 변질의 과정을 갖게 되었으며 조선 유교의 변천과 동시에 진행되었다. 그리하여 문무공맹(文武孔孟)과 명분만을 추구하던 유교가 실증 실용의 학풍을 논하고 널리 전수하기에 이르렀다. 그리고 이에 못지않게 중요한 것은 조선과 서구 문명과의 접촉이었다. 외국의 풍물에 대한 새로운 정보라든지 문예부흥 이후 변모해 가는 세계 대세에 눈을 돌리지 않을 수 없었다. 이와 같은 태도 확립은 자연히 내 것을 찾아보자는 운동으로 각성되고, 실사구시(實事求是)로 묶어 놓은 새로

21 이영헌, 『한국기독교사』(서울: 컨콜디아사, 1991), 19-21.

22 벽위편은 천주교를 배척하기 위한 의도로 편찬된 저서로 다음 문헌을 참고할 것. 이 문헌에는 마테오 리치의 『천주실의』를 소개한 글, 황사영의 『帛書』(백서), 정하상의 『上宰相書』(상재상서)를 비롯하여 이익, 이기경, 안정복 등의 천주교를 비판하는 논지가 실려 있다. 이만채 편, 『천주교전교박해사: 벽위편(闢衛編)』(서울: 삼경당, 1984).

운 학문과 실학이 대두되기에 이르렀던 것이다.[23]

그런데 서구 학문의 수입은 자연 그것을 동양에 가지고 온 선교사의 문화적, 종교적 노작을 통하는 길 이외는 달리 방도가 없었다. 기독교와 서양문명은 본질적으로 끊을 수 없는 일원적 관계성을 가지고 있었기 때문이다. 따라서 서학에의 관심은 자연히 기독교를 통하거나 거기에 대한 관심을 동반하지 않을 수 없었다.

마테오 리치

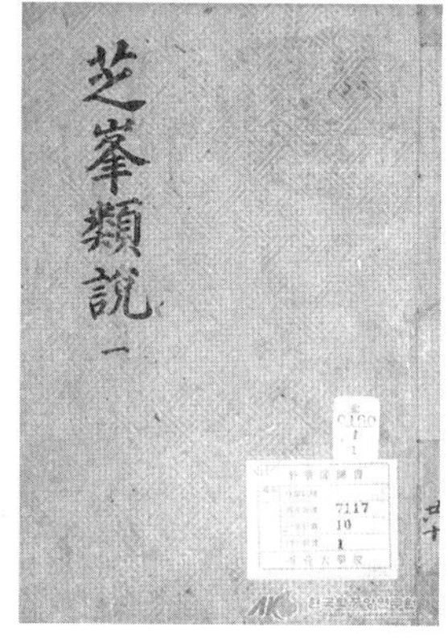

『지봉유설』

실학파 선구자 중의 한 사람인 이수광(李睟光, 1563-1628)은 자신의 저서『지봉유설』에서 마테오 리치의『천주실의』에 대해 논평하고 천주(天主)를 소개하였으며, 이익(李瀷, 1681-1763)은 천주교의 내세관과 심판론에 대해 냉혹하게 비판하면서도 천주학에는 유교에 없는 고등한 윤리관이 내포되어 있다고 고평하였다.[24] 그러나 천주학을 서양문명과 함께 공부한 사람들이 다 종교적 신앙에 귀의했던 것은 아니다. 천주학을 학적으로 연구하는 학자들이 이를 신앙의 대상으로 여기고 복음의 가르침대로 살려고 했던 경우는 극히 드물었다. 그러나 소수이긴 해도 천주교로 회심한 사람들도 있었다. 예를 들어『홍길동전』(洪吉童傳)을 한글로 저

23 가령, 안정복은 천주교 사상에 대해서는 '사학'(邪學)으로 단정했으나 천주교 선교사들(신부)들의 물리학, 지질학, 수학, 천문학 등의 지식에 대해서는 지대한 관심을 보였다. cf. 안정복, "천학문답"(天學問答),『천주교전교박해사: 벽위편(闢衛編)』, 27-28.

24 이익은 천주교 윤리에 대해 "저 서양의 학자들이 궁구하지 못할 도리가 없고 통달하지 못할 어둑한 곳이 없으나"라고 고평하였다. 이익, "천주실의 발문",『천주실의』송영배 외 5인 역(서울: 서울대학교출판부, 1999), 447-448.

술한 허균(許筠, 1569-1618)은 천주교를 신봉한 대표적 학자였다.[25] 1758년대에는 이미 해서와 관동, 곧 황해도 평안도 지방과 강원도 지방에 상당한 수의 사람들이 천주교를 신봉했던 것으로 보인다.

3) 조선 천주교회 설립

정조(正祖) 때에 이르러 남인(南人) 학자들을 중심으로 천주교에 대한 신앙적 표현이 점차 외부로 표출되기 시작하였다. 1777년 정조 원년에 이벽(李蘗), 권일신(權日身), 권철신(權哲身), 정약전(丁若銓), 정약용(丁若鏞)등 남인의 시파(時派) 유학자들이 천주학에 관심을 가지고 한강가의 산사(山寺)인 주어사(走魚寺)에 모여 학술적인 토론을 가졌다. 홍유한은 천주학에서 신앙을 얻고 안식일을 성수한다는 의도에서 매월 7일, 14일, 21일, 28일을 쉬면서 묵상하고 기도하는 일에 힘썼으며, 다른 이들에게 천주교 신앙을 가르쳤다. 정조 7년(1783)에 이승훈(李承薰, 1756-1801)이 동지사 대령의 서장관(書狀官)이었던 부친 이동욱(李東郁)을 따라 북경으로 가게 되자, 이벽은 이승훈에게 천주교의 진리를 터득하고 귀국하도록 부탁하였다.

이승훈은 일행을 따라 북경에 당도하여 그곳에서 천문학과 수학 및 과학의 견문을 넓히고, 예수회 신부들과 만나 여러 차례 학문을 토론하는 시간을 가졌다. 이 과정에서 천주교의 가르침이 신묘하다는 점을 체득하였고, 순결한 도덕적 교훈에 마음이 끌렸다. 그는 1784년 2월 귀국하기 직전에 예수회 신부 그라몽(Louis de Grammont)에게 세례를 받고 한국교회의 주춧돌을 놓는다는 의미로 베드로라는 세례명을 받았다.[26] 당시 북경에 있던 서양 선교사들은, 선교사가 방문하지 않

25 민경배, 『한국기독교회사』, 59. 학문적 차원에서 연구한 학자들로는 이수광, 이익, 안정복, 신후담, 이헌경, 이이명, 박지원 등을, 신앙적 차원에서 천주교를 수용한 학자로는 허균, 홍유한 등을 들 수 있다. 허균은 천주교 사상에 입각하여 인권을 계몽하기 위한 순수 한글소설인 『홍길동전』을 저술하였다. 『홍길동전』에 대한 논평은 다음 문헌을 참고할 것. 기진오, 『한국기독교 문학사론』(서울: 성서신학서원, 1995).

26 조선인 최초의 수세였기 때문에 이승훈의 신앙 위에 조선교회의 주춧돌을 놓는다는 상징적인 의미에서 '베드로'라는 영세명을 주었다. 민경배, 『한국기독교회사』, 61-62. 황사영은 이승훈에 대해 생명이 아까워 한때 천주교도들을 박해했던 행위를 지탄했지만 마음속에는 언제나 숨은 믿음이 남아 있었다는 점을 강조하였다. 안수강, "황사영(黃嗣永)의 백서(帛書) 고찰", 『역사신학논총』 24집(2012년), 167.

은 나라에서 한 청년이 먼저 도를 찾아 세례까지 받은 사실에 대해 선교역사상 기적과도 같은 일이라고 경탄하고 여러 곳에 글을 보내 이 사실을 보고하였다.

그해 3월에 이승훈은 수십 종의 교리서적과 십자가상과 성화, 묵주 등 진귀한 물품들을 가지고 귀국하여 신앙생활을 하면서 이벽에게 다양한 교리서적들을 전해 주었다. 이벽은 기독교 진리 변증, 중국과 조선에 있는 미신에 대한 반박, 일곱 성사에 관한 설명, 공교요리(公教要理), 복음해설, 매일의 성인전, 기도서 등을 부지런히 탐독하며 신앙에 더욱 확신을 가졌고 전도에 힘썼다. 그리하여 상당수의 신앙의 동지들이 모이자 1785년 봄부터 그들과 함께 서울 명례동에 있는 중인(中人) 김범우(金範禹)의 집에 모여 예배를 드리며 신앙을 논하였다. 당시의 신자의 그룹에는 김범우와 같은 중인 계층의 인물들이 개입하여 중요한 역할을 담당하였으며, 정권에 참여하지 못한 남인의 학자들, 신분적으로 양반보다 지위가 떨어지는 사람들이 천주교를 받아들였다. 1789년에는 신도들의 수가 이미 4천을 헤아리고 있을 정도였다.[27]

이들 천주교 신자들은 서양 선교사들의 전도에 의해서가 아니라 중국으로부터 전래된 『천학초함』(天學初函) 등의 다양한 천주교서적을 읽고 자발적으로 깊은 관심을 갖게 되었다. 그 이유는 소수 세도가문의 집권에 의한 사회적, 정치적 모순을 극복하는 길을 천주학에서 찾으려고 했기 때문이다. 인간의 본성이 선하다고 하는 성리학(性理學)과는 달리 천주학은 인간이 태어나면서부터 악하다고 하는 원죄설을 주장하였다. 약한 자를 억누르고 개인의 이익을 추구하는 데 골몰하는 타락한 세도가문들이나 부농과 거상들로 말미암아 빚어진 모순에 가득 찬 현실 속에서, 이에 비판적인 재야 학자들이 이 천주학에 매력을 느꼈던 것이다. 그러니까 암담한 현실 속에서 몸부림치던 일부 경세치용(經世致用) 실학자들은 종교적 신앙을 통하여 지상에 좋은 세상을 건설하기 위한 새로운 희망을 가졌던 것으로 보인다. 그러므로 천주학이 유행한다는 것은 세도가문 중심의 양반사회, 성리학 지상주의의 사상적 질곡에 대한 일종의 도전이었다. 이러한 초기 천주학 신봉

27 민경배, 『한국기독교회사』, 62.

자들의 사상은 이벽에 의하여 잘 표현되었다.[28]

그러나 그들은 얼마 지나지 않아 조정의 박해를 견뎌야만 하였다. 유하원 등 성균관 유생들로부터 "천(天)이 있는 줄만 알고 임금과 어버이가 있음을 모르며, 천당과 지옥이 있다는 설로 백성을 속이고 세상을 의혹케 함이 큰물이나 무서운 짐승의 해(害)보다 더하다"[29]는 상소를 받은 조정은 천주학을 신봉하는 자들을 엄벌하도록 조치하였다. 세도가문 중심의 양반사회에 대한 서학의 도전이 표면화하여 사회의 논란거리가 된 것은 유교적인 의식을 거부함으로 말미암아 야기된 전례(典禮) 문제에서였던 것이다.

조정은 드디어 정조 9년(1785)에 서학을 사교(邪教)로 규정하여 서학 금지령을 내리고 이듬해에는 북경으로부터 사신들을 통해 서적을 입수하는 일을 금하였다. 김범우는 매를 맞고 순교하였으며, 이벽과 이승훈은 핍박을 이기지 못하고 배교하였다.[30] 이벽은 배교로 인한 양심의 가책 때문에 번민하다가 1786년 봄에 열병에 걸려 33세의 젊은 나이에 세상을 떠났다. 잠시 핍박이 주춤해지자 이승훈을 비롯하여 교회를 등졌던 사람들이 다시 교회로 돌아왔다.

핍박을 체험하고 난 신자들은 한결같이 교회를 이끌어 갈 수 있는 성직자가 있어야 한다는 필요성을 실감하였다. 그리하여 상의한 끝에 권일신을 주교로, 이승훈, 이단원, 유항검, 최창현 등을 신부로 선택하였다. 1789년 10월, 교회의 지도자들은 윤유일에게 동지사 이성원 일행을 따라 북경으로 가서 천주교 주교를 만나 서울에서 교회가 조직되었음을 보고하고 재가를 받아 오도록 하였다. 그러나 북경에 주재하는 주교 구베아(Gouvea)는 평신도가 행할 수 있는 세례성사(洗禮聖事)만 인정할 뿐 이들이 고안한 성직제도를 허락하지 않았다.[31] 이후 중국인 신부 주문모가 조선에 잠입하였고, 1830년 까페랄리(Capelali) 추기경이 교황 그레고리

28 이기백, 『한국사신론』(서울: 일조각, 2002), 261.

29 이러한 논지를 담은 다양한 상소문들과 편지들은 다음 문헌을 참고할 것. 이만채 편, 『천주교전교박해사: 벽위편(闢衛編)』, 권이(卷二), 95-167. 안정복, 홍낙안, 이기경, 정약용, 신사원, 홍주서, 최조, 목인규, 성영우, 구익, 채제공, 신기, 한영규, 이언우, 권이강, 송도정, 목윤중, 홍인호, 윤광보 등의 글이 실려 있다.

30 안수강, "정약종(丁若鍾)의 주교요지(主敎要旨) 고찰", 『역사신학논총』26집(2013년), 94.

31 기독교대백과사전편찬위원회편, "가성직제", 『기독교대백과사전(1권)』(서울: 기독교문사, 1994), 121-122.

16세로 즉위하여 1831년 9월 9일부로 조선교구를 북경교구로부터 독립시킨다는 교서를 내렸다.[32]

4) 천주교의 수난

① 신해교난(辛亥教難, 1791)

기독교가 새로운 문화권에 전파되면 기존의 문화와 세계관이 기독교 세계관과 충돌하는 사례를 흔히 볼 수 있다. 조선에서는 로마 천주교의 교리가 유교의 가르침과 다르기 때문에 천주교라는 생소한 외래종교가 기존의 사회질서와 윤리적 가치관을 위협하는 운동인 것으로 간주되었다. 그 가운데 가장 구체적인 내용은 천주교 신자들이 조상에 대한 제사를 우상숭배로 간주하고 거부한다는 점이다.

일찍이 중국에서 선교에 착수한 예수회파는 중국의 유교적인 세계관과 문화에 적응하고 조화하려는 융화정책을 구사하였다. 그래서 그들은 조상제사를 단순한 문화적인 의식으로 관용할 수 있는 사안이라고 간주하였다.[33] 그러나 뒤늦게 들어온 프란체스코 교단과 도미니크 교단의 보수적인 신앙을 가진 선교사들은 예수회의 이러한 정책을 용납할 수 없었다. 그리하여 두 교단과 예수회파 교단이 제사 문제를 두고 논쟁하다 마침내 교황청의 결정을 촉구하였다. 융화정책은 17세기 이후 동양선교와 관련하여 방법론상으로 정당한지 로마 천주교 내에서도 논쟁을 벌이던 문제였다. 교단 설립 이래 교황의 친위대로 불릴 정도로 세력을 떨치던 예수회 교단은 이 일로 인하여 로마 천주교 세계에서 신망을 잃어 당시 유럽의 여러 나라에서 추방을 당하는 처지에 처해 있었다. 교황 클레멘트는 제사 문제에 대하여 프란체스코 교단과 도미니크 교단의 견해를 지지하고, 1773년

---

32 민경배, 『한국기독교회사』, 79.

33 예수회파의 이러한 선교정책을 가리켜 '보유론'(補儒論)이라고 하며, 명나라에서 그 기초를 다진 인물은 마테오 리치였다. 가령, 마테오 리치는 천주교의 '천주'(天主)와 유교의 '상제'(上帝)를 동일시하여 확고하게 보유론의 입장을 취하였다. cf. Matteo Ricci, *The True Meaning of the Lord of Heaven: T'ien-chu Shih-i*, 122.

에 예수회 교단을 해체하도록 조치하였다. 이러한 배경 때문에 조선의 천주교인들은 조상제사를 거부하는 것을 교인이 지켜야 할 당연한 본분으로 받아들였다.[34]

조선 천주교는 인조(仁祖) 이후 싹을 내기 시작하여 영조 때에는 해서와 관동의 민간인 사이에 상당히 광범위하게 퍼져 있었다. 정조 때에는 정학(正學)이 바로 서기만 하면 천주교와 천주학은 자멸하리라고 여겨 그 파급현상을 그다지 눈여겨보지 않았다.[35] 그러던 것이 신해년(1791)에 와서는 진산(珍山, 현재의 금산)의 진사 윤지충과 권상연은 제사를 지내지 않을 뿐더러 신주(神主)까지 불태우고 묻어 버렸다. 이 사실이 지방관을 통하여 중앙에 보고되자, 관에서는 이들을 유교 사상을 어지럽힌 사문난적(斯文亂賊)으로 단죄하여 처단하였다.[36] 이와 같이 천주교는 제사 문제를 계기로 점차 탄압이 가중되었다.

이 신해교난은 천주교를 체제와 전통에 대한 도전 세력으로 간주한 사상적 면과 아울러 당쟁적인 요소와도 뒤섞였다. 남인(南人) 중 신서파(信西派)에 속한 인사들을 제거할 수 있는 적절한 명분이 되었기 때문이다. 이 신해교난의 여파로 이승훈도 예산(禮山) 쪽으로 정배를 떠나게 되었고, 홍문관(弘文館)이 소장한 방대한 양의 서양서적들이 불태워졌다. 또한 서울 도성 밖 여러 집에 숨겨져 있었던 서양서적들 또한 스스로 자수하여 자발적으로 불태우도록 엄명을 내렸다.

② 신유교난(辛酉敎難, 1801)

숙종(肅宗)으로부터 영조(英祖) 치세까지는 주로 노론(老論) 진영이 집권하였다. 이에 대항할 만한 세력으로는 남인이 있었다. 그런데 정조(正祖)가 즉위하면서 남인계 인물들이 많이 등용되었다. 정조의 부친인 사도세자(思悼世子)의 불운한 죽음을 계기로 당쟁의 판도는 시파(時派)와 벽파(僻派)로 나뉘었는데, 세자를 구명하려던 시파 인사들이 남인에 속해 있었기 때문이었다. 정조가 왕위에 있는 동

34 그러나 이러한 신념은 1936년에 전환점을 맞았다. 로마 교황청은 1936년에 조상에 대한 제사를 허용하였으며 신사참배를 허용하는 칙령을 내렸다. 김영재, 『한국교회사』(서울: 개혁주의신행협회, 2001), 53.

35 정조 치세 말기 1795년부터 신하들이 천주교를 금지하도록 주청했지만 정조는 이 일을 관리들에게 맡기고 천주교도 핍박에 소극적인 자세를 취하였다. 안수강, “황사영(黃嗣永)의 백서(帛書) 고찰”, 168.

36 전라감사 정민시는 윤지충과 권상연을 문초하고 장계를 올렸는데 그 전문은 다음 문헌을 참고할 것. 이만채 편, 『천주교전교박해사: 벽위편(闢衛編)』, 179-183.

안 남인의 수장인 재상 채제공(蔡濟恭)이 정부의 실권을 차지하고 천주교를 묵인하고 있었기 때문에 천주교에 대한 주목할 만한 박해는 없었다. 1800년에 남인의 시파를 두둔하던 정조가 승하하자 그의 아들 순조(純祖)가 11세의 어린 나이로 보위를 계승하였다. 왕실의 어른인 정순 대비(영조의 비)가 수렴청정(垂簾聽政)을 맡았고 그때부터는 노론이 집권하여 당쟁이 새로운 양상으로 전개되었으며 시파를 대상으로 혹독한 박해가 가해졌다.[37]

신유교난으로 남인 계열 인사들이 다수가 처형되고 유배되었다. 정약종(丁若鍾), 최필공(崔必共), 홍교만(洪敎萬), 홍낙민(洪樂敏), 최창현(崔昌賢), 이승훈(李承薰)은 참수형을 당하였고, 이가환(李家煥), 권철신은 장형(杖刑)으로 죽임을 당하였다. 정약용의 형 정약전(丁若銓)은 흑산도로, 정약용은 전남 강진(康津)으로 유배되어 19년 동안 귀양살이를 하였다.[38] 그리고 청국인 신부 주문모(周文謨) 역시 처형되었다.[39] 주문모가 처형된 후 조선 천주교는 30년간 신부 없는 교회로 고군분투할 수밖에 없었다. 이 신유교난은 대왕대비 김씨와 뜻을 같이하는 노론 벽파가 남인 시파를 거세하기 위한 의도에서 비롯되었다. 조선 천주교는 이와 같이 단순하게 종교적인 문제만이 아니라 붕당정치 상황에 휘말려 큰 희생을 치렀던 것이다.

신유교난의 중심에 황사영(黃嗣永)의 "백서"(帛書)가 개입되었다. 황사영은 정약현(丁若鉉)의 사위로 주문모 신부에게 세례를 받은 사람이다. 1801년 2월에 체포령이 내리자 황사영은 제천의 산골 옹기점 토굴에 숨어 지내면서 북경에 있는 구베아 주교에게 천주교 구원 방책을 적어 도움을 촉구하는 백서를 보내려 했으나 사전에 발각되어 처형되었다. 백서에는 해군 병력을 파견하여 조선을 위협해

37 안수강, "정약종(丁若鍾)의 주교요지(主敎要旨) 고찰", 95.

38 실학의 대석학 정약용은 1801년 신유교난 당시 강진에 유배되었으나 1818년에 귀양에서 풀려 승지에 올랐다. 그는 기해교난 때 배교한 일을 뉘우쳐 일생 저술과 신앙생활에 전념하였다. 이홍직, "정약용", 『국사대사전』(서울: 대영출판사, 1977), 1359.

39 1793년 구베아 주교는 서울의 신자들로부터 신부를 보내 달라는 요청을 받고 북경신학교에서 교육을 받아 사제가 된 중국인 주문모 신부를 선정하였다. 주문모는 1794년 12월에 국경을 넘어 이듬해 1월에 서울에 잠입했으나 약 6개월 후에 체포령이 내려져 쫓기는 신세가 되었다. 그는 신자들의 도움으로 6년 동안 교회를 돌보며 지방으로 순회하며 전도하였다. 1801년에 신유교난이 발발하여 많은 교인들이 순교하자 의금부에 자수하고, 1801년 음력 4월 19일에 참형에 처해졌다. cf. 황사영, "백서", 『천주교전교박해사: 벽위편(闢衛編)』, 300-301.

서 신앙의 자유를 얻을 수 있도록 추진해 달라는 요청이 기록되어 있었다.[40] 이 같은 천주교도의 극단적인 행위로 말미암아 천주교에 대한 탄압정책은 더욱 가열되었다.

③ 기해교난(己亥教難, 1839)

순조 때에 안동 김씨가 세도정치를 단행할 무렵에는 김조순(金祖淳)이 시파였기 때문에 천주교에 대한 탄압이 그리 심하지 않았으며, 천주교의 교세가 상당히 확장될 수 있었다. 순조 31년(1831)에 조선교구가 북경교구에서 독립하였고, 헌종 2년(1836)에 프랑스 신부 모방(P. P. Maubant)이 잠입하였으며, 다음해에는 샤스탕(J. H. Chastan), 앙베르(L. M. J. Imbert) 등이 속속 입국하였다.[41]

그러나 순조는 국구(國舅) 김조순의 세도를 경계하여 1827년 장자 효명세자(孝明世子)에게 정사를 맡겼다. 효명세자빈은 새로운 실세인 풍양 조씨 조만영(趙萬永)의 딸이었다. 기해교난은 효명세자가 병사하자 그 아들 헌종(憲宗)이 즉위하고 대왕대비인 순원왕후(순조의 비)의 세력을 축출하려는 풍양 조씨의 책동으로 일어난 박해이다. 정약용이 순조와 그의 아들 효명세자가 위독할 때 의술로 치료해 준 일이 있었고, 궁녀 여럿이 천주교도였기 때문에 왕후는 천주교에 대하여 온건한 입장을 취하였다. 그런데 조만영이 어영대장이 되고, 동생이 이조판서, 조카뻘 되는 사람이 형조판서에 오르면서 조정은 순원왕후를 압박하였고 다시 천주교를 박해하였다.

헌종 5년(1839)에 세도정치의 중심 세력이던 풍양 조씨의 벽파 세력은 남인의 시파를 박해하였다. 1839년 기해박해로 인하여 정약종의 아들 정하상을 비롯해 30여 명의 신사들이 서소문 밖 형장에서 처형되었으며, 앙베르 주교, 모방, 샤스땅 등 세 신부도 고문 끝에 한강변 새남터에서 군문효수(軍門梟首) 당하였다. 이때 전국적으로 70여 명이 처형되고 60여 명이 옥사하였다.

---

40 안수강, "황사영(黃嗣永)의 백서(帛書) 고찰," 171–172. 황사영의 백서사건은 신유교난을 집행한 조정의 명분과 당위성을 입증하는 울트라몬타니즘(ultramontanism)의 사문서(邪文書)로 전락하였다.

41 성지 배론관리소 편, 『상재상서(上宰相書)』(제천: 배론관리소), 1–13.

이후 마카오 파리외방전교회신학교를 졸업하고 조선인 최초의 신부가 된 김대건(金大建, 1821–1846)이 헌종 11년(1845)에 귀국하였다. 그는 육로보다는 해로를 통하여 청나라 선교사들과 연락을 취하기 위해 항로를 탐사하다가 체포되어 1846년 7월 26일에 26세의 젊은 나이로 순교하였다.[42] 이 박해를 가리켜 병오교난이라 한다.

철종(哲宗, 재위 1849–1863)이 즉위하자 다시 김 대비가 섭정하면서 천주교에 동정하던 시파 세력인 안동 김씨가 다시 집권하게 되었다. 이때 천주교는 잠시 자유를 얻었으며 여러 서양인 선교사들도 입국할 수 있었다. 신도 수도 차츰 늘어 2만 명에 이르렀고 다양한 천주교서적들이 출판되었다.

④ 병인교난(丙寅教難, 1866)

1863년 12월 8일 철종이 갑자기 승하하고, 흥선군(興宣君) 이하응(李昰應)의 아들 고종(高宗)이 등극하여 조 대비가 수렴청정에 임하였으나 실권은 대원군이 장악하였다. 대원군은 처음에는 천주교에 대하여 비교적 관대하였다. 1866년 1월 러시아 상선이 원산까지 들어와 오만한 태도로 통상을 요구하고 거주권까지 강요한 적이 있었다. 이때 대원군은 천주교 신자였던 남종삼(南鍾三)을 통하여 프랑스 신부들이 러시아의 남진을 막아준다면 천주교에 자유를 보장해주겠다고 제시하였으나 교섭이 순조롭지 못하였고, 대원군은 이를 불만스럽게 생각하였다.[43]

그러던 중 북경에 동지사로 간 이흥민(李興敏)이 "청국에서는 그 나라에 퍼져있는 서양사람들을 모두 살해하고 있다"는 서찰을 보내왔다.[44] 이에 조정대신들이 서양인들을 제거하라는 진언을 하게 되었고, 대원군은 이들의 주청을 받아들여

42 배티 사적지 편, 『최양업 신부의 서한』(청주: 천주교 청주교구, 1997), 47.

43 러시아 함대가 자발적으로 원산항에서 물러가고 중국에서 유럽인들을 배척하여 살해한다는 소식을 들은 대원군은 태도를 바꾸어 천주교를 핍박하였다. 백낙준, 『한국개신교사: 1832–1910』, 37–38. 민경배, 『한국기독교회사』, 97–98.

44 중국의 청나라에서는 아편전쟁(1840–1842)으로 국력이 쇄락하였고, 1851년부터 재산공유를 주장하는 태평천국의 난이 발발하여 어지러웠는데 1866년에 겨우 수습되었다. 이 난으로 인하여 2천만 명 이상이 사망하였으며, 서양인에 대한 감정이 좋지 않았다. 태평천국의 난은 아편전쟁 이후 쇠퇴기에 들어선 청조(清朝)에 대해 광동(廣東)의 기독교도 홍수전(洪秀全, 1813–1864) 등이 중심이 되어 일으킨 혁명운동이었다. 기독교대백과사전편찬위원회 편, "태평천국의 난", 『기독교대백과사전(15권)』(서울: 기독교문사, 1993), 234.

천주교를 탄압하기 시작하였다. 그리하여 고종 3년인 1866년 2월 19일 대대적으로 병인교난이 전개되었다. 이 교난으로 인해 9명의 프랑스 신부를 포함하여 남종삼 등 적어도 8천 명의 천주교 신자들이 사학을 추종하는 자들로 정죄받아 처형되었다.[45]

박해가 가열되자 프랑스 함대는 그해 9월 18일 병인교난을 피해 탈출했던 리델(Felix Claire Ridel) 신부를 통역으로 대동하고 인천 앞바다와 한강을 거쳐 양화진 서강까지 돌입하였다. 대포를 쏘아 많은 사람을 살상하였고, 소중한 사고(史庫)를 불태웠으며 귀중본 사서들을 탈취하여 퇴각하였다.[46] 이 병인양요 사건과 아울러 대원군이 천주교를 핍박한 배경에는 오페르트(E. Oppert) 도굴 사건이 있었다. 1868년 4월 프랑스 선교사 페롱(Stanisas Feron) 신부가 유태계 독일인 오페르트와 공모하여 대원군의 생부 남연군의 묘소에 부장된 유품을 차지하고 대원군과 협상하여 천주교의 자유를 보장받으려 했던 사건이다.[47] 부친의 묘가 훼손당하는 수모를 겪은 대원군은 천주교 선교사들과 신자들을 제거할 충분한 명분을 얻었고 천주교 박해에 가일층 박차를 가하였다.

종래 천주교는 양반 중에서 정권에 참여하지 못한 남인의 시파 학자들이 많이 믿었다. 그러나 이들의 수는 박해와 더불어 점점 줄어들고, 19세기에 이르러서는 대체로 신분이 낮은 계층의 사람들이 많이 믿었다. 의업(醫業)에 종사하는 중인층도 있었으나, 농(農), 공(工), 상(商)에 종사하는 사람이 단연 많은 비중을 차지하였다. 그리고 여성 신자 또한 현저하게 증가하였다. 요컨대 신분이 높은 사람보다는 낮은 사람, 유식한 사람보다는 무식한 사람, 부유한 사람보다는 가난한 사람들이 천주교에 입교하였다. 그러나 주로 서울과 그 부근에 신자가 과다 편중되어 있어서, 천주교는 농촌의 종교라기보다는 도시 중심의 종교가 되었다.

이들이 천주교에 호감을 가진 것은 우선 모든 인간은 한결같이 천주의 자녀라는 평등 사상에 공명하였기 때문이었다.[48] 중인이나 상민(常民)들이 천주의 자녀

45 민경배, 『한국기독교회사』, 99-100.
46 김영재, 『한국교회사』, 57-58.
47 민경배, 『한국기독교회사』, 107-108.
48 이러한 의지를 담은 대표적인 작품으로 허균의 『홍길동전』을 들 수 있다. 그는 이 저작을 대중화하기 위해

로서 양반들과 동등한 자격으로 천주를 예배할 수 있다는 것은 실로 감격적인 일이었다. 이것은 남성의 그늘에 가려져 천시받던 부녀자들에게도 마찬가지였다. 또 현실에 낙심한 그들에게 이데아의 세계를 조명하는 천국에 관한 설교는 가장 복된 소식이 아닐 수 없었다. 내세신앙은 그들이 천주교에 귀의한 또 하나의 중요한 이유였다.[49]

"선교사(宣敎史)는 곧 순교사(殉敎史)"라는 말과 같이 조선 조정이 열국에 문호를 개방하기 이전까지의 조선 천주교사는 순교로 점철되었다. 1791년의 신해교난을 비롯하여, 1801년의 신유교난, 1839년의 기해교난, 1846년의 병오교난, 1866년의 병인교난과 그 외에도 여러 교난을 겪었고 수많은 사람들이 순교하였다. 특히 병인교난 때에는 적어도 8,000명이 순교하고, 1836년 이후 조선에 입국하여 선교활동을 한 26명의 프랑스 선교사 가운데 12명이 처형되었으며 4명이 추방당하였다. 이렇듯 심한 박해에도 불구하고 1863년의 통계에 의하면 천주교 신자는 19,748명에 달하였다.

개신교 교회사가들 가운데 어떤 이들은 천주교의 선교방법이 선교지의 정부나 문화, 전통, 관행, 체제 등을 깊이 고려하지 않고 단지 선교만을 급하게 서둘렀다고 비판하기도 한다. 그러나 다음 몇 가지 사항을 염두하면 그러한 비판은 편협한 시각의 산물이라는 것을 알 수 있다.

첫째, 천주교가 조선에서 시행한 선교방법은 로마 천주교회가 일반적으로 다른 나라에서 적용한 선교방법과는 달랐다는 점에 유의해야 한다. 그들은 오래전부터 인도 등지에서는 학교와 병원을 설립하는 등 한국에 온 개신교 선교회가 한 것과 같은 방식으로 선교활동을 전개하였다.

둘째, 개신교가 선교를 시작할 무렵과는 시대적인 상황이 전혀 달랐다는 점이다. 개신교는 병인교난이 일어난 20년 후쯤에야 조선선교에 임하였다.

셋째, 조선 천주교는 선교사들에 의해서가 아니라 본토인인 조선인들이 선교

한글로 기록하였다. 기진오는 『홍길동전』은 허균이 사회개혁의 의지를 품고 유토피아를 꿈꾼 인물이며 북경을 통해 최초로 기독교를 접했을 가능성이 높다고 보았다. 기진오, 『한국 기독교 문학사론』, 12-13.

49 이기백, 『한국사신론』(서울: 일조각, 2002), 281.

를 주도하고 견인했다는 점이다.

넷째, 붕당의 정쟁, 세도정치와 맞물리며 불가피한 희생을 치를 수밖에 없었다는 점에 주목해야 한다.

Story 02

개신교 선교의 여명

1. 개신교와의 접촉

조선에서의 개신교의 공식적인 선교는 1884년에 의사 알렌(Horace N. Allen)이 입국하면서 불씨가 지펴졌다. 그러나 조선은 그 이전부터 여러 방면에서 복음을 접하였다. 유럽에서 온 선교사들이 일시적으로 방문하면서 성경을 전해 주었고, 미국 선교사들이 입국하기 얼마 전의 일이지만 국내에도 일본과 만주에서 사역하던 선교사들을 통하여 개신교에 입교한 소수의 신자들이 있었다. 선교사들이 직접 국내에 들어올 수 있는 입장이 아니었기 때문에 중국에서 혹은 일본에서 조선인들과 만나서 접촉하고 이들에게 기독교를 전파하였다. 이들 조선인들은 성경을 한글로 번역하고 번역된 성경을 조선에 들여오면서 개신교가 확산되는 계기를 마련하였다.[1] 이로써 개신교의 조선선교는 선교사가 아닌 조선인들에 의해 기초가 놓이는 독특한 전례를 남겼다.

개신교가 조선에 정식으로 전해지기 이전에 자의든 타의든 사적으로 조선과 접촉한 개신교인들이 있었다.

---

1 하멜이 남긴 『하멜표류기』나 바실 홀이 저술한 『조선서해탐사기』 등은 이후 동양선교를 계획하던 유럽선교사들에게 읽혀졌으며, 중국 외곽 지역의 일부 정도로만 인식되던 은둔의 왕국 조선이 서양에 알려져 선교 대상국으로 새롭게 인식되는 계기가 되었다.

1) 벨테브레와 하멜의 조선 표류

벨테브레

처음 조선에 발을 들여놓은 개신교 신자는 네덜란드의 벨테브레(John J. Weltevree: 朴燕 혹은 朴淵)이다. 그는 인조 6년(1628)에 일본으로 무역차 항해 중 제주 앞바다에 표류하였다. 그는 조선에서 오래 사는 동안에 완전히 네덜란드 말을 잊어버리고 조선인으로 동화해서 조선 여인과 결혼하여 가정을 이루었다. 그는 대포(大砲)를 만드는 기술이 있었기 때문에 훈련도감(訓練都監)에 속하여 사역하였으나 선교활동과 관련된 내용은 기록에 남아 있지 않다.[2]

같은 네덜란드 사람으로서 하멜(Hendrik Hamel, 哈海兒)은 좀 달랐다. 그는 효종 4년(1653) 일본으로 항해하던 중 제주에 표류하여 체포되었다. 체포된 36명 전원은 제주감영을 출발하여 서울로 압송되었다. 하멜은 장로교인으로서, 한국인의 종교생활에 대해서도 나름대로 관심을 가지고 접촉하였던 것 같다. 그는 13년만인 1666년에 7명의 동료와 함께 가까스로 조선을 탈출하였으며 『하멜표류기』(*Narrative and Description of the Kingdom of Korea*)[3]를 저술하여 조선을 서양에 소개하였다. 그는 나름대로 객관적인 시각으로 조선의 정황을 분석했는데, 조선에서 종교인은 노예보다도 못한 대접을 받는다고 기술하였다. 그가 국내에 억류되어 있는 동안 개신교와 관련된 영향을 미치지는 못했지만 후일 조선선교에 관심을 갖는 개신교 선교사들에게 조선을 알리는 계기가 되었다.

2 김인수, 『한국기독교회의 역사』, 92-94.

3 Hendrik Hamel, 『하멜표류기』, 신복룡 역(서울: 집문당, 1999). 하멜은 1668년 7월에 암스테르담에 도착하였고 같은 해 이 책을 발행하였다. 이 책은 네덜란드 판뿐 아니라 영어, 불어, 독일어로도 번역되어 출간되었을 정도로 베스트셀러가 되었다.

2) 맥스웰과 바실 홀

맥스웰

바실홀 동상과 비

1816년 조선 서해안을 측량할 목적으로 영국 군함 알세스트(Alcest)호와 리라(Lyra)호가 군산 부근[4]에 정박하였다. 함장은 홀(Basil Hall)과 맥스웰(Murray Maxwell) 두 해군대령이었다. 홀은 비인 현감 이승렬을 통하여 첨사 조대복에게 영어성경을 전하였는데 이는 우리나라에 최초로 전달된 성경이다. 이후 홀은 영국에 귀환하여 『조선서해탐사기』(*Account of a Voyage of Discovery to the West Coast of Korea*)[5]를 출간하여 조선 항해 경험을 소개하였다. 교회사적으로 볼 때 알세스트 호의 맥스웰과 리라 호의 바실 홀 일행의 서해안 탐사는 하멜과 견줄 수 있을 만큼 은둔의 나라 조선을 전 세계에 소개하는 데 중요한 공헌을 했다. 그것은 바실 홀과 맥레오드가 조선 서해안 및 류큐 열도의 항해기를 비롯한 서해안 항해기를 저술하여 조선을 유럽 전역에 널리 소개했기 때문이다. 또한 맥스웰과 바실 홀은 조선에 대한 지리적인 탐사, 해안 탐사를 통해 해도를 작성하여 서양세계에 조선을 알리는 너무도 중대하고 소중한 일을 감당했다. 이미 하멜을 통해 조선의 물정이 서양에 알려진데다 구체적으로 조선이 동양의 어느 위치에 있으며, 어떻게 선박이 항해할 수 있는지 해도가 그려져 소개되었다면, 비록 조선이 외국에 문호를 열지 않

---

4 이곳은 현재 충청남도 서천군 서면 마량진 '갈곶'이다.

5 Basil Hall, 『조선서해탐사기』, 신복룡, 정성자 역(서울: 집문당, 1999).

았더라도 이미 조선은 세계에 그 정체의 일부가 드러나기 시작한 것이다. 이것을 우리는 문화교류라고 해도 괜찮을 것이다. 해도 작성이라는 면에서 고찰한다고 해도 "그들의 조사 사항은 종교 및 문화사적 견지에서 볼 때에 적지 않은 성과를 거두었다"고 평할 수 있다. 그 유명한 영국의 탐험대가 미치지 못한 서해안 일부에 대한 정확한 탐사가 이루어지고 해도 작성도 완성되어 이 지역 항해의 길을 열어놓았기 때문이다.

그 이전에도 서해안에 대한 항해도(航海圖)가 없었던 것은 아니다. 지나제국전지(支那帝國全誌 1735)가 있었으나 이것은 실측에 근거해서 만든 것이 아니어서 바실 홀이 작성한 해도와 비교할 때 지형과 위치상 많은 오류가 있다. 실측에 근거한 답사로는 1797년 페로우스(De la Perouse) 대령의 동해안 답사와 1804년 브로톤(W. R. Broughton)의 남해안 답사가 있었으나 서해안의 해도 작성은 맥스웰과 바실 홀이 처음이었다. 그리고 그가 작성한 해도는 서양과학 측정기술을 도입한 것이어서 상당히 정확하고 신뢰할 만한 것이었다. 귀츨라프가 1831년과 1832년에 요동만, 조선 서해안, 유구항해, 1846년과 1847년의 불란서 군함의 외연도 및 고군산도의 내항에 이르기까지 모두 맥스웰과 바실 홀이 작성한 해도에 의존한 항해였다고 보아야 할 것이다.

비록 바실 홀 대령은 자신들이 작성한 해도가 "항해용 경선의(經線儀)와 아울러 천측(天測)에 의하여 보정(補正)된 목측도(目測圖)보다 더 나을 것이 별로 없다"고 말했지만 그것은 겸손의 표현이었다. 그것은 바실 홀이 그의 항해기 마지막에 해도를 첨부하면서 "이 해안을 따라서 항해한 우리의 경로를 그려서 이 작품에 첨부했는데 앞으로의 항해자에게 도움이 될 것으로 믿는다. 매우 바쁜 가운데서 작성되었으므로 불완전할 수밖에 없으나 지금까지 발표된 어떤 지도보다도 정확할지 모르는 일이다"라고 밝혔기 때문이다. 김양선 목사가 지적한 대로 이 해도는,

> "조선의 가장 중요한 서해안과 아울러 요동만을 처음으로 세계의 국제공수로에 결부시켜서 그때부터 반세기 넘는 동안에 이 지방 항해의 길잡이가 된 공적은 감출 수는 없는 일이었다. 조선이 쇄국정책을 계속 강행하건 말건 이 해도를 길잡이로 우리나라를 찾

아온 상선 혹은 군함은 그 수가 날로 더해갔다."

서방세계에 조선을 소개하는 데 맥스웰과 홀의 공헌은 이루 말할 수 없이 크다고 할 수 있다. 더구나 홀 함장이 본국으로 돌아가던 중 1817년 8월 11일 아프리카 서해에 있는 세인트헬레나 섬에 정박, 그곳에 유배되어 있는 나폴레옹을 방문해 조선에 대해 이야기하면서 자신이 직접 그린 조선의 풍경을 담은 풍속화를 보여주었다. 나폴레옹은 바실 홀이 그린 그림 가운데 기다란 담뱃대를 손에 들고 있는 한 조선 노인의 그림을 손에 들고는 눈을 굴리며 그림 구석구석을 살피더니 스스로 "아, 아주 큰 갓을 쓴, 긴 하얀 턱수염의 이 노인!…참 보기 좋구나"를 되뇌이며 찬사를 아끼지 않았다. 그리고는 조선에 관해 여러 가지를 물어보았다. 이것만으로도 바실 홀 일행은 조선의 문화를 서방세계에 구체적으로 알리는 매우 중요한 역할을 한 것이다.

그런데 더 놀라운 사실은 맥스웰과 바실 홀이 작성한 해도가 훗날 선교의 장을 여는 계기가 되었다는 사실이다. 이들이 기록한 항해기, 이들이 작성한 서해안 해도, 그리고 한 권의 성경을 조선인들에게 건네주었다는 사실에 적지 않은 도전을 받은 사람 가운데 한 사람이 바로 칼 귀츨라프 선교사였다. 귀츨라프는 정확히 16년 후인 1832년, 1개월간 고대도에 체류하면서 복음을 조선인에게 심어주었다. 바실 홀과 맥스웰을 통해 서양인들을 접하고 서양문명을 접한 그 섬 주민들에게 어떤 변화가 찾아온 것은 아니었다. 하지만 바실 홀의 방문과 그 일행이 남긴 이야기는 오랫동안 그곳 주민들 사이에 전해졌을 것이 분명하다. 그러던 차에 다시 귀츨라프가 그곳에 도착해 한 달을 체류한 것이다. 귀츨라프 일행이 놀랄 만큼 후에 그곳 주민들이 마음을 열고 그 일행을 맞았던 것도 이미 바실 일행과의 경험이 있었기 때문일지도 모른다.

세스페데스의 입국을 통해 임진왜란이라는 지극히 세속적이고 잔인한 전쟁의 사건이 복음의 접촉점이 되었고, 벨트브레와 하멜 일행의 입국, 그리고 후에 바실 홀과 맥스웰 대령의 입국 역시 난파(難破)나 해도 작성을 위해 이루어진 것이지만 은둔의 나라 조선이 서양문화 및 종교와의 접촉을 이루는 계기가 되었던 것이다. 개신교 신앙을 가진 박연과 하멜 일행이 조선에 입국하여 오랫동안 조선 사회 속에서 조선인들과 교분을 나누었고, 바실 홀과 맥스웰 일행이 조선인 관리들과 접촉하고 비록 영어성경이기는 하지만 한 권의 성경이 조선인의 손에 처음으로 쥐어졌다는 사실 그 자체만으로도 그 사건들은 중요한 의미를 지닌다.

3) 칼 귀츨라프

제일 먼저 한반도에 온 개신교 선교사는 '독일 선교의 사자'로 불리는 귀츨라프(Karl Guetzlaff)[6]였다. 귀츨라프는 독일 북부 지방 포메론 주의 퓌리츠에서 경건주의 신앙을 가진 장인의 아들로 태어났다. 그는 어학에 재질이 있는 명석한 두뇌의 소유자였는데, 청소년기에 이미 뛰어난 재능을 인정받았다. 프로이센의 왕 빌헬름 3세는 그를 접견하고 베를린의 선교학교에서 공부하도록 배려하였다. 귀츨라프는 선교학교 학생 시절 대학에서 신학, 철학, 의학을 공부하고, 페르시아어를 포함하여 무려 6개 국어를 부지런히 배웠다. 그는 선교에 뜻을 두고 길을 모색하던 중 네덜란드 선교회의 부름을 받고 임지로 나가기까지 로테르담에서 3년 동안 공부하고 루터교 목사로 안수 받았으며, 두 권으로 된 개신교 선교역사를 저술하였다.

그는 1828년에서 1831년까지 시암(Siam, 현재의 태국)에서 활동하였는데 회중교회 출신 선교사 로버트 모리슨과 동역하였다. 모리슨과 함께 지낸 기간은 짧았으나 선배인 그를 이어 런던 선교회의 파송을 받은 개신교 선교사로서 1832년부터 중국에서 평생 봉사하였으며, 리빙스턴과 허드슨 테일러에게도 많은 영향을 끼쳤다. 귀츨라프는 1832년 7월에 동인도회사의 통역으로 영국의 상선 로드 암허

6 귀츨라프의 생애와 조선선교는 다음 문헌을 참고할 것. 리진호, 『한국성서백년사(1)』(서울: 대한기독교서회, 1996), 62–84.

스트(Lord Amherst)호를 타고 한반도를 방문하였다. 그는 통역으로 일하면서도 자기의 성직자로서의 본직을 소홀히 하지 않았고 이 기회를 통해 조선에 선교하려는 뜻을 품었다. 처음에는 황해도 장연 지역에서 통상을 요구하였고 이후 약 한 달 간 충청도 서해안에 있는 고대도(古代島, 충남 보령 앞바다)에 머물면서 조정에 통상을 요구하였다. 그는 지방 관리나 주민들과 접촉을 하면서 순조에게 통상요구서와 중국어 신천전서 2권을 보내 무역과 선교를 청원했으나 거절당하였다.[7] 귀츨라프는『서해안 항해기』를 저술하여 조선이 배타주의를 고집하는 한 가장 하등국가로 전락할 것이라고 개탄하였다.

1832년 7월 27일자 항해기에 따르면, 귀츨라프는 조선에 대해 많은 관심이 있었으며, 중국과 일본과의 관계에 관해서도 상당한 식견이 있었음을 알 수 있다. 귀츨라프는 '양이'라는 사람에게 한글자모를 기록한 것을 받았으며, 한문을 자유자재로 쓰던 귀츨라프는 그에게 한자로 주기도문을 써 주고 한글로 음역하게 하였다. 양이는 한글로 옮기면서 손을 목에 갖다 대며 참수당한다는 시늉을 하였다. 귀츨라프는 주민들에게 쪽 복음서책과 전도지를 나누어 주며 예수 그리스도가 인류의 구세주이심을 되풀이하여 말했으나 주민들이 무관심하자 안타까운 심정을 가누지 못하였다.[8]

종교에 관한 말이라면 기겁을 하는 조선인들과 대면하면서 그는 자연스럽게 서양문물과 지식에 관해 말해주었다. 여러 종류의 책과 직물, 그리고 감자를 전달해 주었으며, 포도주 만드는 법 등을 가르쳤다. 그러나 그는 복음을 전하면서 결코 서두르거나 초조해거나 얄팍한 공산이 없었다. "주님께서 작정해서 짚어주신 날에는 반드시 열매가 맺힐 것이다." 이것이 그의 칼빈주의적인 선교신학이었다. 그는 선박 사정 때문에 오래 머물러 있지는 못했으나 장차 이 나라가 언젠가

---

7 귀츨라프는 성경과 선물을 홍주 목사와 수군우후에게 보냈으나 이들은 한양으로 보내지 않고 사유만을 보고한 채 관청 창고에 보관하였다. 귀츨라프는 1832년 8월 11일자 일기에 이렇게 기록하였다. "조선의 국왕(순조)이 처음에는 거절하였던 성경을 지금은 갖고 있는지 또 읽고 있는지 알 수 없다. 그러나 강경의 관리와 주민들은 성경을 받았다." 이 문장에서 귀츨라프의 구령사역에 대한 소명의식과 조선선교를 염원하는 간절한 마음을 포착할 수 있다.

8 귀츨라프는 조선에서 최소 30일 내지는 최대 36일간 머물며 선교하였다. 그는 조선 항해기를 『차이니즈 리포지터리』(*The Chinese Repository*)에 게재하였으며, 같은 잡지에 "한국어에 대한 논평"을 실어 소개하였다. 리진호, 『한국성서백년사(1)』, 71.

는 복음의 불빛으로 인도될 날이 있을 것이라고 확신하면서 떠나갔다.

4) 로버트 토마스

토마스(Robert J. Thomas, 1840–1866)[9]는 1840년 9월 7일 웨일즈 회중교회 목사의 아들로 태어나 1859년 런던대학교 뉴 칼리지(New College, University of London)에서 문학사 학위를 받았다. 그는 철저한 신앙과 선교의 사명감으로 고향인 하노버교회에서 1863년 6월 4일에 목사안수를 받았다. 토마스는 지체하지 않고 런던 선교회의 파송을 받아 7월 21일 부인과 함께 폴메이스(Polmaise)호로 중국을 향해 출발하였다. 1863년 12월에 중국 상해에 도착하였으나 4개월 만에 기후에 적응하지 못한 아내 캐롤라인(Caroline Godfery)을 잃고 실의에 빠졌다.

그는 중국 여러 곳을 여행하는 중 때마침 조선에서 병인교난을 피하여 도피한 김자평(金子平)[10] 등 몇 사람의 천주교 신자들을 만날 기회가 있었다. 천주교 신자들이 핍박을 받는다는 소식을 듣고 조선에 관심을 갖게 되었다. 조선이 개신교의 선교를 받지 못한 나라라는 점에서 더욱 깊은 관심을 가졌다. 그는 조선교회의 형편을 듣는 중에 조선인들이 성경에 무지하다는 사실을 알고 느낀 바가 있어 조선에 선교의 눈길을 돌렸다.

그는 아내 캐롤라인이 세상을 떠난 충격, 현지 선교부와의 불화로 한때 선교 사직을 포기하고 청나라 세관에서 일하기도 하였다. 그러나 잠시 일하던 세관에

9 토마스 선교사의 생애와 조선선교는 다음 문헌을 참고할 것. 리진호, 『한국성서백년사(1)』, 84–93.

10 김자평은 대원군 당시 천주교 신자로 중국으로부터 내한하는 신부들을 영접하였다. 1865년에는 개신교 토마스 선교사를 황해도 옹진으로 안내하였다. 김자평은 서양인과 내통한 혐의로 체포되어 서양배가 지켜보는 가운데 1868년 4월 23일 참수되었다. 기독교대백과사전편찬위원회 편, "김자평", 『기독교대백과사전(3권)』(서울: 기독교문사, 1994), 276.

사직원을 제출하고, 선교회에 복직을 타진하고는 그 회답을 기다릴 겨를도 없이, 당시 스코틀랜드 성서공회 특파원으로 있었던 윌리암슨(Alexander Williamson)을 만났다. 그의 주선으로 1865년 8월 4일 지푸(芝罘)를 떠나 황해도 장연군 소래 근처 자라리(紫羅里)에 도착할 수 있었다. 그는 거기서 두 달 반을 지내며 주로 천주교인들과의 접촉을 통해 한글을 공부하면서 모리슨(Robert Morrison)[11] 역본의 한문성경 쪽 복음서를 나누어 주었다. 그는 작은 범선을 타고 서울로 향했지만 심한 폭풍우를 만나 구사일생으로 만주 지역의 한 해변에 표류하여 1866년 1월 북경으로 되돌아갈 수밖에 없었다.

토마스는 1866년 7월 병인교난을 피하여 북경에 머문 리델 신부를 만나 대화를 나눈 후 조선을 다시 방문하기로 결심하였다. 리델 신부의 보고를 받은 프랑스 공관에서는 조선을 문책하고자 함대를 파견하려고 하였으며 이때 사령관 로즈는 토마스가 통역으로 편승해 주기를 부탁하였고, 토마스는 흔쾌히 그의 제안을 수락하였다. 토마스의 조선에 대한 선교열은 조선인이 기독교를 수용할 가능성이 높다고 본 사실과, 조선에 처음 방문해서 선교한 최초의 프로테스탄트 선교사가 되고자 하는 명예의식, 그리고 사랑하는 아내 캐롤라인을 생각하는 마음, 어린 추억이 깔려 있는 청국에서 벗어나려는 의지 등등 이런 것들로 가득 차 있었다. 뿐만 아니라 그는 자기야말로 서양사람으로는 유일한 조선통(朝鮮通)이라고 자신하고 있었다.

프랑스 함대가 토마스를 초빙해서 조선에 동행하려 했던 까닭은 로즈 제독이 프랑스 성직자들을 불신하였기 때문이었다. 그러나 토마스가 지푸에 도착했을 때에는 프랑스 함대가 인도차이나 방면에서 발생한 소요를 진압하려고 긴급 출항한 뒤였다. 이에 윌리엄슨의 뜻에 따라 성서공회 파견원 자격으로 제너럴셔먼호에 편승하여 1866년 8월에 다시 조선을 방문하였다. 런던 선교회가 조선선교가 위험하다는 이유로 허락할 수 없다고 설득하였으나 그는 조선선교를 열망하여 미국 상선

11 모리슨(1783–1834)은 중국에 파송된 첫 영국 개신교 선교사이며 최초로 중국어 원리역(文理譯) 성경을 완성하였다. 리진호, 『한국성서백년사(1)』, 17–18, 23. 원리역 이전에는 17세기 카톨릭선교사가 사복음서부터 히브리서까지 번역한 『사사수편』(四史修編)이 있었다.

'제너럴셔먼호'(General Sherman)[12]를 타고 입국하였던 것이다. 한 달 후에 배는 대동강을 거슬러 항해하여 평양에 이르렀다. 조선 측에서 전령들을 보내 불법으로 조선 영토 깊숙이 들어온 이유를 물었으나 선원들이 이들을 인질로 잡고 발포하는 등 행패를 부리자 이에 평양성 수비병들이 맞대응하여 발포하였다. 총격전이 벌어져 급기야 20명의 사상자가 발생하였다. 밀물을 타고 올라온 배가 썰물로 수심이 얕아져 모래톱에 좌초되어 배가 자유롭게 움직일 수 없게 되었을 때 평양성 수비병들은 화공으로 배를 불태우고 승선해 있던 사람들을 전멸시켰다. 토마스도 붙잡혀 강기슭에 무릎을 꿇고 기도하는 가운데 흥분한 수비병들에게 죽임을 당함으로써 끝내 복음전파의 꿈을 이루지 못하였다. 그러나 토마스의 선교의 비전은 헛된 것이 아니었다. 그가 남긴 열매의 흔적이 어렴풋이나마 남아있으며, 그의 죽음은 조선 기독교인들의 마음속에 남아 영적인 활력소가 되었기 때문이다.

토마스를 살해한 병사는 자기가 선한 사람을 죽였다고 후회하였으며, 토마스가 순교하기 전에 건네준 성경을 받아 집에 벽지로 사용하였는데, 벽지의 말씀을 읽는 가운데 감동을 받아 주님을 영접하였다.[13] 그의 조카 이영태는 선교사 레이놀즈(William D. Reynolds)를 도와 성경을 번역하였다. 마펫 선교사(Samuel A. Moffett)[14]는 자기에게 세례를 받은 이들 가운데 한 사람이 성경 지식을 토마스에게 받은 성경에서 얻었다는 고백을 들었다고 전하고 있다.[15] 언더우드도 토마스가 나누어 준 한문성경의 영향을 추적할 수 있었다고 말하였다. 토마스가 순교한 지 60여 년이 지난 1927년 5월 8일, 많은 기독교인들이 토마스가 순교한 곳으로

---

12 제너럴셔먼호는 영국 메도스상사와 결탁하여 비단, 유리그릇, 천리경, 자명종 등을 싣고 선주 스레스턴, 윌슨, 페이지, 호가드, 토마스, 말레이시아와 중국인 선원 19명 등이 승선하여 대동강 상에 거슬러 올라와 통상을 요구했으나 평안감사 박규수는 이를 거절하였다. 기독교대백과사전편찬위원회 편, "제너럴 셔먼호 사건", 『기독교대백과사전(13권)』(서울: 기독교문사, 1994), 1053.

13 그의 이름은 박춘권으로 알려져 있으며, 후일 평양장로교회의 장로로 장립받았다. 전택부, 『한국교회발전사』(서울: 대한기독교출판사, 1992), 95.

14 마펫(Samuel A. Moffett, 1864-1939)은 맥코믹(MacComick)신학교에서 교육을 받은 후 1890년에 한국에 왔다. 그는 열정적인 순회전도사, 천부적인 상담자였으며 평양신학교 설립자요 조직신학자였다. 그의 신학은 보수주의요 칼빈주의였다. 마펫은 1891년 의주 사경회반(査經會班, Bible Class)을 거쳐 1893년 서울 신학반 2기생인 한석진과 평양 사람으로 1866년 9월 3일에 토마스 목사의 순교를 목격했던 최치량 등, 평양의 유능한 청년들을 모아 하나님의 말씀을 가르쳐 예수님을 영접하게 하였다. 1893년 12월에 황해도 재령의 한치순이 장대현교회에 출석하였고, 이후 1894년에 이기충, 방기창, 김종섭, 1897년에 길선주 등 유능한 일군들이 장대현교회를 찾았다. 1895년 말에는 세례교인이 28명, 원입교인이 140명에 이르렀다.

15 리진호, 『한국성서백년사(1)』, 92-93.

알려진 대동강 쑥섬에 모여 기념예배를 드렸다. 1933년 9월 14일에는 T자형 기념예배당에 준공되었다.[16] 그의 죽음을 통하여 유럽과 미국의 교회들과 선교회들은 조선선교에 관심을 갖게 되었다.[17]

5) 알렉산더 윌리엄슨

1866년은 병인교난과 토마스의 순교, 그리고 프랑스 함대의 침공으로 우리나라 교회 역사상 가장 어수선한 해였다. 또한 이해는 중국과 만주에 가 있던 스코틀랜드 장로교 선교사들과 조선인들이 의미 있는 접촉을 시작한 해이기도 하다. 알렉산더 윌리엄슨[18]은 산동성 지푸 주재 스코틀랜드 성서공회의 총무였으나 토마스가 순교하였다는 소식을 듣고 조선선교에 깊은 관심을 갖게 되었다. 그는 1867년 가을부터 만주 지역 순회전도를 시작하여 고려문(高麗門)[19]에 와서 조선인들에게 성경을 팔면서 복음을 전하였다. 성경을 판 이유는 값을 치러야 귀중함을 알 것이라고 믿었기 때문이다. 그는 '조선은 위대한 가능성의 나라'라고 설파하기도 하였다. 스코틀랜드 성서공회의 파견을 받아 중국 북부와 만주 지방 주재원으로 일하던 윌리엄슨은 이 지역을 여행하다가 4월에 요동(遼東) 지방에서 조선인 상인들과 여행자들에게 진리의 말씀과 서적들을 전해 주면서 대화를 나눌 수 있는 기회를 가졌다. 더군다나 그달 19일에는 천장대(天莊臺)에서 귀국 도상의 조선 동지사 일행을 만났으며, 이들이 가지고 있는 기독교에 관한 지식에 놀랐다. 중국어를 유창하게 구사하는 사신들은 북경에서 여러 선교사들을 만났으며 런던 선교회도 방문하였다. 어쩌면 이들은 이때 토마스를 만났을지도 모른다.[20]

16 대동강변에 세워진 토마스 선교사 기념교회는 토마스의 첫 철자를 따서 T자형으로 설계되었다. 리진호, 『한국성서백년사(1)』, 93.

17 김영재, 『한국교회사』, 62.

18 윌리암슨의 생애와 선교는 다음 문헌을 참고할 것. 민경배, 『한국기독교회사』, 145–148.

19 고려문(Korean–Gate)은 남만주 봉황성 투카라는 곳에 있는 책문 중 한 곳으로 의주로부터 48km 떨어진 곳에 위치하였다. 봄과 가을에 정기적으로 교역시장이 열려 많은 조선인들이 왕래하였으며 이곳에 처음 기독교 선교를 개척한 인물이 바로 윌리암슨이다. 기독교대백과사전편찬위원회 편, "고려문", 『기독교대백과사전(1권)』(서울: 기독교문사, 1994), 833.

20 리진호에 의하면 동지사 박규수는 토마스로부터 성경 한 권을 받았다. 토마스는 박규수에게 "귀국도 이 책을 받아 그대로 실행하면 많은 복을 받으리라"고 말하였다. 이 책은 이후 김옥균에게 전해졌고 김옥균

윌리엄슨의 글에는 당시의 조선인들에 대한 그의 호의적인 느낌을 대체로 보여준다.

"조선인은 대단한 지적 능력이 있으며
예리하고 탐구력이 있을 뿐만 아니라
결단력을 갖춘 자랑할 만한 민족.
조선은 위대한 가능성의 나라"[21]

윌리엄슨이 신기하게 생각한 것은 이들 중에 두세 사람은 천주교인으로서 북경에 있는 신부들에 관해서도 겁 없이 그리고 거침없이 말을 하고 있었기 때문이다. 동지사 일행은 자기들이 천주교에 관한 상당한 분량의 서책들을 가지고 있으며, 그 교리에 대해서도 상당한 수준의 지식을 가지고 있음을 시사하였다. 조선 천주교의 수난을 익히 알고 있던 윌리엄슨은 경탄해 마지않았다. 그는 1866년 보고서에서 "작년(1865)에 한국에서의 종교적 상황에 관한 흥미 있는 사실을 들었다"고 기록하였다. 그는 1865년 지푸에서 두 사람의 조선인 천주교인과 많은 것에 대해 담론한 일이 있으며 그래서 '분명히 조선은 위대한 가능성의 나라' 라고 간파하였던 것이다. 다만, 문제는 조선의 쇄국정책에 있었다.

윌리엄슨은 조선선교에 대한 열의가 대단해서 조선에 대한 서구 기독교 여러 나라가 무력으로 간섭해야 하고, 나아가 무력시위로 개국을 강요해야 한다는 주장까지 제기했을 정도였다. 가령 그는 "대영제국과 같은 나라들이 조선과 같이 어리석고도 무식하게 폐쇄하고 있는 나라들을 개방하도록 하나님이 주신 군사력을 사용하는 것은 의무요 특권이라고 믿는다"고 제안하였으며, "전쟁이라는 것이 비록 악한 것이기는 하지만, 진실한 문명의 불빛에 완전히 접촉하게 하기 위해서 전쟁을 치르는 것은 결국 선(善)의 상쇄로 끝날 것이다" 라고 피력하였다.[22]

은 이 책을 다시 김홍집에게 주었다. 리진호, 『한국성서백년사(1)』, 89.

21 [출처] 「서양인들이 본 한국인」(영국 선교사 알렉산더 윌리엄슨의 글, 1870).

22 민경배, 『한국기독교회사』, 147.

2. 선교 이전의 성경번역과 선교

1) 만주에서의 성경번역

조선 후기 관서 지방에는 자립적 중산층이 형성되고 있었는데 일찍부터 청나라와의 무역을 통하여 부를 축적한 상인들이 그 대표적인 그룹이었다. 특히 의주는 국경 무역의 관문이어서 상업을 통하여 부를 축적한 상인들이 많았다. 이들은 중류층으로서 인식되고 있었으며 대개 한문과 만주어에 능통한 사람들로 학문을 숭상하고 독서를 많이 하는 지식층이었다.[23] 따라서 경제력과 지적 능력을 갖춘 이들은 다른 지방의 어느 계층보다도 개방적이고 독립적이어서 새로운 문화와 사회에 대한 욕구가 강하였다. 하나님께서는 이들을 택하셔서 선교사들과 더불어 한글로 성경을 번역하도록 하셨고, 조선에 복음을 수용하고 전파하는 통로자로서의 역할을 감당하도록 인도하셨다.[24]

존 로스 선교사

조선 개신교의 기초는 그 후 10여 년 만에 만주에서 스코틀랜드 선교사들이 개척하기 시작하였다. 1872년 만주에서 선교를 시작하였던 스코틀랜드 출신의 장로교 선교사 로스(John Ross)와 그의 처남인 맥킨타이어(John MacIntyre)는 스코틀랜드 성서공회에서 만주로 파송한 선교사들이었다.[25] 그들은

23 상류층은 관리들과 그 후손들로 구성되었고, 중류층은 상인과 노동자를 고용할 수 있는 자들이었으며, 하류층은 갖가지 육체노동에 고용된 자들이었다. 그 당시 상인들은 그들의 부로 인하여 중류층으로 인식되고 있었다.

24 조선 홍삼장수들이 중국에서 사역하던 로스와 맥킨타이어와 만나게 된 이력과 만주에서의 한글성경 번역에 대해서는 다음 문헌을 참고할 것. 백홍준, 김진기, 최성균, 서상륜, 서경조, 김청송 등과의 교분이 소개되어 있다. 리진호, 『한국성서백년사(1)』, 98–115.

25 로스는 스코틀랜트 출신으로 에딘버러에 있는 스코틀랜드 연합장로교회 신학교에서 수학하였고 연합장로교 해외선교부 파송을 받아 1872년 중국에서 일하였다. 1881년 안식년 휴가를 다녀온 후부터 봉천에 정착하여 만주인과 조선인을 대상으로 선교활동을 전개하고 한글로 성경을 번역하였다. 만주선교의 개척자로 많은 업적을 남겼으나 건강이 악화되어 1910년 은퇴하고 본국에 돌아가 에딘버러에서 생을 마쳤다. 기독교대백과사전편찬위원회 편, "로스5", 『기독교대백과사전(5권)』(서울: 기독교문사, 1994), 256–257. 맥킨타이어는 스코틀랜드 출신으로 에딘버러의 스코틀랜드 연합장로교회신학교에서 수학한 후 1871년 선교사

산동성 지푸에서 사역하는 동역자 윌리엄슨에게 중국과 만주에서 조선인들을 사귀면서 경험한 이야기와 토마스의 순교사를 듣고 조선선교에 관심을 가지게 되었다. 윌리엄슨은 토마스가 순교한 직후 조선에 입국하려 했으나 사정이 여의치 않아 압록강 북쪽 국경 지방 동만주에 거주하는 조선인들에게 한문성경을 배포하는 것으로 만족해야만 했다.

1873년 가을에, 로스와 맥킨타이어는 조선복음화의 가능성을 탐색하기 위하여 봉천, 흥경, 신의주 맞은편 압록강 유역을 여행하고 있던 중 압록강 상류에서 조선인들이 살고 있는 한 촌락을 발견하였다. 그곳은 바로 고구려의 옛 수도였던 즙안현이었는데 약 3,000여 가구의 조선인들이 거주하고 있었다. 그는 조선선교를 시도해 볼 수 있는 좋은 기회라고 생각하고 한문성경과 전도지를 나누어 주었다. 그리고 압록강을 건너 조선 땅에 들어가고자 했으나 대원군의 혹독한 쇄국정책으로 인하여 입국은 불가능하였다.

선교 일정을 마치고 돌아오는 길에 매년 봄과 가을에 정기적으로 열리는 고려문 국제시장에서 많은 조선인들을 접촉할 수 있었고 조선에 대한 정보를 수집하였다. 이곳은 조선인들이 중국을 왕래하는 길목이기도 해서 조선인들을 쉽게 만날 수 있었으며 중국인들과 조선인들이 서로 합법적으로 교역을 하는 장소였다. 1874년 10월부터 로스와 맥킨타이어는 선교지부가 있던 지푸를 떠나 고려문으로 근거지를 옮겼다. 로스는 조선 상인들을 만나 한문성경을 팔며 전도하려 했지만, 조선인들의 마음을 얻기가 쉽지 않았다. 이곳에서 조선어를 배우기 위해 노력하던 중, 당시 장사에 실패하여 실의에 빠져 있던 이응찬[26]을 고용하고 조선인들과 접촉을 시도하였다. 조선인들은 무리를 지어 로스가 머물고 있는 여관에 찾아와 대화를 나누었으며 복음을 들었다.

로 중국 지푸에 부임하였다. 1874년에 만주 혜성으로 옮겼으며 1876년 로스의 여동생 캐더린(Catherine)과 결혼하여 로스와 처남 매부 지간이 되었다. 이후 로스와 함께 선교사역에 종사하다가 1905년 9월 북중국에서 세상을 떠났다. 기독교대백과사전편찬위원회 편, "맥킨타이어1", 『기독교대백과사전(5권)』, 1061-1062.

26 이응찬은 중국을 왕래하며 한약장사를 하던 중 배가 난파되어 만주에 있던 로스 목사의 보호를 받게 되었다. 로스는 이응찬을 한글 선생으로 모시고 한글 연구를 계속하였다. 리진호, 『한국성서백년사(1)』, 100.

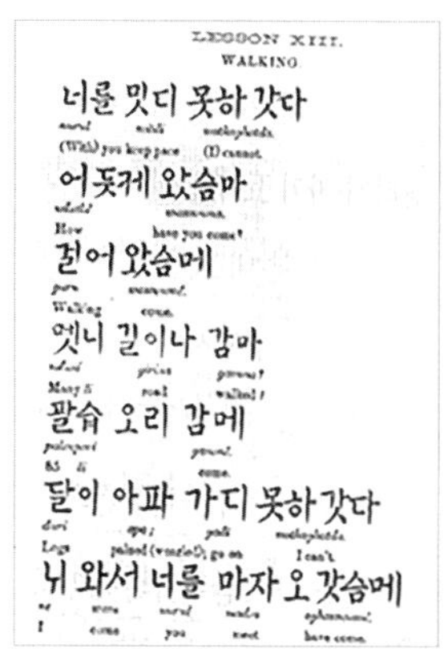

로스 선교사가 한글을 공부하던 자료들(단어 연습)

두 조선인 이응찬과 김진기를 만난 로스는 이들의 도움을 받아 가며 성경번역에 착수하였다. 이 두 조선인은 1876년에 맥킨타이어에게 세례를 받았다. 이들이 조선의 첫 개신교인들이 된 것이다. 이들은 성경을 조선어로 번역하자는 원대한 목표를 세웠다. 그 후 이성하, 백홍준, 서상륜[27], 서경조 등 의주에서 온 젊은 상인들을 만나게 되었고 이들 역시 뜻을 합하여 성경번역 사역에 합류하였다.[28] 로스와 그의 협조자들의 헌신적인 노력으로 1882년에 누가복음과 요한복음이 번역되었으며, 1883년에는 마태복음과 마가복음, 사도행전을 인쇄하였고, 1887년에는 신약 전체를 번역하여 최초의 한글 신약성경인 『예수셩교젼서』(聖教 書) 3,000부를 출판하였다. 또한 로스는 1874년에 『한영입문』을 저술하여 발행하였으며, 1879년에는 『한국의 역사, 예절, 관습』을 연이어 내놓았다. 로스와 맥킨타이어는 유능한 조선인 협력자들을 얻어 한글 번역성경을 출판하고, 이들과 힘을 합하여 부지런히 조선인들에게 복음을 전하였다.

만주에서 이렇게 첫 번째로 형성된 개신교 신앙공동체 구성원들은 서양 선교

27 서상륜은 한문에도 익숙한 홍삼장수였다. 잉코우에서 열병에 걸려 거의 회생이 어렵게 되었는데 맥킨타이어의 전도를 받고 기독교에 입교하였다. 1879년에 세례를 받은 후 한글로 성경번역을 시작하였다. 리진호, 『한국성서백년사(1)』, 103–104.

28 로스를 찾은 이 사람들을 첫 신앙공동체를 이룬 인사들로 보기도 한다. 이들의 공통점은 대부분 한문에 능통하고 학식이 풍부하였다. 또한 개방적이고 독립적인 의식을 소유하였고, 새로운 문화와 새로운 사회 질서에 대한 욕구가 강하였다. 정성한, "한석진 목사와 일본선교", 『선교와 신학』 제19집(2007년 6월), 120–121.

사들과 함께 우리말 성경책을 펴냈고, 또 권서인(勸書人=賣書人)[29]이 되어 그 성경책을 직접 우리나라에 가지고 들어와 전하였다. 번역된 쪽 복음 성경들이 1882년 로스를 도와 식자공 일을 하던 김청송[30]에 의해 그의 고향인 집안현 안도 한인촌에 배부되었다. 이로써 한반도의 조선인들은 동족의 입을 통하여 복음을 듣게 되었으며, 중국어가 아닌 한글로 번역된 성경을 읽을 수 있게 되었다. 그 결과 1884년에 안도에서는 75명의 조선인들이 신앙을 고백하고 선교사들에게 세례를 받았다. 그들의 주 활동무대는 만주였으나, 사실상 조선 안까지 복음의 씨를 뿌린 것과 마찬가지였다.

서상륜 선교사

성경번역에 참여한 서상륜을 비롯하여 이성하, 백홍준 등이 성경을 파는 매서인으로, 또 전도인으로 활동하였다. 스코틀랜드 성서공회와 대영성서공회는 성경번역을 위하여 로스에게 자금을 지원하였다. 1883년, 서상륜은 새로 번역된 복음서 성경을 지참하고 비밀리에 국경을 넘어 조선 안으로 옮겼다. 그러나 국경을 넘다가 관헌에게 책이 발각되는 바람에 구금당하여 책을 압수당할 뻔한 위험에 처하였다. 그런데 마침 그곳에서 관리로 일하던 먼 친척이 밤에 몰래 빠져나갈 수 있도록 배려해 준 덕분에 무난하게 책을 반입할 수 있었다. 1884년 봄에 서상륜은 인천에 배편으로 보내온 6,000부의 복음서를 인수하여 여러 지방으로 순회하면서 배포하였다. 사실 그때까지만 해도 입수가 국법으로 금지된 복음서를 대량으로 입수한다는 것은 불가능한 일이었다. 인천세관에서는 몰래 들여오는 책을 적발하여 압수하였으나, 서상륜은 이때에도 묄렌도르프(P. G. von Möllendorf)[31]의 힘을 입어 무사히 통관하였다.

29 권서인들은 성경을 무료로 배포하지 않고 정당한 가격에 판매하였다. 이는 책 읽기를 좋아하고 물건을 정당한 대가를 지불하고 취득하는 자존심이 강하고 예의를 중요시하는 한국인에게는 참으로 좋은 보급 방법이었다.

30 김청송은 영신환을 팔던 사람으로 식자공으로 들어가 일하던 중 성경말씀에 감동을 받아 세례를 받았으며 권서인으로 활약하였다. 리진호, 『한국성서백년사(1)』, 107.

31 묄렌도르프는 독일 사람인데 조선 정부의 초청을 받아 외아문협판이라는 조정의 외교자문 관직에 있었다. 그의 부인이 경건주의 출신의 독실한 신자였기 때문에 로스 목사가 편지로 부인에게 도움을 청하여 이런 도움을 받을 수 있었다.

서상륜의 고향은 본래 의주였는데, 동생 서경조와 함께 의주를 떠나 인척이 살고 있던 황해도 장연군 소래에서 복음을 전하였으며, 조선 최초의 개신교 교회인 소래교회[32]를 설립하였다. 그리고 소래와 서울을 왕래하면서 부지런히 전도하여 많은 결신자들을 얻었다. 1886년에는 서상륜이 언더우드를 방문하여 북쪽 지방 신앙의 구도자들에 대해 현황을 보고한 바 있고, 언더우드는 이에 대한 답례로 1887년 가을에 소래를 방문하여 일곱 명의 신자들에게 세례를 주었다. 서상륜은 이러한 사실들을 만주에 있는 로스에게 알렸다. 그해에 로스는 항로를 통해 입경하여 언더우드를 방문하였으며, 언더우드에 의해 조선 최초의 조직교회인 새문안교회가 설립되었다. 이렇듯 언더우드는 로스의 사역과 연계된 복음의 결실로 조선선교에 큰 진전을 일구었고 1887년부터 매년 북한 지역을 순회 전도하여 세례를 베풀었다.

2) 일본에서의 성경번역

비슷한 시기에 일본에서도 한글성경 번역작업이 추진되고 있었다. 이수정(李樹廷)[33]은 임오군란(壬午軍亂) 때 민비의 생명을 구하여 준 것을 계기로 1882년 개화된 선진문물을 시찰하러 가던 수신사 박영효(朴泳孝)의 신사유람단 보조수행원이 될 수 있었다. 그는 일본에서 3개월의 공무가 끝나자 서양의 새로운 문물을 배울 의욕으로 공직을 떠나 일본에 계속 머물렀다. 그는 친구 안종수(安宗洙)의 소개로 농학박사인 독실한 기독교 신자 쯔다센을 찾아 교류하면서 기독교에 관심을 갖기 시작하였다. 그는 조선에 있을 때부터 이미 한문성경과 한문으로 된 기독교 서적을 읽은 적이 있어서 기독교에 대해서는 어느 정도 지식이 있었다. 더

32 소래교회(松川敎會)는 서상륜, 서경조 형제가 1884년에 황해도 장연군 대구면 송천리에 설립한 한국 개신교 최초의 교회이다. 서상륜은 10권의 쪽 복음서를 소래에서 공개하고 처음에 친척들과 친구들 중에서 13명의 개종자를 얻었다. 이후 마을사람 대부분이 복음화 되었으며 언더우드는 1887년에 이곳을 방문하여 세례를 베풀었다. 기독교대백과사전편찬위원회 편, "소래교회", 『기독교대백과사전(9권)』, 555–556.

33 이수정의 생애와 사역에 대해서는 다음 문헌을 참고할 것. 오윤태, 『한국교회사(Ⅳ): 선구자 이수정편』(서울: 혜선출판사, 1983). 김수진, 『한국기독교 선구자 이수정』(서울: 도서출판진흥, 2006). 안수강, "李樹廷의 信仰告白書와 宣敎師派送呼訴文 문헌 분석", 『한국교회사학회지』33집(2012년 12월), 149–214. 리진호, 『한국성서백년사(1)』, 115–128.

군다나 그의 숙부가 병인교난 때 순교한 천주교인이었다는 점을 감안하면 기독교에 대한 지식이 깊었을지도 모른다.[34] 그는 미국 장로교 선교사 녹스와 감리교 선교사 매클레이와 교제를 나누었다. 이들은 일본에 머물러 있으면서, 이후 조선 선교를 위한 교량역할을 감당한 사람들이다.

쯔다센의 소개로 알게 된 일본인 야스까와 도루(Yasukawa Toru) 목사에게서 기독교를 배운 후 1883년 4월 29일 일본에 와 있던 미국 선교사 녹스(G. W. Knox) 목사로부터 세례를 받았다. 이후 이수정은 일본에 공부하러 온 유학생들에게 전도하였고, 이 유학생들을 중심으로 신앙공동체가 형성되었다. 이수정은 일본의 기독교 잡지『로꾸고』1883년 5월호에 요한복음 14장을 읽고 신앙을 고백하는 글을 써서 기고하였다.[35] 이 글을 읽은 일본 주재 미국 성서공회 총무 루미스(Henry Loomis)는 그의 신앙이 성경을 번역할 수 있을 정도로 성숙한 것으로 인정하였다. 그 후 루미스의 요청으로 이수정은 한글로 성경을 번역하는 중차대한 책임을 맡았다. 이수정은 1884년에『현토한한신약성서』(懸吐漢韓新約聖書)[36]를 완역하여 출간하였다. 1885년에는 그가 번역한『마가복음언히』가 요꼬하마의 미국성서공회를 통해 간행되었으며 1884년 12월에 1,000부를 인쇄하였다.[37] 이수정은 일본에 있는 교포들과 유학생들을 가르치고, 선교잡지를 통하여 미국 기독교에 조선선교의 시급함을 호소하였다.

1885년 4월 5일에 언더우드 선교사가 미국북장로회의 파송을 받고 제물포에 도착하였는데, 이때 이수정에 의하여 번역된『마가복음언히』를 지참하고 들어왔다. 이수정을 비롯한 한국인 유학생들로 구성된 자생적 신앙공동체는 1885년 이후 조선에 입국하는 서양 선교사들에게 큰 도움을 주었다. 주로 미국이나 캐나다

34 오윤태,『한국교회사(Ⅳ): 선구자 이수정편』, 33.

35 이수정은 선교사파송호소문을 작성하여 미국선교사들이 내한하여 복음을 전해 줄 것을 촉구하였다. 이 호소문에는 '자신의 입신에 대한 감사', '한국선교의 시급성 논증', '민족복음화를 염원한 성경번역', '한국선교의 호기 논증', '미국선교사 입국 호소', '한국선교 방안 제시' 등을 담았다. 안수강, "李樹廷의 信仰告白書와 宣教師派送呼訴文 문헌 분석", 175-187.

36 한문성경 매문장에 토를 단 신약성서이다. 이 번역성경은 당시 신사유람단 보조멤버로 일본을 방문했다가 일본에 머물러 동경대학에 유학하던 유학생 식자층을 위해 번역한 것이다. 그는 이 유학생들을 대상으로 성경을 강론하였다. 안수강, "李樹廷의 信仰告白書와 宣教師派送呼訴文 문헌 분석", 154, 192.

37 김수진,『한국기독교 선구자 이수정』, 118-119.

또는 호주에서 오는 선교사들이 당시 뱃길 때문에 일본을 거쳐서 내한하였는데, 일본에서 조선인 신앙공동체를 만나 언어와 풍습을 미리 경험하고 한글로 번역된 성경을 얻을 수 있었다.

이수정의 마가복음 번역

온건한 개화파 노선에 서 있던 이수정은 급진적 개화파였던 김옥균이 보낸 자객의 칼에 맞아 중상을 입은 채 1896년 5월에 서둘러 귀국하였다. 타지인 일본에서 생을 마감하기보다는 고국에서 최후를 맞기를 원했던 것이다. 그의 죽음에 있어서는 단정할 수는 없지만, 5월 28일에 수구파(守舊派)의 음모로 처형된 것으로 보인다.[38]

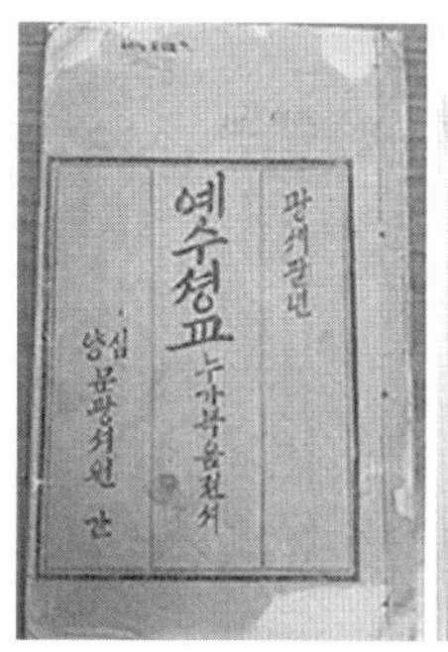

예수셩교 누가복음전셔와 예수셩교전셔 구약전서

38 안수강, "李樹廷의 信仰告白書와 宣教師派送呼訴文 문헌 분석", 185. 그러나 오윤태는 자객 김의순에 의해 입은 상처가 악화되어 병사한 것으로 보았다. 오윤태, 『한국교회사(Ⅳ): 선구자 이수정편』, 198–199, 306.

아래의 사진은 이수정의 어록이다. 의미는 다음과 같다.

사람에게 하나님을 믿는 마음이 있는 것은
나무에 뿌리가 있는 것과 같고 사랑함과
측은한 마음이 없으면 그 나무뿌리가
마름과 같도다.
사랑하는 마음은 물과 같아서 뿌리를
윤택케 하나니 가을과 겨울에 나뭇잎이
떨어져도 그 뿌리가 마르지 아니하느니라.
항상 봄과 같아서 싹이 나고 꽃이 만발하여
잎이 무성하도다.
하나님을 공경하고 말씀을 믿으면
꽃이 피고 얽히고 설킨 가지마다
열매가 가득하니 그 깊음이 있고
심히 크고 달도다. 그 몸통은 소나무와
잣나무 같아서 눈과 서리가 가히
시들게 하지 못하느니라.

3. 개신교 조선선교의 특징

서구 선교사들의 조선선교는 먼저 선교가 진행되있던 중국을 통하여 시도되었다. 여러 선교사들에 의해 선교가 시도되었던 것이 사실이지만 조선 땅에 복음이 처음 전파되고 교회가 설립된 것은 외국 선교사들에 의해서가 아니라 바로 중국을 왕래하던 조선 본토인에 의해서였다. 조선교회의 선교운동은 중국 땅에서 주님을 영접한 조선 상인들이 자신들의 고향에 돌아와 복음을 전함으로써 시작되었다. 1880년대에 이응찬, 백홍준, 김진기, 서상륜 등 조선 기독교인들이 복음을 들고 중국을 떠나 조선의 국경 압록강을 건넜을 때 자신들의 조국을 위한 선교운동이 시작된 것이다. 이러한 사례는 세계 어느 나라에서도 찾아보기 어려운 희귀한 현상이다.

성경번역에 있어서 주목해야 할 점은, 만주와 일본에서 번역된 우리말 성경이 비록 조선교회에서 사용한 번역성경의 모체가 되지는 못했지만 이 번역성경을 통하여 첫 개신교 신자들이 처음부터 성경말씀을 접할 수 있었다는 점이다. 그리고 일본을 거쳐 조선을 찾은 언더우드와 아펜젤러 등 초기 선교사들은 이미 이수정이 한글로 번역한 마가복음서를 지참하고서 입국할 수 있었다.

이렇듯 조선교회의 역사는 세계교회사에서 그 유례를 찾아보기 힘들 정도로 독특한 과정이 있었다. 선교역사를 볼 때 대부분의 나라에서는 외국 선교사가 어느 나라에 정착하여 먼저 선교사 공동체를 이루고, 그 나라의 사람들을 점차 복음화함으로써 차츰 본토인 신앙공동체가 형성되고 교회가 발전하는 양상을 띠기 마련이다. 그러나 우리나라는 그런 보편적인 현상과는 달리, 먼저 본토인들에 의한 신앙공동체가 형성되어 성장하고 있는 과정에서 외국 선교사들이 입국하였다. 즉 자생적 신앙공동체를 만나 보다 발전된 신앙공동체를 이루고 조선민족의 복음화를 추진할 수 있었다는 의미이다. 이는 조선교회의 초기 선교역사를 이해하는 중요한 열쇠가 된다.[39]

39 정성한, "한석진 목사와 일본선교,"『선교와 신학』19집(2007년 6월), 123.

Part 02

복음의 수용기

Story 03

개신교의 조선선교

1. 19세기 개신교의 동아시아 선교

동아시아의 개신교 선교는 복음주의적 경건주의자들로 알려진 선교사들에 의해 시작되었다. 경건주의는 17세기 이래로 유럽 기독교 전통 안에 뿌리를 내려왔다. 경건주의는 중세교회로부터는 신비주의적인 정신을 물려받았으며 루터와 칼빈과 같은 종교개혁자들로부터는 개혁신학을 전수받았다. 유럽에서 경건주의는 제도화된 루터교, 개혁주의 교회, 영국국교회 안에서 계속 발전하였다. 그러나 18세기 말엽에 이르러 제도권의 교회가 그 힘을 잃게 되자 경건주의는 제도교회로부터 분리되어 점차 복음주의적인 부흥운동으로 발전하게 되었다.

복음주의적 경건주의의 특징은 독특한 형태의 경건의 실천, 즉 하나님에 대한 개인적 경험과 자아완성을 목표로 한다. 경건주의자들은 오직 성경만이 인간의 사고와 행위에 대하여 유일한 지침이 되는 권위를 지닌다고 생각하였다.[1] 성경이 진리라면 그 진리는 세상 끝까지 전파되어야 한다는 확신이 그들의 선교 동기가 되었다. 선교사들의 이러한 확신이 18세기 말과 19세기 초 London Missionary Society(1795), the Church Missionary Society(1799), the British and Foreign Bible Society(1804), the American Board of Commissioners for Foreign Missions(1810) 등의 선교단체를 설립하여 복음을 전파하는 동기가 되었다.

1 주도홍, 『개혁교회 경건주의』(서울: 도서출판대서, 2011), 19.

1) 중국

1807년에 London Missionary society의 모리슨(Robert Morrison)이 중국에 입국하면서 동아시아 대륙의 개신교 선교가 시작되었다.[2] 첫 반세기 동안 중국 선교는 지리적으로 광동과 마카오(Macao)를 벗어나지 못하였다. 중국에서의 선교활동은 천진조약(1858)[3] 이후 활발하게 전개되었다.

로버트 모리슨

천진조약으로 법적인 보호를 받게 된 외국 선교사들은 점차 초기의 광동과 마카오의 지리적 제한에서 벗어나 좀 더 넓은 지역으로 선교사업을 확장해 갈 수 있었다. 그들은 점차 중국 내지의 광대한 영역에서 선교의 교두보를 확립했을 뿐 아니라, 테일러(James Hudson Taylor)[4]의 주도 아래 설립된 초교파적인 중국내지선교회의 출현과 함께 선교방법이 개선되었다. 그 후 1880년대 중반부터 그때까지 알려진 것보다 더 새롭고 폭넓은 선교방법을 개척한 선교사들이 나타났다.

2) 일본

일본에서의 개신교 선교는 서구인들에게 개항장 내에서 종교의 자유가 보장된 1858년 미일조약이 체결된 다음 해 개신교 선교사들이 일본에 입국하면서 시작되었다.[5] 처음 10년 동안은 선교사들의 활동이 개항장으로 한정되었고 영향력은 미

2 리진호, 『한국성서백년사(1)』, 17.

3 1858년 6월에 러시아, 미국, 영국, 프랑스 등 각 4개국과 청국이 맺은 4개의 조약이다. 영국과 관련된 내용은 외교사절의 북경 상주, 내지 여행과 양쯔강 통상 승인, 새로운 무역규칙과 관세율 협정(아편무역도 합법화), 개항장(開港場)의 증가, 기독교 공인 등이다. 이로써 기독교 선교가 법적으로 보장되었다.

4 영국의 개신교 선교사. 1854년 중국복음전도협회에 의해 파견되어 상하이, 장쑤, 광동 등지에서 선교하였다. 영국에 돌아와 비종파적 전도단체 내지회를 조직하여 다시 중국으로 갔다. 이 단체는 그의 만년에 중국에서 최대의 전도단체로 성장하였다.

5 미일조약이 체결된 지 5년 후인 1859년 6월 19일 미국성공회 소속 윌리암스(G. Williams) 선교사가 일본에 입국하였으며 계속해서 같은 해 10월 18일 미국장로회 해외선교부에서 햅번(J. C. Hepbun) 선교사를 비롯한 미국 개혁교회 브라운(S. R. B개주), 벌베크(G. Verbeck), 바라(J. Balla) 등이 선교사로 파송받아 일본

미하였다.[6] 1870년대 초 일본 정부가 기독교를 금지하는 표지를 공적으로 제거하고 전도사업을 묵인하면서 개신교 선교는 개항장과 일본 내지에서 활발하게 성장할 수 있었다. 1880년대 개신교는 정부의 서구화 정책에 힘입어 급속도로 부흥하였다. 미국 선교사들이 입국하면서 기독교계 학교들과 미션병원들이 들어섰고 학구열에 불탄 농촌청년들은 도시로 몰려들었다. 이들은 도시의 젊은 청년들과 함께 교회에 출석하였고 기독교를 통하여 근대화가 촉진되는 계기가 되었다.[7]

개신교는 인구가 밀집된 도시 지역으로 전파되었으며 특히 교육받은 중산층에서 인기를 얻었다. "문화의 이식은 선교의 주목적이 아니나 선교의 필연적인 결과요 덤으로 따라오는 부산물"이라고 한 바르넥(Gustav Warneck)의 말과 같이, 선교사들은 복음의 전도자로서 뿐만 아니라 아프리카와 태평양의 섬나라, 문맹 아시아의 여러 나라에도 자연과학과 산업이 앞선 구미의 문화를 소개하는 문화 전수자가 되었다. 선교사들의 기질이나 교양에 따라, 혹은 선교지의 나라와 민족의 특성과 재래적인 토착문화의 정도에 따라 여러 가지로 다른 선교방법이 동원되었다. 그러나 선교지의 국가들은 새로운 신앙을 토착문화와 전통에 도전하는 것으로 받아들이고 거의 예외 없이 거부하였다. 따라서 선교사들은 직접적인 전도방식보다는 우회적인 방법을 사용하였다. 선교사들은 병원과 학교를 세워 의료활동을 펴고 교육을 실시하였다. 그리고 의사소통을 위하여 선교지의 문화와 관습을 연구하였으며 현지 언어로 성경을 번역함으로써 선교사업의 초석을 놓았다.

조선에 온 선교사들 역시 이러한 소임을 충실하게 이행하였다. 그리고 그들은 예외적으로 조선이 유럽과 미국이 아닌 일본의 식민주의 침략과 통치를 받고 있었으므로 선교하기에는 유리한 입장이었다.

에 도착하였다. 김수진, 『한국기독교 선구자 이수정』, 16-17.

6 명치 정부는 기독교가 일본신을 모독하고 풍속을 문란하게 하여 부모형제간 불화를 야기하는 가르침이라고 간주한 막부(幕府)의 기독교 금지정책을 그대로 답습하였다. 도히 아키오, 『일본기독교사』; 김수진 역 (서울: 기독교문사, 1991), 38. 명치 정부가 기독교 금교령을 철폐하고 기독교 활동을 묵인한 것은 1873년 2월에 이르러서였다. 같은 책, 17.

7 김수진, 『한국기독교 선구자 이수정』, 23.

2. 조선의 쇄국정책과 문호개방

1) 쇄국정책

19세기에 이르러 서양국가들은 조선에 통상을 요구하였다. 인도양을 거쳐 동진하여 북상하는 영국과 프랑스, 태평양을 건너 서진하는 미국, 시베리아를 거쳐 남진하는 러시아 등 여러 나라가 조선의 문을 두드렸던 것이다. 순조 32년(1832)에는 영국 상선 한 척이 충청도 해안에 나타나 무역을 요청하였고, 헌종 11년(1845)에는 영국 군함 한 척이 다도해 수역을 측량하며 통상을 요구하였다. 1846년에는 프랑스 군함 세 척이 충청도 해안에 출현하였고, 철종 5년(1854)에는 러시아 군함 두 척이 함경도 해안 여러 곳을 측량하였다. 고종 3년(1866)에는 유태계 독일 상인 오페르트가 두 차례 방문하여 통상을 요구하였다. 그는 대원군의 부친 남연군의 묘를 파헤쳐 부장품을 소유하려고 했던 인사였다. 같은 해 미국 상선 제너럴 셔먼(General Sherman) 호가 평양 대동강을 거슬러 올라와 통상을 요구하였으나, 평양성 군사들로부터 화공을 당하여 침몰하였다.[8]

이렇게 거듭되는 외국 선박들의 출몰은 국내적으로 불안한 상태에 놓여 있던 조선의 입장으로서는 큰 위협이 아닐 수 없었다. 게다가 청나라는 아편전쟁(鴉片戰爭, Opium Wars)[9], 애로우호(Arrow 號)사건[10] 등이 연거푸 일어나면서 서양과 불편한 관계에 처해진 사실을 익히 알고 있던 조선은, 그들의 통상요구를 단호하게 거절하는 것만이 곤경을 미연에 방지할 수 있는 방책이라고 생각하였다. 그런데 서양 여러 나라의 통상요구를 거절한 또 하나의 이유가 있었다. 그것은 천주교의 만연에 대한 두려움 때문이었다. 천주교는 처음에는 주로 남인 학자들이 신봉했

8 리진호, 『한국성서백년사(1)』, 90−91. 이 제너럴 셔먼호 사건으로 토마스 선교사가 대동강변에서 순교하였다.

9 아편전쟁은 19세기 중반에 청나라와 영국 사이에서 벌어진 전쟁이다. 제1차 아편전쟁은 1839년부터 1842년까지 제2차 아편전쟁은 1856년부터 1860년까지 발발하였다.

10 애로우호(Arrow號)는 중국인이 소유한 범선으로 선장은 영국인이지만, 승선 수부(水夫) 14명은 모두 중국인이었던 것으로 보인다. 1856년 광동만(廣東灣)에 정박하고 있던 중 해적 혐의로 중국 관리가 수부 12명을 체포한 것이 애로우호 사건이다. 영국은 함대를 출동시켜 광동(廣東) 부근의 제포대(諸砲臺)를 점령하고 영국 상관을 접수하여 광동성(廣東省)을 포격하였다.

으나 후에는 중인, 상민, 부녀자 등 압박받는 계층의 사람들 사이에 점차 확산되어 갔다. 그간 천주교는 유교적 전통에 반항하고 도전하는 사교집단으로 지탄받아 신해교난, 신유교난, 기해교난, 병오교난 등을 통하여 이미 여러 차례 탄압을 받았다. 대원군은 조두순의 외세배척 노선에 따라 병인교난을 일으켜 천주교를 탄압하였고, 쇄국정책을 단행하여 서양과의 통상을 일체 금지시켰다.[11]

2) 문호개방과 개신교 선교

1873년 대원군이 실각하자, 고종은 점차 밀어닥치는 외세를 견디지 못해 쇄국정책을 포기하고 문호를 개방하였다. 이때에 여러 나라의 개신교 선교부 역시 발빠르게 조선선교를 시도하였다. 1875년 일본 함선인 운요호가 강화도에 와서 피격당한 것을 빌미삼아 일본은 조선을 압박하였고 결국 수교를 강요하여 1876년에 강화도조약을 맺었다.[12] 이로써 조선은 쇄국의 긴 잠에서 깨어나 해외세계를 향하여 눈을 떴다. 그러나 열강이 약소국을 식민지로 전락시키는 냉엄하고도 무자비한 현실에 직면하였다. 조선 조정은 철저한 계획 없이 외부에 문호를 개방하였고 세계 열강의 사절들을 맞이하여 속속 통상조약을 맺었다. 1882년에 미국과, 1884년에는 영국, 독일, 이탈리아, 러시아와, 1886년에는 프랑스, 오스트리아, 벨기에, 덴마크와 수교하고 조약을 맺었다.[13]

조선의 문호개방으로 개신교는 선교의 호기를 맞았다. 그러나 그 과정이 결코 순탄했던 것만은 아니었다. 조선이 개국을 단행하고 있을 때, 재야 유림(儒林) 세력은 새로운 문화에 대한 위기의식을 느끼고 개방정책에 비판을 가하였다. 이들은 한결같이 유학을 정학으로 재천명하고 외래종교의 이질성을 단죄함으로써 척사위정(斥邪衛正)의 명분을 내세워 개방정책에 제동을 걸었다. 특히

---

11 이기백, 『한국사신론』, 286–287.

12 일본 군함 운요호가 외교정책의 일환으로, 1875년 9월 20일 조선 해안을 탐측 연구하기 위해 왔다고 변명하며 강화도 수역에 불법으로 침투하자 해안경비를 서던 조선 수군이 발포하였다. 이 사건이 빌미가 되어 이듬해 일본은 강압적으로 강화도조약을 체결하였다. 이홍직, "강화도조약" 『국사대사전』, 40–41.

13 김영재, 『한국기독교사』, 59.

최익현(崔益鉉)은 1876년 강화도조약 당시, 왜양일체(倭洋一體)를 부르짖으며 일본은 사실상 서양과 같은 오랑케이기 때문에 화친을 맺으면 "사학전수편만일국(邪學傳授遍滿一國: 잘못된 학문, 즉 기독교가 온 나라에 만연됨)"을 초래할 것이라고 경고하였다.[14]

이후 1880년 9월 6일 청나라의 참찬관(參贊官) 황준헌(黃遵憲)이 일본에서 수신사 김홍집(金弘集)을 만나 한미수호조약을 추진해야 할 당위성을 밝힌 저서『朝鮮策略』(조선책략)[15]을 넘겨주었다. 이 책을 통해 조선이 자국의 안전을 도모하려면 '친중'(親中), '결일'(結日), '연미'(聯美) 정책을 추진하여 러시아를 견제해야 한다는 것이었다. 거기에 덧붙여 황준헌은 조선이 역사적으로 천주교를 경계해 왔다는 점을 익히 알고 있었기 때문에 한미수호조약이 또 다른 척사론를 부추길 것을 우려하여 개신교는 천주교와 엄연히 다르다는 것을 밝혔다. 그는 개신교가 천주교와 근원은 같지만 주자학과 육상산(陸象山)[16]이 다른 것처럼 서로 다른 종교라고 하였다. 더구나 미국의 개신교는 정교분리를 주장하며 조정에 폐를 끼치지 않으며 선량한 사람들이 많다고 주장하였다.

그러나 척사위정파는 황준헌의 이런 발상과 조선의 개국정책에 곧바로 항거하였다. 1880년 2월 10일 병조정랑(兵曹正郎) 유원식(劉元植)은 신구교(新舊教)의 차이를 주육(朱陸: 주자와 육상산)의 차이로 비교한 데 격분하여 상소하였다. 또 이듬해 3월 25일에는 이만손(李晩孫)을 비롯한 영남 유생들이 주육 문제로 성현을 모독한다고 상소하였고, 그해 4월 21일에는 황재현(黃載顯)과 홍시중(洪時中)이 예수교를 아편이라고 몰아붙였다. 7월 30일에는 강원 유생 홍재학(洪在鶴)이 김홍집은 사실상 예수의 심복인데 어찌하여 정사(政事)에 참여하게 되었는지 모르겠다고 한탄하였다.[17] 홍재학은 왕이 "불사학문(不事學問: 학문을 닦지 못함)"하여 서양종교

14 민경배, 『한국기독교회사』, 126.

15 러시아의 남방정책에 대비하여 한, 중, 일 사이의 외교책을 논한 책으로 러시아를 방비하기 위해 조선은 중국과는 친하고 일본과는 결속을 추진해야 한다는 내용을 담았다. 이홍직, "조선책략", 『국사대사전』, 1417.

16 육상산은 중국 남송(南宋) 시대 유학자였다. 그는 주자와 대립하여 중국 전체를 양분시키는 학문적 세력을 형성하였다. 주자는 '객관적 유심론'을 주장한 반면, 육상산은 '주관적 유심론'을 주장하였다.

17 민경배, 『한국기독교회사』, 126-128.

를 수용한다고 비판하다가 왕을 능멸한 죄로 처형당하였다.[18]

한편 유림세력은 개방과 개신교를 동일시하여 외세에 저항하였고, 유생 신섭(申欆)은 개방으로 왕래가 잦으면 자연히 사교에 감염되기 마련이라면서 이는 마치 호랑이를 들여놓고 키우는 것과 마찬가지라고 힐책하였다. 이처럼 상소가 빗발치자 고종은 "척사윤음"(斥邪綸音)을 내려 개방이 곧 서양종교의 수용을 의미하는 것은 아니라는 사실을 분명히 하였다. 고종은 개방과 개신교 선교를 별개의 문제로 인식하였다.[19] 따라서 선교사들은 모두 신분을 숨기고 의료사업 혹은 교육사업 등의 명목으로 조선에 입국해야만 하였다. 전통적으로 유학만이 정학이라고 믿었던 조정이었기에 천주교나 개신교의 조선선교는 이처럼 냉대를 받아야만 하였다.

3. 개신교 선교의 시작

1) 조선의 문호개방과 개신교 선교

조선은 문호개방과 함께 개신교도 함께 수용하였다. 과거에 여러 차례 천주교 박해 사례가 있었으므로 개신교가 1898년에 선교의 윤허를 받기까지에는 수많은 어려움이 있었다. 그러나 개신교는 천주교의 초기 선교의 실패를 거울삼아 지혜롭게 행동함으로써 천주교보다는 훨씬 수월하게 선교의 윤허를 얻어낼 수 있었다. 또 여기에는 이미 문물의 선진화를 이룩한 서양제국의 배경도 함께 작용하였다.

개국을 서둘렀던 조선이 최초로 통상조약을 맺은 나라는 일본이었다. 조선은 1876년 일본과 조약을 맺을 때만 해도 기독교 선교 금지조항을 넣자고 주장하였다. 이는 국내 유림 세력이 기독교에 대해 거센 반발과 저항을 표출했기 때문이

---

18 황준헌이 『조선책략』을 왕에게 바치자 수구파의 홍재학은 국정을 통박하고 왕이 불사학문한다고 거침없이 비판하여 결사적으로 반대하다가 능치처참형에 처해졌다. 이홍직, "홍재학", 『국사대사전』, 1760-1761.

19 민경배, 『한국기독교회사』, 128-129.

었다. 조선은 1882년 체결된 한미수호조약에서도 역시 기독교 금지를 명문화하자고 강력하게 주장하였다. 그러나 기독교 금지조항을 조약문에 삽입할 경우 구미 어느 나라와도 조약을 맺지 못할 것이라는 청나라 마건충(馬建忠)의 진언에 따라 이 조약에서는 기독교의 금교가 명문화되지 않았다. 이것은 조선이 수교정략에 따라 기독교에 베푼 최초의 관대한 조치였다. 그 후 1883년 영국이나 독일과 조약을 맺을 때에는 한정된 장소에서 그들끼리 예배를 드리는 일이 허용되었다.[20]

그러나 조정은 조약 체결 시 기독교의 금지조항을 삽입하지 않았다고 해서 조선인들에게 개신교의 자유를 허락한 것은 아니었다. 이 당시까지도 고종은 통상조약이 곧 종교의 전파를 허용하는 것은 아니라는 사실을 굳게 다짐하였다. 또한 그는 이국종교를 따르는 백성은 엄중하게 처벌할 것이라고 경고하였다. 그런데 1886년 한불조약 체결 시 이상하게도 '교회'(敎誨)라는 단어가 조약문에 삽입되었다. 이 글자가 어떻게 해서 명문화되었는지는 알 수 없으나 교회사가들은 당시 외교에 어두웠던 조선의 눈을 속인 프랑스의 잔꾀였을 것이라고 말한다. 어떻든 '교회'라는 말이 명문화되자 미국을 비롯한 영국, 독일 등도 선교사업을 위한 교육기관 운영에 착수할 기회를 갖게 되었다. 유홍렬에 의하면 프랑스 정부는 이 '교회'라는 문구를 넣음으로써 이제까지 극비리에 천주교를 조선인에게 가르치던 사실을 정당화한 셈이라고 의미를 부여하였다.[21] 그러나 그렇다고 해서 이것이 곧 선교의 시작을 뜻하는 것은 아니었다. 왜냐하면 조선에서는 여전히 기독교 신앙의 자유를 허락하지 않았고 선교 또한 정식으로 윤허되지도 않았기 때문이다.

오랫동안 쇄국정책을 주장하던 모화(慕華) 사상파의 수구 세력이 쇠퇴하고, 선진 외국과의 교류를 통하여 부국강병을 시도하던 개화파가 득세하였을 때 외무대신 김옥균이 일본을 방문하였다. 그때 일본 주재 녹스(Knox), 매클레이(Maclay),

20 1886년 7월 23일에 가서야 외국인들이 공사관 안에서 매주일 아침 11시에 예배를 드릴 수 있는 여건이 마련되었다. 민경배, 『한국기독교회사』, 129-130.

21 유홍렬, 『고종치하 서학 수난의 연구』(서울: 을유문화사, 1962), 366. '교회'(敎誨)란 문자적으로는 가르침을 의미한다. 조선 조정에서는 이 의미를 단순하게 외교 윤리적인 차원에서 의미를 부여했을 가능성이 있다. 그러나 프랑스 측에서는 후일 천주교 선교를 정당화하기 위한 합법적인 근거로 삼기 위해 이 용어를 삽입했을 것이다.

루미스(Loomis) 등 선교사들을 만나고 청산학원(靑山學院)을 돌아보며 큰 감명을 받았다. 일본에 주재하던 미국 감리교 선교사 매클레이는 김옥균의 권고를 받아들여 감리교 선교부의 요청을 받아 1884년 6월 8일에 조선을 방문하였다. 그는 고종을 알현하고 김옥균의 도움으로 왕으로부터 기독교병원과 학교의 설립을 약속받았다. 그가 선교사들이 입국할 수 있는 길을 열어 놓은 셈이다. 매클레이는 선교사업보다 병원과 학교를 경영하는 일에 주력하였으며 고종의 환심을 사서 윤허를 얻게 되었다.[22] 이것은 정식으로 선교의 허락을 받은 것은 아니었지만 개신교 선교를 여는 첫 교두보가 되었다. 이후 알렌, 언더우드, 아펜젤러 등이 입국하였다. 이러한 일들이 계기가 되어 조선에 상륙한 개신교는 조정의 신임을 얻어 마침내 1898년 6월 10일 선교의 윤허를 받았다.[23] 이때 '선교사'(An American Missionary Teacher)라는 공식명칭으로 스왈런(W. L. Swallen) 선교사가 처음 조선에 입국하였다. 그 이전에 알렌, 언더우드, 아펜젤러 등은 선교사의 명칭이 아닌 의사 혹은 교사의 신분으로 입국할 수 있었지만 그 배후에는 조선선교를 준비하시는 하나님의 큰 섭리가 있었기에 제중원을 중심으로 그들의 사역을 전개할 수 있었다.

2) 초기 선교사들

언더우드와 아펜젤러가 입국한 후 미국 선교부의 파송을 받은 선교사들이 속속 조선에 입국하였다. 이들은 정식으로 파송을 받은 선교사들이었다. 이들은 선교의 윤허를 받기 위해 힘썼고, 결국 이들의 노력으로 1898년에 정식으로 선교의 윤허가 내려졌다.

22 백종구, 『한국 초기 개신교 선교운동과 선교신학』(서울: 한국교회사학연구원, 2002), 81. 김옥균은 유학자이자 불교신자로 알려져 있다. 그는 급진개화파 인사였으며 조선개화를 위한 방편으로 기독교 수용을 추진하려고 하였다.

23 민경배, 『한국기독교회사』, 135.

① 알렌

알렌(Allen)은 1858년 4월 23일 미국 오하이오주 딜레어에서 출생하였다. 그는 1881년 오하이오주의 웨슬리언대학(Wesleyan College) 신학부를 거쳐 1883년 마이애미 의과대학에서 의학박사 학위를 받았다. 그리고 같은 해 메신저(France Ann Messenger)와 결혼한 후 그 해 10월 미국북장로회 의료선교사로 중국 상해에 파송되었다. 알렌은 상해, 남경 등지를 1년 동안 순회했으나 적당한 자리를 찾지 못하였다. 그러던 중 그는 상해에 있던 친구 헨더슨(Henderson) 박사의 소개로 조선에 갈 결심을 하였다. 이때 알렌은 조선에 의사가 필요한지를 먼저 타진하여 확인한 후, 1884년 6월 8일자로 선교부에 조선으로 임지를 바꾸어 줄 것을 요청하였다. 조선 파송을 허락받은 알렌은 그해 9월 20일 조선의 첫 의료선교사로 제물포에 입항하였다.[24] 이틀 뒤 서울에 도착했으나 아직 선교의 윤허가 내려지지 않은 때였으므로 당시 초대 미국공사였던 푸트(Foote)의 주선으로 선교사 신분을 감춘 채 공사관 전속의사로 일하게 되었다. 그 후에 푸트와 함께 고종을 알현했을 때 "선교사가 아닌가?" 하고 묻는 고종에게 푸트 공사는 그가 공사관에 소속된 의사일 뿐이라고 답변하여 고종을 안심시켰다. 이렇게 해서 선교사이면서도 신분을 의사로만 밝힌 알렌의 숨은 의료선교 사업이 시작되었다.

알렌은 1884년 12월 4일 갑신정변(甲申政變)이 발발했을 때, 빈사상태에 빠진 수구파(守舊派)의 거두 민영익(閔泳翊, 민비의 조카)을 3개월 동안 치료하여 완치시켜 주었고[25] 민영익으로부터 10만 냥의 사례금을 받았다.[26] 또 이일로 고종의 두터운 신임을 사서 시의(侍醫)에 임명되었다. 알렌은 정식으로 선교사업에 착수할 의중을 굳히는 한편 1885년 1월에는 미국공사 포크를 통해 국립병원 설립안을 조

24 Horace Newton Allen, 『알렌의 일기』, 김원모 역(서울: 단국대학교출판부, 1991), 23. 1884년 9월 20일자 일기.

25 Horace Newton Allen, 『알렌의 일기』, 29-33. 1884년 12월 5일자 일기.

26 Horace Newton Allen, 『알렌의 일기』, 51. 1885년 1월 27일자 일기.

정에 제출하였다. 그해 봄, 조정에서는 알렌의 병원설립계획안을 승인했을 뿐 아니라 갑신정변 때 역신으로 척살된 개화파 홍영식(洪英植)의 집을 수리해서 병원으로 사용하도록 배려해 주었다.[27] 그리하여 한국 최초의 근대식 병원인 광혜원(廣惠院: Extended Grace House)이 1885년 4월 9일 서울 북부 재동에 설립되었다.[28] 선교회 측에서는 의료원장만을 파견하고, 건물이나 기구 및 일체의 경비는 조선 조정에서 부담하여 통리교섭통상아문(統理交涉通商衙門)으로 하여금 그 사무를 담당하게 하였다.

개원 첫해 알렌은 그해 입국한 감리교의 스크랜톤(Scranton) 선교사와 장로교의 헤론(Heron) 선교사의 도움을 받으며 1만여 명의 환자를 치료하였다. 그리고 1886년 3월 29일부터는 병원부속 관영(官營)으로 의학교육을 실시하면서 조심스럽게 선교사업에 임하였다. 그러나 성품이 신중한 알렌은 워낙 조심스럽게 일을 처리했으므로 선교적 열의에 불타던 스크랜톤, 헤론 등과 자주 불화를 빚었다. 이 일로 인해 알렌을 좋지 않게 평가한 보고서가 미국북장로교 선교부에 여러 차례 접수되었다. 갈등에 사로잡혀 있던 알렌은 부산 선교부로 전임(轉任)할 것을 요청했으나 좌절되자 1887년 제중원 의료사업에서 손을 떼었고, 1887년 가을에 주(駐) 워싱턴 조선공사관 고문으로 전직(轉職)되었다. 그는 다시 선교활동을 전개하기 위해 미국북장로회 선교부의 위촉을 받고 1890년 7월 9일 조선에 재입국하여 미국공사관 서기관이 되었으며 총영사와 대리공사 등을 역임하였다. 그는 을사늑약이 체결되기 반년 전인 1905년 3월말에 루즈벨트(Theodore Roosevelt) 대통령으로부터 해직 통보를 받고 조선을 떠났다.[29]

---

27 Horace Newton Allen, 『알렌의 일기』, 67. 1885년 3월 1일자 일기.

28 Horace Newton Allen, 『알렌의 일기』, 79. 1885년 4월 10일자 일기.

29 민경배, 『한국기독교회사』, 213.

② 언더우드

언더우드(Underwood)[30]는 1859년 7월 19일 영국에서 태어났다. 그는 조부 때부터 주님을 믿은 독실한 기독교 가정에서 성장하여 어려서부터 신앙이 독실하였다. 언더우드는 1865년 여섯 살의 어린 나이에 어머니를 잃고 1872년 아버지를 따라 미국으로 이주한 뒤 화란 개혁교파에서 경영하는 뉴브런즈윅신학교에 입학하였다. 그곳에서 공부하는 동안 부흥목사였던 이스톤(Easton)의 영향을 받아 구세군 전도대에 끼어 노방전도에 나섰다. 신학교를 졸업한 언더우드는 인도선교에 뜻을 두고 인도의 지리, 환경, 풍토 등에 대해 공부하였다. 그리고 인도선교를 위해서는 반드시 의학적인 소양이 필요하다는 사실을 인식하고 1년 동안 의학공부에 몰두하였다.

그러나 일본 명치학원(明治學院) 강사로 있었던 알트만(Altmann) 박사로부터 한미수호조약으로 조선에 선교의 길이 열렸지만 이를 위한 선교대책은 아직 수립되지 않았다는 소식을 전해 들었다. 그는 인도와 조선 두 곳 중 어느 나라에서 선교사로 사역해야 할 것인가 번민하던 중 조선으로 가라는 하나님의 음성을 듣고 조선선교를 결심하였다. 언더우드는 미국북장로회 선교부에서 엘린우드(Ellinwood)를 만나 그의 소개를 통해 윌리엄즈(Williams)의 도움을 받았다. 윌리엄즈의 선교 후원을 받은 언더우드는 1884년 12월 16일에 조선을 향해 출발하였다. 1885년 1월 일본에 도착하자 2개월 간 머물면서 이수정(李樹廷)으로부터 조선어와 관행을 배웠으며 그가 번역한 한글 마가복음을 건네받았다. 마침내 같은 해 4월 5일 부활주일에 미국북감리회 선교부로부터 파송받은 아펜젤러 부부와 함께 개신교 첫 목사로서 제물포에 입항하였다.[31]

언더우드는 조선의 어수선한 사정 때문에 일단 자신의 선교사 신분을 감추고

30 언더우드의 생애와 사역에 대해서는 그의 아내가 저술한 다음 문헌을 참고할 것. Lillias H. Underwood, 『언더우드』 이만열 역(서울: 기독교문사, 1999).

31 Lillias H. Underwood, 『언더우드』, 25–48. 민경배, 『한국기독교회사』, 155– 157. 김인수, 『한국기독교회의 역사』, 136–137.

광혜원을 운영하던 알렌의 조수로 들어갔다. 그는 광혜원에서 일하는 동안 의학을 배우던 학생들에게 물리학을 가르치는 한편 노방전도에도 힘썼다. 1886년에는 고아들을 모아 자기 집에 예수교학당을 설립하여 숙식을 제공하였는데, 이 학당이 바로 경신학교(儆新學校)의 전신이 되었다. 또 그는 조선에 온 지 1년 만에 한글을 익혀 가며 마가복음을 새로 번역하였다. 입국 처음 1년 동안은 선교의 열매가 거의 없었으나 1886년 7월에 이르러 드디어 알렌의 한국어 선생이었던 노도사(盧道士: 노춘경)에게 세례를 베풂으로써 첫 전도의 결실을 거두었다.[32] 언더우드는 1887년에 자기 집 사랑채에 장로교회를 설립하였고, 같은 해 솔내교회의 요청으로 솔내를 직접 방문하여 일곱 명에게 세례를 주었다. 그는 장거리 내지 여행을 하여 적절한 선교기지를 탐색하였는데, 1887년 초 언더우드는 북서지역 500마일을 여행하고 1888년 봄에는 감리교 선교사인 아펜젤러(Appenzeller)와 함께 서해안 200마일을 여행하였다. 조선인들과의 개인적인 접촉은 대체적으로 길거리와 주막, 그리고 노상과 마을 등지에서 이루어졌다. 선교사들은 이러한 만남을 목적으로 종종 조선의 전통적인 객실이라 할 수 있는 사랑방을 이용하곤 하였다. 1889년 3월에 호톤 양과 결혼식을 올리고 곧바로 강계, 신의주, 함경도를 거쳐 만주에까지 전도여행 길에 올랐다. 그는 이 여행에서 만주에 있는 조선인 33명에게 세례를 베푸는 성과도 올렸다.[33] 또 그는 아펜젤러와 동역하며 성서번역사업에도 크게 헌신하였다.

1891년 안식년을 맞이한 언더우드는 테네시주 내슈빌(Nashvill)에서 개최되었던 신학교 간의 선교연맹에 강사로 참여하여 당시 밴더빌트 대학에 재학 중이었던 감리교인 윤치호와 함께 신학생들에게 조선선교에 관한 큰 도전의식을 심어주었다. 그 열매로서 매코믹신학교에 재학 중이었던 테이트(L. B. Tate), 버지니아 유니언신학교의 존슨(C. Johnson), 레이놀즈(W. D. Reynolds)가 조선 선교사로 내한하여 헌신하였고 후에 전킨(W. M. Junkin)이 합류하였다. 이들의 조선선교행을 돕기 위하여 언더우드의 형인 존 언더우드가 남장로교 선교본부에 2,000달러의 선

32 Lillias H. Underwood, 『언더우드』, 65.

33 Lillias H. Underwood, 『언더우드』, 91–104. "기억할 만한 여행"을 참고할 것. 그는 두 달 간의 전도여행 길에 1,600km를 이동하였고 600명의 환자들을 치료하였다.

교비를 지원하기도 하였다. 언더우드는 미국뿐 아니라 캐나다 토론토에서 열렸던 학생자원선교대회(Student Volunteer Convention)에 강사로 참여하였는데 후에 세브란스의전을 세우는 데 결정적인 역할을 했던 의사 애비슨(O. R. Avison)을 만날 수 있었다.[34] 언더우드는 또 신문 발간에도 힘을 써 한국교계 최초의 신문인『그리스도 신문』을 1897년부터 1901년까지 속간하였으며 찬송가도 편찬하였다. 언더우드의 빼놓을 수 없는 공적 중의 또 하나는 현 연세대학교의 전신인 연희전문학교를 세우는 데 중추적인 역할을 하였다는 점이다.

이렇게 교육사업과 전도, 그리고 성서번역까지 폭넓게 선교사역을 수행하던 언더우드는 과로로 병환이 깊어져 귀국하여 치료를 받았으나 1916년 10월 12일 57세를 일기로 애틀랜틱시 병원에서 세상을 떠났다.[35]

③ 아펜젤러

1885년 4월 5일 아펜젤러(Appenzeller)와 언더우드가 입국하면서 개신교의 실질적인 조선선교가 시작되었다. 알렌은 목사가 아닌 의료선교사로 입국했지만, 이들은 정식 개신교 목사이자 선교사로 조선에 들어왔던 것이다.

아펜젤러는 1858년 2월 6일 미국 펜실베니아주 손더톤에서 출생하였다. 독실한 기독교 가정에서 자란 아펜젤러는 웨스트체스터 사범학교에 다닐 때인 1876년 10월 2일, 그곳의 장로교 집회에 참석했다가 회심을 체험하였으며, 그는 이날을 평생 제2의 생일로 기념하였다. 그는 이 일을 계기로 장로교회에 출석하였고, 1878년에는 랭카스터에

34 언더우드가 미국에서 조선을 소개한 행적은 다음 문헌을 참고할 것. Lillias H. Underwood,『언더우드』, 266–273. 그는 조선선교 후원을 호소하기 위해 뉴욕, 필라델피아, 보스톤, 시카고, 버팔로, 클리블랜드, 밀워키, 세인트 루이스, 인디애나폴리스, 캔사스 시티, 미네아폴리스, 세인트 폴, 피츠버그, 알바니, 로체스터, 시라큐즈 등 수십 곳을 방문하였다.

35 세상을 떠나기 바로 전날 밤 아내인 릴리아스 언더우드가 한국으로 가겠느냐고 묻자 그는 고개를 끄덕이며 응답하였다. 그의 생명이 얼마 남지 않았을 때 예수님이 당신 곁에 계시는 것 같으냐는 질문을 받자 역시 미소를 머금으며 크게 고개를 끄덕였다. Lillias H. Underwood,『언더우드』, 327.

있는 프랭클린 & 마샬(Franklin and Marashall) 대학에 진학하여 히브리어와 헬라어 등 어학을 공부하였다. 그러나 그는 회심 이후 장로교회의 신앙형태에 대해 갈등과 회의에 빠졌다. 너무나 엄격한 당시 미국 장로교회의 신앙유형이 아펜젤러의 신앙과는 맞지 않았던 것이다. 그러다가 랭카스터에 있는 제일 감리교회의 기도회에 참석하기 시작하여 마침내 1879년 감리교회로 교적을 옮겼다. 감리교로 옮긴 후 1882년 두루신학교(Drew Theological Seminary)에 입학하였고 여기에서 공부하는 동안 해외선교에 관심을 갖기 시작하였다. 특히 그의 절친한 친구였던 워즈워드(J. S. Wordsworth)에게서 그리피스(Griffis)가 지은『은자의 나라 한국』(*Korea, The Hermit Nation*)이라는 책을 빌려 읽은 다음부터 조선선교에 깊은 관심을 갖기 시작하였다. 처음에 그의 선교 목적지는 조선이 아닌 일본이었다.

그는 1883년 10월, 하트포드에서 열린 전국 신학교연합회(American Inter-Seminary Alliance) 집회에 드루신학교 신학생 대표로 참석하여 해외선교에 대한 열띤 강연을 듣고서 선교에 대한 열정이 더욱 깊어졌다. 그는 이 집회에서 만년 동역자가 될 뉴브론즈윅신학교 신학생 대표 언더우드를 만났다.[36] 1884년 그가 졸업반이었을 때, 미국감리회 해외선교부에서는 조선선교를 단행하기로 하고 우선 학교와 병원사업을 수행할 선교사 후보를 물색하였다. 병원사업자로는 의사인 스크랜톤(W. B. Scranton)이 임명되었고 학교사업을 담당할 선교사로는 워즈워드가 개인사정으로 포기하는 바람에 대신 아펜젤러가 임명받게 되었다. 1884년 12월 랭카스터에서 만난 청교도의 후예인 닷지(Ella Dodge)와 결혼하고 이듬해 1885년에 목사안수를 받고서 조선으로 출발 하였다. 아펜젤러는 스크랜톤 부부와 함께 태평양 우편선인 아라빅호를 타고 그 해 2월 27일 일본에 도착하였다. 일본에 도착한 그는 우선 3월 5일 선교사 매클레이의 서재에서 조선 선교사 회의를 개최하여 선교대책을 논의하였다.[37] 또 아펜젤러와 언더우드는 입국 전 두 달 남짓 일본에 머무는

36 미국북감리회 소속 아펜젤러와 미국북장로회 소속 언더우드는 서로 교파는 달랐지만 아펜젤러가 본래 청교도 장로교 집안에서 성장했기 때문에 신앙적인 면에서도 언더우드와 더욱 친밀하게 동역할 수 있었으리라 본다.

37 노종해, "아펜젤러의 인간과 신앙", Henry Gerhard Appenzeller,『자유와 빛을 주소서』노종해 역(서울: 대한기독교서회, 1989), 282-288. 기독교대백과사전편찬위원회 편, "아펜젤러3",『기독교대백과사전(10권)』(서울: 기독교문사, 1994), 1125-1127. 신호철,『양화진 선교사의 삶』(서울: 양화진선교회, 2005), 20-23.

동안 이수정으로부터 한글을 배웠으며 이수정이 번역한 한글본 마가복음을 전해 받았다.[38]

아펜젤러는 본국의 포울러(Fowler) 감독으로부터 조선 선교부 부(副)감리사로 임명받았다. 그리고 미북장로회 선교사인 언더우드와 함께 미쯔비시 선박회사의 배편으로 조선으로 출발하여 1885년 4월 5일(부활절) 제물포항에 도착하였다. 이때 그는 조선에 첫걸음을 내디디면서 "그날(부활절) 사망의 철창을 깨쳐 버리신 주님께서 이 백성들(조선 사람들)을 묶고 있는 결박을 푸시고 그들을 하나님의 자녀로서 빛과 자유에로 인도하시길!"이라고 기도하였다.[39] 이렇게 그가 갈망하던 조선에 선교사로 왔으나 당시의 조선은 갑신정변이 일어난 지 불과 3개월밖에 지나지 않은 불안한 정황이어서 인천에서 한 주간 머물다가 일본으로 돌아갈 수밖에 없었다. 아펜젤러는 그해 7월 19일에 스크랜톤이 마련해 놓은 서울 집으로 다시 돌아왔다.

초기의 배재학당

이수정 역시 두 달 남짓 언더우드와 아펜젤러에게 한국어를 가르쳤으며 자신이 번역한 한글본 마가복음을 전해 주었다. 안수강, "李樹廷의 信仰告白書와 宣敎師派送呼訴文 문헌 분석", 196.

38 안수강, "李樹廷의 信仰告白書와 宣敎師派送呼訴文 문헌 분석", 196.

39 Henry Gerhart Appenzeller, 『자유와 빛을 주소서』, 3(머리말). 그는 2년 후 부활주일 일기에서는 "이곳 주민들이 하나님을 찾고 그들을 교회와 하나 되게 할 날이 어서 오게 하옵소서!"라고 기도하였다. 같은 책, 7. 1886년 4월 25일자 일기. 그의 일기는 1886년 4월 25일부터 9월 25일까지 기록되었으며, 중요한 행적을 중심으로 간헐적으로 작성하였다.

우선 그는 교육사업부터 시작하여 두 조선인 학생에게 영어를 가르쳤는데, 이 교육과정이 훗날 배재학당의 기초가 되었다. 갓 쓰고 도포 입은 학생에게 영어를 가르쳐 주고 기독교 신앙과 자립정신도 함께 심어주었다. 그의 행적이 알려지자 곧이어 많은 학생들이 몰려들었다. 조금 지나서는 고종까지도 관심을 보여 인재를 양성한다는 뜻을 지닌 배재학당(培材學堂)이란 교명까지 하사하였다.[40]

아펜젤러는 육영사업에 힘쓰는 한편 열정적으로 선교사역에 임하였다. 그는 1885년과 1886년에 각각 두 일본인에게 세례를 주고, 1887년에는 밤마다 그에게 찾아와 성경을 배웠던 배제학당 학생에게 세례를 베풀었다. 이해 1월에는 한국 개신교 역사상 처음으로 지금의 정동교회 자리에 벧엘교회를 세우고 10월부터 조선 기독교인들과 함께 예배를 드렸다. 아펜젤러는 벧엘교회를 시작하면서 선교에 확신을 얻고 지방순회 전도여행 길에 나섰다. 1888년부터 시작된 그의 전도여행은 1890년까지 계속되어 조선 8도 중 6개 도를 순회하면서 지방별로 교회터를 물색해 놓았다. 아펜젤러는 전도는 물론 성서번역과 청년운동에도 주목하였다. 특히 그는 1898년 독립협회 사건으로 투옥되었던 이상재, 이승만, 남궁억 등에게 옥중전도를 전개하여 이들이 기독교에 귀의하는 데 결정적인 역할을 하였다. 또 미국에서 귀국한 서재필과도 손을 잡고 기독교청년회(YMCA) 활동도 활발하게 전개하여 1901년에는 배재학당 내에 기독교청년회 써클을 조직하였다. 이렇게 열심히 일한 공로가 회자되어 1900년 안식년을 맞아 미국에 귀환할 때에는 고종의 배웅까지 받았다. 안식년을 마치고 다시 1901년에 조선에 귀환한 아펜젤러는 계속하여 전도사업에 힘쓰는 한편 성서번역사업을 추진하는 일에 매진하였다.

그는 1902년 6월 첫 주일, 목포에서 열릴 예정이던 성서번역자회의에 참석하려고 인천에서 배편으로 목포를 향해 가던 중 군산 근처에서 안개로 인해 항로를 벗어난 일본상선과 충돌하는 바람에 44세의 젊은 나이에 세상을 떠났다.[41]

---

40 아펜젤러는 1886년 6월 8일에 공식적으로 학교를 시작하였다. Henry Gerhart Appenzeller, 『자유와 빛을 주소서』, 9. 1886년 6월 16일자 일기. 배재학당이 새겨진 현판은 1887년 3월 14일이었다. 같은 책, 30. 1887년 3월 14일자 일기.

41 아펜젤러는 배가 파선했을 때 선실에 있던 조한규 선생을 구조하기 위해 내려갔다가 물길을 빠져나오지 못한 채 세상을 떠났다. 노종해, "아펜젤러의 인간과 신앙", 287.

4. 조선선교와 개신교 수용과 그 특징

미국 개신교 선교사들은 선교하기에 적절한 시기에 내한하였다. 불과 20년 전만 하더라도[42] 천주교 신자들과 신부들이 병인교난으로 핍박을 받았는데, 이제는 그때처럼 기독교를 적대시하는 하는 일이 크게 완화되었기 때문이다. 조선은 이웃한 일본과 중국의 내정간섭에 시달렸으며, 북으로는 국경을 접한 러시아가 남진정책을 시행하여 한반도에 세력을 뻗치려는 책략이 불을 보듯 뻔한 상황에 처해 있었다. 그래서 조선은 멀리 떨어져 있는 나라, 즉 중립을 지키는 듯한 미국이 우방이 될 수 있을 것으로 판단하였다. 그러나 미국의 자본가들에게는 조선이 만족할 만한 시장으로 보이지 않았으므로, 미국 정부는 한반도에 세력을 구축할 의욕이 별로 없었다. 그럼에도 미국은 1905년 조선이 일본에 외교권을 박탈당하기 전까지는 외교적인 우호관계를 계속 유지하였다.

일본은 1895년 청일전쟁에서 승리한 후 일본인 낭인배들을 사주하여 1895년 10월 8일 을미사변을 단행하여 명성왕후를 시해하는 만행을 저지르는 등 한반도에 세력을 구축하는 일에 광분하였다.[43] 그러다가 1905년 러일전쟁에서 승리한 후에는 11월 17일 조선을 보호한다는 명분을 내세워 강제로 을사늑약(을사보호조약)을 체결함으로써 조선의 외교권을 박탈하여 자국에 종속시켰다.[44]

미국 대통령 루즈벨트(Theodore Roosevelt)는 1907년 7월 비밀리에 '태프트-가쯔라 조약'[45]을 맺고 일본이 조선을 식민지로 삼는 일을 묵인하였다. 그럼으로써 미국은 러시아의 남진을 막고, 반대급부로 필리핀을 식민지화하는 일을 일본이 묵인해 주기를 바랐던 것이다. 고종은 이러한 현실을 전혀 알지 못하고 미국에 의존하여 도움을 기대하였다. 그리하여 미국 선교사들은 조선에서 본국의 식민정

---

42 천주교는 알렌이 입국하기 18년 전인 1866년 병인교난 당시에 적어도 8,000명 이상이 순교했을 정도로 큰 핍박을 받았다.

43 민경배, 『한국기독교회사』, 222-223.

44 조선의 외무사무를 보살피기 위해 통감부를 설치하고, 조선 정부는 일본을 거치지 않고는 어떤 나라와도 조약을 체결할 수 없다는 내용 등을 담음으로써 조선의 주권을 통감부에 종속시켰다. 이영헌, 『한국기독교사』, 106.

45 1905년 7월 미국의 태프트와 일본의 가쯔라가 만나 일본이 한반도를 지배하는 것을 미국이 용인하고, 대신에 일본은 미국이 필리핀을 지배하는 것을 용인한다는 밀약.

책 때문에 부담스러워 할 필요가 없었다. 그들은 복음을 전하고, 서양문화의 배경을 가진 보통시민으로서 문화를 보급하는 역할을 감당하였다. 이화학당 교장 길모어 부인은 선교가 동반하는 문화의 이식이라는 부산물에 대하여 사려 깊은 마음을 보여주기도 하였다.

> 우리는 학생들에게 서양옷을 입고 서양식으로 살도록 할 생각은 추호도 없습니다. 우리는 그들이 성실한 조선 여성이 된다면 그것으로 만족합니다. 우리는 그들이 자기 나라를 자랑스럽게 여기는 사람들이 되기를 소원합니다. 주 그리스도의 가르침을 통하여 그렇게 될 수 있기를 희망합니다.

선교사들은 여러 면에서 한국의 개화와 계몽에 기여한 것이 사실이다. 그러므로 고종은 선교사들을 신뢰하였고 친절을 베풀었다. 그러나 기독교를 자유롭게 선교하도록 선뜻 허락할 용의는 없었다. 고종은 인정이 많은 분이었으나 개화운동이 왕의 세력을 약화시킬 동인으로 작용할지도 모른다는 생각에 단호히 반대하는 입장을 취하였다. 왕은 기독교에도 다분히 그러한 위험스러운 면이 있다고 판단하였던 것이다. 고종은 선교사들과 친분을 나누며 그들의 선교활동에 관대하게 대하고 거부의사를 표명하지는 않았으나, 조정의 수구파 인사들은 선교사들의 활동에 회의를 품었다. 그러므로 선교사들은 선교의 자유를 허락한다는 공적인 승인을 받지 못한 상황에서 신중하게 선교활동을 추진해야만 하였다. 이와 같이 초기 선교사들은 직접적으로 선교활동을 시행할 수 없었으므로 우선 우회적인 방법으로서 교육사업과 의료사업부터 착수하였다.

개신교의 조선선교를 정리하면서 기독교를 수용하는 과정에서 세계에서 찾기 어려운 점이 있다. 그것은 보통은 외국인 선교사들이 입국하여 선교하는 것이 일반적인 선교역사로 보이지만 당시 조선의 선교 수용은 자국민에 의해서 기독교 복음을 자주적으로 수용했다는 점이 조선선교의 독특성이라고 할 수 있다.[46]

46 필자의 주장에 인식을 같이하는 학자들이 많아지기를 소망하며, 이 관점으로 기독교 교회역사학계에서 학문적으로 지속적인 연구가 이어지길 원한다.

1885년 4월 언더우드와 아펜젤러 목사가 인천 제물포에 첫발을 내디뎠다. 상주(常駐) 선교사로 파송된 것이다. 아펜젤러 목사는 부인의 건강 때문에 곧 돌아갔다. 하지만 독신인 언더우드 목사는 서울로 향했다. 마음속에는 이 복음의 불모지를 갈아 씨를 뿌려야 한다는 사명감과 기대감으로 가득히 차 있었다. 그런데 서울로 들어선 언더우드 목사는 깜짝 놀랐다. 이미 한글로 번역된 누가복음과 요한복음이 사람들에게 널리 읽히고 있었기 때문이었다. 자신도 입국하기 전 우리말로 번역된 마가복음을 한국인으로부터 전해받아 놀라고 있던 터였다. 선교사들에 의해 전도가 시작되기 전 피선교국의 언어로 성경이 번역된 사례는 선교역사에서 매우 드문 일이다.

언더우드가 입국 2년 뒤 첫 교회를 조직할 때도 그 구성원은 이미 서울에 있던 신앙공동체 사람들이 대부분이었다. 언더우드 목사는 '씨를 뿌려야 할 때 이미 열매를 거두고 있다'고 본국에 보고했다.

1876년 만주에서 이름이 알려지지 않은 한 성경번역자가 세례를 받은 데 이어 백홍준과 이응찬, 그리고 이름을 알 수 없는 이응찬의 친척이 거의 같은 시기에 스코틀랜드연합장로교회 소속 존 매킨타이어(Macintyre) 선교사에게 세례를 받았다. 백홍준은 도(道)를 배울 목적으로 스스로 로스목사를 찾아가 세례 전 3, 4개월 동안이나 성경을 배웠다. 이응찬은 1876년부터 존 로스 목사의 어학(語學)선생으로 활동하다 수세(受洗)를 결심했다.

성경번역에 참여했던 이들은 이미 1880년 신앙공동체를 이뤘던 것으로 보인다. 매킨타이어 선교사의 1880년 보고서에 따르면 1879년 10월 이전에 8명 이상이 모이는 한국인 저녁집회가 있었다. 이 집회는 한국인이 주관했다. 매킨타이어 선교사는 이 집회의 방청인에 불과했다.

서상륜은 권서인으로서 한국에 성서 배포의 뿌리를 심었다는 평가를 받고 있다. 1882년에는 성경 인쇄 실무를 맡았던 김청송과 상인으로 만주에 왔다가 매킨타이어 선교사의 도움으로 목숨을 건진 서상륜이 로스 목사에게 세례를 받았다. 이때쯤 성경번역도 마무리됐다. 1879년 신약성서 로마서까지의 원고가 마련됐고 1882년 "예수셩교 누가복음" 과 요한복음을 인쇄하기에 이르렀다.

성경 인쇄가 성공적으로 끝나자 로스 목사는 첫 수세자들을 파송했다. 1882년 김청송이 서간도 지역에 파송된 데 이어 서상륜이 대영성서공회 최초의 한국 권서인 자격으로 서울 지역에 파송됐다. 김청송은 중국 즙안(輯安)을 중심으로 활동해 수십 명의 개종자를 얻었다. 존 로스 목사의 보고서에 따르면 1884년 말 수세자 1백 명, 남자 세례 요청자들이 6백여 명에 이르렀다. 즙안의 가정교회들은 1885년 중국인 지주에 의한 한인마을 해산 사건으로 한반도 북부 지역의 압록강 인근 산간으로 돌아와 가정교회 형태의 신앙공동체를 이뤘다.

김청송과는 달리 서상륜은 한반도의 중심 서울로 향했다. 서상륜은 서울로 오면서 3개월 동안 의주와 황해도 지역에서 전도했다. 1883년 초 서울에 도착한 서상륜은 서울 남대문 안쪽에 거처를 정하고 활동해 여러 명의 개종자를 얻었다. 서상륜은 중국의 로스 목사에게 편지를 보내 서울에 와서 13명의 개종자들에게 세례 줄 것을 요청했다. 그러나 로스 목사의 입국은 정치적 상황 때문에 불가능했다. 결국 이들은 1885년 언더우드 목사로부터 세례를 받았다.

1883년 서울과 북부 지방에서 전도가 진행되고 있을 때 일본에서도 세례를 받는 사람이 나타났다. 이수정은 민비를 구출한 공로를 인정받아 박영효 수신사 일행에 포함돼 일본유학을 가게 된 인물이다. 그는 1883년 5월 도쿄에서 열린 "전국기독교도 대친목회"에 참석했다. 우리말로 기도하고 한문으로 된 신앙고백서를 발표하기도 했다.

이수정은 미국성서공회의 지원을 받아 1884년 한문성경에 토를 붙인 4복음서와 사도행전을, 1885년에는 한글로 마가복음을 번역했다. 언더우드 목사가 1885년 4월 제물포항에 내릴 때 손에 들고 있던 성경이 바로 이수정이 번역한 마가복음이었다. 그는 또 도쿄에서 유학생을 중심으로 신앙공동체를 조직했다. 미국 선교사 헨리 루미스(Henry Roomis)의 1883년 보고서에 따르면 이때 12명 이상의 개종자가 있었고 주일학교도 시작됐다. 그러나 만주의 기독교인들과 달리 일본의 기독교인들의 신앙은 지속되지 못한 듯하다.

한국선교는 서양 선교사의 도래로부터가 아니라 우리나라 사람에 의해 먼저 진행됐다. 이를 바탕으로 교회도 우리나라 사람에 의해 시작됐다.

일부 교회사학자들은 1885년을 선교 시점(始點)으로 잡는 데 이견을 갖고 있다. 이때가 첫 조직교회가 생긴 때도 아니고 서양 선교사가 우리나라에 첫발을 내디딘 때도 아니기 때문이다. 1832년 고대도에 "첫발을 디뎠던" 귀츨라프 목사나, 1866년 평양 대동강변의 토마스 목사, 1884년에 들어온 "상주 의료선교사" 알렌 등이 모두 1885년보다 앞서기 때문이다.

1885년을 선교의 시작으로 보기 힘든 이유는 이때보다 연대적으로 앞선 "밖으로부터의 선교" 행적이 있기 때문만은 아니다. 우리 민족이 "안에서부터 받아들인 선교"의 자국이 너무 뚜렷하기 때문이다. 만주에서 첫 세례자가 있던 때나 소래에서 첫 신앙공동체(교회)가 세워진 때를 시작으로 보는 것이 옳다는 것이 필자의 주장이다. 그러므로 필자가 인식되는 역사의 과정과 서정을 확인한 결과 외국에 첫선교사들이 조선 땅에서 복음을 실제적으로 시작한 정황은 기독교를 자주적 수용이란 점에 긍지를 느끼며 아울러 한국이 세계선교를 감당할 만큼 엄청난 축복을 받은 이유 가운데 으뜸이라고 본다.

Story 04

개신교 선교 추진과 수난

알렌, 언더우드, 아펜젤러 등 초기 선교사들의 노력으로 1898년 선교의 윤허를 받은 개신교는 보다 자유로운 분위기 속에서 선교활동을 펼칠 수 있었다.

1. 선교 추진의 활성화 요인

조선에서 개신교가 성장할 수 있었던 동기는 초기에 입국한 선교사들의 경건주의적이며 복음주의적인 신앙양태에 있었다. 이 경건주의적 복음주의는 문화, 정치, 과학 등의 모든 문명적 우월성을 차치하고 오직 순수한 복음적인 삶만을 중추로 삼는 신앙이다.[1] 이런 의미에서 선교사들은 서양의 기독교가 식민주의 확장의 앞잡이라는 오해를 피할 수 있었다. 그러므로 조선에 파송된 선교사들은 서양 세력의 선봉이라는 편견 없이 소신껏 선교할 수 있었다. 이것이 개신교가 발전할 수 있었던 첫 번째 요인이었다.

또 한 가지 중요한 점은 이 경건주의적 복음주의의 신앙양태가 조선인 본래의 정신유형과도 일맥선상에 있었다는 사실이다. 즉 신학이 아닌, 생활과 체험의 단순한 복음이라는 사실이 조선인 고유의 기질과 신비주의적인 정서와 상통하였고, 또한 틀에 얽매이기를 좋아하지 않는 조선인의 정신과 개개인의 신앙을 강조하는

1 민경배, 『한국기독교회사』, 149-150.

복음주의의 신앙양식이 잘 융화되었던 것이다. 그래서 선교사 헐버트(H. B. Hulbert)는 가장 합리적이면서도 신비적인 종교는 불교도, 유교도 아니었고 오직 기독교 외에는 조선인들에게 호소할 만한 종교가 따로 없었다고 단언할 정도였다.[2]

이렇듯 '삶'과 '신비'의 두 가지 요소를 동시에 충족할 수 있었던 개신교는 조선의 토양 위에서 괄목할 만한 성장을 이루었다.

2. 선교의 확장

조선과 미국 사이에 수호조약이 체결된 후 미국교회들은 조선선교에 더 많은 관심을 표명하게 되었다. 조선에 제일 먼저 입국하여 거주 허락을 받은 선교사는 알렌이었다. 그는 1883년에 미국북장로회 선교부에서 파송받아 중국으로 갔다가 일 년 후 다시 선교부의 허락을 받고 내한하였다. 알렌은 1884년 9월 20일 제물포에 입항하여 22일에 서울에 도착하였다. 이때는 아직 조선 정부가 선교활동을 허락하지 않은 때였으므로 알렌은 미국영사관 공의(公醫)의 신분으로 입국하였다.[3] 알렌은 처음에 주로 서방 여러 나라의 영사관 직원들을 상대로 의사로 활동하다가 광혜원이 설립되면서 시의가 되었다. 1884년 12월 4일에 급진개혁파의 봉기가 있었을 때 수구파의 영수 격 인물인 민영익이 중상을 입어 위독한 상태에 있었으나 알렌의 치료로 생명을 보전할 수 있었다. 이 일로 인하여 알렌은 고종의 두터운 신임을 얻게 되었다. 알렌은 고종의 윤허를 얻어 조선 최초의 서양식 병원인 광혜원을 설립하였다.

1885년 4월 5일 부활 주일 아침에 드디어 미국북장로회의 언더우드와 미국북감리회의 아펜젤러 부부가 일본을 거쳐 제물포에 도착하였다. 그들의 뒤를 이어

2 당시 불교는 너무 신비주의에 흘러 조선인의 정신에서 소외되었고, 반면에 유교는 신비주의적인 면과 정서적인 요소가 부족했기 때문에 종교적 갈망에 허덕이던 조선인들에게 만족을 줄 수 없었다. 당시 이 양자를 동시에 충족시켜 줄 수 있는 종교는 오직 기독교뿐이었다. 민경배, 『한국기독교회사』, 124.

3 *The Fiftieth Anniversary Celebration of the Korea Mission of the Presbyterian Church in the U. S. A.*, June 30–July 3, Seoul, 1934, 24. 초기 선교사들은 선교사 신분을 숨기고 제중원에서 사역함으로써 선교할 수 있는 시기를 기다렸다. cf. 안수강, "李樹廷의 信仰告白書와 宣教師派送呼訴文 문헌 분석", 198.

감리교 선교사 스크랜튼 부부와 스크랜튼의 모친 매리 스크랜튼(스크랜튼 대부인)이 내한하였고, 1885년 6월에는 헤론이 입국하였다. 헤론은 1884년 초에 미국북장로회 선교부에서 제일 먼저 조선에 파송될 선교사로 지명을 받았던 인물이었다. 1898년 선교 윤허 이후 감리교와 장로교뿐 아니라 다른 여러 교파에서도 선교사들을 파송하였다.[4] 각 교파 선교사들이 입국하면서 조선 개신교는 더욱 다양해졌고, 교회와 신도 수가 증가하였다. 이에 따라 선교정책도 수립되어 조선의 개신교는 점차 그 기반을 다져 갈 수 있었다.

성공회, 장로교, 감리교, 성결교, 침례교, 구세군 등 각 교파별 조선선교를 정리하면 다음과 같다.

1) 성공회의 선교

조선에 최초로 입국한 영국성공회(聖公會; Anglican Church) 선교사는 월프(Archdeacor J. R. Wolfe)였다. 그는 1884년 9월 알렌과 함께 들어왔는데, 처음부터 선교에 목적을 두었던 것이 아니라 중국선교에서 과로하여 휴식을 취하기 위해서였다. 그러나 조선에 온 뒤 그의 생각은 바뀌었다. 조선인의 착한 심성이 그의 마음에 와닿았고 조선에 참된 종교가 없다는 점을 안타까워하였다.

월프는 중국에 돌아가서 조선선교를 위한 지원자들을 모집하고 영국에 선교비를 지원해 줄 것을 요청하였다. 조선선교를 자원한 사람들은 있었으나 영국 정부는 그다지 호응의 기미를 보이지 않았다. 그러나 그는 포기하지 않고 이번에는 호주에 선교비 지원을 요청하였다. 조선선교의 필요성을 간절히 호소하는 그의 편지는 호주교회들의 마음을 움직였다. 호주교회는 선교비 지원을 해주는 한편 조선 파송 선교사로 데이비스(Henry Davis) 목사를 임명하였다.

여기에 자극받은 영국성공회는 결국 조선선교에 눈길을 돌려 웨스트민스터

4 개신교는 1890년을 전후하여 미국북장로회, 미국남장로회, 미국북감리회, 미국남감리회, 호주장로회, 캐나다장로회, 성공회, 침례교, 성결교, 구세군 등 교단별로 선교사들이 속속 입국하여 선교 초기부터 다양한 교단적 배경을 가졌다.

(Westerminster)에서 주교로 서품을 받은 코프(Corfe) 감독을 파송하였다. 그는 1890년 6명의 목회자와 2명의 의사를 대동하고 내한하여 선교사업에 착수하였다. 1891년 9월 30일, 제물포에 최초의 성공회 교회당을 건립하여 헌당예배를 드렸다. 성공회가 조선선교를 계획한 것은 중국의 선교사 울프의 보고를 읽고 나서였다. 1887년 선교지에 조선에 관하여 쓴 기사가 성공회의 관심을 불러일으켰고, 호주의 데이비스가 조선행을 결심하는 동기를 부여하였다.[5]

2) 미국남장로회의 선교

1892년 11월 4일 레이놀즈(William D. Reynolds)가 내한하여 호남지방을 중심으로 선교하였다. 레이놀즈와 더불어 초기 호남선교에 공헌한 선교사들로는 테이트 목사와 그의 누이 미스 마티(Miss Mattie Tate), 미스 데이비스(Miss Linnie Davis) 등이 있다. 레이놀즈는 1894년 3월 드루(A. D. Drew) 의사와 함께 호남선교의 중심지가 될 5개 도시를 순방하였다. 그는 지나는 마을마다 전도지를 배부하고 전도강연을 하였으며 전주, 김제, 영광, 함평, 무안, 우수영, 순천, 좌수영 등을 방문하였다. 1895년 성서번역위원회가 조직될 때 레이놀즈는 미국남장로회 선교부 대표로 번역위원이 되었으며 1907년 조직된 독노회의 마지막 회기였던 1911년에 노회장을 역임하였다.[6]

3) 호주장로회의 선교

월프(Archideacon J.R. Wolfe)의 노력으로 호주 장로교회(Australia Presbyterian Church)의 파송을 받은 데이비스(J. Henry Davis) 목사는 그의 여동생(Miss M. T. Davis)과 함께 1889년 10월에 내한하였다. 그는 경상남도 일대를 선교기지로 삼

5 김인수, 『한국기독교회의 역사』, 179-181. 기독교대백과사전편찬위원회 편, "성공회, 한국", 『기독교대백과사전(8권)』(서울: 기독교문사, 1994), 1260-1262.

6 기독교대백과사전편찬위원회 편, "레이놀즈5", 『기독교대백과사전(4권)』(서울: 기독교문사, 1993), 1217-1218.

아 조선선교에 임하였는데 경상남도와 전라도 일대를 도보로 여행하면서 전도하였다. 그러나 조선선교를 구체적으로 계획하기도 전에 6개월 후 데이비스 목사는 천연두에 걸려 세상을 떠났다. 데이비스의 죽음으로 인해 자극을 받은 호주교회는 조선선교에 관심을 가지게 되었으며, 1900년 이후 계속하여 선교사를 더 많이 파송하였다. 이 선교사들 역시 데이비스 목사가 활동했던 부산을 중심으로 경상남도에 와서 그 일대에서 선교하는 한편 부녀자 교육에도 각별히 노력을 기울였다.[7]

4) 캐나다장로회의 선교

캐나다 선교사로서 최초로 조선에 입국한 사람은 매켄지(William J. Mckenzie) 목사였다. 그러나 그는 선교사로 정식 파송을 받았던 것이 아니라 조선선교를 목적으로 친구들로부터 도움을 받아 개인적으로 입국하였다. 매켄지는 첫 선교지로 벽촌인 황해도 장연군 솔내를 선택하였다. 매켄지는 독립 선교사로 조선에 와서 조선에서 가장 먼저 설립된 교회가 있는 소래에 거주하면서 서상륜의 동생이며 후에 장로교 초대 목사가 될 서경조의 도움을 받아 교회당을 설립하고 목회에 착수하였다. 그곳에서 그는 철저한 봉사와 자기희생으로 소래마을 사람들의 공감을 얻었다. 뿐만 아니라 그의 감화로 동학교도들조차도 솔내에는 침범하지 않았을 정도로 매켄지의 사역은 헌신적이었다. 그러나 안타깝게도 매켄지는 2년 후에 일사병으로 세상을 떠났다.

매켄지의 죽음은 캐나다교회에 큰 충격을 안겨주었다. 드디어 캐나다 장로교회는 1897년 조선선교를 결의하였으며, 1898년 푸트(W. R. Foote) 목사, 맥레(O. M. McRae) 목사, 그리어슨(R. G. Grieson) 박사 등 세 사람이 조선에 파송되어 함경도를 중심으로 선교하였다.[8]

---

7 김인수, 『한국기독교회의 역사』, 177–178, 194, 216, 272. 기독교대백과사전편찬위원회 편, "데이비스4", 『기독교대백과사전(4권)』, 213.

8 기독교대백과사전편찬위원회 편, "매켄지9", 『기독교대백과사전(5권)』, 1051–1052.

5) 미국남감리회의 선교

미국남감리회 선교부는 1896년 6월에 리드(Clarence F. Reid) 목사를 조선에 파송하여 선교의 길을 열었다. 미국남감리회가 조선선교에 관심을 갖기까지는 윤치호의 역할이 컸다. 윤치호는 1888년에 밴더빌트대학과 에모리대학에서 수학하면서 미국남감리회 본부에 조선선교를 촉구하였다. 이것이 동기가 되어 1895년 10월 18일에 핸드릭스(E. R. Hendrix) 감독과 리드(C. F. Reid) 선교사가 조선을 답사한 후 1896년 5월부터 본격적으로 선교사업이 시작되었다. 남감리회는 이미 활동하고 있던 북감리회 선교사들의 협조와 조선인 김주현, 김흥순 등의 도움을 받으며 서울과 개성 중심의 경기북부, 원산, 그리고 함경남도 일부를 선교구역으로 할당받았다. 1897년 조선선교연회가 조직되었고 협성신학교를 운영하는 일에 미국북감리회와 협력하였으며 1918년에는 조선선교연회를 조선매년회로 개칭하고 1921년 들어서는 만주와 시베리아 선교연회를 구성하였다.[9]

6) 침례교회의 선교

침례교회(Baptist Church)의 조선선교는 1889년 캐나다 토론토대학교 기독청년회에서 파송한 평신도 펜위크(Malcolm C. Fenwick)[10]에 의해 시작되었다. 그는 상인으로 신학을 전혀 공부한 적이 없는 사람이었다. 그러나 그의 선교열은 대단하였다. 목사가 아니라는 것 때문에 망설이던 중 그는 "사막에서 목말라 죽어가는 사람에게 훌륭한 유리그릇으로 물 한 잔 떠다 준다면 고

9 김인수, 『한국기독교회의 역사』, 183–185. 기독교대백과사전편찬위원회 편, "남감리교회", 『기독교대백과사전(3권)』, 415–418.

10 펜위크의 생애를 담은 한국인 최초의 저서는 다음 문헌을 참고할 것. 김용해, 『대한기독교침례회사』(서울: 성청사, 1964).

마워하겠지만 낡아빠진 녹슨 깡통에라도 물을 담아주면 그는 살게 될 것이다"라는 월더(Wilder of India)의 말을 기억하고 그 자신이 낡아빠진 깡통이 되리라고 결심하였다. 이런 결심으로 아무런 지원도 받지 않은 채 조선에 온 펜위크는 황해도 장연군 솔내에 머물면서 1년 동안 전도에 힘썼다. 그러나 그의 마음은 공허하기만 하였다. 열심히 전하는 그의 음성은 허공만을 맴돌 뿐 조선인의 마음을 울리지는 못하였다. 실망한 펜위크는 다시 미국으로 돌아가 조선순회선교회(The Korean Itinerant Mission)를 조직하고 새롭게 선교를 시작하였다. "오직 성령으로만"이라는 구호로 선교에 동참하는 선교사들을 규합하고 새로운 복음 전도방식을 표방하였다.

펜위크의 노력은 마침내 미국의 침례교를 움직여 엘라딩기념선교회(Ella Thing Memorial Mission)에서 1895년 조선에 선교사를 파송하게 되었다. 이렇게 해서 조선에 파송된 선교사들은 폴링 목사(Rev. E. C. Pauling), 가델라인 양(Miss Amanda Gardeline), 엘머 양(Miss Arma Ellmer) 등이었다. 이들은 충청도에 진입하여 공주와 강경 지역을 중심으로 선교활동을 펼쳤지만 재정난으로 인하여 1900년에 사업을 중단하였다. 그러나 펜위크가 이를 인계하여 1906년에 대한기독교회라는 독자적인 교회 조직을 갖추고 조선선교에 임하였다.[11]

7) 성결교회의 선교

조선에 성결교회(Holiness Church)가 정식으로 설립된 것은 김상준(金相濬), 정빈(鄭彬) 두 조선인의 노력에 의해서였다. 미국 감리교 출신인 카우만과 킬버른이 일본에서 선교하던 중 동양선교회를 조직하고 전도인 양성을 위하여 동경에 성서학원을 설립하였다. 김상준과 정빈은 일본에서 동양선교회가 경영하던 성서학원을 졸업하고 모국에 선교하기 위해 1907년에 귀국하였다. 종로 염곡동에 집을 세내어 동양선교회 복음전도관이라는 간판을 내걸고 전도에 나섰다.

11 기독교대백과사전편찬위원회 편, "펜윅", 『기독교대백과사전(15권)』, 776–777.

이들은 교파의식을 갖지 않고 오직 전도에만 힘썼다. 이는 초기 성결교회의 특징적인 면이기도 했다. 그러나 점차 신도 수가 늘어나 규모가 커지자 교회를 세워야만 하였고 독립된 교단으로 발전해 갔다. 1911년 3월 무교동에 성서학원을 설립하였으며 1921년에는 감독자문회를 조직하고 조선예수교동양선교회 성결교회라고 개칭하였다.[12] 성결교회는 웨슬리(John Wesley)의 사상을 따르며, 중심 교리는 김상준이 정립한 것처럼 중생, 성결, 신유, 재림의 사중복음이다.[13]

8) 구세군의 선교

구세군(Salvation Army)의 조선선교는 1908년 10월 영국의 호가드(R. Hoggard) 정령(正領)이 서울에 구세군 영(營)을 설립하면서부터 시작되었다. 구세군 설립자 부드(W. Booth)가 동양을 순방하던 중 일본에 들렀다가 두 사람의 조선인으로부터 선교 요청을 받고 호가드를 조선의 구세군 개척 선교사로 임명하였다. 구세군은 성결교회와 마찬가지로 웨슬리의 신학을 표방한다. 구세군은 처음에는 농촌에 들어가 전도하다가 점차 도시로 진출하였다. 구세군의 선교지역은 경기도 장단, 전라도 전주, 군산, 강경, 경상도 대구, 충청도 공주, 황해도 그리고 해주, 개성 등지였다. 또 이 교파는 중생, 성결, 봉사를 골자로 하는 교리서를 작성하여 선교에 힘썼다. 1909년에는 구세군 신문을 창간하였으며, 1910년에는 사관양성소(士官養成所)인 성경대학을 설립하였다. 또 1912년에는 『구세군가』(救世軍歌)를 출판하였고 1917년부터는 여자사관도 양성하기 시작하였다. 구세군은 한일관계가 악화되었던 1908년대에 군복을 착용하고 있다가 오해를 사서 봉변을 당하는 경우도 있었지만 "순수한 복음 창달과 사회악 제거"라는 구호 아래 사회에 적극적으로 공헌하였다.[14]

---

12 이응호, 『한국성결교회사논집』(서울: 성청사, 1991), 83–88. 기독교대백과사전편찬위원회 편, "동아기독교", 『기독교대백과사전(4권)』, 644–646.

13 김상준, 『사중교리』(아산: 도서출판한국성결교회역사박물관, 2010). 이 저서에는 4중교리가 중생, 성결, 재림, 신유의 순으로 정리되어 있다.

14 기독교대백과사전편찬위원회 편, "구세군, 한국의", 『기독교대백과사전(2권)』, 231–234.

9) 안식교의 선교

손홍조는 하와이로 가려던 중 일본 고베에서 안식교의 전도를 받았다. 그는 마침 하와이에 들렀다가 귀국하던 전도를 받은 임기반과 뜻을 모아 1904년 진남포와 용강 등지에서 전도하여 안식교회를 설립하였다. 1905년 손홍조에게 전도한 구니야가 교회사역을 도왔으며, 같은 해 미국에서 파송받은 첫 안식교 선교사 스미스(W. R. Smith)가 내한하면서 본격적인 선교가 시작되었다.[15]

안식교는 신약을 통하여 구약을 이해하지 않고, 여전히 토요일을 안식일로 지켜야 한다고 주장하며, 조사심판교리[16]에 근거하여 율법주의를 표방함으로써 개신교에서는 정통성을 지닌 교회로 인정하지 않는다.

3. 개신교의 수난

1) 수난의 배경

개신교는 의료활동과 교육사업을 통해 왕실의 신임을 받았다. 여기에 조선의 문호개방까지 역학적으로 작용하여 개신교는 천주교보다 비교적 순탄하게 선교할 수 있었다. 그러나 개신교 역시 서양에서 전래된 종교라는 사실이 분명했기 때문에 척사위정을 고수하던 수구파의 거센 반발이 있었다. 또 개신교는 천주교의 전철을 밟지 않으려고 천주교와는 다른 종교임을 변증하였는데, 이에 적의를 품은 천주교가 개신교에 핍박을 가하였다. 게다가 서양세력을 배척하는 동학까지 일어나 개신교를 적대하였다. 그 외에도 마을사람들의 교회배척, 가족들로부

15 기독교대백과사전편찬위원회 편, "손홍조", 『기독교대백과사전(9권)』, 689.

16 안식교의 조사심판교리(The Investigative Judgment)는 이신득의(以信得義)가 아닌 이행득의(以行得義)를 지향한다. 이에 대해서는 다음 문헌을 참고할 것. 박영관, 『이단종파비판(1)』(서울: 예수교문서선교회, 1982), 253-258.

터의 오해, 천주교인으로의 오인, 결신(決信)한 이후 성실하게 일하여 모은 재산에 대한 질투 등이 복잡하게 얽혔다.

2) 수난

① 고종의 전도금지령

이 사건은 천주교의 성당건립과 관련되어 발생하였다. 천주교는 1883년에 서울 시내 고지대에 비밀리에 대지를 마련하고 왕궁이 훤히 내려다보일 정도의 웅장한 대성당(현재의 명동성당이 아님)을 건축하려 하였다. 이때 고종은 그 성당의 위치가 궁궐보다 높기 때문에 왕실의 존엄을 훼손한다 하여 즉각 건축을 중단할 것을 명하였다. 그러나 천주교는 이 명령에 불응하고 계속 건축을 강행하였다. 이에 진노한 고종이 1884년 4월 급기야 전도금지령을 내렸다.[17] 더군다나 같은 해 여름에는 외국인들이 어린이들을 유괴하여 눈알을 빼어 약재로 쓸 뿐 아니라 육식도 한다는 소문까지 돌았다.[18] 성찬예식을 오해하여 악성 루머가 퍼졌던 것이다.

② 덕천부사 신덕균의 음모

1894년 덕천부사(德川府使) 신덕균(申德均)이 기독교를 무고한 일이 도화선이 되어 발생하였다. 신덕균은 사대부(士大夫) 부호(富豪)들의 자제들이 기독교에 입교하자 이를 기회로 삼아 자신의 입지를 구축하고자 하였다. 그는 "유교존숭(儒敎尊崇)과 외인 협잡배의 방지"라는 명목을 들어 기독교를 박해할 것을 건의하였다. 이에 평안도 관찰사였던 민병석(閔丙奭)이 신덕균의 주장에 동조하여 기독교 탄압에 착수하였으며, 이 과정에서 그해 4월 6일 장로교의 한석진(韓錫晋), 송인서(宋麟瑞), 최치량(崔致良), 그리고 감리교의 김창식(金昌植) 등이 체포되어 빈사상태

17 민경배, 『한국기독교회사』, 186-187.

18 민경배, 『한국기독교회사』, 187. 이러한 소문은 성찬식에서의 떡과 포도주을 오해한 데서 비롯되었다.

에 이를 정도로 장형을 받았다.[19] 이러한 정황을 파악한 감리교 선교사 홀(William J. Hall)[20]과 장로교 선교사 마펫이 서울에 있는 영국공사와 미국공사에게 급히 이 사실을 통고하여 왕실과 교섭하도록 조치하였다. 일 처리가 늦어지자 당황한 영 · 미 양국 공사는 서울 주재 청국공사 원세개(袁世凱)에게 통고하였다. 그들은 원세개에게 만일 잡혀간 사람들을 방면하지 않으면 군함을 출동시키겠다는 내용을 고종에게 진언하게 하였다. 이렇게 하여 고종의 어명으로 평양교인들이 석방될 수 있었고 신덕균의 음모는 수포로 돌아갔다.

③ 황해도에서의 수난

황해도에서의 수난은 만민공동회(萬民共同會)와 황국협회(皇國協會) 양 진영 간의 충돌로 인한 서양인들에 대한 악감정에서 비롯되었다. 1899년 1월 중순경 황해도 황주(黃州)에서 선교사 리(G. Lee)[21]가 순회전도를 할 즈음 박해사건이 일어났다. 관가의 관리가 소위 교리를 박멸한다는 구실로 교회를 파괴하고 교인들을 매질하였으며 리 선교사의 책을 불사르고 현금 56달러를 탈취하였다. 이때 알렌은 이 관리의 범법행위를 직고하고 처단해야 한다는 항의서를 고종에게 올렸다. 그리하여 그 관리는 참수당하였고 교회는 평정을 되찾을 수 있었다.[22]

④ 경무사 김영준의 박해

이 사건은 전차 부설 문제와 관련하여 발생되었다. 1899년 5월 전차 부설공사

---

19 차재명 편, 『조선예수교장로회사기(상)』, 조선예수교장로회총회, 1976, 75-76.

20 미국감리회 파송을 받아 1891년 12월에 내한하여 개성, 서흥, 대동, 평양, 의주까지 순회하였다. 그는 청일전쟁 때 부상당한 사람들을 돌보다 과로가 겹친 상황에서 말라리아에 감염되어 1894년 11월 24일에 세상을 떠났다. 기독교대백과사전편찬위원회 편, "홀9", 『기독교대백과사전(16권)』(서울: 기독교문사, 1993), 598-599.

21 이길함(G. Lee, 李吉咸) 선교사는 1885년 미국 맥코믹(MacComick)신학교에서 마펫, 곽안련(郭安連; Allen D. Clark) 등과 함께 신학을 공부하고 졸업한 동기생이며, 1892년에 미국북장로회 선교사로 내한하여 마펫과 같이 평양에서 선교하며, 신학교를 세우고 헌신하였다. 그는 1892년 10월에 내한하여 1893년 1월에 주한선교사공의회로부터 관서지방 개척선교사로 임명받아 사역하였다. 연동교회를 설립하는 기초를 놓았고 장대현교회를 담임하였다. 마펫과 더불어 평양신학교 설립과 교수사역에 헌신하였으며 1907년 평양부흥회에서 큰 은혜를 끼쳤다. 기독교대백과사전편찬위원회 편, "리7", 『기독교대백과사전(5권)』, 464-465.

22 민경배, 『한국기독교회사』, 188. 알렌은 1886년 9월부터 대리공사직을 맡아 외교관직에 종사하고 있었으며 조선 주재 외국 선교사들과 조선 기독교인들이 위기에 처할 때마다 배후에서 정치적 수완을 발휘하여 변호하였다. Horace Newton Allen, 『알렌의 일기』, 126. 1886년 9월 11일자 일기.

가 한창일 때 경무사(警務使) 김영준(金永俊)과 내장원경(內藏院卿) 이용익(李容翊)이 전차를 부설하면 재원이 고갈될 것이라며 부설을 중지할 것을 건의하였다. 또 이들은 1900년 전차 부설이 완료되자 시민들을 선동하여 전차에 탑승하지 못하도록 훼방하였다. 이때 미국인이 이 소식을 고종에게 진정하였다. 이들은 깊은 원한을 품고 고종에게 기독교의 폐해를 상소해서, 국내에 있는 선교사와 신도들을 한꺼번에 살육할 밀령을 12월 1일자로 전국 각도에 밀송(密送)할 예정이었다. 이 절박한 소식을 처음 접한 사람은 잠시 해주에 머물고 있던 언더우드였다. 그는 지체하지 않고 라틴어로 애비슨(O. R. Avison)에게 전보를 보내 알렌으로 하여금 고종을 알현하게 하였으며 외교통로를 통해 선교사와 교민을 보호해 줄 것을 요청하였다. 그리하여 국왕의 칙전(勅電)이 각 도에 발송되었고, 개신교는 위기를 모면할 수 있었다.[23]

⑤ 천주교의 개신교 박해

천주교의 개신교 박해는 개신교가 천주교와 다른 종교라는 사실을 강조하며 정체성을 피력한 데서 발단되었다. 토마스(Robert J. Thomas)는 1866년 조선인들에게 개신교는 로마 천주교와 전혀 다르다는 점을 설명한 적이 있었다. 알렌 역시 1886년 한불조약 체결 당시 천주교가 신앙자유의 특권을 획득하려는 눈치가 보이자 1887년에 고종에게 로마 천주교의 접근을 경계할 것을 진언하였다. 그는 외국에서의 천주교의 현황을 분석하여 보고하고 이들의 우상숭배 특히 마리아 예배, 인간 사제(司祭)의 죄속량권(罪贖良權), 환관(宦官)이 아닌 남자 신부(神父)에게 부녀자들이 찾아가서 죄를 고백하는 몰염치 등을 상소하였다. 언더우드는 1892년 캐나다 토론토에서 개최되었던 세계장로교연맹회의에서 "로마 천주교와 그들의 해외선교"라는 강연을 통해 이들은 조선에서 그리스도를 전하지 않고 로마를 전한다고 비판하였다.

이렇게 개신교가 반(反) 천주교적 입장이라는 것을 천명한 것은 천주교가 조

23 민경배, 『한국기독교회사』, 188-189.

정에 보여준 좋지 못한 인상을 불식시키고 개신교 선교의 길을 용이하게 터보려는 의도였다. 천주교는 여기에 악감을 품고 개신교인들을 핍박하였다. 1898년 황해도 재령(載寧)의 원내동(垣內洞) 개신교인들이 교회를 건축할 때 백여 명의 천주교인들이 몰려와 그 교회당을 자신들과 공동으로 사용할 것을 요구하며 집단폭행을 가하였다. 결국 이 수치스런 신구교의 대립은 다행히 재판을 거쳐 무난하게 해결되었다. 1900년에는 재령 신환포(新煥浦)의 천주교인들이 성당건축에 개신교인들을 강제로 동원하고 헌금까지 착취하였다. 이에 불응하면 남녀를 불문하고 성당에 잡아들여 대들보에 거꾸로 매달거나 태형을 가하였다. 천주교인들의 만행은 여기에서 그치지 않았다. 그들은 관리들이 황해도의 신천(信川), 재령, 안악(安岳), 풍산(豐山), 황주(荒州)에 재판소를 설치하여 사태를 검토하고 판정하려 하였을 때 관리들을 구타하고 감금하는 소동까지 일으켰다. 그즈음 법부(法部)의 이응익(李應翼)이 1902년 9월부터 1903년까지 황해도에 가서 개신교의 피해를 조사하고 천주교인들의 악랄한 비행과 만행을 수집해서 고종에게 보고서를 제출하였다.[24] 강대국이라는 점을 배경 삼아 빌헬름(Wilhelm) 신부와 돌체(Dolcet)의 비호 아래 성교(聖敎)를 빙자하여 사형(私刑), 늑탈(勒奪), 심지어 살상까지도 자행하였던 천주교인들의 비행은 천주교의 오점으로 회자되었다.[25]

⑥ 동학계의 박해

개신교가 동학으로부터 물리적인 박해를 받은 적은 없었다. 개신교는 동학이 서양과 일본을 배척하는 과정에서 그 여파로 피해를 입었을 뿐이다. 동학의 개신교 핍박은 1893년 3월 16일 광화문에서 교조신원(敎祖伸寃)을 위한 복합상소(伏閤上疏)로 호곡(號哭)할 때부터 비롯되었다. 이때 선교사 기포드(D. L. Gifford)[26]가 세운 학당 문전에 "예수교배척방문"이 나붙었다. 또한 4월 초 감리교 선교사 존스

24 민경배, 『한국기독교회사』, 190–193. 이응익의 보고를 받은 고종은 곧 이 비류(匪類)들을 검속하여 서울에서 재판하라고 명령하였으며 15명의 중범자들이 그해 10월에 재판을 받아 실형이 선고되었다.

25 민경배, 『한국기독교회사』, 193.

26 기포드는 1888년부터 1900년까지 사역한 미국북장로회 파송 선교사로 언더우드가 개척한 새문안교회에서 목회하였고 한국학 연구와 언더우드학당 사역을 감당하였다. 경기지방을 순회하며 선교사역을 감당하던 중 세상을 떠났다. 기독교대백과사전편찬위원회 편, "기퍼드1", 『기독교대백과사전(3권)』, 124.

(G. H. Johns)[27]의 집에는 "목사퇴거방문"(牧師退去榜文)[28]이 붙었다. 이 글은 서양 선교사들에게 기한부로 퇴거할 것을 협박하는 내용이었다.

그런데 1894년 7월 동학이 다시 일어나 봉기할 때 새로운 변화가 일어났다. 이 때 동학의 투쟁목표는 진멸왜이(盡滅倭夷)로만 집중되었고 척양(斥洋)의 내용이 빠졌다. 이는 동학의 왜양일체(倭洋一體)에서 왜양이체(倭洋二體)로의 사상전환(思想轉換)을 의미하는 것이었다. 더욱이 그해 12월 8일에는 동학에서 "고시여영병이교시민"(告示與營兵而教示民)이라는 글을 발표하여 "도(道)는 다르나 합심하여 항일의 성업(聖業)에 전진(前進)하자"고 개신교에 제의하였다. 이렇듯 기독교는 동학운동을 계기로 새롭게 발전할 수 있는 기회를 얻을 수 있었다.[29]

3) 수난의 결과

개신교는 수난의 과정을 통하여 이를 대처하기 위한 방안으로 좀 더 조직적인 체제를 갖추었다.

첫째, 선교사들은 수난을 수습하고 다시 일어날지도 모를 박해에 대처하여 복음을 전하기 위한 효과적인 방안을 연구하였다. 그 결과 나온 방책이 선교정책이었다. 장로교가 맨 처음 문서화된 선교정책을 발표하였고 곧이어 감리교 역시 이와 같은 방식의 선교안을 마련하였다.

둘째, 개신교는 수난 이후 선교의 방향을 좀 더 봉사 쪽으로 바꾸어 의료활동과 교육사업을 확충하였다. 개신교는 이를 통하여 민심을 얻었고, 실제로 근대화

---

27 1887년에 내한하여 서울을 중심으로 선교하였다. 인천지방 감리사와 배재학당 당장을 역임하였으며 한국인 하와이 이민사업, 영화여학당 설립, 『신학월보』 창간, 엡웟청년회 총무 사역, YMCA 설립 등에 공헌하였다. 기독교대백과사전편찬위원회 편, "존스3", 『기독교대백과사전(13권)』, 1262-1263.

28 "조약 중에도 없는 선교를 함부로 하고 있는 선교사들은 성실함과 실천이 없고, 탐심으로 주식(住食)이 너무 호화롭고 양가 자제들을 교육한답시고 실제는 다 개종시키고 있으니 비루함이 이만한 데가 다시없다."(목사퇴거방문 내용)

29 민경배, 『한국기독교회사』, 193-196. 1894년에도 동학은 기독교를 포함하여 다른 종교 지도자들에게도 일본군에 대항하여 연합전선을 펼칠 것을 호소한 적이 있었다. 이들은 민족애라는 공통분모를 명분으로 내세웠던 것이다. 그러나 선교사들은 교리적인 면이나 윤리적인 차원에서 동학과 기독교 사이에 유사성이 거의 없다고 판단하여 동학 측의 제의를 거절하고 연합전선에 개입하지 않았다. 백종구, 『한국 초기 개신교 선교운동과 선교신학』, 110.

에 공헌할 수 있었다. 비록 수난은 개신교의 일시적인 위축을 초래하기는 하였지만, 개신교는 이에 기민하게 대처함으로써 더 성장해 갈 수 있는 틈새를 찾았고 점진적으로 확장해 갈 수 있는 방안을 모색하였다.

조선 그리스도인들과 서양 선교사들이 서로 동역하여 많은 사람들이 복음을 전해 들었으며 믿는 사람들이 증가일로에 있었다. 이러한 부흥에 걸맞게 이곳저곳에 교회들이 설립되었다. 교역자를 양성하기 위한 신학교육이 자리 잡으면서 마침내 조선인 목사들이 배출되었고 행정체제로서 노회까지 조직되었다. 1907년 조선예수교장로회 독노회가 처음 조직되었을 때에 25개의 조직교회, 1,022개의 미조직교회, 7명의 목사들과 49명의 장로들을 포함하여 282명의 조선인 사역자들이 있었고, 38명의 서양 선교사들, 56,968명의 신자들(세례교인은 18,081명), 1,022개의 주일학교와 72,968명의 학생들, 15개의 중등학교와 7,759명의 학생들이 있었다.

Story 05

초기 선교사들의 선교활동과 사업

1. 보건 의료사업

문호를 개방하기 전 조선의 의료상태는 서양의술에 비해 사실상 원시적인 수준이었다. 전통적 의술인 한의학 외에는 비과학적 민간요법이나 무속신앙에 의존하는 수준에 머물러 있었다. 한의학은 그 고유한 가치를 인정받는다 하더라도 외과 수술 영역은 엄두를 내지 못하였다. 당시 조선인의 수명은 남녀 평균 40세 내지 45세 정도에 불과하였다. 물론 영아 및 유아 사망률도 상당히 높았다. 기독교는 조선에서 서양의술을 전파하는 일에 있어서도 선구적이었으며 보급에 주도적인 역할을 하였다. 물론 그 당시 서양의술의 유입은 부분적으로는 중국과 일본을 통하기도 하였다. 그러나 이러한 기류도 총체적으로는 기독교와의 관련에서 비롯된 것이었다.

최초의 국립병원인 광혜원은 앞서 살펴보았듯이 알렌의 요청으로 조정의 허락을 받아 1885년 4월 9일에 설립되었다.[1] 광혜원은 곧 제중원(濟衆院)으로 이름이 바뀌었다.[2] 1887년 알렌이 워싱턴 국무성의 조선담당 서기관으로 임명을 받아 미국으로 떠나게 되자 후임으로 헤론이 제중원을 운영하는 책임을 맡았다. 이해

1 Horace Newton Allen, 『알렌의 일기』, 79. 1885년 4월 10일자 일기.

2 1885년 6월 17일자 일기에 처음 '제중원'이라는 이름으로 기록되었다. Horace Newton Allen, 『알렌의 일기』, 87.

에 제중원은 구리개(현재의 을지로 2가)로 이전하였다. 1888년에는 미스 호튼(Lilias S. Horton)과 함께 여성들을 치료하기 위한 여성전용 부인병실을 증설하였다.

광혜원

의료사업이 선교사업의 일환으로 추진되면서 여러 선교부에 의해 각지에 병원들이 설립되었다. 1893년 선교연합회는 전국의 주요 도시에 병원을 세우기로 결정하였다. 1893년 11월에 애비슨은 제중원 원장이 되자 재정적인 책임을 맡고 있는 장로교 선교회 기관으로 체제를 변경하였다. 이때부터 제중원은 매달 연 500명의 환자들을 치료할 수 있었으며, 점점 늘어나는 많은 환자들을 수용하기 위해서 병원을 확장해야만 하였다. 특히 제중원에 있던 애비슨의 의학교육과 의학교재의 역간과 편찬은 의료발전에 필수적이었다. 애비슨은 안식년에 뉴욕에서 열린 선교회의석상에서 조선에서의 병원 확장계획을 보고하며 협조를 구하였다.[3]

감리교 선교부는 1885년 9월 10일에 진료소를 설치하여 윌리엄 스크랜톤(William Benton Scranton) 주도로 의료사업을 개시하였다. 스크랜톤은 조선에 와서 처음 두세 달 동안 광혜원에서 알렌을 돕다가 나중에는 자기 사저에서 따로 병원 일을 수행하였다. 그는 정동에 새 건물을 마련하여 1886년 6월 15일에 조정의 허

3 김영재, 『한국교회사』, 74-75. 애비슨의 호소를 들은 오하오주의 거부 세브란스가 15,000불을 헌금하였으며, 그 후 대지와 건물을 구하여 종래의 제중원이라는 이름 대신에 헌금한 사람의 이름으로 병원명을 개칭하여 세브란스병원이라고 하였다. 세브란스병원은 14개 분과의 큰 병원으로 개원할 수 있었다. 그리하여 알렌이 시작한 광혜원은 광혜원에서 제중원으로, 제중원에서 세브란스병원으로 이름이 바뀌었다.

락을 받아 정식으로 병원을 개원하였는데 이것이 바로 시병원(施病院)이다. 시병원은 직접 고종이 지어 하사한 이름이었다. 스크랜톤은 서민들을 더 쉽게 상대하고 치료하기 위하여 1894년 남대문 근처 빈민 지역인 상동으로 병원을 옮겼다. 또한 어린이와 부녀자들을 위한 병원설립을 구상하고 미국감리회 선교본부에 여의사를 보내주도록 요청하였다. 1887년 10월 20일에 미스 하워드(Miss. Meta, Howard)가 입국하자 감리교 선교회는 그를 원장으로 세워 이화학당 구내에서 조선 최초의 부인전용병원을 시작하였으며, 명성왕후 민비가 '보구여관(保救女館)'[4]이라고 이름을 지어 주었다. 1892년에 보구여관은 동대문에 분원을 설치하고 볼드윈시약소라고 명명하였다.

스크랜톤 선교사

1899년에는 가을에 병원 본원을 정동에서 동대문으로 이전하여 분원과 합하였다. 1909년 동대문 옆에 조선 최대 규모의 부인병원을 착공하여 1912년에 준공을 하였다. 이 병원은 1897년 10월에 내한하여 5년 동안 동대문병원에서 일하다가 순직한 여의사 해리스(Lillian Harris)를 기념하여 '릴리안 해리스 기념병원'으로 개칭하였고, 1930년부터는 동대문부인병원으로 널리 알려졌다. 감리교 의사들은 주로 지방에서 환자를 돌보았지만, 장로교 의사들은 서울 소재 병원에서 환자들을 돌봄으로써 도시와 지방을 아우르는 협력 의료사역을 전개할 수 있었다. 호주장로회 선교회에서는 1896년 부산에서 의료사업을 시작하였으며, 같은 해에 평양에서는 미국북장로회 선교회가, 1890에는 성공회가 인천에서 의료사업에 착수하였다. 1895년 조선 전역에 콜레라가 만연하여 서울에서만 약 한 달 반 만에 5,000명이나 사망하자, 애비슨은 초교파적으로 치료반을 조직하여 전염병 퇴치를 위해서 일하였다. 조정은 애비슨의 요청에 따라 예방, 소독, 주의 사항 등을 포고하였다. 선교사들은 이렇게 성실하고 헌신적인 사랑의 봉사를 통하여 국민들로부터

4 유교 윤리관에 입각하면 남성 의사들이 여성들을 치료하는 일은 한계가 있었다. 따라서 여성 전문의료기관을 설립해야 할 필요성이 대두되었고 이러한 취지로 설립된 여성전용병원이 보구여관이었다. 김인수, 『한국기독교회의 역사』, 142.

존경과 신뢰를 받았다.[5]

올리버 R. 에비슨 선교사

대표적인 병원으로서 부산 전킨기념병원(1891), 평양 래드병원(평양기독병원, 1893)과 기홀병원(1897), 원산 구세병원(1896), 대구 제중원(동산기독병원, 1897), 전주 예수병원(1898), 선천 미동병원(1901), 전주 던칸기념병원(1903), 개성 아이베이병원(1907), 함흥 제혜병원(1908), 강계 게례지병원(1909), 그리고 진주 배돈병원(1913) 등이 세워졌으며 1913년까지 전국적으로 3개의 진료소를 포함하여 모두 33개의 기독교 선교병원이 설립되었다.

의학교육 분야에서도 기독교의 영향력은 지대하였다. 비록 관립의학교가 있기는 하였지만 최초의 의학교육은 알렌에 의해 설립된 제중원에서 시작되었고, 이는 서양의학 교육의 효시였다. 여기서 조선인 의사들이 배출되었다. 초기 외국에서 교회나 선교사의 후원으로 의학교육을 받고 귀국하는 이들도 있었다. 서재필, 김점동, 박에스더, 오긍선 등이 바로 그들이다. 첫 간호선교사는 1891년에 조선에 온 히트코트(E. Heathcote)였다. 1895년에는 제이콥슨(A.P. Jacobson)이, 1897년에는 '한국의 나이팅게일'이라 불렸던 쉴즈(Esther L. Shields)[6]가 내한해 간호교육을 시행하여 간호사 양성을 주도하였다. 1938년에 이르러서는 주한 의료선교사 수가 모두 328명에 이르렀다.

근대 의료에 공헌한 선교사 헤론과 홀 가족

양화진 외국인 묘지에 안장되어 있는 헤론(John Heron)은 장로교 의료선교사로서, 홀(William J. Hall) 가족은 감리교 의료선교사로서 근대 의료발달에 공헌한 대표적인 공헌자들이다.

5 김영재, 『한국교회사』, 75–76.

6 미국북장로회 파송 선교사로 1897년 의료선교사로 내한하여 제중원에서 사역하였다. 세브란스간호원 양성학교 초대 교장에 봉직하여 많은 간호사들을 배출하였으며 여전도사업에도 헌신하여 여성 계몽교육을 위한 순회전도에 힘썼다. 1938년 12월에 세브란스병원 및 의과대학에서의 40여 년 동안의 의료선교사업을 마치고 은퇴하였다. 기독교대백과사전편찬위원회 편, "쉴즈", 『기독교대백과사전(9권)』, 950–951.

헤론은 1883년 미국 테네시대학교 의과대학을 최우수 성적으로 졸업하고, 뉴욕대학 의학부에서도 1년을 더 연장하여 공부하였다. 그는 그곳에서도 성적이 좋아 출신학교인 테네시대학교 의과대학의 교수직을 제의받았으나 사양하고, 1885년 6월 21일 미국북장로회 소속 선교사로 조선에 입국하였다. 그는 조선에 도착하자마자 제중원에서 알렌을 도와 의료선교사역을 시작하였다. 당시 제중원은 개원한 지 2달여밖에 지나지 않았지만, 전국 각지에서 환자들이 몰려들어 매일 60명 내지는 70명의 외래환자들을 돌보고 있었다. 그는 알렌과 함께 조선인들을 대상으로 근대 의료기술도 교육하였다. 그러다가 1887년 알렌이 주미 한국공사관 서기로 임명되어 그해 7, 8월경 제중원을 떠나게 되자, 헤론이 그의 뒤를 이어 제중원을 운영하는 중책을 맡았다. 그 무렵 미국북장로회는 여성 의료선교사 엘러즈(Annie J. Ellers)를 파송하여 제중원 안에 부녀과를 신설하였고, 이듬해 3월 27일에는 나중에 언더우드 선교사와 결혼하게 될 여의사 호튼이 부임하여 엘러즈의 뒤를 이어 제중원 부녀과를 맡았다.

헤론은 책임감이 강하고 일 욕심이 많은 사람이었다. 그의 이러한 천성 때문에 자신을 혹사하다가 1890년 여름에 그의 가족들과 함께 서울에서 몇 킬로미터 떨어진 남한산성에서 휴식을 취하였다. 그러나 그는 병원 일 때문에 일주일에도 몇 번씩 서울에 올라와야 하였고, 극심한 더위 속에서 그러한 여행을 반복하면서 탈진하고 말았다. 더군다나 이질에 걸려 3주 동안 앓다가 병환을 극복하지 못하고 세상을 떠났다. 그는 죽음이 임박한 것을 알면서도 결코 자신이 선택한 조선 선교를 후회하지 않았고, 조선인들을 위해서 더 많은 일을 하지 못하는 것을 아쉬워하면서, "아내가 조선에 남아서 어린 자녀들을 돌보고 선교사업을 계속하기를 원한다"라고 유언을 남겼다. 그리고 조선인 하인들을 병상 곁에 다 불러 모은 뒤 유창한 한국어로 생명의 도를 말하고 천국에서 다시 만나자고 격려하였다. 그는 조선인들에게 생명을 바친 최초의 미국인 선교사였다. 조선인들은 그의 죽음을 크게 애도하였고 존경과 사랑을 표하였다.[7]

---

7 신호철, 『양화진 선교사의 삶』, 16-19. 기독교대백과사전편찬위원회 편, "헤론2", 『기독교대백과사전(16권)』, 332-333.

헤론이 장로교 의료선교사로서 서울에서 활동했다면, 홀은 감리교 의료선교사로서 북부지방 평양에서 활동하였다. 그는 당시 영연방이던 캐나다 출신으로 미국 뉴욕에서 의학을 공부하고 뉴욕 빈민가에서 의료선교활동을 하다가 1891년 12월 미국북감리회 의료선교사로 조선에 입국하였다. 그는 이듬해 초부터 북부지역을 여행하고 평양에 선교부를 개척할 것을 주장하였다. 그는 여의사 로제타(Rossetta S. Hall)와 결혼하고 평양 선교부 개척 선교사로 임명을 받아 1893년 초부터 본격적으로 평양 지역 선교에 착수하였으며, 1894년 5월부터는 가족들까지 평양으로 이주하여 정착을 시도하였다. 그러다가 5월 10일에 이른바 "평양기독교인 박해사건"이 일어나자 급히 미국공사관에 연락을 취하고 조선 외아문에 외교적 압력을 가하여 처형 위협을 받고 투옥되었던 김창식, 한석진을 비롯한 초기 조선인 기독교인들을 구출하였다. 그는 위험한 청일전쟁 기간 동안에 청일군의 전쟁터였던 평양에 남아 부인 로제타와 함께 의료선교활동을 전개하였다. 그러나 안타깝게도 홀은 전염병에 걸렸고 치료를 위해 서울로 왔으나 병환을 극복하지 못한 채 1894년 11월 24일에 세상을 떠났다. 그의 몸은 양화진 외국인 매장지에 묻혔다.[8]

로제타 홀 선교사와 간호사들

8 기독교대백과사전편찬위원회 편, "홀9", 『기독교대백과사전(16권)』, 599.

홀의 부인 로제타 홀도 펜실베니아 여자의과대학을 졸업한 미국북감리회 소속 의료선교사로 남편보다 먼저 내한하여 의료선교활동을 하던 중 결혼하였다. 그는 남편이 세상을 떠나자 두 살배기 그의 아들 셔우드(Sherwood Hall)를 데리고 일시 귀국하였으나, 1897년 11월에 다시 입국하였다. 이듬해 5월에 평양에 광혜원을 설립하여 부녀자와 아동을 위한 의료사업을 시행하고 그곳에서 최초로 시각장애인들을 위한 교육을 실시하기도 하였다. 그러던 중 그의 유복자 딸 에디스(Edith)가 이질에 걸려 1903년 5월 23일 세상을 떠나는 아픔을 겪기도 하였다. 그는 그의 딸을 남편 홀이 안장된 양화진 외국인 묘지에 묻었다. 그는 조선에서 사랑하는 남편과 딸을 잃었으나 그의 조선인에 대한 헌신적인 사랑과 봉사에는 변함이 없었다. 1917년 임지를 서울로 옮겨 동대문부인병원에 의사로 근무하면서, 1920년부터는 여자의학반을 조직하여 전문 여성의료인 양성에 힘썼다. 그는 건강이 악화되어 1935년에 귀국했으나 다시 돌아오지 못했다. 1951년 4월 5일 미국 뉴저지주에서 세상을 떠난 후 그의 유언에 따라 유골을 양화진에 안장하였다. 결국 그녀는 몸이라도 한국 땅에 묻히고 싶었던 것이다.[9]

그의 아들 셔우드는 1923년 4월 미국감리회 의료선교사로 내한하여 해주 구세병원에서 의료선교활동을 하였다. 그곳에서 1928년 최초의 결핵요양원인 구세요양원을 걸립하여 결핵퇴치운동을 벌였고, 1932년 12월 3일에는 한국 최초로 크리스마스실을 발행하였다. 그는 1940년 8월 간첩혐의로 재판을 받고 이듬해 11월 한국을 떠나 인도로 임지를 옮겼으며 1963년에 의료선교 일선에서 은퇴하여 캐나다로 돌아가 여생을 보냈다. 그도 그의 유언에 따라 1991년 9월 19일 양화진 외국인 묘지에 안장되었다. 그의 마음에는 항상 한국이 있었고, 한국이야말로 그가 태어난 고향 땅이었고 그의 사랑하는 부모와 여동생이 잠든 곳이었던 것이다.[10]

---

9 기독교대백과사전편찬위원회 편, "홀7", 『기독교대백과사전(16권)』, 597-598.

10 신호철, 『양화진 선교사의 삶』, 236-239. 기독교대백과사전편찬위원회 편, "홀8", 『기독교대백과사전(16권)』, 598.

2. 교육사업

우리나라에서 최초의 근대교육을 실시한 학교는 개화파 인사 정현석(鄭顯奭)이 1883년에 원산에 설립한 원산학사(元山學舍)이다.[11] 개항장 주민들이 외세의 도전에 대응하기 위하여 자력으로 최초의 근대식 학교인 원산학사를 세운 것은 의미가 깊다.

감리교의 아펜젤러는 1885년 말에 두세 명의 학생을 데리고 근대식 교육을 시작하였다. 아펜젤러는 1885년 8월에 학교를 설립하고 이해 11월에 미국공사를 통하여 고종으로부터 학교설립 윤허를 얻어 이듬해인 1886년 6월에 2명의 학생을 받아 배재학당을 개교하였다.[12]

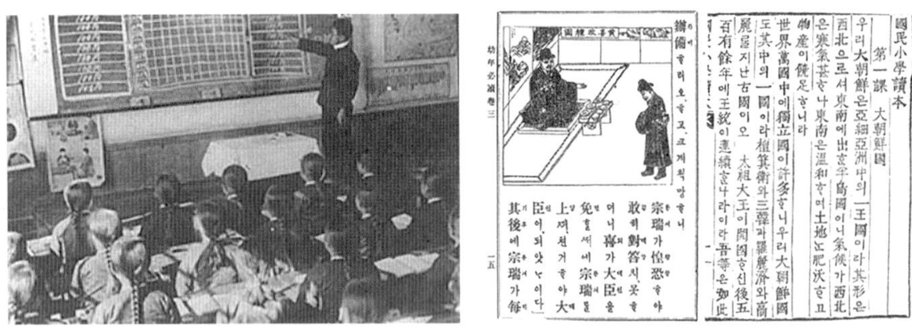
國民小學讀本
第一課 大朝鮮國
우리大朝鮮은亞細亞洲中의一王國이라其形은西北으로셔東南에出ᄒᆞᆫ半島國이니氣候가西北은寒氣甚ᄒᆞ나東南은溫和ᄒᆞ며土地ᄂᆞᆫ肥沃ᄒᆞ고物產이饒足ᄒᆞ니라
世界萬國中에獨立國이許多ᄒᆞ니우리大朝鮮國도其中의一國이라檀箕衛와三韓과羅麗濟와高麗ᄅᆞᆯ지난古國이오 太祖大王이開國ᄒᆞ신後五百有餘年에王統이連續ᄒᆞᆫ나라이라吾等은如此

1883년 근대 교육 시작과 최초의 근대 교육 당시의 교과서

신학문의 학교가 등장하기 이전에는 유교의 전형적인 교육기관인 서당과 향교가 있었다. 서당은 초등학교에 해당하고, 향교는 중등학교에 해당하는 교육기관으로 비견할 수 있을 것이다. 그리고 대학에 해당하는 기관이 서울의 사부학당 내지는 성균관으로서 고등교육기관에 해당된다. 1911년의 통계에 따르면 전

11 원산학사는 1883년 8월에 원산에 설립되었다. 이 학교는 문예반과 무예반의 두 개 반으로 나누어 문예는 경의, 무예반은 병서와 사격술을 교육하였다. 두 개 반 공통 교육으로는 산수 · 물리 · 기계기술 · 농업 · 외국어 등을 학습하게 하였고 수업연한도 1년으로 정함으로써 근대적 면모를 갖춘 교육기관이었다.

12 배재학당은 1886년 6월 8일 두 명의 학생으로 첫 학기를 시작했으나 9월 1일에는 등록학생 수가 63명으로 급증하였다. 초기에는 스크랜톤 의사, 아펜젤러 부인, 알렌, 언더우드, 앨러스 등이 가르쳤다. Henry Gerhart Appenzeller, 『자유와 빛을 주소서』, 70–71.

국에 16,540개의 서당과 141,604명의 학생이 있었다. 서당은 이후 1920년대까지도 존속하였다. 유교 교육은 지나치게 현학적이어서 실제생활에 큰 도움이 되지 못했다. 이에 새로운 교육이념과 제도가 시급하였다. 이런 까닭으로 선교사들의 육영사업은 보수층을 제외한 많은 사람에게 환영을 받았다.

스크랜톤 대부인은 1886년 5월 30일에 최초의 근대식 전문여학교인 이화학당을 설립하였다. 양반사회에서 여태껏 등한시했던 여성교육이 실시되면서 여성들이 남존여비의 예속적 지위에서 해방되는 사회적 혁신이 이루어진 것이다.[13] 경신학교는 1886년 초에 언더우드 선교사가 고아들을 데려다 숙식을 제공하고 교육한 데서 시작되었다.[14] 언더우드 선교사 부부가 미국에 귀국한 사이 마펫이 책임을 맡아 운영하면서 한동안 학교를 '예수교학당'이라고 하였다. 장로교에서 경영한 최초의 여학교는 '정신'인데, 이 학교 역시 미스 엘러즈가 한 고아를 데려다가 가르치면서부터 시작된 것이다. 이렇게 시작한 학교들은 초기에 학생들을 전적으로 학교 내에 기숙하게 하면서 교육하였다.

이화학당

13 김영재, 『한국교회사』, 77.
14 Lillias H. Underwood, 『언더우드』, 55.

이화학당[15]의 경우 학생들의 연령은 8세부터 17세까지였고, 그중에서 나이 많은 학생이 반장이 되어 반 학생들을 통솔하였다. 나이 많은 학생들은 어린 학생들의 빨래와 바느질까지 돌보아주었다. 8, 9세 때 학교에 입학하면 약 10년 정도 머물렀는데, 재능이 있는 학생에게는 유학의 길을 열어주었고, 혼처가 생기면 바로 시집을 보내는 것이 곧 졸업이었다. 선교사들과 교회는 인도적이며 실리적인 입장에서 남자들의 교육뿐만 아니라 여자들의 교육을 위해서도 똑같은 노력을 기울였다.

고종은 1895년에 교육입국(敎育立國)의 취지를 담은 조서를 내려 교육의 중요성을 강조하였다.[16] 그러나 관립학교는 대개 관리 양성만을 위하는 경향이 있어서 주로 양반 출신 고관들의 자제가 수학하였고, 따라서 시대적인 요구에 부응하지 못하였다. 청일전쟁을 치르고 난 후 교육에 대한 열의와 향학열이 고조되면서 갑자기 학생들이 늘어났다. 그리하여 사립학교의 수가 급격하게 증가하기 시작하였다. 당시의 사립학교들은 새로운 지식을 전달하는 영역이었을 뿐 아니라, 민족운동의 근거지로서 자리를 잡아 가고 있었다. 1909년에는 전국에 950개의 기독교 계열 학교가 있었는데, 그중에서 605개교가 장로교에서, 200개교가 감리교에서 설립한 것이었다.[17] 이와 같이 기독교에서 시작한 사립학교 설립은 신속히 확산되어 비기독교 재단의 학교도 많이 세워지게 되었다. 재래의 서당이 개편되어 개량서당으로 발전했다가 보통학교로 승격하는 경우도 있었다. 이러한 사립학교가 1910년에는 3,000개교에 이르렀다.

우리나라의 근대식 의학교육의 효시는 세브란스의학교이다. 1886년 3월 29일에 병원에 의학부를 개설하였는데, 1899년 정식으로 의학교로 설립되어 애비슨 선교사가 초대 교장으로 봉직하였다. 1908년에 제1회 졸업생 7명을 배출하였으며, 1913년에는 장로교와 감리교 선교회에서 연합하여 경영하도록 하였다. 연희전

15 1886년 5월 30일에 정동에 여학당을 설립하였으며 한국 여성의 지위 향상이라는 면에서도 획기적인 계기가 되었다. 민경배, 『한국기독교회사』, 266.

16 조서의 내용은 이러하였다. "우내(宇內)의 형세를 보건대 부하고 강하며 독립하여 웅시하는 모든 나라는 다 인민의 지식이 개명(開明, 밝게 열림)하였다. 지식의 개명은 교육의 선미(善美)로 되었으니, 교육은 실로 국가를 보전하는 데 근본이다."

17 민경배, 『한국기독교회사』, 269.

문학교는 언더우드 선교사의 노고로 1915년 3월에 장로교와 감리교 공동으로 설립되었다. 1917년 사립 연희전문학교 기독교연합재단법인의 설립 허가와 학교설립 인가를 얻어 문학과, 상업과, 농업과, 수학과, 물리학과, 응용화학과 등을 설치하여 교육하였다.[18] 평양의 숭실전문학교는 이보다 먼저 1906년에 설립되었으며 1907년에는 장로교와 감리교 양 교파가 공동으로 경영하다가 1913년부터 운영체제를 바꾸어 장로교 선교회가 단독으로 경영하였다.[19] 이화학당은 1910년에 대학과를 설치하고 1912년에 학교 인가를 얻었으며 1914년 전문학교 제1회 졸업생 6명을 배출하였다.[20]

세브란스의학교

근대교육에 공헌한 언더우드 · 아펜젤러 · 베어드

1885년 4월 5일 부활절에 제물포항에 입항한 미국북장로회 선교사 언더우드와 미국북감리회 선교사 아펜젤러는 한국에 파송된, 최초로 목사안수를 받은 복음전도 선교사이자 교육선교사였다. 사실 이들은 복음전도 선교사였지만, 당시 조선 조정은 공식적으로 선교의 자유를 허용하지 않았기 때문에 모두 교육자의 자격으로 입국하였고 각자 경신학교의 전신인 예수교학당과 배재학당을 설립하여 교육을 실시하였다. 언더우드는 1915년 연희전문학교를 설립하여 초대 교장을 맡았다가 이듬해 건강이 악화되어 귀국한 후 세상을 떠났다. 그의 아들 언더우드(Horace H. Underwood)가 그의 뒤를 이어 1917년 연희전문학교 교수로 취임하

---

18 기독교대백과사전편찬위원회 편, "연세대학교", 『기독교대백과사전(11권)』(서울: 기독교문사, 1994), 571–572.

19 기독교대백과사전편찬위원회 편, "숭실학교", 『기독교대백과사전(9권)』, 876–879.

20 기독교대백과사전편찬위원회 편, "이화여학교", 『기독교대백과사전(13권)』, 109–111.

여 후학 양성에 종사하였다. 그는 1934년 10월부터 연희전문학교 교장직을 맡아 1942년 5월 강제로 귀국조치 되기까지 한국의 근대 고등교육에 헌신하였다. 해방 직후인 1945년 10월에 그는 미육군성 통역으로 다시 내한하여 하지 장군의 고문을 맡았고, 1947년에 연희대학교에 복귀하였다. 1949년 3월에는 그의 부인 웨거너(Ethel V. Wagoner)가 공산 청년들에게 피살당하는 아픔을 겪고 잠시 귀국하였으나, 6 · 25동란이 발발하자 다시 미군 민간인 고문 자격으로 내한하여 활동하였다. 과로로 1951년 2월 20일 세상을 떠나 양화진 외국인 묘지에 안장되었다.[21]

아펜젤러도 1885년 8월 배재학당을 설립하여 근대교육을 실시하였다. 안타깝게도 1902년 6월 성서번역위원회에 참석하기 위해서 배를 타고 목포로 가던 중 군산 앞바다에서 침몰하는 사고가 발생하여 세상을 떠났다. 그의 시신은 수습하지 못했으나 그의 선교행적을 기념하기 위하여 그의 묘지를 양화진에 마련하였다. 그의 딸 앨리스 아펜젤러(Alice R. Appenzeller)는 그가 부임하던 해인 1885년에 서울에서 태어나 자랐으나 아버지가 세상을 떠나자 미국에 돌아가 공부하였다. 그녀는 1915년에 미국북감리회 선교사로 다시 내한하였다. 그녀는 그해부터 이화학당 교사로 봉직하였으며, 교사로 재직하던 3 · 1운동 당시 학생들을 격려하고 보호하였다. 그 이듬해 1920년에는 이화학당장 서리를 맡았고, 1921년 10월에는 이화학당장에 취임하였다. 1925년 4월 이화학당이 전문학교와 보통학교로 분리되어 이화여자전문학교가 되었을 때 초대 교장직에 올랐다. 그녀는 일제의 압력으로 선교사들이 한국을 떠나던 1940년에 미국으로 귀국하여 스칼릿대학에서 강의하고 하와이선교를 위하여 일하였다. 한국이 해방되자 1946년 12월 다시 내한하여 이화여자대학교 명예총장에 추대되었다. 1950년 2월 뇌일혈로 세상을 떠나 양화진 외국인 묘지에 안장되었다.[22] 그녀의 남동생 헨리 아펜젤러(Henry D. Appenzeller)도 1889년 서울에서 태어나 어린 시절을 한국에서 보냈다. 그는 미국에서 대학을 졸업한 후 1917년 미국북감리회 선교사로 내한하여, 인천 지방에서

---

21 한국교회사학회, 한국복음주의역사신학회 편, 『내게 천 개의 목숨이 있다면』(서울: 대한예수교장로회양화진문제해결을위한대책위원회, 2013), 334–339.

22 한국교회사학회, 한국복음주의역사신학회 편, 『내게 천 개의 목숨이 있다면』, 162–167.

선교사역을 하다가, 1920년 배재학당 교장직을 맡았다. 그해 3 · 1운동 1주년 기념 학생 시위자들을 보호해 준 일로 인해 총독부로부터 교장직 허가 취소의 위협을 받기도 하였다. 그는 1939년 4월에 교장직을 신흥우에게 넘겨주기까지 아버지 아펜젤러가 시작한 교육사업을 성실하게 수행하였다. 그는 일제의 선교사 추방으로 1941년에 귀국하였으나 해방이 되자 1948년에 다시 내한하여 6 · 25전란 중에는 기독교세계구제회 한국책임자로 전쟁 이재민 구호에 힘썼고, 1952년에는 배재중고등학교 재단이사장을 맡았다. 그는 1953년 12월 1일 미국 뉴욕에서 세상을 떠났으나 그의 유언에 따라 양화진 외국인 묘지에 안장되었다.[23]

이들이 서울을 중심으로 활동하였다면, 미국북장로회 선교사 베어드(William Martyne Baird)는 북부 지방 평양을 중심으로 근대교육을 실시하였다. 그는 1891년 3월에 내한하여 부산, 대구 등지에서 선교활동을 하다가 1896년에는 예수교학당 및 곤당골 사립학교 교사를 겸직하였고 1897년에는 임지를 평양으로 옮겨 숭실학당의 전신인 사랑방학교를 개설하여 근대교육을 실시하였다. 1901년에는 이 학교를 숭실학당으로 개칭하고 학당장에 취임하였으며, 1906년 9월에 합성숭실대학으로 발전하여 1916년 3월까지 학장직을 맡았다. 1916년 6월 그의 부인인 애니(Annie A. Baird)가 세상을 떠나는 아픔을 겪었다. 그도 1931년 11월 29일 평양에서 세상을 떠나 그곳에 묻혔으나, 월남한 친지들이 1959년 양화진 외국인 묘지에 베어드 부부의 기념비를 세웠다.[24]

3. 문서운동과 한글 보급

기독교 문서운동 역시 복음전파에 큰 몫을 차지하였으며 한국의 근대 문화운동 창달에 기여하였다. 말이 서툰 선교사들로서는 성경, 소책자, 전도지 같은 것

---

23 기독교대백과사전편찬위원회 편, "아펜젤러2", 『기독교대백과사전(10권)』, 1125.

24 신호철, 『양화진 선교사의 삶』, 한국교회사학회, 한국복음주의역사신학회 편, 『내게 천 개의 목숨이 있다면』, 321–331.

을 발간하여 돌리는 것이 가장 효과적인 전도방법이었으며 다수에게 복음을 전할 수 있는 좋은 방도였다. 그래서 선교사들이나 전도자들은 어디를 가든지 전도문서를 소지하고 다녔으며, 매서인들을 많이 두어 성경과 전도문서들을 보급하도록 하였다. 그리고 대중이 읽을 수 있도록 평이한 한글을 사용했으므로 자연스럽게 한글 전파에도 공헌하였다.

1888년 초에 입국한 미국북감리회 파송 선교사 올링거(F. Ohlinger)는 이듬해 배재학당 내에 삼문출판사를 설립하고 1891년부터 출판사업에 착수하였다. 선교사들은 1890년 6월에는 한국기독교소책자회를 조직하고 올링거를 회장으로 선출하였다. 1895년에는 22,000부의 책과 소책자를 발행하였다.

1885년에 언더우드와 아펜젤러가 입국하여 무엇보다도 최우선적으로 성경사업부터 추진하였다. 1887년 언더우드와 아펜젤러가 중심이 되어 성서위원회를 조직하고, 그 아래 성서번역위원회를 두어 한글로 성서를 번역하고 개정, 출판, 반포하는 일을 위하여 힘썼다. 1887년에 아펜젤러 역 마가복음, 1890년에 언더우드 역 누가복음과 스크랜턴(Scranton) 역 로마서, 1892년에 3인(아펜젤러, 언더우드, 스크랜턴) 공역의 마태복음, 1894년에 펜위크 역 요한복음, 1895년에 4복음서와 사도행전, 1897년에 골로새서와 베드로전후서, 1900년 5월에 신약성경 전부가 완역 출판되었다. 1893년 5월에는 조직을 개편하여 개신교 각 교파의 선교사들의 대표들로 상임성서위원회를 구성하고 번역과 출판사업을 본격적으로 추진하였다. 1904년에 신약전서가 개역되었고, 1906년에 이것을 재수정하여 결정본 공인역으로 출판되었으며, 1910년에 구약성경이 각각 공인역으로 완역되어 나왔다. 1892년에 선교사 게일(J.S.Gale)이, 1893년에는 레이놀즈(W. D. Ranolds)가 동참하면서 성서번역사업은 한층 활기를 띠었다. 성경은 주로 매서인을 통하여 보급되었는데, 1892년까지는 모두 578,000권, 1895년부터 1936년까지는 무려 18,079,466권이 보급되었다.[25]

25 김영재, 『한국교회사』, 79-80. 게일은 수많은 글을 발표한 대표적인 문서선교사였으며 단편적인 글은 헤아릴 수 없을 정도로 많고 단행본으로 발표된 것만도 무려 44권이나 된다. 내용상으로는 소설, 사전, 성경, 영어번역본, 창작 등이다. 그는 1926년에는 한 해 동안에만 무려 6권의 책을 발행하였다. 리진호, 『한국성서백년사(1)』, 308-312. 대표적 문헌: 『텬로력뎡』, 『한영자전』, 『유몽천자』, 『셩경요리문답』, 『예수행적

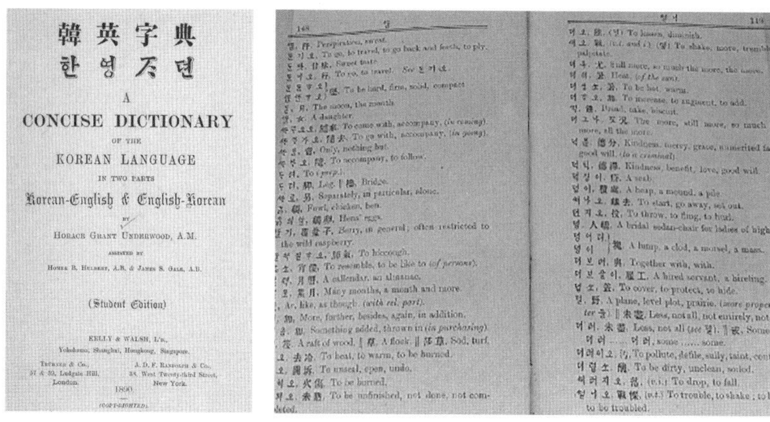

韓英字典
한영ᄌᆞ뎐
A
CONCISE DICTIONARY
OF THE
KOREAN LANGUAGE
IN TWO PARTS
Korean-English & English-Korean
BY
HORACE GRANT UNDERWOOD, A.M.
ASSISTED BY
HOMER B. HULBERT, A.B. & JAMES S. GALE, A.B.
(Student Edition)
KELLY & WALSH, L'D.,
Yokohama, Shanghai, Hongkong, Singapore.
TRUBNER & Co., 57 & 59, Ludgate Hill, London.
A. D. F. RANDOLPH & Co., 38, West Twenty-third Street, New York.
1890
(COPY-RIGHTED).

언더우드 선교사가 만든 성경 (출처:국민일보)

H.G. 언더우드(앞줄 가운데)와 J.S. 게일(앞줄 오른쪽) 선교사가
1906년 성경번역위원들과 함께 기념사진을 찍었다.
(출처: 국민일보)

1893년 1월 제1차 장로회공의회에서는 모든 문서에 일체 한문을 섞지 않고 순전히 한글로만 기록한다는 방침을 결의하였다. 그리고 한글 창제 이후 '언문'(諺文=상말)이라며 지식층에게 멸시당하여 빛을 보지 못하던 한글을 선교사들이 직접 연구하였다. 1894년 게일은 한국어의 동사를 연구하여 『한국어의 문법 형식』

년록』, 『예수의인격』, 『구약예표』, 『류락항도기』, 『크로소 표류기』, 『기독성범』, 『나사렛 목수 예수』, 『모자성경문답』, 『덕계입문』등.

을 펴냈으며, 1896년에는 『한영사전』을 편찬하여 출판하였다. 베어드 목사 부인은 한글을 처음 배우는 이들을 위하여 『50가지 도움』이라는 소책자를 펴냈다. 이러한 책들은 외국인은 물론이고 조선 본토인들에게도 유익한 자료였으며, 젊은 학도들에게 우리말과 글을 연구하게 하는 도전의식을 심어주었다.[26]

근대언론에 공헌한 선교사 헐버트와 언론인 베델

근대언론에 기여한 대표적인 인물로서 선교사 헐버트(Homer B. Hulbert)와 언론인 베델(Ernest Thomas Bethell)을 들 수 있다. 헐버트는 선교사로서가 아니라 최초의 국립외국어 교육기관이라고 할 수 있는 육영공원(育英公院)[27] 교사 자격으로 1886년 7월에 내한하였다. 그는 함께 내한한 벙커(D. A. Bunker), 길모어(G. W. Gilmore) 등과 함께 1886년 9월에 개원한 육영공원의 교사로 사역하였으나, 1891년 12월 육영공원 축소 등의 문제로 교사직을 사임하고 귀국하였다. 그러다가 1893년 9월 미국북감리회 선교사로 다시 내한하여 삼문출판사를 운영하는 책임을 맡으면서 문서선교 활동에 임하였다. 그는 The Korean Repository, The Korea Review 등 영문잡지를 발간하여 교육자라기보다는 언론인으로서 더 많은 활동을 하였다. 그는 1903년 YMCA가 설립될 때 초대 회장에 피선되었으며, 1905년 일제가 외교권을 강제로 빼앗은 을사늑약 때는 이의 부당성을 항의하였다. 그는 한미수호조약에 의거하여 미국 정부의 도움을 요청하고자 미국 국무성에 미국 대통령 면담을 신청하였으나 거부당하였다. 1906년 6월 다시 내한하여 일본인의 불법적 만행을 언론을 통해서 폭로하였다. 1907년에는 헤이그 밀사 3인과 동행하여 돕다가 그해 5월 일

베델 선교사

26 김영재, 『한국교회사』, 80.

27 고종 23년(1886년)에 육영공원을 설립하여 서양의 새 학문에 대한 교육을 실시하였으며, 좌원(左院)과 우원(右院) 두 개 반을 두어 좌원에는 젊은 문무관리 중에서, 우원에는 15세 내지 20세의 양반가 자제 중에서 선별하여 입학하게 하였다. 갑오경장 이후에는 새로운 교육제도를 실시하면서 신교육을 실시하는 소학교, 중학교, 사범학교, 외국어학교 등 각급 관립학교(官立學校)를 설치하게 되었다.

제의 압력으로 미국 정부로부터 소환을 받아 귀국하였다. 그 후에도 그는 언론 저술활동을 통하여 한국의 독립운동을 지원하였다. 1949년 8월에 이승만 대통령의 초청으로 내한하였으나 여독으로 8월 5일 서울 위생병원에서 세상을 떠나 양화진 외국인 묘지에 안장되었다. 이로써 그가 평소에 말해 오던 대로 "웨스터민스터 사원보다 오히려 한국 땅에 묻히기를 원한다"는 소망이 성취되었다.[28]

베델은 러일전쟁을 취재하기 위해서 광무 8년(1904년) 3월 10일에 영국의 런던 데일리뉴스 특파원 자격으로 내한하였다. 일본의 검열이 심하여 언론이 일본의 침략정책을 비판할 자유마저 빼앗기고 있을 때였다. 그는 1904년 6월 조선의 처지에 동정하여 양기탁, 박은식, 신채호 등과 사재를 털어 『대한매일신보』를 창간하고 사장직에 취임하였다. 영국은 일본과 동맹을 맺고 있던 터라 『대한매일신보』는 일본 측의 검열을 받지 않아도 되었다. 신문사 정문에는 "일인불가입"(日人不可入: 일본인은 들어올 수 없음)이라는 방을 내걸고 자유롭게 일본의 침략행위를 비판하였다. 고종이 일본과의 을사조약은 자신이 승인한바 아니니, 열국의 보도를 바란다는 친서를 발표하여 일본인을 놀라게 한 것도 바로 이 『대한매일신보』였다. 또한 을사조약의 무효를 주장하며, 각지에서 전개된 의병운동을 보도하는 등 배일 사상을 고취하여 일제 통감부의 미움을 샀다. 그리하여 1906년에는 일본 외무성이 영국 정부에 베델을 추방할 것을 공식적으로 요구하였으나 베델은 이에 불복하고 자신의 소신대로 계속 신문을 발행하였다. 그러자 일제는 영국영사관에 압력을 가하여 1908년 6월 15일 베델로 하여금 영국총영사관 법정에서 교사선동 죄로 재판을 받아 상해에서 3주간 구류를 당하게 하는 수모를 주었다. 그는 7월 12일 다시 서울로 귀환하였다. 그러나 심신의 피로가 겹쳐 이듬해 1909년 초 심장병이 재발하여 5월 1일에 서울에서 세상을 떠나 양화진 외국인 묘지에 안장되었다. 그는 죽음이 임박했을 때 『대한매일신보』 기자를 불러 그의 손을 잡고 "나는 죽더라도 신보(申報)는 영생케 하여 한국 동포를 구하라"는 유언을 남겼다.[29] 이후 일본의 탄압과 경영난까지 겹쳐 1910년경에는 『대한매일신보』만이 겨

28 한국교회사학회, 한국복음주의역사신학회 편, 『내게 천 개의 목숨이 있다면』, 62-67.

29 기독교대백과사전편찬위원회 편, "베델2", 『기독교대백과사전(7권)』, 566-567.

우 민족의 대변지 역할을 하다가 강제 합방된 뒤에는 총독부에 매수되어 『매일신보』(每日申報)로 개칭되었다.

4. 청년운동

청년운동 조직으로서는 장로교에 청년면려회, 감리교에 엡웟(Epworth)청년회[30]가 있었으며, 연합청년운동으로는 황성기독청년회(YMCA)와 여자기독청년회(YWCA)가 있었다. 1903년 10월 28일, 선교사 질레트(P.L. Gillett)의 주도로 서울에서 황성기독청년회라는 이름으로 YMCA를 결성하고, 동시에 홍콩기독청년연합회에 가입하였다. 게일 선교사가 회장직을 맡았고 질레트는 총무로 활동하였다. 당시 회원은 정회원 28명, 준회원 9명으로 조직되었으며 박영효, 민영환, 윤치호, 이상재, 유성준, 이원긍, 남궁억, 김정식, 조종만, 신흥우 등이 발기 회원이었다.[31]

기독청년회는 국내 인사들의 후원과 뉴욕에 본부를 둔 북미 기독청년연합회의 보조로 사업을 추진하였으며, 1907년 서울 종로에 3층으로 회관을 건립하였다. 건축기금은 현흥택이 회관 기지를 위하여 8천 원을 헌금하였고, 미국인 워너메이커(J. Wanermaker)가 8만 원을 기부하였다. 구한국 황실에서 2만 6천 원의 하사금을 내렸으며 낙성식에는 황태자가 참석하였다.[32] 1916년 5월에는 운동실을 건축하였는데, 미국 캠덴(Camden)과 그랜드래피즈(Grand rapids)의 양 청년회가 6만 8천여 원을 모금하여 보내왔다. 활동기금을 위해서는 조선인 유지들을 비롯하여 미국 선교회, 외국 공관의 주재원들과, 심지어 이등박문을 포함한 일본인들까지 기부금을 내놓았다. 기독청년회는 그 이념과 사업내용에 어울리게 그 결성

30 엡웟청년회는 1872년 미국 필라델피아에 있는 감리교회 목사 닐리가 처음 조직한 것인데, 요한 웨슬레의 출생지 엡웟의 이름을 따라 엡웟청년회라고 하였다. 웹윗청년회의 초기 목적은 복음전도사업과 성경연구의 권장, 그리스도인의 절제와 사회개혁, 그리스도의 박애 사상 실현, 문화와 사회활동 등 젊은이들에게 신앙심을 배양하고, 그리스도의 사상을 이 사회에 실현함으로써 하나님의 뜻을 실천하는 것이었다.

31 김영재, 『한국교회사』, 81.

32 황실에서 매년 만 원씩 6년 동안 6만 원을 보조하였고, 각계 유지들이 만 원을 기부하였다.

에서부터 활동기금 마련과 회관건립에 이르기까지 거족적이며 국제적인 사회적 성원을 얻었다.[33]

기독청년회가 추진하는 사업은 매우 다양하였다. 종교사업으로 일요강화, 성경연구, 특별 전도와 강연, 사회사업 등을 비롯하여, 교육사업으로는 1906년부터 인쇄, 목공, 철공, 제화, 사진 기술 등 실제적인 직업교육과 영어, 중국어, 독일어 등의 외국어학과를 설치하고 노동야학과도 두어 근로 청장년들이 학습할 수 있는 기회를 마련해 주었다. 또한 소년사업, 체육사업도 있었다. 이 중 무엇보다도 가장 드러난 사업은 체육사업이었다. 야구, 축구, 배구, 권투, 기계체조, 유도, 격검, 씨름, 궁술 등 동서양의 각종 운동경기를 소개하고 장려하는 등 YMCA는 한국사회의 근대화를 위하여 다방면으로 기여하였다.

1894년 필드하키(또는 격구)를 즐기는 사람들

1906년 야구팀 설립

교회 안에서도 교회의 부흥과 성장에 기여한 교회 중심의 기독교 청년운동이 YMCA 조직과 거의 동시에 장로교회에서 조직되기 시작하였다. 1904년 내지는 5년경에 평북 선천읍교회에서는 선교사 매큔(윤산온)이, 서울 승동교회에서는 선교사 클라크(곽안련)가 청년회를 조직하였다. 그 후 여러 다른 교회에서도 '청년전도회,' '면려회,' 혹은 '공려회' 등의 명칭으로 청년회를 조직하였다.[34]

33 김영재, 『한국교회사』, 81-82.

34 김영재, 『한국교회사』, 82-83. 1923년부터는 안동에 거류하는 선교사 앤더슨이 선교사연합회의 위임을 받아 권대윤, 윤치병 등과 협동하여 여러 지방 교회를 순방하면서 청년면려회를 조직하여 청년면려회의 전국적인 조직을 결성할 수 있었다.

감리회에서는 일찍이 1897년 5월에 정동제일교회에서 엡윗청년회가 조직되었다. 선교사 존스, 노블, 여선교사 페인, 피어스, 조선인 김기범, 이은승 등이 초창기에 지도적인 역할을 하였다. 1905년에 을사늑약이 체결되어 외교권을 박탈당하고 일본의 통감부가 설치될 즈음에 엡윗청년회 회원들이 총궐기하여 일본의 침략정책에 항의하였다. 이 일이 발단이 되어 이듬해 1906년 6월 일제 정부로부터 해체당하여 이후 몇 해 동안 활동이 정지되는 제재 조치를 당하였다.[35]

사회운동에 공헌한 선교사 질레트와 브록크만

질레트는 YMCA 선교사로 1901년 9월에 내한하여 활동하였다. 초기에는 어학공부를 하면서 배재학당 학생들로 YMCA를 조직하여 세계학생기독교연맹에 가입시켰다. YMCA 설립을 위한 준비를 추진하다가 마침내 1903년 10월 28일 황성기독교청년회를 결성하였다. 초대 회장은 헐버트가 맡았고 질레트는 총무를 담당하였다. 그 후 회장은 게일로 바뀌었으나, 질레트가 총무로서 실제적인 업무를 맡았다. 황성기독교청년회는 교육, 계몽, 선교에 목적을 두고 설립되어 주로 한말에는 계몽운동에 힘써 각종 연설회와 토론회를 개최하여 사회의식을 고취하였다. 1905년 을사늑약을 전후하여 일제는 청년들이 정치운동을 한다는 구실로 기독교청년회의 활동을 규제하였으나, 이에 굴하지 않고 1906년 황성기독교청년학관을 설치하여 계속 교육계몽에 힘썼고 운동회와 사경회, 환등회 등을 개최하였다. 1907년에는 종로회관을 건축하여 이듬해 12월에 개관하고, 이를 통한 사회 계몽활동을 더욱 활성화하였다. 그러나 1910년 일제가 조선을 병탄하고부터 황성기독교청년회도 일제의 직접적인 탄압을 받기에 이르렀다. 특히 1911년에 일제가 날조한 이른바 데라우치 총독 암살미수사건으로 당시 황성기독교청년회 부회장 윤치호를 비롯한 서북 지역의 수많은 기독교인들이 체포되었 고, 다수의 선교사들까지 연루되자 질레트는 이 사실을 국제사회에 폭로하였다. 이 일로 일제는 질레트를 추방하고, 내부 친일세력을 이용하여 1913년 4월 황성기독교청년

35 김영재, 『한국교회사』, 83.

회를 조선중앙기독교청년회로 이름을 개칭하고 일본 YMCA 연맹에 예속시켰다. 질레트는 조선에서 추방된 후 중국으로 건너가 남경과 상해의 YMCA 총무로 재직하면서 그 지역 조선독립운동을 지원하였고 특히 1919년에는 상해임시정부 설립을 후원하였다. 그는 1936년부터 방콕으로 임지를 옮겨 YMCA 사역에 종사하다가 1938년 미국으로 돌아가 그해 11월 26일 뉴욕에서 심장마비로 세상을 떠났다. 그는 양화진 외국인 묘지에 묻히지는 않았으나, 그가 한참 조선에서 활동하던 당시 그의 어린 딸이 1905년에 죽자 양화진에 묻는 아픔을 겪기도 하였다.[36]

옛 종로 YMCA 건물 모습

브록크만(Frank Marion Brockman)은 1905년에 내한하여 황성기독교청년회 협동간사로 활동하며 학생 YMCA 운동을 담당하였다. 그는 1910년 이승만과 함께 전국을 순회하며 학생 YMCA 조직을 확산하였고, 그 이듬해 6월에는 개성에서 학생하령회를 개최하였다. 1914년에는 개편된 조선중앙기독교청년회와 재일본동

36 민경배, 『한국기독교회사』, 271, 339. 1901년 뉴욕의 국제위원회는 한국의 YMCA, 설립 준비를 위해 질레트를 파송하였다. 질레트는 우선 서울에서 배재학당과 한영서원의 학생들과 더불어 사업을 시작하면서 YMCA 설립을 위해 노력하였다. 김인수, 『한국기독교회의 역사』, 298. 376. 기독교대백과사전편찬위원회 편, "질레트," 『기독교대백과사전(14권)』(서울: 기독교문사, 1994), 411–412.

경조선기독교청년회, 학생 YMCA 등이 연합된 조선기독교청년회연합회 협동총무를 맡았다. 105인 사건으로 체포되었던 윤치호가 석방되자 브록크만은 1916년에 그에게 총무직을 인계하고 다시 학생운동과 청소년교육을 맡아 힘썼다. 그는 1923년 총무 신흥우가 농촌운동을 계획할 때 YMCA 국제위원회의 재정원조와 기술도입을 교섭하는 등 실무를 맡아 성공시켰다. 과중한 업무에 시달리던 그는 건강이 악화되어 1927년 7월에 귀국하였다. 그는 몸만 회복되면 다시 한국에 나올 계획이라고 입버릇처럼 말했으나 회복되지 못한 채 1929년 6월 11일 미국 프린스턴에서 세상을 떠났다. 그는 자신의 시신이라도 한국에 묻히고 싶다는 유언에 따라 양화진 외국인 묘지에 안장되었다.[37]

5. 조선에 파송된 여선교사들의 사역

19세기 말 내지는 20세기 초, 조선에 파송된 여선교사들은 입국 초기부터 전체 선교사의 60% 이상을 점하였다. 1885년부터 처음 10여 년에 걸쳐 이들은 조선인들에게는 경계를 늦추게 하고, 미국인들에게는 조선문화에 대한 문화제국주의적 편견에서 벗어나도록 하는 조선문화 지킴이(cultural gatekeeper)의 역할을 담당하기도 하였다. 1885년부터 1945년까지 조선에 주재해 있던 북미 출신 선교사들에 대한 통계를 보면 총 선교사 수는 1,559명이었으며, 이 중 영국, 호주, 스웨덴, 독일 등에서 왔던 선교사들을 제외한 북미 출신 선교사들의 총수는 1,187명이었고 그중 남선교사는 621명, 여선교사는 566명이었다. 또한 내한하여 조선에서 활동했던 기관들을 분야별로 살펴보면 교육기관에서 활동한 여성이 45.4%, 사경회 및 성경학교가 32.8%, 의료기관이 19.4%, 복지관이 7%로 대부분이 교육 분야에서 일했던 여성들이었다.

---

37 한국교회사학회, 한국복음주의역사신학회 편, 『내게 천 개의 목숨이 있다면』, 89–94. 기독교대백과사전편찬위원회 편, "브록크만1", 『기독교대백과사전(7권)』, 1409. 양화진 그의 비문에는 "For twenty four years in Korea, Seer, Builder, Peace Maker, Friend"라는 글이 새겨졌다. 신호철, 『양화진 선교사의 삶』, 132–135.

이처럼 전체 선교사의 반 정도를 차지했던 여선교사들은 주부, 또는 전문직 선교사로 조선에 들어왔다. 교육과 의료사업을 통해 남성뿐만 아니라 그 시대 무지하고 비참한 하층생활을 하던 조선 여성들에게 의식구조와 생활의 변화를 가져옴과 동시에 조선교회 성장의 초석을 마련하는 기회가 되었다.

1) 교육사역

급변하는 국내외 정세 속에서 선교사들은 선교활동을 교육 중심으로 시작하였다. 그들이 선교활동의 중심으로 삼았던 교육은 학교 교육과 더불어 교회교육, 사회교육, 유아교육, 특수교육 등에 광범위하게 망라되어 우리나라의 교육은 새로운 이정표를 맞았다.

① 메리 F. 스크랜톤

스크랜톤(Scranton, Mary Fletcher Benton, 1832–1909) 대부인은 미국북감리회 파송 선교사로서 이화여대 및 동대문 이대병원을 설립하였다. 그녀의 남편 W. B. 스크랜톤(William Benton Scranton, 1856–1922)도 미 감리교회 의료선교사로서 뉴욕의대를 졸업한 감리회 의료원 설립 선교사였다. 스크랜톤 대부인은 오직 믿음으로 사는 여성이었다.

50세가 넘어 조선 땅에 선교사로 온 그녀는 남은 생애를 보람 있게 살아가기 위해서 남들보다 더 동분서주 움직였으며, 조정의 눈치를 보지 않고 사역 자체를 중시하여 창의성 있게 스스로 일을 만들어 갔다. 여성을 위한 교육기관을 세울 계획으로 서울 정동에 큰 집을 구해 놓고 하나님께 기도하였다. 학생모집이 쉽지 않았으나 1886년 첫 학생으로 어린 소녀를 만나게 되었다. 끼니가 없어 굶기다가 보내진 아이였다. 씻기고 입히고 먹이며 함께 기거하였다. 이렇게 한 명의 학생을 가르치며 시작한 것이 결국 이화학당이라는 우리나라 최초의 여학교를 설립

하는 계기가 되었다.[38]

② 조세핀 O. 페인

페인(Josephine Ophelia Paine, 1869-1909)은 미국 매사추세츠주 보스턴에서 출생하였다. 미국감리회 소속으로 조선에 도착하여 먼저 언어를 익히고 1893년 제3대 이화학당장으로 취임하여 15년 간 여성교육에 이바지하였다. "여자가 공부하여 무엇하느냐"하는 인식이 팽배하던 시절에 여성교육에 앞장섰다. 페인은 프라이(Frey)와 더불어 *Lessons on the Human Body*라는 생리학 교과서를 1899년 조선 최초로 공동 저술하였다. 1904년 9월 중학과(중등과정)를 설치하였으며, 교과 과정 정비를 위한 기틀을 마련하였다. 또한 페인은 산수 등 기존 과목 외에도 성경, 영어, 체조 등을 교과 과정에 추가로 편성하였으며 재봉, 자수를 가르치는 가사과를 설치하였다. 특히 조선 최초로 여성에게 체육운동 과목을 첨가한 것은 일대 변혁이었다. 이 같은 체육운동 때문에 처음에는 양반층에서 크게 반발하여 "집안 명예가 손상되고, 혼삿길이 막힌다"며 하인들을 시켜 학생을 집으로 데려갔다는 이야기도 있다. 페인 선교사는 학생들을 지극정성으로 보살피면서도 엄격하게 훈육하였다. 늘 흰밥(쌀밥)을 해주니까 학생들이 팥밥이 먹고 싶다고 하면 가끔 시장에 나가 팥을 사다 팥밥을 해 먹이기도 한 인정이 많은 여성이었다. 그녀의 열정적인 설교와 전도는 감동을 주었으며, 특별히 여성해방운동에 공헌하였다. 40세를 일기로 1909년 9월 25일 해주 지방 전도사업 순회 중 콜레라로 세상을 떠났다.[39]

③ 조세핀 P. 캠벨

캠벨(Josephine Eaton Peel Campbell, 1853-1920)은 미국남감리회에서 파송받은 최

38 김인수, 『한국기독교회의 역사』, 150-151. 한국교회사학회, 한국복음주의역사신학회 편, 『내게 천 개의 목숨이 있다면』, 193-198. 신호철, 『양화진 선교사의 삶』, 28-30.

39 『선교문화신문』, 2004년 11월 7일(126호). 기독교대백과사전편찬위원회 편, "페인1", 『기독교대백과사전(15권)』, 734. 한국교회사학회, 한국복음주의역사신학회 편, 『내게 천 개의 목숨이 있다면』, 204-208. 신호철, 『양화진 선교사의 삶』, 72-75.

초의 감리교 여선교사로, 45세가 되던 1897년 10월 9일에 그녀의 중국인 양녀 여도라를 데리고 내한하였다. 1898년 배화학당의 전신이 되는 여학교를 설립하고 한글과 한문을 가르쳤다. 초기 수업 때 캠벨은 영어로밖에 말할 수 없어 손짓, 발짓, 무언극으로 표현하였는데 이 교육은 춤을 추듯 한다 하여 발레수업이라 했을 정도였다. 그 후 1900년에 '루이스 워커 기념예배당'이라 하여 오늘날의 종교교회와 자교교회의 모체가 되었다. 캠벨의 신앙은 이러했다.

첫째, 그리스도를 통한 구원의 확신을 체험한 복음주의 신앙에 기초를 두었다.

둘째, 자신을 온전히 하나님께 맡기며 어떠한 상황에서도 하나님께 감사하고 '하나님 중심'의 신앙에 입각해 있었다.

셋째, 철저한 기도와 큰 이상과 포부를 가지고 미래를 내다보며 실행하였다.

넷째, 과거와 현재, 근대문명과 기독교 신앙의 조화를 추구하며 조선에 대한 깊은 애정을 가지고 선교활동을 추진하였다.

그녀는 안식년 때 얻은 신병으로 인해 재입국한 후 1920년 11월 12일 세상을 떠났다. 그의 비문에는 "내가 조선에서 헌신하였으니 죽어도 조선에서 죽는 것이 마땅하다"고 기록되어 있다.[40]

2) 의료사역

교육사역과 더불어 선교사들이 감당한 또 다른 중요한 사역은 의료사역이다. 그 당시 비위생적 환경으로 인해 전염병이 돌며, 다양한 질병들이 발생하여 고통당할 때 헌신적으로 치료하였다. 환자들을 돌보면서 정작 자신은 그 병에 걸려 생을 마감하거나 자식과 배우자를 잃는 아픔을 겪는 선교사들도 많았다.

40 『선교문화신문』, 2004년 11월 29일(128호). 기독교대백과사전편찬위원회 편, "캠벨6", 『기독교대백과사전(14권)』, 1154-1155. 한국교회사학회, 한국복음주의역사신학회 편, 『내게 천 개의 목숨이 있다면』, 56-60. 신호철, 『양화진 선교사의 삶』, 104-107.

이렇게 희생적이며 헌신적인 사역을 감당한 대표적인 여선교사 세 사람을 소개하고자 한다.

① 로제타 S. 홀

홀(Rosetta Sherwood Hall, 1865-1951)은 감리교 의료선교사로 펜실베니아 여의대를 졸업하였다. 내한하여 상동 시병원과 평양 기홀병원 등을 세웠다. 로제타는 남편과 딸을 잃었지만 어린 셔우드를 키우면서 조선 사랑을 실천하였다. 평양 기홀병원에 근무하면서 여성 환자들을 위한 광혜여원과 어린이들을 위한 병원도 개원하였다. 처녀 때 본국에서 맹인용 점자사용법(New York Point)을 배운 적이 있었는데 그녀는 평양에서 의료사업을 할 때 오씨라는 보조원의 어린 딸인 봉래가 앞을 보지 못하는 아이라는 것을 알고 점자를 가르치기 시작하였다. 이렇게 맹인 소녀들에게 점자를 교육하면서 한국 최초의 맹인학교인 평양 맹인학교가 세워질 수 있었다. 후에 맹인학교를 확충하여 농아교육도 시행하였다. 홀은 김점동이라는 여성을 유학시켜 한국 최초의 여의사가 되게 하였다.[41] 현재의 이화여대 부속병원이 로제타가 세운 병원이었으며, 고려대학교 의과대학의 전신이 되는 서울 경성여자의학전문학교 역시 그녀가 설립한 학교이다. 그녀는 43년간 한국에서 전개한 헌신적인 사역을 인정받아 미국이 선정한 200대 여성 중 한 사람으로 추앙받는다.[42]

② 데이비스 선교사

미국남장로회 7인의 선발대로 온 선교사들 중 처녀 선교사는 데이비스(Linnie Fulkerson Davis, 1862~1903)와 메티 선교사뿐이었다. 조선에 도착하여 호남선교를

41 김점동은 1896년에 미국에서 의학을 공부한 후 1900년에 미국 의사면허를 갖고 박에스더라는 이름으로 귀국하여 의료사역에 공헌하였다.

42 리진호, 『한국성서백년사(1)』, 398-399. 기독교대백과사전편찬위원회 편, "홀7", 『기독교대백과사전(16권)』, 597-598. 신호철, 『양화진 선교사의 삶』, 70-71.

준비하며 각 지역을 전도하였다. 1896년 군산에서 부인과 어린이들을 대상으로 선교를 시작하고 학교사역에 임하였다. 그 후 전주로 이전하여 헤리스 선교사와 결혼하여 그와 함께 약방을 개설하고 환자를 치료하면서 선교하였으며, 한 해 동안 무려 1,885명을 전도하는 열매를 거두기도 하였다. 전주 예수병원에서 입원해 있는 어린아이들을 정성껏 돌보던 중 열병에 전염되어 병이 악화되면서 1903년 6월 20일 41세의 나이에 세상을 떠났다. 동료 선교사들은 그녀를 "생명을 바쳐 선교한 여장부"로 기렸다.[43]

③ 호튼 언더우드

언더우드의 부인 릴리아스 호튼(Lillias Stirling Horton Underwood, 1851–1921) 박사는 조선을 찾은 첫 서양 여의사였으며 명성왕후의 전담의사로 활동하는 등 세상을 떠날 때까지 조선에서 의료활동을 전개하였다. 호튼은 조선인들은 기독교의 원리가 실천되는 곳, 이 정신이 숨쉬는 곳, 거기에 문명은 생성되고 발전된다는 것을 알고 있다고 하였다.[44] 언더우드 가문의 4세인 원한광 박사는 2004년 11월 38년간의 한국생활을 정리하면서 "언더우드가의 여성"이란 영문 기고문을 중앙일보사에 보냈다. 그에 의하면 호튼 언더우드는 가족들의 만류에도 불구하고 고향 시카고를 떠나 멀고 위험한 조선을 찾아 1921년 세상을 떠날 때까지 의료활동을 하였다. 명성왕후를 비롯해 왕족과 양반계급 여성들을 전담하여 치료하였다. 당시 미국에도 여의사가 적었다는 점을 감안하면 그녀가 조선의 많은 여성들에게 얼마나 큰 은혜를 끼쳤는지를 짐작할 수 있다. 릴리아스는 서양의학을 조선에 소개하였으며 여성도 남성처럼 똑똑하고 결단력 있고 교육을 많이 받을 수 있다는 것, 사회에서 독립적인 역할을 할 수 있다는 것을 일깨워 주었다.

그녀 외에도 언더우드 2세 부인 에델 반 와그너(Ethel Van Wagner)는 서울 외국인학교를 시작하였고 에델 언더우드 소녀고아원이라는 이름으로 고아원을 설립

---

43 기독교대백과사전편찬위원회 편, "데이비스16", 『기독교대백과사전(4권)』, 216.

44 민경배, 『한국기독교회사』, 258.

하였다. 그녀는 1949년 4월 집에 침입한 4명의 공산청년들에 의해 살해되었다. 언더우드 3세의 부인 조운 데이비슨(Joan Vida Davidson)은 서울 외국인학교에서 영문학을 가르치는 교사로 봉직하여 1955년부터 1976년까지 연세대학교 영문과에서 영어회화와 글쓰기를 가르쳤다. 1953년에는 포켓사전을 만들어 외국인들이 한국인들과 대화하는 데 용이하도록 배려하였다. 언더우드 4세의 부인인 낸시(Nancy)는 연세대학교 영문과 교수로 한국 학자들을 위해 영문으로 된 책들을 편집하고 수정하였다.[45]

④ 그 외 의료 여선교사들

이들 외에도 의교선교에 투신한 여선교사들로서는 벙커(Annie Ellers R. N. Bunker, 1860–1938)[46], 피터스(Eva Field Pieters, 1868–1932)[47], 제이콥슨(Anna P. Jacobsen, 1868–1897)[48], 영(Mable Barbara Young, 1883–1935)[49] 등이 있다.

3) 초기 조선교회에서의 여성들의 봉사

1893년 장로교 선교사들은 장로교공의회를 조직하고, 첫 회합에서 네비우스의 선교방법에 근거한 열 개 항목의 선교정책을 작성하여 채택하였다. 선교정책 가운데 특별히 둘째 항에서는 부녀자들에게 전도하고 소녀들을 교육하는 일에 주력해야 한다고 명시하였다. 그 이유는 제2세의 교육에는 부인들이 더 크게 영향을 미치기 때문이라는 것이었다.[50] 조선에 온 선교사들은 이와 같이 부녀자들을 전도하고 교육하는 일을 중요하게 생각하였다. 그러므로 선교사들은 일찍부터 남자학교를 세움과 동시에, 당시 조선의 인습을 거스르며 여자학교도 설립하

45 한국교회사학회, 한국복음주의역사신학회 편, 『내게 천 개의 목숨이 있다면』, 304–309.
46 미북장로회 파송 선교사. 보스턴의과대학 재학 중 내한, 광혜원 여의사, 민비의 시의, 알렌의 보조 의사.
47 미북장로회 파송 의료선교사, 노스웨스턴의대 졸.
48 미북장로회 파송 간호선교사 제중원에서 애비슨 보조.
49 캐나다장로회 파송 간호선교사. 미국 세인트 루크 병원 간호학교 졸업, 구세병원 간호사.
50 민경배, 『한국기독교회사』, 209.

였다.

스크랜톤 대부인이 여자교육을 위하여 설립한 이화학당은 1886년에 배재, 경신과 같은 해에 시작되었다. 조선 여성들이 신교육을 받게 되고, 사회적 지위가 향상된 것은 기독교로 말미암아 비롯되었다. 기녀와 무녀, 의녀 외에는 사회에서 일하는 여성이 거의 없었는데, 이화학당의 이경숙(1888)과 연동 정신여학교[51]의 신마리아(1896)는 조선 최초의 여교사가 되었다. 여자 기도회를 시작한 이화학당의 김점동은 1896년에 미국에서 의학을 공부하고, 1900년 미국 의사면허를 갖고 박에스더라는 이름으로 귀국하여, 서재필에 이어 두 번째로 의사가 되었다. 1897년에는 교회 내의 부녀자들이 여선교사들과 함께 복음전도를 목적으로 최초의 기독교 여성단체인 가정선교회를 조직하였다. 1898년에 장로교의 이신행은 평양 널다리골교회(장대현교회)에서 신반석, 박관선, 김정신 등과 함께 전도회를 조직하고, 자신들이 모은 돈으로 순안 지방에 전도사를 파송하여 복음을 전하도록 하였다. 1898년에는 400명의 부인들이 모여 찬양회(贊襄會)[52]라는 이름의 순성여학교 부인회를 조직하고 여성교육의 필요성을 역설하였다. 회원 가운데 기독교인이 얼마나 되었는지는 알 수 없으나 찬양회라는 이름으로 미루어 보아 기독교인들이 주도적인 역할을 했다는 점을 짐작할 수 있다. 1899년 3월에는 기독교 부녀자들로 조직된 여우회의 정혜숙이 50명의 회원들과 덕수궁 문 앞에서 축첩을 반대하는 시위를 벌이는 한편 왕에게 상소하려 한 일도 있었다. 이는 선교사들이 부녀자들에게 복음전도와 교육을 선교정책의 중요한 방안으로 내세우기 이전부터 이미 조선 여성들이

박에스더

51 정신여학교(貞信女學校)는 1887년 미국북장로회 선교사인 엘러스(Miss. Annie Ellers)가 서울 정동(貞洞)에 설립하였다. 1895년 현재의 학교가 있는 연지동으로 교사(校舍)를 옮기고 연동여학교(蓮洞女學校)로 개칭하였다. 기독교대백과사전편찬위원회 편, "정신여학교", 『기독교대백과사전(13권)』, 983-984.

52 한국 최초의 여성운동 단체로, 찬양회는 1898년 9월 1일 서울 북촌에 거주하는 양반가 부인 400여 명의 통문(通文)으로 출발하였다. 이들은 "신체의 손과 발과 귀와 눈이 남녀 간에 다름이 없는데 어찌하여 여자는 병신 모양으로 평생을 심규에 처하여 남자의 절제를 받는가. 여학교를 세워 남녀평등을 이룩하자"고 주장하였다.

남존여비 사상에 찌든 완고한 사회인습을 타파하고 개혁하려는 의지를 품고 있었다는 것을 의미한다.

1905년 을사늑약으로 인하여 조선이 일본에게 외교권을 박탈당한 이후부터 전개된 구국운동에 여성들도 활발하게 참여하였다. 황애덕, 이효덕, 박현순 등은 숭의학교를 중심으로 비밀결사 단체인 송죽회(松竹會)[53]를 조직하여 독립지사들의 생활비와 자금을 조달하였으며, 회원들은 각 교회에서 여성의 인권에 대한 자각을 불러일으키고, 민족정신을 고양하고, 독립 사상을 고취하는 일에 앞장섰다. 그밖에 많은 기독교 여성들이 조선 여성들의 정신적 지도자로, 국민을 깨우치는 계몽자로, 소외된 자들을 위하여 헌신하는 봉사자로, 영혼을 구원하는 전도자로 활동하였다.

농촌계몽운동 벌이는 기독청년들

53 여성비밀결사조직으로 송죽결사대라고도 부른다. 1913년 평양 숭의여학교의 교사 김경희, 황에스터, 졸업생인 안정석 등이 재학생 황신덕, 박현숙, 채광덕, 이마대, 이효덕, 송복신, 김옥석, 최자혜 등과 더불어 조직하였다. 회원들은 전국 여학교에서 학생들의 항일의식을 고취하였고, 초대 회장 김경희는 평양 숭의여학교 교사로 일하면서 비밀결사 송죽회를 조직하여 항일투쟁을 전개하였다. 김경희는 상하이로 망명한 후에는 비밀결사 부인회를 조직하여 군자금을 모집하기도 하였다. 기독교대백과사전편찬위원회 편, "송죽회", 『기독교대백과사전(9권)』, 729.

6. 신분평등화운동

1894년 7월부터 1896년 2월까지 갑오개혁(갑오경장)이 있었다. 이 개혁의 중요한 내용은 사회제도의 개혁이었다. 양반과 평민의 신분 구분을 타파하고, 백정과 광대 등 천민신분을 폐하며, 공사 노비제도를 철폐 및 인신매매를 금지하는 법령을 포고하였다. 정부가 이러한 법령을 공포하기까지는 선교사 무어(Samuel F. Moore) 목사와 승동교회[54]의 전신인 곤당골교회 교인 박성춘의 끈질긴 호소가 있었다. 박성춘은 백정 출신으로 무어의 전도를 받아 곤당골교회 교인이 되었으며, 그의 영향으로 경향 각지에서 많은 백정 출신들이 교회에 출석하여 예수를 믿게 되었다.

무어는 백정들이 교회에 나오자 양반층이 교회를 등지고 떠나는 일들이 일어나 많은 어려움을 겪었으나 신분평등화운동을 전개하는 박성춘을 적극적으로 도왔다. 일부 양반가의 기독교인들이 그들과 어울려 교회생활을 한 그 자체가 사회계급 타파를 위하여 크게 기여한 것이다. 1894년 12월부터 1895년 7월까지 제2차 개혁이 단행되었을 때였다. 박성춘은 1895년 4월 12일에 현 내무부에 해당하는 내무아문의 대신에게 백정에게도 평등한 인권을 인정해 달라는 내용의 소지를 올렸다.[55]

무어는 백정들에 대한 당시 한국사회의 차별의식이 오랜 역사를 가진 뿌리 깊은 고질병이라는 사실을 인식하였다. 백정은 거지보다 낮은 최하층 계급이고, 호적에 올릴 수 없는 무적자들이며, 갓과 망건을 쓰거나 도포를 입는 것도 금지되었다. 일반 백성은 남녀노소를 막론하고 백정을 무시하여 반말을 사용하는 데 반하여, 백정들은 양민과 양반들에게 존대말을 써야만 하였으며, 백정의 신분은 자

---

54 1893년 미국북장로회 선교사 무어가 현 롯데호텔 부근의 곤당골에서 시작한 교회가 승동교회의 전신이 되었다. 승동교회는 당시 백정교회로 널리 알려졌는데 조선의 사농공상(士農工商) 신분제도에서 최하층 민이었던 백정들을 대상으로 선교활동을 전개하였기 때문이다. 3대 담임 이여한 목사 때부터 한국인 목회자가 담임하였다. 기독교대백과사전편찬위원회 편, "승동교회", 『기독교대백과사전(9권)』, 1117-1118.

55 "대감의 비천한 종들인 우리는 500년 남짓 백정일을 생활 수단으로 살아왔습니다. 연례적인 대제 때마다 조정의 요구에 순응해 왔지만 항상 우리는 무보수였고, 가장 천대받는 일곱 천민 중의 하나로 취급받아 왔습니다. 다른 천민 계층은 도포와 갓과 망건을 쓸 수 있으나 우리에게는 아직 그것이 허용되지 않습니다. 우리는 모든 이들로부터 멸시를 받고 심지어 지방 관아의 아전들은 재물까지 수탈해 가곤 합니다. … 우리보다 낮은 계층인 광대조차도 갓과 망건을 쓰는데 유독 우리만 허용되지 않고 있으니 그 한이 뼈에 사무치고 있습니다."

손들에게 세습되었다. 평등 사상 실현은 기독교의 영향으로 전개된 조선사회의 근대화 작업 가운데 최우선적인 과제이기도 하였다.[56]

신분해방에 공헌한 선교사 무어

무어(Samuel Foreman Moore, 1860–1906)는 1892년 미국북장로회 파송 선교사로 내한하여 서울 경기 지역을 중심으로 선교활동을 전개하였다. 그는 기독교복음의 정신에 입각하여 양반과 천민을 구별하지 않고 신분에 상관없이 선교하였으며, 특히 당시 천민으로 취급되던 백정들의 신분해방을 위하여 노력하였다. 그는 1893년에 곤당골교회를 설립하고 1894년에는 그곳에서 백정의 자녀 6명과 함께 주간학교(Day School)를 시작하였다. 그 학생들 가운데 박봉출이라는 남학생이 있었는데 그는 백정 박성춘의 아들이었다. 박봉출은 거리에서 파는 전도용 소책자를 읽고 기독교야말로 자신이 천민신분에서 벗어날 수 있는 유일한 길이라고 생각하였다. 박성춘이 장티푸스에 걸려 고열로 사경을 헤맬 때 당시 고종의 시의이자 제중원을 담당하고 있던 애비슨이 자주 그를 방문하여 치료하여 주었다. 그는 임금의 시의가 천민인 자신을 방문하여 치료해 준 사실에 감격하였고 그의 아들 박봉출의 권유에 따라 곤당골교회에 출석하였다. 박성춘은 1895년 세례를 받은 후 동료 백정들에게 전도하였고, 그 후 독립협회 운동에도 참여하였다.[57] 그리고 무어의 자문을 받아 그의 백정 출신 신앙동지들과 함께 1895년 4월 12일 정부에 백정 신분 해방을 위한 탄원서를 제출하였다. 그 탄원은 받아들여져 백정들도 일반 백성들과 같이 갓과 망건을 쓰고 도포를 입는 것을 금지하지 말라는 명령이 내려졌으며 백정들도 민적에 올려달라는 탄원을 하여 이 일 또한 허락을 받았다.

---

56 민경배, 『한국기독교회사』, 231–232.

57 박성춘은 1916년 승동교회에서 장로 장립까지 받았다. 그의 아들은 박서양(朴瑞陽)으로 제중원의학교를 제1회로 졸업하고 잠시 교수까지 되었다. 한국 최초의 대학교수가 백정의 아들이었다. 이는 기독교가 한국에서 해낸 엄청난 혁신이었다.

백정들이 교회에 들어와 세례까지 받게 되자 기존의 양반층 교인들의 항의가 잇달았다. 백정들과 같은 교회에 출석할 수 없으니 따로 예배를 드리겠다는 것이었다. 그러나 무어는 이러한 태도에 단호하게 맞섰다. “한 하나님 아버지의 자녀들이 같은 한 방에 있지 않고 따로 떨어져 있는 것은 이상스러운 일”이라고 하였다. 그는 신앙적 양심에 따라 양반의 편을 들기보다는 백정들의 입장을 옹호하였던 것이다. 그는 또한 박성춘과 함께 3만여 명의 백정들에게 전도할 계획을 세웠다. 그는 박성춘에게 백정들의 고통과 그들의 탄원으로 평민 대우를 받게 된 내력을 글로 쓰게 하여 그 글을 다시 영어로 번역하고 해설을 달아 “한국의 백정”이라는 제목으로 The Korean Repository(1898년 4월호)에 게재하였다. 그는 1906년 말 5주 정도 병환으로 앓다가 같은 해 12월 22일에 세상을 떠나 양화진 외국인 묘지에 묻혔다.[58]

1895년 전국민평등법 제정

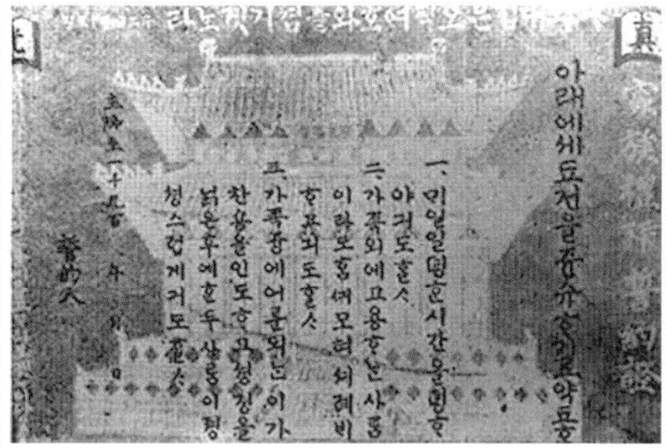

가정예배를 장려하는 증서

“섬김을 받으러 온 것이 아니라 섬기러 왔습니다.” -A. R. 아펜젤러

“항상 기뻐하라 쉬지 말고 기도하라 범사에 감사하라” -J. D. 언더우드

“주님! 길고 긴 여행을 끝내고 이제 나는 안식을 얻었습니다.” -G. A. 테일러

“나는 웨스트민스터 사원에 묻히기보다 한국에 묻히기를 원하노라” -H. B. 헐버트

“친구를 위하여 자기 목숨을 버리면 이에서 더 큰 사랑이 없느니라” -A. K. 젠슨

“나에게 천의 생명이 주어진다 해도 그 모두를 한국에 바치리라” -R. 켄드릭

58 기독교대백과사전편찬위원회 편, “무어18”, 『기독교대백과사전(6권)』, 484-485. 한국교회사학회, 한국복음주의역사신학회 편, 『내게 천 개의 목숨이 있다면』, 105-111. 신호철, 『양화진 선교사의 삶』, 76-79.

Story 06

초기 선교사들의 선교정책

1. 선교지 분할정책

선교가 확장되어 감에 따라 선교사들은 선교 지역을 나누어 관할해야 할 필요성을 느끼게 되었다. 각기 국적이 다르고 교파가 다른 선교사들이 불필요하게 경쟁하는 일을 지양하고 같은 일을 되풀이하는 수고를 피해야 한다고 생각했던 것이다. 또 선교사들은 선교정책을 수립하여 향후 입국할 후진 선교사들이 더 나은 예비지식과 뚜렷한 전망을 가지고 사역에 임할 수 있도록 여건을 마련해야 한다고 판단하였다. 이 일을 추진하기 위해서는 여러 교파의 선교사들이 합동으로 회합을 가져야만 하였다. 그러나 이러한 연합사업과 관련된 제안에 대해 침례교와 성공회, 남감리교 선교사들은 그다지 관심을 보이지 않았으며 회합에 불참하였다. 그래서 결국은 장로교 선교사들만이 회합을 가졌으며 장로교 주도로 선교 연합사업을 추진하였다.[1]

1889년 미국북장로회 선교회와 호주 선교회가 선교연합공의회 구성에 합의하였다. 그러나 공의회는 호주 선교사 데이비스가 세상을 떠나자 부진상태에 빠졌다. 그러다가 1893년에 미국남장로회 선교회가 내한한 후에 조직을 쇄신하여 '장로회 정치를 쓰는 미션공의회'(The Council of Missions holding the Presbyterian Form of Government)를 조직하고, 장로회공의회라고 칭하였다. 이 공의회의 목적은 궁극

1 선교사들은 네비우스의 선교원칙을 교육받기 한 해 전인 1889에 이 내용을 적용할 가능성을 확인하였다. 민경배, 『한국기독교회사』, 208.

에 가서는 조선에서 프로테스탄트 신경과 장로회정치를 쓰는 연합교회를 설립한다는 것이었는데, 이 공의회는 그 소속 선교회에 대하여 권고만 할 수 있었다. 하지만 조선에 장로교회가 완전하게 설립되기까지는 모든 교회에 대하여 전권으로 치리할 수 있는 유일한 상회의 구실을 하였다. 미국북장로회와 남장로회, 각 총회에서는 1893년 4월에 비록 교회는 나누어져 있으나 선교지에서는 양 선교부가 하나의 장로교회를 세우는 선교정책을 지향해야 한다고 결의하였다.[2]

공의회는 선교 지역의 분할정책(교계예양: Comity Arrangement)을 실시하였다. 이 정책은 선교사업을 하는 기관이 여럿이기 때문에 노력을 중복하거나 필요 없는 경쟁을 하지 않도록 연합적으로 분할하는 프로그램이다. 이것은 일종의 모자이크 이론과도 같다. 하나하나의 셀이 모여 통일성 있게 전체 그림을 완성한다는 논리이다. 남장로회는 전라도와 충청도, 호주장로회는 경상남도, 캐나다장로회는 함경도와 간도, 북장로회는 서울, 평안도, 황해도, 경상북도를 할당받아 선교 구역으로 정하였다.[3]

1892년 6월 11일 미국북장로회와 미국북감리회는 상호간에 선교지를 분담하기로 합의하였다. 자그마한 도시와 그 주변 지역을 장감이 공동 선교하게 되면 양 선교회의 힘을 유용하게 발휘할 수 없다고 판단했기 때문이었다. 인구가 5,000명이 넘는 도시나 개항장 등 특별히 필요하다고 인정되는 곳은 예외로 했으나, 인구가 5,000명 미만인 지역일 경우, 선교사가 1년에 2-4차씩 방문하는 전도소를 두었으며, 교인들이 이미 정기적으로 주일예배를 드리는 곳에는 다른 선교회가 개입하지 않도록 하였다. 그러나 6개월 동안 교회가 기능을 발휘하지 못하는 경우 자유롭게 들어가 전도할 수 있게 하였다. 그러나 조선을 방문한 일본 주재 미국 감리교회의 포스터(R. S. Foster) 감독이 이 조정 사항을 인정하지 않았기 때문에 당분간 어려움이 있었다.[4]

---

2 민경배, 『한국기독교회사』, 208. 캐나다 선교회와 호주 선교회는 여기에 나중에 참여하였다. 장로교공의회는 다행히도 조선에 하나의 장로교를 세우는 일에 합의을 보았다. 선교가 진척되고 조선교회가 여기저기 들어서기 시작하면서 장로교공의회는 노회의 역할을 하게 되었다.

3 민경배, 『한국기독교회사』, 208.

4 민경배, 『한국기독교회사』, 209. 그렇지만 두 교파의 선교회는 비공식적으로나마 일단 합의를 보았던 원칙을 준수하였다. 장로교가 노회와 총회를 조직한 이후에도 양 교회는 협의기관을 두고 복음전파에 따른 여

2. 네비우스 선교정책

1) 네비우스가 제시한 원칙들

1890년 6월에 7명의 장로교 선교사들이 서울에서 2주 동안 수양회를 개최하였다. 장로교 선교사들은 선교정책을 수립해야 할 필요성을 느끼고 강사로 미국북장로회에서 파송을 받아 중국의 지푸(芝罘)에서 선교하던 네비우스(John L. Nevius, 1854–1893) 목사 부부를 초청하였다. 조선에서 활동을 시작한 젊은 선교사들은 네비우스와 두 주간을 함께 지내면서 선교방법의 원칙을 배웠으며 서로 선교 경험을 나누었다.[5]

네비우스가 제시한 원칙은 대개 다음과 같다.[6]

① 선교사들은 각자 복음전도와 광범위한 순회전도를 실시한다.

② 자립선교(自立宣教): 곧 신자 개개인이 다른 사람에게 성서의 교사가 된다.

③ 자립정치(自立政治): 신자들은 자신이 선택한, 봉급을 받지 않는 지도자 아래에서 전도와 교회경영을 한다.

④ 자립보급(自立補給): 모든 교회건물은 그 교회의 교인들의 힘으로 장만하고 교회의 조직과 동시에 전도인의 봉급을 지급하기 시작한다.

⑤ 체계적인 성서연구와 모든 활동에서의 성서의 중심성을 관철한다. 성서연구는 반드시 여럿이 함께 모여서 한다.

러 가지 문제들을 서로 협의하며 보조를 같이하면서 상당 기간 이 원칙을 준수하였다. 북간도의 선교를 두고 장로교와 감리교 양 교회는 1918년부터 협의를 시작하여 1920년에 전도구역을 정하였다. 1922년의 장로교 총회 결의 사항 가운데는 이런 내용이 있다. 감리회가 진남포에서 장감 양 교회가 공동으로 전도하는 것을 승인해야 한다.

5 네비우스가 출판한 책자『선교지 교회의 설립과 발전』을 통하여 한국에 있는 선교사들은 그의 이름을 알고 있었다. John L. Nevius, Planting and Development of Missionary Churches, (Pusan: The Presbyterian and Reformed Publishing Company, 1958).

6 민경배,『한국기독교회사』, 207.

⑥ 성서의 교훈에 따라서 엄격한 생활훈련과 치리를 한다.

⑦ 다른 교회 혹은 기관과 협력 및 일치하려는 노력을 계속하며, 최소한도 다른 기관과는 지역을 피차 뜻에 맞게 분할하여 전도한다.

⑧ 지역과 프로그램의 분할 이후에는 상호간에 절대 간섭하지 않는다.

⑨ 그러나 경제나 그 외의 문제에 있어는 항상 폭넓게 서로 돕는 정신을 가진다.

강력한 자립정신과 광범위한 순회선교, 성경에 대한 강력한 강조가 그 기조였다. 그러나 또 한 가지 이 원칙의 핵심에는 이 세상의 생활과 의무에서 떠나는 것이 종교의 본분이 아니라, 일상생활에서 평범한 통상의 생활을 하면서 교리를 구체적으로 실천하는 것이 기독교의 참모습이라는 정신이 짙게 깔려 있었다.[7]

2) 네비우스 선교정책의 성과: 중국과 조선

네비우스는 중국 산동성에서 자신의 선교방법에 따라 선교를 추진하다가 1886년 7년 만에 포기하였다. 그러나 조선에서는 큰 성과를 나타냈다. 그의 선교방법이 중국에서는 별 실효를 거두지 못한 데에는 여러 가지 이유가 있다. 중국인이 조선인에 비하여 자존심이나 자립심이 덜 강하다든지 외래종교에 무조건 더 배타적이라거나 종교심이 덜 하다고는 말할 수 없다. 오늘날 중국의 엄청난 수의 지하교회를 감안해 볼 때도 그렇다. 그러나 당시의 상황에서 조선에서는 기독교가 기울어져 가는 나라에 구원의 희망을 주는 종교로 간주된 데 반하여, 중국에서는 많은 사람들이 기독교가 식민주의 침략의 교두보 역할을 한다는 선입견이 있었으므로 그만큼 선교가 어려웠다고도 볼 수 있다. 그러나 네비우스 방

7 네비우스 방법을 요약하여 네비우스의 3자정책(三自政策)이라고도 한다. 자전(自傳): 현지 교회 스스로가 선교사의 도움 없이도 복음을 전파하고 증식할 수 있어야 한다는 원칙이다. 토착교회 전략의 핵심 중 하나로서 선교사들이 지역 교회의 지도자를 맡지 않고 처음부터 현지인이 지도자의 위치를 맡도록 한다. 자치(自治): 선교사들의 지도력을 벗어나서 현지인의 지도력에 의해서 교회가 운영되어야 한다는 원칙으로써 문화권 내에서 실제적으로 변화를 일으키는 사람들은 현지인이어야 한다는 점을 강조한다. 자급(自給): 현지 교회가 선교사들의 선교자금에 의존하지 않고 재정적으로 독립하여 운영해야 한다는 것이다. 이는 선교사들이 지역 교회의 목회자에게 급료를 지급하거나 예배 처소를 선교비로 건립하지 않는다는 원칙이다.

법이 중국에서 실효를 거두지 못한 가장 큰 원인은 선교사들 간에 선교방법을 두고 견해의 일치를 보지 못했다는 데 있다. 네비우스의 동료 선교사 머티어(C. W. Mateer)는 소위 '옛' 방법을 주장하면서 네비우스의 방법을 철저하게 반대하였다. 머티어는 네비우스가 세상을 떠난 후에도『네비우스 방법의 재검토』라는 책을 써서 네비우스를 호되게 비판하였다.[8]

그러나 네비우스 선교방법론은 조선에서는 큰 성과를 거두었다. 사실 네비우스의 새로운 방법론을 옛 방법도 어렵다고 생각하고 있던 젊은 선교사들에게 적용한다는 것은 매우 난감한 일이었을 것이다. 그러나 조선 장로교 선교사들은 네비우스 방법을 한마음으로 수용하였고 이를 추진하기 위해 서로 협력하였다. 이는 선교역사에서 눈여겨보아야 할 점이다. 네비우스 방법을 적용함으로써 조선교회는 급성장할 수 있었고 성공적인 선교의 열매를 거둘 수 있었다. 예를 들어 선천 선교지부의 보고에 의하면, 1906년에 이 지역에 있는 기독교학교는 56개교, 기독학생은 1,192명이었다. 그런데 이 학교들은 외국 선교회로부터 한 푼의 보조도 받지 않았다. 또 이 지역에는 교회건물을 가진 교회가 70개나 되었는데, 단지 두 교회만이 선교회의 보조를 받았을 뿐이었다. 1910년에는 전국을 통 털어 80%의 교회가 자립하고 있었다.[9]

3) 네비우스정책과 조선사회의 변화

네비우스정책은 사회구조의 획기적인 변화를 추구하였고, 이로써 근대화가 실질적인 궤도에 오를 수 있었다. 우리가 주목해야 할 것은 이 네비우스 선교정책에서 한편으로는 하류층을 상대로 한 선교대상 설정, 그리고 다른 한편으로는 자립과 자율 및 자급의 시행원칙, 이 두 가지의 연결이다. 사실 하류층과 3자원칙의 연결은 매우 어렵다고 생각할 수도 있다. 그런데 조선에서는 이 원리가 결

8 cf. 김영재,『한국교회사』, 95-96. 네비우스 방법은 중국에서는 별로 실효를 거두지 못했으나 한국에서는 교회 발전에 매우 효과적이었다.

9 김영재,『한국교회사』, 96.

실하였다. 자립교회, 자급교회, 자립선교의 원칙은 오늘날에도 큰 영향을 미치고 있다. 이는 19세기에 선교사들이 일반적으로 느끼고 있었던 사회적 생태와 심리를 잘 표현한 것으로, 결국 선교사들의 선교가 사회적으로는 시민적인 중류계급의 운동이라는 점을 밝히 보여주었던 셈이다. 이 선교정책은 시민적인 책임과 도덕, 자기의식 형성의 과정을 거친다고 보고, 자급과 자립, 그리고 자립선교의 3대 원칙으로 귀납시켰던 것이다.[10]

조선에서의 네비우스 방법 확대 정책에도 핵심은 상류가 아닌 근로 농민계급과 하류층에 선교의 목표를 두고 있었다. 여성에 대한 관심도 같은 맥락에서 나왔다. 이들 서민과 부녀층을 교육해서 조선 상황에 맞게 발전시킨다고 할 때, 이것은 당시까지 시도되지 않았던 근대적인 시민, 곧 자의식과 책임의 주체로 나라와 겨레에 관여하는 창조적 인간상의 중산층을 형성하게 되었다는 것을 의미한다. 선교의 주체는 직접 활동을 전개할 수 있는 사람들이 맡아야 하는 것이 원칙이다. 즉 현지인이 담당해야 하는 것이다. 선교 초기 조선인을 앞세워 말씀의 선포자로 내보낸 것은 매우 고무적인 방책이었으며 시대의 새로운 조류에 적합한 방법이었다. 이는 실로 변화를 이루어야 할 시점에 와 있던 당시 조선사회에 격변을 일으킨 이념이었다고 볼 수 있다.[11]

4) 네비우스 선교정책 평가

네비우스 선교방법이라고 해서 일점일획 가감 없이 언제나 어디에서나 고스란히 그대로 적용할 수만은 없다. 흔히 선교사들이 조선교회를 재정적으로는 자립하는 교회로 만들려고 했으나 영적으로는 계속 지배하려고 했다는 비판을 받기도 한다. 예를 들면, 조선인 전도자에게 선교는 시키면서 성례집행은 허락하지 않았다는 것이다. 그러나 그것은 외국인 선교사와 피선교지의 신자와의 관계라

10 민경배, 『한국기독교회사』, 211–212.

11 민경배, 『한국기독교회사』, 212. 이렇게 해서 기독교는 한국사회에서 계층의 상향 이동을 가능하게 하였다. 이로써 중산 시민층을 형성하는, 전례 없는 사회 계층 상향의 추진 동력으로 작용한 업적을 남겼다. 한국 시민사회는 여기에서 비롯되었던 것이다. 이것은 기독교를 통해서 형성된 것이다.

는 관점으로만 볼 것이 아니고 목사와 평신도라는 교회론적인 관계에서 있었던 일로 보는 것이 옳다.

네비우스 방법론은 다음과 같은 관점에서 논란이 있다.

① 적용의 시기와 범위에 대한 논란

왜 선교사들이 빨리 조선인들에 의해 교회를 조직하게 하여 목사를 장립하지 않고 1907년까지 무려 20년 동안이나 시일을 끌었느냐고 질문할 수도 있다. 장로교회가 독노회를 조직하던 1907년의 보고에 의하면 전국 각지에 많은 교회들이 섰으며 그중에는 큰 교회들도 많이 있었다. 이를테면 서울에만 하더라도 제일 먼저 설립된 새문안교회는 3백여 명의 신자들이 힘을 합하여 염천동에 화려하고 광대한 예배당을 지어서 예배를 드리고 있었다. 1893년 곤당골에서 출발한 승동교회는 1905년에 승동(현재의 인사동)으로 이전하여 큰 교회당을 짓고 수백 명이 모여 예배를 드리고 있었다. 그리고 연동교회에는 당시 명망 있는 신자들이 있었으며, 협력하여 80간의 예배당을 건축하고 천 수백 명의 신자들이 출석하였다. 이러한 교세를 감안할 때 독노회의 조직이 너무 때늦은 조치였다고 생각할 만도 하다. 그러나 우리는 교회가 1900년도에 들어서서야 갑자기 성장했다는 사실을 감안해야 한다. 복음전파에 대한 조선인들의 대단한 호응과 갑작스런 성장은 미처 예상하지 못하였던 일이었다. 그리고 여러 나라에 선교사들을 파송하여 선교하는 서구교회 선교부에서는 피선교지의 교회가 자립하기 위해서는 상당한 시일 준비 기간이 필요하다고 생각하였다. 신학교육에 대한 계획을 세우고 신학교를 설립하여 첫 졸업생을 배출하기까지의 기간만 하더라도 장로교의 경우 근 10년이 걸렸던 것이다. 그밖에 여러 가지 선교적인 배려가 있었음을 이해해야 한다.[12]

런던교회 선교회의 총무 헨리 벤(Henry Venn)은 1854년에 "선교의 목적은 자립적으로 정치하고, 자립적으로 경영하며, 자립적으로 전도하는 교회를 이룩하는 것"이라고 하였다. 그리고 헨리 벤은 "선교회는 교회를 설립하고 곧 그 지역에서

12 김영재, 『한국교회사』, 97–98.

죽어 없어져야 한다"라고 선교의 안락사에 관하여 역설하였다. 선교사들은 자신들이 세운 교회가 스스로 성령의 인도 아래 교회로서의 기능을 모두 발휘할 수 있도록 그냥 내버려 두고, 즉시 복음이 아직도 전파되지 않은 곳으로 옮겨 가야 한다고 말하였다.[13] 그러나 스테판 닐(Stephen Neill)은 헨리 벤의 원리를 어디서든지 적용할 수 있는 것이 아니라고 한다. 1860년 아프리카의 시에라리온에서 본토인 목회자들을 세우고 선교사들이 완전히 철수하였다. 그 결과 그곳 교회는 현저히 약화되었다. 조선에서도 이와 비슷한 예가 있었다. 충청도 공주에 미국침례교 선교회에서 교회를 설립하였는데, 약 200명의 교인이 모였다. 그런데 재정적인 이유로 선교사들이 이 교회에서 손을 떼고 떠나자 교회는 매우 약해졌다. 그러므로 만약 선교사들이 조선교회를 여러 면에서 좀 더 일찍 자립을 하도록 서둘렀다고 하더라도 오늘날 비평하는 사람들이 생각하듯이 반드시 긍정적인 결과를 기대할 수 있다는 보장은 없다.[14]

② 정책의 적용 계층에 대한 논란

선교정책 가운데 사회의 상류층보다 근로층을 선교하는 것이 더 낫다는 원칙을 세운 것에 대하여 비판하기도 한다. 이러한 원칙 때문에 양반층은 기독교를 더욱 적대시하게 되었다고 한다. 양반층을 소홀히 했으므로 양반층이 전수하는 전통적인 문화도 소홀히 다루게 되었다는 것이다. 독일 선교학의 아버지로 불리는 바르넥(Gustav Warneck)은 선교방법을 논하면서 "선교는 전 국민을 대상으로 해야 하고 하층 계급만을 대상으로 해서는 안 된다"고 하였다. 이러한 원칙은 선교의 과제를 위해서 뿐만 아니라 선교의 목적을 위해서도 이상적이다. 바르넥은, 선교의 과제는 온 국민을 기독교인으로 만드는 것이며, 선교의 목적은 국민교회

13 김영재, 『한국교회사』, 98. '근대선교의 아버지'로 알려진 윌리엄 캐리는 선교교회의 자립을 주장하고 현대적인 선교방법을 제안하고 실천하였다. 그는 모든 가능한 방법을 동원하여 복음을 전파해야 하고, 그 나라의 말로 된 성경을 보급함으로써 설교해야 하며, 가능하면 일찍부터 본토인 교역자를 양성해야 한다고 주장하였다.

14 김영재, 『한국교회사』, 98–99. 선교사들은 조선의 많은 지성인들과 우국지사들이 정치적인 동기에서 교회를 찾는다고 파악하였다. 교회로 찾아오는 사람들 가운데 많은 사람이 나라의 비운을 눈앞에 두고 애국과 새로운 신앙을 조화 있게 잘 소화하지 못하였다. 당시의 이러한 정치적, 사회적 상황을 감안할 때 선교사들이 조선인에게 교회의 치리권을 선뜻 일찍 넘겨주지 않았던 점을 이해해야 한다.

를 설립하는 것이라고 하였다.[15]

복음은 사회의 어떤 특정한 그룹이나 계층만을 위한 것이 아니고 만인을 위한 보편적인 성격을 지닌다. 그러나 피선교국의 사회 계층 간의 격차가 크고 알력이 심한 곳에서는 이 이상적인 선교원칙을 실제로 적용하기가 용이하지 않다. 아마도 그래서 조선에서는 선교사들이 하류층에서 선교의 침투 경로를 찾았다고 볼 수 있다. 사실 '먼저 하류층에'라는 원칙은 이상적인 것이 아니라고 볼 수도 있다. 그러나 조선에서는 이 원칙이 실제적이었다. "일본에서는 사람들이 기독교를 지적인 결단에서 받아들였으나, 한국에서는 거리나 시장에 있는 사람들과 시골사람들이 복음을 듣고는 어린아이와 같이 신뢰하며 열광적으로 받아들였다"라는 평가가 있듯이 지성인들 사이에 먼저 복음이 전파된 일본선교에 비하면 매우 큰 성과를 거두었다고 평가할 수 있다.[16]

조선의 양반사회는 이미 17세기 이후부터 몰락하기 시작하였으며, 19세기에는 사실상 그 의미를 상실하였다. 정치적인 권력을 가진 소수를 제외하고는 양반층의 대부분이 다른 사회층에 동화되고 말았다. 또한 일제하에서 전통사회의 붕괴와 함께 양반층은 완전히 몰락할 수밖에 없었다. 유교적이며 보수적인 문화를 전수하던 양반층은 기독교뿐만 아니라 모든 개혁과 개화운동에도 반대하였다. 이러한 양반층에 개신교가 새로운 복음으로써 접근하는 것은 쉬운 일이 아니었다. 그렇다고 조선에 온 초기 선교사들이 상류층을 선교에서 완전히 배제한 것은 아니었다. 그들은 왕실의 총애를 받고, 또 선교가 시작된 후 상류층 출신의 많은 지성인들을 얻었다. 상류층의 다수가 서양에서 온 새 종교를 외면하였음에도 불구하고 선교사들은 학교를 세워 교육사업에 힘을 기울였다. 일면, 선교사들은 완고한 유교층 양반들을 회심시키려고 노력하는 대신 양반층과 경쟁하고 그들을 대신할 수 있는 새로운 지식층을 육성하려는 노력을 경주하였다.[17]

15 김영재, 『한국교회사』, 99.
16 김영재, 『한국교회사』, 100.
17 김영재, 『한국교회사』, 100-101.

③ 목회자의 교육수준에 대한 논란

선교사들은 목회자 양성 문제에 있어서도 네비우스의 가르침을 따랐다. 1896년 레이놀즈는 목회자 양성 원칙에 대한 글을 썼다. 레이놀즈는 1897년 같은 주제로 글을 쓴 스왈론(W.L. Swallen)과 마찬가지로, 목사교육을 받을 사람은 소명감이 투철하고 희생적이며, 진실하고 자존심이 있는 사람이어야 한다고 강조하였다. 그러므로 믿음을 얻은 선량한 기독교인이라고 해서 무분별하게 목회자로 교육을 받도록 추천하는 것은 삼가야 하며, 오랜 시일을 두고 주목하여 시험해 보고 그를 위하여 기도하면서 기다려야 한다고 말하였다. 왜냐하면 "교회의 성장은 교인들의 경건한 생활과 자발적인 활동에 달렸기 때문"이라는 것이다. 그러므로 목사가 될 사람은 무엇보다도 성령으로 충만한 자라야 하고, 하나님의 말씀과 기독교 진리의 중요한 사실에 근거한 신앙을 가진 자라야 한다고 했다. 또한 예수 그리스도를 위하여 어떠한 고난도 이겨낼 수 있는 사람이어야 하고, 다른 일반 지식도 갖추어 교회의 지도자로서 사람들의 존경을 받을 수 있어야 한다고 주장하였다. 그러나 지나치게 교육을 많이 받아 다른 사람들이 질시할 정도가 되거나 생활방식과 사고방식이 일반 사람들과 달라서는 안 된다고 하였다.[18]

이러한 원리는 교회를 섬기도록 부르심을 받은 목사에게는 그 어디서나 적용되는 원리이다. 그러나 마지막 말, 즉 목사가 지나치게 교육을 많이 받지 않도록 하는 것이 가하다고 한 말은 조선인 목사의 교육 정도가 일반 사람들보다는 조금 높아야 하나 선교사들이 받은 교육 수준보다는 좀 못해야 한다는 식의 말로 오해를 받았으며, 또한 이러한 원리는 선교사의 우월감에서 나온 것이라는 악평을 듣게 되었을 뿐 아니라, 그것이 목사의 지적 수준의 저하를 초래하게 된 중요한 요인이 되었다고 비판을 받게 되었다. 그러한 비판은 당연히 받아야 한다. 그러나 당시의 상황을 감안한다면 대부분의 사람들이 새로운 학교 교육도 받지 못한 데다가 신자가 급격히 증가하는 상황에 비추어 볼 때 그것이 실제적이고 바람직한 원리라고 이해할 수 있다. 그러나 만일 이러한 원리가 1920년대와 30년대에도 동

18 김영재, 『한국교회사』, 102.

일하게 적용될 수 있는 것이라고 주장한다면, 극히 잘못된 것이다. 1920년대 들어 벌써 지성인들과 목사들이 이를 비판하였다.[19]

3. 교단의 선교정책

조선에서 선교가 활발해지자, 교파별로 경쟁할 우려가 생겼다. 선교사들은 장시간 토의를 거쳐 네비우스 방법을 선교정책의 원칙으로 수용하여 시행하기로 결정하였다. 이 선교방법은 이미 조직된 교회를 위해서가 아니라 선교지에서의 초창기 선교를 위하여 적절한 방안으로 제시된 것이었다. 장로교공의회는 1893년에 첫 회합에서 합의를 보아 이미 시행되고 있던 네비우스 방법에 의거하여 아래와 같이 선교정책을 추진해야 한다고 정식으로 채택하였다.

특히 장로교와 감리교가 뚜렷하게 선교정책을 수립하였는데, 그 내용은 다음과 같다.

1) 장로교의 선교정책

상호 경쟁을 피하고 교리보다는 실천에 강조점을 둔다는 원칙은 장로교 선교사들의 선교지침이 되었다. 또한 이 원칙은 장로교가 자립할 때까지 전권치리(全權治理)를 목적으로 1893년 조직된 '장로회 정치를 쓰는 선교공의회'(The Council of Missions Holding the Presbyterian Form of Government)의 인프라가 되었다. 이 공의회는 조선 장로교가 상호 경쟁하지 않도록 지역을 분할하여 미국남장로회(South Presbyterian)는 전라도와 충청도, 호주장로회는 경상남도, 캐나다장로회는 함경도, 북장로회(North Presbyterian)는 평안도, 황해도, 경상북도의 선교를 맡도록 배

19 김영재, 『한국교회사』, 102-103. 조선교회는 많은 지식을 갖추지는 못했으나 신앙이 두터운 목사들과 봉사자들을 통하여 크게 성장하였다. 그런데 선교사들이 조선인들의 일반적 교육 향상을 위하여 노력한 데 비하면 목사를 배출하기 위한 교육상의 학적인 면을 소홀히 하였다는 인상을 씻을 수는 없다. 그러나 이러한 조치는 목사 후보생들의 자질 등 현실적인 문제가 반영되었다는 점을 고려해야 한다.

정하였다.[20]

또한 이 공의회는 다음과 같이 네비우스 방법에 핵심적인 몇 가지 원칙을 수정 보완하여 조선 장로교의 선교정책을 다음과 같이 정식으로 채택하였다.[21]

① 상류 계층보다는 근로 계층을 상대로 하여 전도하는 것이 좋다.

② 부녀자에게 전도하고 기독교인 소녀들을 교육하는 데 특별히 힘을 기울인다. 왜냐하면 가정주부들, 곧 여성들이 후대의 교육에 중요한 영향을 끼치기 때문이다.

③ 기독교 교육은 시골에서 초등 정도의 학교를 운영함으로써 크게 효과를 볼 수 있다. 그러므로 이런 학교사업을 통해 젊은이들을 훈련하여 장차 교사로 보내도록 한다.

④ 장차 조선인 교역자도 결국 이런 곳에서 배출될 것이라는 점에 유의한다.

⑤ 사람의 힘만이 사람을 개종시키는 것이 아니다. 하나님의 말씀이 하신다. 따라서 될 수 있으면 빨리 안전하고도 명료하게 번역된 성서를 이들에게 주도록 한다.

⑥ 모든 종교서적은 외국어를 조금도 쓰지 않고, 순 한국어만 사용하도록 한다.

⑦ 진취적인 교회는 자급하는 교회가 되어야 한다. 선교사의 도움을 받는 사람의 수는 가급적 줄이고, 자급하여 세상에 봉사하는 개인을 늘린다.

⑧ 조선의 대중들은 동족의 전도에 의해서 신앙하게 하여야 한다. 따라서 우리 자신(선교사들)이 나서서 하는 것보다는 전도자의 교육에 진력해야 한다.

⑨ 의료선교사들은 환자들과 오래 친숙하게 지냄으로써 가르칠 기회를 가지게 되고, 또 깊은 마음의 문제에 골몰하는 모범을 보여주어야 한다. 투약만 가지고서는 별 효과를 낼 수 없다.

⑩ 병원에서 치료받은 사람은 자기 고향 마을에 자주 왕래하게 해서 의료선교사들의 인애(仁愛)에 넘치는 간호의 경험을 본받아 전도의 문을 열도록 한다.

---

20 민경배, 『한국기독교회사』, 208–209.

21 민경배, 『한국기독교회사』, 209–210. 이 원칙은 조선교회의 발전뿐만 아니라, 그 신앙의 형태라든가 교역자의 지적인 수준, 교회의 조직에 대해서 엄청난 영향을 남겼다. 그리고 이것은 교육에 중점을 두었다는 점에서 조선의 근대화에도 크게 공헌하였다.

2) 감리교의 선교정책

감리교는 장로교의 경우처럼 도식화된 문서상의 일정한 규칙을 갖고 있지는 않았다. 그러나 감리교 본래의 특색과 선교사들의 활동을 통해 나타난 그 정책의 특징은 다음과 같이 세 가지로 요약된다.[22]

첫째, 감리교는 탐색 순회전도를 원칙으로 하였다. 이 전도행각은 알렌에 의해 품위 없는 행위라고 비난을 받기도 하였으나[23] 조선 감리교의 정신적 진취성 배양에 커다란 역할을 하였다.

둘째, 감리교는 장로교보다 교육 분야에 훨씬 더 많은 노력을 기울였다. 장로교가 전도자적 기독교인 양성에 교육의 초점을 두었던 반면, 감리교는 그 폭을 넓혀서 일반 교육에도 주력하였다. 감리교가 이런 일반 교육에 치중함으로써 장로교에 비해 복음사업이 부진하게 된 요인이 되기도 하였지만 교육 향상에 공헌했다는 점에서 높게 평가받는다.

셋째, 감리교에는 장로교보다 비율적으로 훨씬 많은 수의 여선교사가 있었다. 그러므로 부녀사업에 남다른 공헌을 할 수가 있었고, 또한 무당이 전성하던 그 시기에 전도부인들의 전도행각과 그 영향력으로 기독교가 무당의 종교를 당해 내는 데 유능한 전략을 수행할 수가 있었다.

감리교 선교정책은 기독교의 발전과 조선의 근대화에 크게 공헌하였다. 장로교의 정책이 수립되고 또 감리교도 나름대로 원칙을 가지고 선교에 임하게 되자 조선 기독교는 더욱 활기를 띠고 점차 조선사회에 영향력 있는 단체로 부상하게 되었다. 조선교회는 시초부터 재정적으로는 자립하는 교회로 출발하였다. 그리고 20년이 경과한 시점에서 선교사들에게 교회의 치리권을 넘겨받았다. 그렇지만 조선교회가 자립하는 교회가 되기까지는 더 먼 길을 걸어야만 하였다. 초기

22 민경배, 『한국기독교회사』, 213-214.

23 알렌은 정교일치의 노선에 서 있었다. 그는 공사로 재직할 당시 기독교가 공적으로 자유를 누리지 못하는 시점에서 국법을 준수하지 않고 순회전도에 임하는 선교사들의 입장을 비판하였다. 알렌의 이러한 태도로 인해 알렌과 다른 선교사들 사이에는 불편한 기류가 조성되었다. 게일 선교사는 알렌을 선교사 명부에서 삭제해야 한다고 단호하게 주장했을 정도였다. cf. 민경배, 『한국기독교회사』, 216-218.

선교사들의 선교활동은 다양하였는데, 조선교회는 주로 선교사들의 전도활동만을 넘겨받아 전도하는 교회로 발전하였으며, 교회가 분열되면서부터 보수적인 교회는 전도와 선교에 치중하는 교회가 되었다. 구제와 봉사활동은 계속 선교사들이 맡아서 하였으며, 조선 신자들은 봉사활동도 주로 개인적인 차원에서 외국 교회의 선교부나 봉사기관의 원조를 받아 가며 수행하였다.

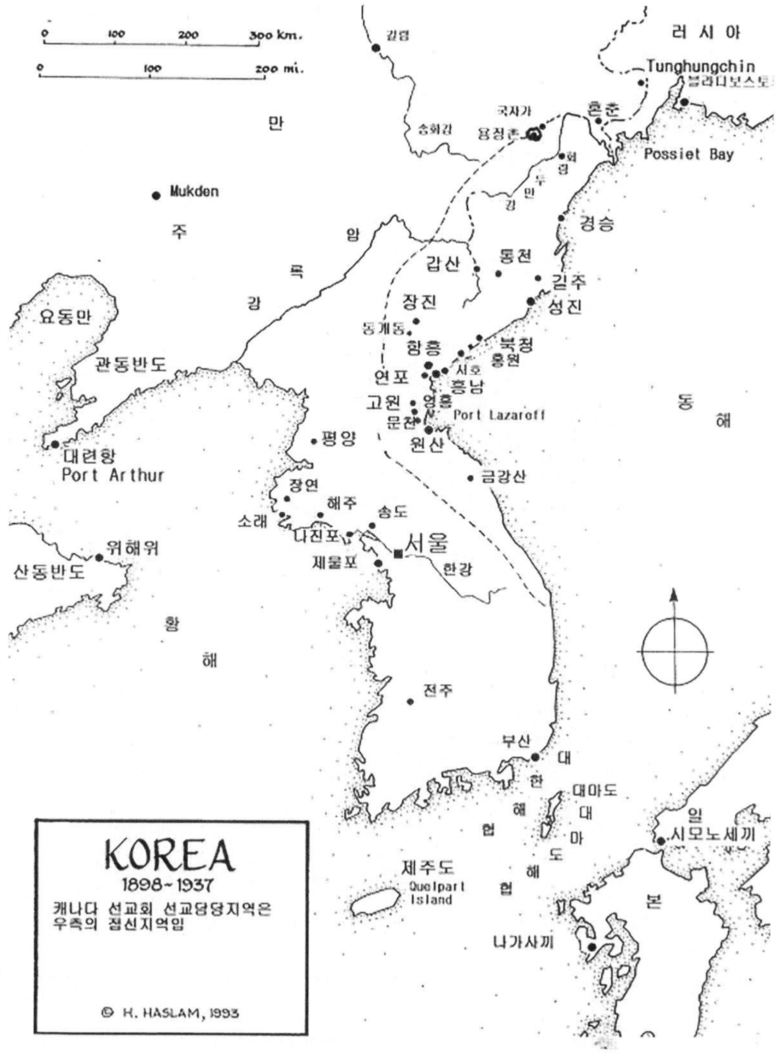

선교지 분할정책의 한 예로 캐나다 선교회의
선교 담당 지역은 우측의 점선 지역임을 알 수 있다.

Story 07

교회설립, 선교, 그리고 기독교 교육

선교와 교회의 설립은 비유하자면 바늘과 실과의 관계이다. 선교가 이루어지는 곳에는 어떠한 형태로든지 교회가 설립된다는 것이다. 교회가 설립되면 기독교 교육이 이루어지는 것은 또한 필수불가결한 요건이 된다. 초기 조선에서 실행되었던 양상을 면밀하게 성찰하여 타 선교지에서 상황에 맞도록 선교정책에 반영하는 일도 가능할 것이다.

1. 교회설립

선교사들은 조선 정부의 여러 규정들을 존중하였으며 가급적 정부를 자극하여 갈등이 초래되는 일은 피하였다. 그래서 선교의 윤허가 내려지기 전에는 직접적으로 전도에 나서는 일은 삼갔다. 그렇다고 본래의 목적인 전도사업을 언제까지 뒤로 미루어 둔 채로 마냥 기다릴 수는 없었다. 1885년 6월 28일에 선교사들은 알렌의 집에 모여 처음으로 함께 예배를 드렸다. 참석자는 알렌 부부, 헤론 부부, 그리고 스크랜톤 부인이었다.

이듬해 1886년 가을에는 미국공사관에서 집회를 열기 시작하였다. 몇 주일이 지나자 15명 내지 20명의 미국인과 영국인이 예배에 참석하였다. 미국공사 파커는 이 사실을 조선 조정에 통고했으나 조정에서는 아무런 반대도 표명하지 않았다.[1] 정부 관리들은 이 사실에 대하여 개인적으로 불만을 표시하면서 이러한 행

1 cf. 민경배, 『한국기독교회사』, 184. 1882년 한미수호조약 때에는 금교가 명문화되지 않았으며, 1883년에

위를 지양하도록 종용하였다. 정부가 기독교의 포교를 금지한 가장 큰 이유는 외세가 종교를 미끼로 정치적인 간섭을 하는 결과까지 초래되지 않을까 하는 두려움과 새로운 종교의 신봉자들이 반역을 꾀하지 않을까 하는 노파심에서였다. 그러나 선교사들은 기회가 닿는 대로 조선인들을 은밀히 신앙으로 인도하려고 힘썼다. 선교사들은 우선 그들의 주변에 있는 사람들부터, 즉 학생과 교사들, 병원에서 일하는 사람들과 환자들을 대상으로 복음을 전하기 시작하였다. 선교사들은 그들에게 이수정과 로스가 번역한 한글성경을 읽도록 건네주었다. 조선에 온 선교사들은 중국의 허드슨 테일러(James Hudson Taylor, 1832-1905)처럼 첫 개종자를 그렇게 오래 기다릴 필요가 없었다.[2]

지역 전도의 결실인 교회와 집회 장면

영국, 독일 양국과 조약을 체결할 때는 지정된 거주지에서 종교예식을 가질 수 있다는 조항을 삽입하였다. 그러나 선교 윤허가 1898년에야 내려졌다는 점을 감안하면 1886년 미국공사관 예배는 신중을 기할 수밖에 없었다.

2 김영재, 『한국교회사』, 84.

1) 최초의 교회: 소래교회

1884년 6월 29일 황해도 장연군 소래에 서상륜과 그의 동생 서경조의 동역으로 조선 최초의 개신교 교회가 시작되었다.[3] 서경조의 회고록에 의하면, 그가 세례를 받은 1886년 가을에 뒤늦게 언더우드 목사가 소래를 방문하였으며, 그때 그의 아들 서병호가 세례를 받았다고 하였다. 그리고 동네 여러 사람에게 전도하여 그 이듬해에 언더우드 목사와 아펜젤러 목사가 들렀을 때 다시 다섯 사람에게 세례를 베풀었다.[4]

서경조는 이후 1907년 장로교 초대 목사 7인 가운데 한 사람으로 안수받았다.[5] 서상륜, 서경조 형제는 평안도 의주 출신인데, 핍박을 피하여 1883년 황해도 장연군 소래로 이주하였다. 1886년 봄에 그는 백씨의 부름을 받고 상경하여 비밀리에 언더우드 목사에게 세례를 받았으며 매서사역을 통해 전도자로 활동하였다. 소래에서와 비슷한 조선인 교인들의 모임이 의주와 정주, 강계에도 있었다. 이러한 미조직교회들은 성례를 시행하고 교회를 조직해 줄 선교사와 목사를 기다리고 있었다. 언더우드는 이러한 사정을 알고 1887년에 북쪽으로 전도여행을 떠나 그해 가을에 소래를 방문하고 서경조의 아들을 포함하여 교인들에게 세례를 주었다. 그 후 이곳을 찾는 선교사들마다 교회를 보고 감탄하였다. 오래지 않은 세월에 거의 온 마을 사람들이 전도를 받았다. 80명이 모일 때까지는 서경조의 사랑방에서 예배를 드리다가 1895년에는 새로 예배당을 지었다. 그러나 교회가 비좁아 이듬해 1896년 8간의 예배당으로 증축하였다. 동학항쟁으로 피난 온 사람들이 찾아들어 교인이 더 불어나면서 200명이나 되었다.[6]

---

3 http://118.219.232.223/christ/web/php/detailText.php?kind=1&itm_id=r_00018 백석대학교 한국기독교문화연구원 홈피(2014년 8월 15일 접속). 소래교회는 1884년 6월 29일에 황해도 장연군 대구면 송천리에 서상륜, 서경조 형제가 설립한 한국개신교 최초의 교회이다.

4 cf. Lillias H. Underwood, 『언더우드』, 73.

5 "장로회회원들은 일제히 신학ᄉ 셔경조 한셕진 송린셔 량뎐빅 방지챵 길션쥬 리긔풍 칠인의게 안슈ᄒᆞᆫ 후에 우슈로 집슈례를 힝ᄒᆞ아 목ᄉ로 쟝립ᄒᆞ니라."『대한예수교쟝로회로회회록(뎨 일회)』, 1908년, 10.

6 기독교대백과사전편찬위원회 편, "소래교회", 『기독교대백과사전(9권)』(서울: 기독교문사, 1994), 555–556.

2) 새문안교회

언더우드는 다방면으로 선교사업을 추진하면서도 늘 규칙적으로 거리에 나가서 전도하는 일에 힘썼다. 1886년 6월 11일 노도사로 알려진 노경춘이 처음으로 언더우드에게 비밀리에 세례를 받았다. 그는 주로 현재 롯데호텔이 있는 곤당골, 서대문 밖 모화관, 남대문, 정동 쪽으로 다니면서 사람들과 대화를 나눌 기회를 찾았다. 1887년 9월 27일 언더우드는 14명의 조선인 신자와 함께 최초의 장로교회인 새문안교회를 설립하고, 그날 예배에서 일찍이 만주에서 로스 선교사를 도왔던 서상륜과 백홍준을 장로로 장립하였다. 그런데 이 14명의 신자들 대다수가 이미 만주와 조선 북부 지방에서 회심한 사람들이었다. 서울에 이 교회가 설립되기 전 북부 지역에서는 이미 상당수의 조선인 신자들과 몇몇 조선인 전도자들이 열심히 신앙생활을 하고 있었다.[7]

3) 정동교회

1887년에 접어들어 배재학당 학생 한 사람과 한 관리가 밤에 몰래 아펜젤러의 저택에서 성경공부에 참석하였는데, 학생은 믿음을 고백하고 세례를 받았다. 아펜젤러는 1887년 6월 24일에 자기 집 안방에서 문을 걸어 잠그고 그에게 세례를 주었으며 같은 해 10월 16일에는 29세의 여성인 최씨 부인에게 세례를 베풀었다.[8]

성경공부에 참석하는 인원이 점차 많아지자 더 큰 집회 장소가 필요하게 되어

---

7 기독교대백과사전편찬위원회 편, "새문안교회", 『기독교대백과사전(8권)』, 898-899.

8 최씨 부인은 물음에 명확하고 뚜렷하게 답변하였는데 아펜젤러는 이 여성이 개신교 선교사로부터 처음 세례를 받은 여신도일 것이라고 생각하였다. Henry Gerhart Appenzeller, 『자유와 빛을 주소서』, 81. 1887년 10월 31일자 일기.

불가불 자그마한 초가집을 사서 성경공부와 예배 처소를 마련하고 '베델기도소'라고 이름을 붙였다.[9] 아펜젤러는 1889년 12월 7일 구역회를 구성하여 교회를 시작하였으며 설교와 기도회는 이보다 2년 전부터 진행되었다. 정동교회 헌당식은 1897년 12월 26일에 거행되었다.[10]

4) 교회설립과 전도지 답사

선교사들은 선교 초기에 일손이 모자랐으므로 주로 도시에서 복음전도(선교) 활동[11]을 전개하였다. 미국북장로회 선교부의 서기 가운데 한 사람이었던 엘린우드(Frank F. Ellinwood)는 1890년에 조선선교에 관하여 이런 기록을 남겼다.

> 우리가 한국선교에서 한 특정한 지역에 지나치게 많은 힘을 투입한 것은 잘못이었다. 이제는 한국에서 일하는 방법을 바꿀 때가 되었다고 본다. 이제부터는 전도의 범위를 더 넓히고 선교의 거점을 전국에 두루 두도록 해야겠다.

그러나 그것은 엘린우드의 사견일 뿐이었다. 선교사들은 먼저 선교 본거지부터 단단히 자리매김하였다. 그럴 수밖에 없는 것이 아직 조선의 정치적인 형세가 전국적인 교회 조직을 갖출 수 있을 정도로 방관하는 분위기는 아니었기 때문이었다. 그래서 언더우드는 1887년에, 아펜젤러는 1888년에 각기 전도여행에 나섰다.[12]

장로교와 감리교 두 교파에 속한 다른 선교사들도 이 두 선구자의 본을 받아 전도여행을 다녔다. 그들은 가는 곳마다 복음의 씨를 뿌리는 한편 조선선교의 개척자로서 한반도의 여러 지역들을 탐사하였으며 이미 설립된 교회들을 방문하여 격려였다. 언더우드는 1887년 가을에 개성에 들렀다가 소래교회를 찾아본 후에

9 Henry Gerhart Appenzeller, 『자유와 빛을 주소서』, 79. 1887년 10월 11일자 일기.

10 Henry Gerhart Appenzeller, 『자유와 빛을 주소서』, 145, 147.

11 김영재, 『한국교회사』, 85–89.

12 아펜젤러가 작성한 1892년 6월부터 1901년 9월까지 일기는 그의 여행에 관한 내용을 담았다. 당시 선교사들은 전도가 자유롭지 못한 상황에서 전도의 범위를 넓히고 선교의 거점을 마련하기 위해 장기간 여행길에 올라 답사하기도 하였다. Henry Gerhart Appenzeller, 『자유와 빛을 주소서』, 91–233.

북쪽으로 평양을 거쳐 조선-만주 국경에 위치한 의주까지 들어갔다. 이렇게 여행하면서 그는 소래에서 세례를 베푼 7명의 신자를 포함하여 적어도 20명이 넘는 신자들에게 세례를 주었다. 1888년에 언더우드는 두 번째 전도여행을 떠났다. 이 번에는 그의 감리교 동역자인 아펜젤러와 함께 길을 떠났다. 두 주일이 걸려 평양에 도착한 후 더 북쪽으로 가려던 차에 알렌으로부터 급한 전갈을 받고 여행을 중단하고 서울로 돌아왔다. 천주교에서 명동성당을 건립할 때, 정부에서 성당을 왕궁보다 높이 짓지 못하도록 경고하였는데도 이를 강행하자 정부에서 전도금지령을 내렸기 때문이었다. 선교회는 이러한 상황이 개신교에까지 영향을 미치지나 않을까 염려하는 마음에서 전도여행에 제동을 걸었던 것이다.[13]

언더우드는 1889년 봄에 여의사 호톤과 결혼하였다. 그들의 신혼여행은 조선 선교 사상 잊지 못할 일화로 남았다. 두 신혼부부는 평양을 거쳐 강계를 들러 의주까지 갔다. 두 달 동안 장장 1,600km의 길을 여행하였다. 그들은 여행하는 동안 600명이 넘는 환자들을 치료해 주었고, 성경과 기독교 서적들을 팔았다. 의주에 도착했을 때는 놀랍게도 백 명이나 되는 사람들이 세례를 받겠다고 자원하여 언더우드 부부를 기다리고 있었다. 언더우드는 그들 중에서 33명만 데리고 압록강을 건너 만주 땅으로 가서 세례를 베풀었다. 조선 내에서는 아직도 이러한 종교의식을 공개적으로 수행할 수 없었기 때문이다.[14] 1888년 8월 아펜젤러는 존스와 함께 원주에 들렀다가 남쪽으로 대구를 거쳐 부산까지 갔다. 그는 그해 10월에는 북쪽 국경 지대 애진까지 방문하였다. 거기서 뜻밖에도 세례교인 한 사람과 기독교 신앙에 관심이 있는 여러 사람들을 만날 수 있었다.

정부는 여행을 하는 선교사들에게 특별 여행 허가증을 발부하였다. 그런데 이것은 허가증이라기보다는 외국 손님에게 각별한 친절을 베풀라고 중앙정부가 지방관청에 하달하는 일종의 명령서와 같은 것이었다. 이 여행 허가증을 제시받은

---

13 민경배, 『한국기독교회사』, 186-187.

14 언더우드 부인은 기억할 만한 여행을 에세이 형식으로 기록하여 남겼다. 조선 조정으로부터 발급받은 통행증, 의주에서의 강론, 만주에서 30명에게 베푼 세례, 매서인과의 각별한 만남 등을 기록하였으며 두 달간 600명이 넘는 환자들을 치료하고 1,600km를 이동한 고단한 여행길이었다고 회고하였다. Lillias H. Underwood, 『언더우드』, 91-104.

지방관청에서는 선교사들의 거처를 알선해 주고, 타고 갈 말까지 내어준다든지, 한두 사람의 경호원을 딸려 보내기도 하고, 한글을 가르쳐 줄 사람이나 길 안내자도 알선해 주었다.[15] 선교사들은 마을에 들어가서 호기심에 모여드는 사람들에게 설교하고 기독교서적과 약을 팔았다.[16] 물론 교회가 세워진 곳에는 곧장 교회를 방문하여 집회를 인도하고 성례를 베풀었다.

선교가 시작된 이후부터 20년 동안은 철도가 없었기 때문에 교통이 매우 불편하였다. 선교사들은 가마를 타기도 하고 말을 타기도 하였는데, 보통 도보로 여행하는 것이 예사였다. 이렇게 선교 초기에는 전도여행을 강행하는 것만이 조선에서 효율적으로 선교할 수 있는 중요한 수단이 되었다. 가령, 베어드 부인은 부산에서부터 전국을 세 번이나 순회하였으며, 게일은 1889년에서 1897년까지의 8년 동안 계절을 불문하고 매번 다른 길로 한반도를 12차례나 순회하였다. 1915년 게일의 보고에 의하면, 그해까지 말을 타고 전국을 25번이나 다녔다고 기록되어 있다. 선교사들은 이와 같이 두루 여행을 함으로써 1894년까지 거의 한반도 전역을 답사할 수 있었다. 1930년의 통계에 의하면, 인구의 73%가 농촌 거주자였으며, 도시의 전도소 수가 225개서인데 비하여 지방에 산재한 전도소 수는 7,000 개소나 되었다. 이는 순회전도가 맺은 결실이었다.

2. 선교와 기독교 교육

선교 기반을 마련하기 위하여 1884년 6월 일본에서 감리교 선교사 매클레이(R. S. Maclay)가 내한하였다. 그의 노력으로 고종은 병원과 학교사업에 국한하여 윤허를 내렸다. 이 윤허를 성사시킨 공헌자는 사실 김옥균이었다. 그가 매클레이에게 고종을 알현하도록 알선하였기 때문이다.[17] 기독교를 직접적으로 전파하는

15 Lillias H. Underwood, 『언더우드』, 93.

16 Lillias H. Underwood, 『언더우드』, 103.

17 1884년 7월 일본에 머물고 있던 매클레이 선교사가 김옥균을 통하여 고종으로부터 조선에 병원과 학교사업을 시작해도 좋다는 사사로운 허락을 받은 일이 있었다. 그러나 아직 이 단계에서 선교의 자유를 획득

일에 대해 정부의 공식적인 입장은 '불가'였기 때문에 선교사들은 선교사 신분이 아닌 교육과 의료사업의 종사자로서 내한하였고 조정과의 갈등을 우려하여 신중하게 학교와 의료사업을 통해 우회적으로 선교의 기반을 닦았다.[18]

선교사들의 선교사역은 학교설립과 교육활동이 큰 비중을 차지하였다. 물론 선교사들에 의하여 설립된 병원을 통한 의료사업과 구제사업 역시 복음이 들어오게 되는 전초기지 역할을 한 것이 사실이다. 그러나 선교사들은 복음전파를 위해서는 의료선교나 구제사역보다는 교육선교가 더 효율적이라고 판단하고 학교교육을 복음화의 유용한 방편으로 정착시켜 갔다.

1) 초기 기독교학교 교육

기독교는 교육사업을 통하여 조선 근대화에 크게 기여하였다. 기독교학교의 시작은 선교사들의 국내 선교활동의 시작과 궤적을 같이한다. 그만큼 학교설립은 선교사들의 선교사역에 중요한 교두보가 되었다. 고종의 윤허는 병원과 학교사업에 국한되었고, 선교사들도 정부와의 마찰을 피하기 위해 직접적인 복음전파에는 신중을 기하였다.

① 기독교학교

1885년 8월 아펜젤러에 의해 배재학당이 세워졌는데, 이것이 최초의 근대식 사립학교였다. 배재학당은 1887년 6월 8일 고종이 친히 하사한 학교명이었다. 아직은 국내 정황이 종교의 자유를 허용한 입장이 아니었기 때문에 배재학당과 같은 교육기관을 통해 간접적인 방법으로 교육을 통해 복음을 전할 수밖에 없었다. 아펜젤러가 설립하여 운영하던 배재학당은 정부의 간섭을 피할 수 있었을 뿐만

한 것은 아니었다. 민경배, 『한국기독교회사』, 134.

18 알렌 역시 우회적 선교사역을 후원하기 위한 일환으로 제중원을 설립하였다. 제중원에서 치료를 받은 많은 환자들은 기독교라는 새로운 종교를 접할 수 있었다. 특히 선교의 자유가 주어지지 않았던 시기에 제중원은 초기 내한 선교사들이 조정의 감시를 피해 적응해 갈 수 있었던 거점이 되었다. 선교사들은 제중원을 기반으로 차츰 정세의 동향을 예의주시하며 선교사역에 임할 수 있는 시기를 기다렸다.

아니라 오히려 고종의 호의적인 관심을 받았던 기관이었기 때문에 복음전파의 중요한 산실이 될 수 있었다. 아펜젤러는 이 배재학당을 복음전파의 전초기지로 삼으려 하였고 실제로 배재학당 학생 중에서 많은 개종자들이 나와 그들을 중심으로 1887년에 정동제일교회가 설립될 수 있었다. 아펜젤러는 1886년 6월 24일에 배재학당에서 두 사람의 조선인 학생에게 세례를 베풀었다.[19]

梨花學堂

卒業證書

右ハ本學堂高等科ノ各課ヲ卒業セリ依リテ此證書ヲ授與ス

堂長 富羅

大正七年三月二十日

私立梨花學堂

이화학당 졸업증서

같은 감리교의 스크랜톤 대부인이 고종 23년(1886년 5월 30일)에 민비에게 건의하여 여학생들이 공부할 수 있는 여학당을 설립하였다. 그녀는 미국여자해외선교부의 도움으로 20여 채의 초가집과 빈 터가 있는 땅을 사서 학당과 부녀원을 지었다.[20] 스크랜톤 대부인은 처음에는 한 명의 여학생을 대상으로 교육을 시작하였다.[21] 이 학당은 점차 발전하여 1887년 명성왕후로부터 이화학당(梨花學堂)이라는 교명까지 하사받았다.[22] 이는 당시 정황에서는 경이로운 일이었으며 유교사회에서 남존여비의 사상 타파와 여성 지위 향상의 명분을 갖추는 뿌리가 되었다.

장로교에서도 학교를 세웠다. 언더우드는 1886년 봄, 서울 정동에서 남아고아원 겸 학당을 시작하였는데, 이것이 경신학교(儆新學校)의 전신이 되었다. 고아원 형태의 공동 기숙생활을 시작한 이 학당은 지식과 생활, 신앙교육을 병행하였다. 이를 예수교학당이라고 명명하였으며, 1897년 10월부터 일시 폐교되었다가 1901년에 게일 선교사에 의해서 구세학당(救世學堂)이라는 이름으로 재건되었

19 민경배, 『한국기독교회사』, 183.

20 1886년 11월에 건물을 완성할 수 있었으며 이곳에 최초의 여학교를 시작하였다. 김인수, 『한국기독교회의 역사』, 150.

21 이 한 명의 여학생은 정부 관리의 첩이었는데 그녀의 남편은 자기 첩이 영어를 배워 후일 왕비의 통역관이 되기를 기대하였다. 김인수, 『한국기독교회의 역사』, 150.

22 이화라는 학교명은 배꽃처럼 순결하고 아름다우며 향기로운 열매를 맺으라는 뜻을 담았다. 1928년에 '이화학당'이라는 명칭이 폐기되긴 했지만 이후에도 계속해서 '학당'이라는 명칭이 계속 사용되었다.

다.[23] 1895년에는 새문안교회에서 영신학당(永信學堂)을 설립하였고, 10여 년 후에는 감리교와 함께 수창동(壽昌洞)에 협성학교(協成學校)[24]를 설립하여 교회사학(教會私學)의 출발점이 되었다.

우리나라 근대식 고등교육의 효시는 세브란스의학교였다. 이 학교는 1886년 3월 29일 제중원(濟衆院) 의학부로 개설되었다가 1899년에 정규 의학교가 되었다.[25] 또 평양 숭실(崇實)[26]은 본래 설립이 1897년 10월이었으나 베어드의 노력으로 1905년 9월에 전문학교로 개편되어 고등교육의 일익을 담당하였다.

이외에도 1904년 상동교회(尙洞教會)의 전덕기(全德基)가 설치한 청년학원(青年學院), 도산 안창호의 평양 대성학교(大成學校), 이승훈(李昇薰)이 세운 정주 오산학교(五山學校) 등은 인재 양성의 요람지였다. 이 학교들은 새로운 지식을 전달하는 교육의 장이었을 뿐만 아니라 민족정신을 깨우치는 민족운동의 근거지가 되었다. 1909년까지 설립된 기독교계 학교의 교파별 통계는 장로교는 605개교 학생수 14,708명, 감리교는 200개교 학생 수 6,423명이었다. 여기에 성공회, 천주교, 안식교까지 합하면 학교 수가 950여 교에 달하였다.[27] 1910년 경술국치가 단행되기까지 불과 몇 해 사이에 전국에는 기독교학교를 포함하여 무려 3,000개에 달하는 사립학교가 세워졌는데, 주로 북쪽 지방에 편중되어 있었다. 일본은 사립학교의 존재를 달가워하지 않았다. 그리하여 통감부가 통치하던 1908년에 사립학

---

23 경신학교는 언더우드가 1886년 정동(貞洞) 자기 집에 인접한 건물을 활용하여 고아원 형태의 학교를 설립한 것으로 현재 경신중·고등학교의 전신이 되었다. 김규식은 6세 때 이곳에서 교육을 받은 최초의 입학생이었다. 기독교대백과사전편찬위원회 편, "경신학교", 『기독교대백과사전(1권)』(서울: 기독교문사, 1994), 615-616.

24 김영재, 『한국교회사』, 77. 1887년 미국남북감리회 한국 선교부가 설립한 일반 신학당을 모체로 1907년 협성신학교(協成神學校)가 발족되었다. 초대 교장에 G. H. 존스가 취임하였고 경건, 학문, 실천을 교훈으로 삼았다. 1931년 협성여자신학교와 통합하여 감리교신학교로 개칭되었다가, 1950년 대학령에 따라 학제를 4년제로 개편하였고, 1959년 정규대학인 감리교신학대학으로 인가받았다. 기독교대백과사전편찬위원회 편, "감리교신학대학", 『기독교대백과사전(1권)』, 278-279.

25 김영재, 『한국교회사』, 79.

26 미국북장로회 선교사인 베어드가 부산에서 평양으로 이동해 온 후 기독교 정신에 입각한 중등교육을 실시하고자 숭실학교를 설립하여 교장에 취임하였다. 그때 조선인 교사로는 한학자 박자중이 있었으며 학생은 13명이었다. 1906년 북장로회 선교부의 결정에 의하여 대학부를 개설하고, 12명의 학생을 입학시켰다. 평양 숭실은 현 숭실대학교의 전신이 되었다. 1970년 9월 학교법인 남장로교 고등교육재단이 경영하던 대전대학과 통합하여 숭전대학으로 개칭되었으나 이후 다시 숭실대학교와 한남대학교로 분리되었다. 기독교대백과사전편찬위원회 편, "숭실학교1", 『기독교대백과사전(9권)』, 876-878. 김인수, 『한국기독교회의 역사』, 279-280.

27 민경배, 『한국기독교회사』, 269.

교령(私立學校令)을 제정하여 사립학교 설립을 인가제로 전환하였고 그 결과 많은 사립학교가 문을 닫았다. 그러나 이러한 탄압을 받으면서도 존속한 사립학교들은 여전히 민족교육의 중심지로서 민족운동의 요람이 되었다.

② 기독교학교의 교육정신과 교과내용

초기 기독교학교는 기본적인 목표와 내면적 정신교육을 다소 달리하는 면모를 보여주었다. 왜냐하면 조정에서 기독교 전파를 금지하는데다가 일반 민중의 기독교에 대한 거부감과 오해가 상존하였기 때문이었다. 그래서 일단 서구문물을 도입하고 개화를 열망하는 사회의 요구에 부응한다는 명분으로 학교를 설립하였고, 교육내용은 서구학문의 기초과정이 주류였다. 그러나 설립자인 선교사들의 궁극적 목표는 어디까지나 복음전파에 있었기 때문에 성경교육은 물론 전반적인 신앙훈련이 은연중에 진행되었다. 그리고 대부분의 학교 설립자들은 서구적인 인격의 양성보다는 양식 있는 조선인 양성을 목표하였으므로 교과내용과 생활지도에 있어서 조선의 전통적 가치기준과 풍습도 소홀히 하지 않았다. 이로 미루어 초기 기독교학교의 교육내용은 서구학문, 기독교 정신, 조선의 전통문화[28] 등 세 영역으로 집약할 수 있다.

2) 신학교설립 이전의 신학교육

초기 조선교회의 가장 큰 특색은 교역자 없이 교회가 운영되었다는 점이다. 여기서 말하는 교역자란 정식으로 교역자로서의 교육과 훈련을 받은 성직자를 의미한다. 아직 신학교도 성경학교도 없던 시기에 조선인 교역자가 있을 리 만무하였다. 그러나 조선의 초기 교회는 교역자 없이도 잘 운영되었고 은혜롭게 성장

28 기독교학교들의 초기 교과목의 특징이라면 성경을 교재로 한 기독교 교육을 시행하고, 그밖에 자연과학개론이나 세계지리학 입문 등 새로운 지식을 소개하는 일에 치중하면서도 한글과 한문교육, 여학생의 수예나 바느질 등 한국의 전통문화를 보존하고 개발하는 데도 게을리하지 않았다는 점이다. 또한 정규교과는 아니더라도 조선인 교사의 인격적인 감화나 학생자치활동을 통해서 근대정신과 민족의식을 배양하였던 것은 당시 기독교학교가 지녔던 공통적 성과였다.

하여 교인 수도 점차 늘어났다. 이는 초기 선교사들이 선교정책과 교회운영 방침을 적절히 수립하여 조선 신자들을 지도하였기 때문이다. 조선인 교회 지도자가 전혀 없는 여건에서 초기의 교회운영은 전적으로 선교사들의 지도력에 의존할 수밖에 없었다. 교회 수가 증가함에 따라 본국 선교부에서는 선교사들을 추가로 파송하기도 하였으나 도저히 교회의 증가율을 따를 수가 없었다. 그리하여 선교사들은 선교사공의회를 통하여 각자의 분담 지역을 정하고 부지런히 순회하면서 지도할 수밖에 없었다.[29]

① 사경회반(査經會班, Bible Class)

보다 광범위한 지도자 양성은 사경회를 통하여 목적을 달성할 수 있었다. 이 사경회는 지도자 양성만이 아니라 초기 교회 신자들 모두에게 성경을 배우고 기독교의 진리를 깨달으며 함께 기도하고 친교할 수 있는 방편이 되었다. 이 과정에서 믿음이 성장하고 은혜를 체험하였으며 초기 교회를 운영하는 리더십을 교육받았다. 이 사경회는 8.15 해방 전까지 교회를 부흥시키고 성장하게 하는 원동력이 되었으며 경영방법도 다양하였다.[30]

이 사경회는 초기에는 선교사들이 순회하면서 각 지방마다 열흘이나 두 주일 동안씩 인도하였다. 그 지방 교회의 일반 신자들이 다 참석하여 같이 배우고 은혜를 받았으며, 특히 성경연구에 관심이 많고 열정적인 신자들이 사경회를 통해서 자기 교회를 인도하는 유능한 지도자들로 배출되었다. 정기적으로 일 년에 한 번씩 개최하는 사경회는 신자들이 모이기 편리한 중심 도시에서 개최하였고, 각 교회 신자들이 모여 공부한 후에는 각자 자기 교회로 복귀하여 사경회를 열고 교인들에게 배운 것을 전달하거나 성경반을 조직하여 성경을 가르쳤다. 남녀 사경

29 선교사 수가 부족했던 당시 개교회는 심한 경우 선교사를 일 년에 겨우 한두 차례 볼 정도였다. 그리하여 선교사들의 순회지도는 필수적이었다. 이러한 어려운 여건을 극복하기 위해 조선 신자들은 정상적인 교회운영을 위한 자체 방도를 강구하였다. 정식으로 교역자를 양성할 수는 없는 처지였지만 교역자를 대신할 만한 지도자를 양성하자는 것이었다. 이에 성경공부를 장려하여 모든 교인으로 하여금 어떤 사람을 상대하든지 자신 있게 전도할 능력을 갖추게 하고, 특별 성경반(사경회반)을 조직하여 성경, 교회음악, 기독교 교리 및 교수법 등도 가르쳐 교회를 인도할 만한 대체 지도자들을 양성하였다.

30 cf. 김영재, 『한국교회사』, 122-124.

회를 구분하여 따로 개최할 때도 있었다. 여자들을 위한 사경회에는 특별히 성경과 아울러 건강법, 아동교육법, 가정관리 등을 가르쳤다. 도사경회(都査經會)도 있었다.[31] 서울이나 평양과 같은 큰 도회지에서 농한기를 이용하여 대대적으로 사경회를 개최하였는데, 각 지방에서 도사경회 광고를 접한 교인들이 모여들었다. 도사경회는 대개 다섯 반으로 나누어 공부하였으며, 교회 지도자들을 위해서는 특별히 교회치리법 또는 주일학교 관리법, 교수법 등도 가르쳤다. 초기 선교 단계를 거쳐 각처에 교회가 많이 설립되고 숫자가 늘어나면서 사경회가 교회별로 개최되곤 하였다. 겨울 또는 비교적 농사일이 바쁘지 않은 봄철을 이용하여 사경회도 열고 선교사만이 아닌 조선인 강사들도 초빙하여 낮에는 성경을 공부하고 오후에는 교인들이 개인전도에 힘썼다. 그리고 야간에는 전도 강연회를 열었다.[32]

마펫 선교사는 이 사경회에 큰 비중을 두었으며 평양을 중심으로 교회 지도자 양성에 힘썼다. 이 사경회에 참석했던 지도자들이 각기 자기 지방으로 돌아가서 별도의 사경회를 준비하고 마펫 선교사를 강사로 청빙하기도 하였다. 평양에서 개최된 사경회 모임을 보면, 1898년에 100명, 1899년에는 150명, 1900년에는 250명이 운집한 기록이 있다. 이와 같이 평양 사경회를 해마다 농한기인 겨울에 한 달씩 개최할 때 모이는 수가 늘어나고 교회로 복귀하여 헌신하는 일꾼들이 많자 마펫은 정규 신학교를 설립하려는 비전을 가졌다. 드

마펫(마포삼열) 선교사

31 장로교 황해노회에서는 1912년 노회 차원에서 연합하여 성경을 공부할 수 있도록 도사경회를 개최할 것을 가결하였다. 이로써 사경회의 규모가 한층 확대될 수 있었다. 기독교대백과사전편찬위원회 편, "사경회, 한국교회", 『기독교대백과사전(8권)』, 293.

32 사경회에서 강의되는 주된 과정은 사복음서, 예수님의 생애, 바울서신 등이었고 교리문답, 주기도문, 십계명, 사도신경 등 신앙의 핵심적인 내용이 교수되었다. 기독교 교육에 관한 내용으로는 주일학교 교수법, 개인전도법, 상담, 회의법 등이 진행되었고 토의시간도 주어졌다. 기독교대백과사전편찬위원회 편, "사경회, 한국교회", 『기독교대백과사전(8권)』, 292-293.

디어 1900년 마펫은 평양에 정규 신학교를 설립하고 조선인 목사들을 양성할 계획을 수립하였다. 이로써 평양신학교의 서막이 올랐다.

② 신학반(神學班, Theological Class or Theological Association)

마펫이 조선에 처음 입국한 1890년 무렵부터는 교인들이 증가하면서 이에 따른 전도인 양성 문제가 시급한 과제로 대두되었다. 1888년 12월에 미국북장로회의 언더우드가 서울 정동 자기 집 사랑방에서 처음으로 신학반(Theological Class) 수업을 실시하였다. 1890년 가을에는 언더우드 집에서 사경회를 확대한 형태의 신학반이 개설되었다. 목적은 조사(助事, helper) 혹은 전도인 양성이었다. 개설된 제1회 신학반은 모두 일곱 명의 학생으로 의주의 백홍준, 김관근, 솔내의 서경조, 최명오, 서울의 서상륜, 정공빈, 홍정후 등이었다. 강의는 언더우드, 마펫, 기포드, 헤론 등이 맡았다. 1892년에는 규모가 더 확대되어 제2회 신학반이 열렸다. 전국에서 16명이 모였다. 신학반을 수료한 사람들은 전도인, 또는 조사라는 명칭으로 각기 담당 고장에 흩어져 교회개척에 나섰다. 그 후로도 신학반은 계속 서울에서 개최되었다. 그러나 마펫은 제2회 이후로는 자신이 평양으로 부임하면서 신학반에 참여할 수 없었으며, 그를 이어 기포드(Daniel L. Gifford)가 신학반 수업을 주관하였고 서상륜, 홍정후, 한석진, 송석준, 김관근, 양전백, 우종서, 최명노, 서경조, 김병갑, 홍윤, 염준호, 강영길, 이승원, 송순명 등이 수강하였다.[33]

최초의 7인 목사

감리교의 경우에는 1893년 겨울에 아펜젤러에 의하여 신학반이 시작된 것으로 본다. 신학반은 1894년과 1895년에 지속적으로 운영되었으며 아펜젤러는 배

33 기독교대백과사전편찬위원회 편, "사경회, 한국교회", 『기독교대백과사전(8권)』, 292–293.

재학당 교장 겸 신학부장으로 임명을 받아 활동하였다. 교수진은 신학부장 아펜젤러 외에 스크랜톤과 존스로 구성되었다.[34] 학생은 서울 출신 위주였으나 1896년부터는 다른 지방 출신들도 합류하였다. 1899년 서울에서 신학회라는 이름으로 과정 명칭이 확정된 후 서울 외의 지방에서도 신학회가 개최되었다. 신학반 혹은 신학회로 표현되는 초기 신학과정은 본토 전도인 양성을 목적으로 한 것이었다. 따라서 수준이 높은 학문적 분위기는 아니었으며, 교육을 통한 전도인 양성이 목적이었기에 기본적이고 실질적인 교육으로 편성되었다.

이 신학반의 신학교육은 다음과 같은 특징을 갖는다.

첫째, 조선인의 신학교육 요청에 의해 시작되었다.

둘째, 기독교 신앙 및 신학을 조선의 상황에서 해석하여 수용하는 통로가 되었다.

셋째, 신학교육을 통해 복음의 토착화와 민족의식에 대한 관심이 표출되었다.

감리교신학교 1회 졸업생

34 초기에 배재학당 교육과 관련된 인물들로서는 설립자인 아펜젤러 선교사를 비롯하여 감리교 측의 스크랜톤, 스크랜톤 대부인, 장로교 측의 알렌, 언더우드, 앨러스 등 감리교와 장로교의 선교사들이 거론되었다. Henry Gerhart Appenzeller, 『자유와 빛을 주소서』, 71. 1887년 8월 65일자 일기.

이런 점에서 신학반은 교회의 기초 신학을 형성한 디딤돌이었다고 할 수 있다. 미국남감리회에서도 학생들을 보냈고, 1905년부터는 교수까지 파송하여 남북감리회 연합교육의 형태를 취하였다. 1905년부터 남북감리교회에서 정규 신학교 설립을 적극 추진하였으며 마침내 1907년에 남북감리교 연합 형태의 협성신학교가 탄생하였다.[35]

③ 성경학원

장로교회는 초기부터 교역자 양성을 위하여 사경회의 성격을 뛰어넘어 서울이나 평양 등 큰 도시에 성경학원을 설립함으로써 단기교육 과정으로 교역자 양성을 하였다. 정규 교역자 양성을 목적으로 한 신학교 이외에도 여러 지역에 남녀 성경학교를 설립하여 이를 평신도 전도자의 양성, 신학교 진학 이전의 선행(先行)훈련 과정 등을 목적으로 운영하였다. 대표적인 성경학교로는 평양 여자성경학원(1897), 선천 성경학원(1898)이 있었으며, 이외에도 1902년 강계, 1912년 대구, 정주, 함흥, 안동, 1914년 재령, 1918년 흥경, 1923년 전주, 1924년 광주에 성경학교가 설립되었다.[36]

3) 신학교 교육

교회 수가 증가하고 성장함에 따라 충분한 자격을 갖춘 교역자 양성이 시급한 과제로 대두되었다. 사경회나 성경반 및 단기 성경학원 등을 통하여 양성된 지도자들이 교회를 이끌어 가기에는 역부족이었다. 따라서 신학교 설립이 절실하였다. 조선에서의 신학교육은 선교가 시작된 시기에 비해서 비교적 빨리 시작되었다고 볼 수 있으나 그 수준이나 체계화된 과정은 부실한 면이 있었다.

---

35 기독교대백과사전편찬위원회 편, "감리교신학대학", 『기독교대백과사전(1권)』, 278-279.

36 성경학원은 현지인 평신도 교역자 양성을 위하여 마련된 것으로, 사경회 수준의 성격을 넘어서서 대도시에 성경을 가르치는 전문학원을 설립하였다. 비교적 단기간 교육을 통해 각 지교회에서 헌신할 수 있을만한 평신도 교역자들을 양성하였다. 이보다 더 고차원 수준의 신학교가 설립된 때부터는 목회자를 양성하였는데, 대표적인 사례로 장로교의 평양신학교, 감리교의 협성신학교 등을 들 수 있다.

① 장로교 평양신학교(長老敎 平壤神學校)[37]

설립 및 역사

장로교회의 신학교육은 선교사 몇 사람이 시작한 사경회에서 기원하였다. 초기 장로교가 채택한 네비우스 선교방법은 조선인 목회자와 교회 지도자 양성에 대해서는 구체적인 가르침을 담고 있지는 않다. 그러나 초기 교회 조선인 지도자들은 신학교육이 빨리 실시되기를 원하였다. 이러한 기대에 부응하여 1890년 가을, 서울의 언더우드 선교사 집에서 사경회를 확대한 형태의 신학반이 열렸고 1892년에는 16명이 모여 강의를 들었다. 그 후 점차 정규 신학교 설립의 필요성이 대두되면서, 1900년 장로교 평양공의회 책임자가 된 마펫은 신학반 형태를 넘어선 정규 신학교 설립을 헌의하였고, 선교본부에서 이 의견을 수렴하여 신학교 설립을 허락하였다. 이듬해인 1901년 봄에는 평양 장대현교회에서 장로로 시무하던 방기창과 김종섭을 목사 후보생으로 택하여 신학교육을 시작하였다. 이것이 바로 평양 장로교신학교의 기원이다. 1902년에는 신학생들이 6명으로 늘어났고 1904년에는 19명, 그리고 1905년에는 학생 수가 40명으로 급증하면서 3학급으로 편성하였다. 1906년에는 50여 명의 학생이 등록하였고, 1915년에 등록학생 수가 무려 250명이 넘어 당시 '세계에서 가장 큰 장로회신학교'라는 말을 들을 정도였다. 졸업생이 배출되는 때를 맞추어 신학교는 4개 장로교 선교부가 정식 허락함으로써 '대한 장로회신학교'(The Presbyterian Theological Seminary of Korea)라는 공식 명칭을 갖게 되었다.

평양공의회는 신학교 5학년 전 과정의 교과목을 작성하게 하는 한편, 각 지방 공의회에 신학생 추천을 의뢰하였다. 평양신학교는 조사들을 재교육하고 지속적인 양성을 위한 3년 기간의 특별과정인 예비과와 정규 입학생을 위한 5년 기간의 신학과 두 과정으로 나누어서 교육을 진행하였다. 학생들 대부분이 일선 교회를 맡아 일을 보는 사람들이라 계속해서 등교할 수 없었기 때문에 1년에 3개월은 학

37 박용규, 『한국기독교회사 2』(서울: 생명의 말씀사, 2011), 30–41. 기독교대백과사전편찬위원회 편, "장로회신학교", 『기독교대백과사전(13권)』, 614–616.

교에서 교과 과정을 이수하고 나머지 9개월은 각자 자기 교회에서 일을 돌보도록 하였다. 그래서 틈틈이 집에서 자습할 것을 권장하였고 시험은 개학 후에 치르도록 배려하였다.

평양신학교 강의 노트

1907년 6월 20일에 첫 졸업생들이 배출되었는데 길선주(吉善宙), 방기창(邦基昌), 송인서(宋麟瑞), 한석진(韓錫晉), 이기풍(李基豊), 양전백(梁甸伯), 서경조(徐景祚) 등 일곱 명이었다. 평양 장로회신학교에서 제1회 졸업생이 배출되면서 장로교회는 마침내 독립 행정기구로 독노회를 조직하였고, 이들은 조직된 독노회에서 동년 9월 17일에 목사로 안수받았다.[38] 이로써 장로교회는 독노회 산하에 목사 7명, 장로 53명, 교회 989개, 세례교인 19,000명, 전체 교인 70,000명을 둔 규모 있는 조직체로 성장하였다. 1920년부터는 3년제 학제를 채택하고 교과목을 확충하였으며 1921년에는 교사를 신축하였다. 이 무렵 학생 수는 100명을 넘어섰으며, 1925년에는 조선총독부로부터 재단법인 인가를 받았다. 그러나 1930년대 들어 신사참배가 강요되자 1938년 선교회에서는 이에 불응하여 신학교를 폐쇄 조치하였다. 총회는 1939년 3월에 신학교육부를 소집하여 신사참배를 전제한 신학교육을 결의하였고, 1940년 신학교 시설을 총회가 직접 인수하여 (後)평양신학교를 개교하고 교장에 채필근 목사를 임명하였다. 그러나 후평양신학교는 해방 후 공산치

38 『대한예수교장로회로회회록(뎨 일회)』, 1908년, 10. 신학교 졸업생들을 목사로 안수하기 위해서는 노회가 있어야 하는데 당시 조선에는 노회가 없었으므로 이들에게 안수하기 위해 노회 설립의 필요성이 대두되었다. 그리하여 노회설립을 추진하였으며, 마침내 1907년 9월 17일 평양 장대현교회에서 선교사 38명, 한국인 장로 40명, 도합 78명이 모여 독노회를 개최하였다. 첫 노회장에는 마펫 선교사가, 부회장에는 방기창 목사가 선출되었다.

하에서 다시 폐쇄조치 되었다.

한편 서울에서는 1930년대 후반부터 한국인에 의한 신학교육을 표방하고 진보적 신학연구를 주창하는 조선신학원(한신대학교 전신)이 설립되었다. 1939년 제28회 장로회 총회에서 이를 인가하여 김재준, 송창근, 김영주 목사 등이 강의하였다. 일제 말기 암흑기에는 후평양신학교가 장로교 목회자 양성의 맥을 이었고, 1941년 만주에서는 장로교 6개 노회와 감리교, 성결교, 조선기독교회 등이 연합하여 봉천 서탑교회에 만주신학원을 설립하여 신학교육을 계속하였다.

교수진

신학교의 초대 교장직에 마펫 선교사가 취임하였는데, 본래 2년 동안만 사역하기로 했던 그는 1925년 로버츠(S. L. Roberts. 羅富悅)가 교장직을 계승할 때까지 24년 동안 교장으로 봉직하여 신학교육에 큰 업적을 남겼다.

교수진은 미국북장로회의 언더우드, 남장로교회의 전킨(W. M. Junkin. 全緯廉), 캐나다 장로교회의 푸트(W. R. Foote. 富斗一) 등이 맡아 평양을 오르내리면서 교수하기 시작하였다. 평양에 거주하는 선교사들 중에는 베어드(W. M. Baird. 裵衛良), 스왈론(W. L. Swallen. 蘇安論), 번하이셀(C. F. Bernheisel. 片夏薛), 블레어(W. N. Blair), 웰즈(J. H. Wells, 禹越時) 등이 출강하였다. 후에 리(G, Lee. 李吉咸), 클락크(C. A, Clark. 郭安連), 게일(J. S. Gale. 奇一), 샤프(C. E. Sharp. 史佑業) 등이 합류하였으며, 미국남장로회에서는 레이놀즈(W. D. Reynolds, 李訥瑞), 호주장로회에서는 엥겔(G. Engel, 王吉志), 캐나다장로회에서는 로브(A. F. Robb) 등이 평양에 주재하면서 강의하였다. 1927년에는 최초의 한국인 교수 남궁혁(南宮爀)이, 1930년에는 이성휘(李聖徽)와 박형룡(朴亨龍) 등이 가르치기 시작하였다. 1936년까지도 선교사들이 여전히 평양신학교의 신학교육을 주도하였으며 마펫, 클락, 레이놀즈 등의 영향이 지대하였다.[39]

39 박용규, "평양 장로회신학교(1901–1910)", 『神學指南』 68/2(2001년 6월), 30–79. cf. 안수강, 『길선주 목사의 말세론 연구』(서울: 예영커뮤니케이션, 2008), 147–156.

② 감리교 협성신학교(監理敎 協成神學校)[40]

설립 및 역사

1893년 사경회를 통한 지방 전도자 학습 과정을 감리교 신학교육의 시작으로 볼 수 있는데 1896년부터 신학회(Theological Class)로 발전하였다. 서울, 인천, 평양 등 지방별로 겨울철 농한기에 실시한 신학회에서 아펜젤러, 존스, 스웨러, 노블 등이 강의하였고 김창식, 김기범, 노병선, 이승은, 오석형, 복정채, 김상림, 최병헌 등이 초기 신학회 학생으로 수강하였다.

1900년에는 1월 23일부터 2월 3일까지 인천 신학회에서 17명이 수강하였으며 그중 8명이 전도사 직책을 받았다. 1900년에 신학회 4년 급에 김창식, 김기범, 최병헌, 이승은이 졸업하였고, 김창식과 김기범은 1901년 5월 14일에 비록 강도권은 없는 반면 성례 · 예배 · 혼례 · 전도의 거행권은 부여된 집사목사 직분이기는 했지만 조선 개신교 사상 최초로 목사안수를 받았다.

1905년에 감리회신학당이 설립되면서 전도사 4년 급 과정을 마친 사람을 입학시켜 신학전문교육을 받도록 하였다. 계속해서 1907년 6월에는 남북감리회가 연합하여 서대문 냉천동 현재의 감리교신학대학교 자리에 협성신학당(The Union Theological)을 설립하였다. 협성신학당은 1907년 가을에 신입생을 모집하였는데 양 감리회 측에서 37명의 학생들이 입학하였다. 한편 초기부터 여성 교회 지도자 양성에도 관심을 기울였던 감리교회는 1905년에 전도부인 양성반을 확장시켰으며 같은 해에 감리교여학당으로 발전하였고, 1907년에 4명의 첫 졸업생들을 배출하였다. 이 기관은 1920년에 남북감리교회에서 합동하여 운영하는 협성여자신학교로 발전하였고, 1929년에는 협성신학교와 연합하여 남녀공학의 협성신학교가 되었다.

한편, 협성신학교는 1930년 12월 남북감리회가 합동하여 기독교조선감리회로 발족한 후, 1932년 4월에 남녀 협성신학교가 합동하여 감리교신학교로 개칭하였

40 박용규, 『한국기독교회사(2)』(서울: 생명의 말씀사, 2011), 23–30. 기독교대백과사전편찬위원회 편, "감리교신학대학", 『기독교대백과사전(1권)』, 278–279.

다. 감리교신학교는 교수진을 강화하였고 1935년부터는 예과 2년 본과 3년의 5년제 신학교육 과정으로 발전시켰다. 그러나 일제 말기에 학교는 심각한 탄압을 받았다. 1940년 10월에 무기 휴교령이 내려졌고 1941년 6월에 가까스로 개교하였으나, 학교 운영은 완전히 총독부의 손으로 넘어갔다. 그나마 1943년에는 교사연성소라는 이름으로 강제 개편되었다.

선교 초기, 내한한 선교사들은 기독교 교육과 교회교육을 통해 사람들의 사고와 의식을 변화시켰다. 이러한 노력은 사회, 문화, 민족운동으로 확산되었고 근대화의 초석이 되었다. 우리는 지금은 선교하기 어려운 상황이라고 변명하기 쉽다. 우리는 가장 선교하기 어려웠던 19세기말, 초기 선교사들이 감당하였던 선교역사를 통해 현재 우리의 모습을 성찰하고 소명의식을 점검해야 한다. 또한 선교사들이 보여준 선교행적을 우리가 선교하는 해외 선교현지에서 적용하는 노력을 경주해야 한다. 현지에 기독교학교와 신학교를 세우고 현지인들을 교육하며, 현지인이 현지인에게 선교하는 방법을 실현해야 한다.

Story 08

민족의 비운과 애국의 기독교

1. 정치적인 상황과 초기 기독교

을미사변과 을사늑약의 비운에 직면하여 기독교는 항일 애국의 기치를 높였다. 기독교 진영의 외국인 선교사들은 황제를 돕고 국가의 안위를 위해 힘썼으며 교회에는 우국지사들이 대거 포진해 있었다.

1) 을미사변(乙未事變)

조선 말 한반도가 청, 러시아, 일본 등 열강들의 각축장으로 전락한 상황에서 명성왕후는 배일친러 정책을 추진하였다. 일본은 청일전쟁에서 승리한 후 일본공사 미우라(三浦梧樓)가 주도하여 1895년 10월 8일 새벽에 일본 낭인들을 동원하여 민비를 시해하였다.[1] 이 만행은 왕실뿐만 아니라 모든 백성에게 큰 충격이었다. 일본은 민비를 시해한 후 조선인들의 음모였다고 변명하였고, 미국 정부 또한 일본의 주장에 동조하여 일본을 위한 공개보도까지 알선해 주었다. 그러나 대리공사 알렌은 을미사변이 일본공사관의 소행이라는 점을 워싱턴에 통보하였고 이후 루즈벨트 대통령에게 미국의 대외정책 수정까지 진언하였다. 그는 외무대신 김윤식(金允植)에게 왕후 시해범 치죄를 강력하게 요구하였으며, 민비를 폐서

1 이기백, 『한국사신론』, 317. 이홍직, "을미사변", 『국사대사전』, 1086.

인 조치한 데 대해 통박(痛駁)하였다.[2]

이런 상황 속에서 윤웅렬(윤치호의 부친) 등 근신(近臣)들과 언더우드, 애비슨 등 선교사들이 고종의 안전을 도모하기 위해 궁궐 밖으로 피신시키려는 계획을 수립하였다. 이른바 춘생문 사건이다. 그러나 이 거사가 실패로 돌아가자 일본 언론은 이 음모에 미국인 선교사들이 가담했다고 대서특필하였다. 일본은 명성왕후 시해로 인한 세계 여론의 화살을 모면하고자 이를 '국왕쟁취사건'이라고 역선전하였다. 명성왕후가 시해된 후 언더우드는 두려움에 떠는 고종을 호위하며 권총으로 무장하고 밤을 지새웠다. 선교사들은 고종의 부름을 받고 불침번까지 서면서 그의 안위를 보살폈다.[3]

2) 을사늑약(乙巳保護條約)

러시아, 영국, 미국 등 여러 나라들로부터 조선에서의 이권을 인정받은 일본은 조선을 보호국으로 삼는다는 명분으로 광무 9년(1905) 11월 을사늑약을 관철시켰다.[4] 이로 인해 조선은 외교권을 박탈당하였고, 이에 대한 반작용으로 기독교계의 우국지사들은 민족주체의식을 고취하는 일에 투신하였다.

고종은 서울에서 을사늑약이 굴욕적으로 체결되기 이틀 전에 선교사 헐버트 선교사를 통해 미국 대통령에게 도움을 요청하였다.[5] 그러나 헐버트가 워싱턴에 도착했을 때는 이미 보호조약이 체결된 뒤인 1905년 11월 17일이었다. 헐버트의

---

2 민경배, 『한국기독교회사』, 222–223, 226. 김인수, 『한국기독교회의 역사』283–289.

3 민경배, 『한국기독교회사』, 227–230. 김인수, 『한국기독교회의 역사』, 289–293. 이 춘생문 사건에는 선교사 언더우드, 애비슨, 헐버트, 다이 등 미국인 선교사와 교사 및 교관, 그리고 미국공사관의 알렌, 러시아 공사 베베르와 같은 구미 외교관도 이 사건에 연루되었다. 이런 일련의 사건들을 살펴볼 때, 선교사들이 국왕을 안전한 곳으로 옮기려 했든 궁궐 안에서 안보(安保)하려 했든 그 근본적인 동기가 국왕의 보호에 있었던 것만은 확실하다. 이때 이미 조선의 기독교는 애국 반일의식이 싹트고 있었다. 을미사변으로 국민들은 일제의 만행에 분노했으며 이러한 반일 분위기가 조성되면서 각지에서 의병들이 일어나 무력항쟁을 전개하였다.

4 상종렬, 『조선왕조실록』(서울: 이다미디어, 2003), 460.

5 "1883년 이래 미국과 한국은 우호적인 조약관계에 있어 왔소. 한국은 그간 여러 차례에 걸쳐서 미국 정부와 그 국민의 친선동정(親善同情)을 받아 왔소. 귀국에서 파견된 교사(선교사)들도 이 백성의 정신적 고양(高揚)을 위해서 공헌을 한 것도 사실이요 … 지금껏 보여준 것과 같은 정도의 마음으로 이 문제(독립 문제)를 다루어 주시기 바라오. 그리고 이 나라의 위기에 전과 다름없이 도움을 주시기 간절히 바라오." 『독립신문』, 1896년 7월 23일, 24일.

대통령 면회요청은 거절되었고, 조선공사관이 폐쇄 조치되었다는 사실을 통고 받았다.[6] 이로써 한미수호조약(韓美修好條約)은 유명무실한 약조로 전락하고 말았다. 헐버트는 러일전쟁 때까지만 해도 일본에 대해 우호적인 입장을 표명했었다. 이런 태도는 당시 선교사들의 보편적인 자세였다. 이들은 일본이 러시아의 남진을 막아주고 아시아의 안위를 보장해 줄 것이라고 믿고 있었다. 그러나 을사늑약 체결로 이들은 더 이상 일본을 신뢰할 수 없었고, 일본의 야욕을 지적하기 시작하였다.

이런 상황 속에서 선교사들은 일본을 우호국가로 대하는 미국을 질책하기 시작하였다. 이로 인해 워싱턴과 선교사들의 관계가 미묘해졌고 워싱턴은 조선 주재 선교사들을 무식하고 교양 없는 사람들이라고 비방하였다. 이러한 미국의 비방에도 아랑곳없이 선교사들은 기독교 신앙에 입각하여 의리를 지키고 정의를 수호하려는 태도를 보여주었다. 선교사들의 이러한 태도는 한국교회의 애국적 신앙유형으로 수용되었다. 이는 앞으로 닥칠 숱한 민족의 수난에 대처하기 위한 애국적 신앙을 강화하는 계기가 되었다.

2. 구한말 기독교의 성격

1) 애국충절의 교회

구한말 기독교회는 애국충절의 교회상을 띠었다. 조선교회는 처음 복음이 전래될 때부터 민족의 비극과 고난 그리고 국가존립의 위기와 동행해 왔다. 고통스러운 시대적 정황으로 인하여 조선교회는 다른 어느 나라보다도 강력한 민족의식을 지닌 교회로서 기틀을 굳게 다져 갔다.

1895년 미국북장로회 선교보고서에는 "조선교회가 지닌 가장 고무적인 양상

6 민경배, 『한국기독교회사』, 234.

의 하나는 애국심이다"라고 기록되어 있다. 또 1896년 9월 2일 개신교회 지도자 및 신도들이 모화관(慕華館)[7]에 모여 고종의 탄신을 기념하였을 때 『독립신문』에 "교회는 나라의 명예와 영광을 먼저 생각한다"는 기사가 게재되었다. 이렇게 조선 초기 교회는 고난의 역사 속에서 민족과 함께 하는 애국충절의 교회로 성장하였다.[8]

2) 민족의 교회

구한말의 기독교는 한 걸음 더 나아가 민족교회로서의 역할을 담당하고 있었다. 선교 초기에 교회의 성장은 부진하였다. 그러나 1895년부터 1907년에 걸쳐 12년 어간에 교회는 놀랄 만한 성장을 이룩하였다. 이 사이에 교인 수는 530명에서 26,057명으로 급증하였고 성경 보급 역시 급속도로 증가하였다.[9]

선교사들은 이렇게 교회가 급성장하자 불순한 동기가 개입되어 있지는 않는지 걱정하였다. 일본 역시 같은 심정이었다. 불순한 동기란 우국지사들이 기독교에 대한 순수한 신앙이 아닌 교회의 힘을 이용하여 민족운동을 전개하려는 동향을 의미한다. 그러나 교회의 성장원인이 반드시 거기에 있었던 것만은 아니었다. 오히려 교회는 하나님이 부여하신 고유한 자유를 누려야 한다는 의지를 피력하고 있었다.

> 하나님이 세상 만물을 내신 때에 사람에게 자유하는 권리를 주시고 만물을 임의로 다스리며 일용산업에 취하여 쓰게 하셨으니 하나님의 도를 존경하는 사람이라야 능히 권리를 남에게 빼앗기지 아니할 것이요, 사람마다 자유의 권(權)을 잃지 아니하면 반드시 나라의 자주(自主) 권세가 단단해지리라.[10]

---

7 조선시대 명나라와 청나라 사신을 영접하던 곳이었다. 태종 7년(1407)에 송도(松都)의 영빈관(迎賓館)을 모방하여 돈의문(敦義門) 밖 서북쪽에 건립하고 이름을 모화루(慕華樓)라고 하였다. 이후 세종 12년(1430)에 개수하였으며 이름을 모화관이라고 개칭하였다.

8 민경배, 『한국기독교회사』, 239-242.

9 민경배, 『한국기독교회사』, 242.

10 『독립신문』, 1905년 9월 10일.

자유의 권리에 대한 기독교의 각성 때문에 수많은 사람들이 교회를 찾았던 것이다. 이와 같이 구한말의 기독교는 민족에게 자유의식과 인권의식을 각성시켰던 민족의 교회로 성장하였다.

3) 항일의 교회

을사늑약이 체결된 시기를 전후하여 조선교회의 애국적 항일운동이 구체화되기 시작하였다. 1905년 6월 보호조약을 체결하려는 일본의 음모를 알아차린 하와이 동포들은 윤병구(尹炳求) 목사를 대표로 선임하여 미국의 루즈벨트 대통령(Franklin D. Roosevelt: 미국 제32대 대통령)에게 일본의 침략상을 폭로하고 미국의 도움을 요청하였다. 또한 김하원(金河苑), 이기범(李基範), 차병수(車炳修)등 기독교인들은 보호조약이 강제로 체결되고 민영환(閔泳煥)이 자결하자 사수국권(死守國權)라는 현판을 종로 네거리에 내걸고 시민들에게 구국연설을 하다가 일경이 휘두른 칼에 부상을 입고 투옥되었다. 이러한 교회의 항일운동은 1907년의 헤이그 밀사사건, 고종의 양위, 그리고 정미조약(丁未條約) 체결 등으로 인해 그 절정에 이르렀다.[11]

교회의 항일운동은 날이 갈수록 확산되었다. 기독교청년회는 자강회(自彊會)의 동지들과 함께 친일파인 일진회(一進會)의 신문사를 습격하였다. 또한 평양교회에서는 고종의 신변이 위태롭다는 소식을 전해 듣고 모든 학교들이 휴학하고 교인들은 휴업한 채 매일 기도회를 가졌으며, 결사대를 조직하여 황실을 구하러 가려는 계획까지 세웠다. 이외에도 홍태순(洪太順)의 항일 순국(대한문 앞에서 자결), 상동감리교회의 웹윗청년회의 군사훈련 실시, 일본의 앞잡이 스티븐슨(Stevenson)을 처단한 장인환(張仁煥), 이완용(李完用)을 암살하려던 이재명(李在明), 의병(義兵)을 지휘하던 우동선(禹東鮮) 등 교인들의 항일운동은 헤아릴 수 없을 정도였다.[12]

---

11 민경배, 『한국기독교회사』, 249.

12 민경배, 『한국기독교회사』, 249–252.

3. 개화와 기독교의 공헌

개신교의 조선선교는 처음부터 통일성과 다양성이라는 양면적 특징을 동시에 지니고 있었다. 이러한 통일성과 다양성은 교회에 대한 매력을 증진시키고 나아가 교회가 발전할 수 있었던 요소가 되었다.

통일성은 교회신앙을 몇 줄 안 되는 글로 요약하는 힘을 발휘하였고, 인간의 영적인 삶을 단번에 전파하는 힘이 되었다. 또한 교회는 다양하고 다변적이어서 침투하지 않는 분야가 거의 없었다. 이러한 다양성은 처음부터 교회로 하여금 고상하고 가치 있는 사업을 찾아 헌신할 수 있도록 하는 커다란 동력이 되었다. 당면한 민족의 위기 앞에서 교회는 의연하게 맞섰고 삶의 현장을 사려 깊게 주시하였다.

1) 정치적 개화와 기독교

① 대한제국 수립

고종이 아관파천(俄館播遷)을 단행하여 러시아공사관에 피신하고, 이권이 속속 외국인들의 손으로 넘어가는 위기를 맞게 되자 백성들의 비난이 쏟아졌다. 당시 독립협회는 백성들의 대변자적인 위치에 있었다. 1년 만에 러시아공사관에서 환궁한 고종은 경운궁(慶運宮: 德壽宮)으로 거처를 옮겨 국호를 대한(大韓), 연호를 광무(光武)로 고치고, 황제(皇帝) 위에 올라 국내외에 조선이 독립제국임을 선포하였다(광무 원년, 1897년 10월 12일부터 1910년 8월 29일까지).[13] 이것은 국민 여론의 승리였다고 볼 수 있다.[14]

그러나 대한제국은 이러한 외형적 체제와는 달리, 내면적으로는 여러 면에서 치명적인 약점을 드러내고 있었다. 고종이 경복궁(景福宮)이 아닌 경운궁에 거처

---

13 박영규, 『조선왕조실록』(서울: 웅진지식하우스, 2010), 499.

14 친러내각이 집권하면서 열강에 많은 이권이 넘어가는 등 나라의 위신이 추락하고 권익을 잃어 국권침해가 심해지자 독립협회를 중심으로 국민들은 국왕의 환궁과 자주선양을 요구하였고, 고종은 아관파천에서 환궁한 후 대한제국을 선포하였다. 박영규, 『조선왕조실록』, 499.

했던 것은 러시아를 위시하여 미국, 영국 등 경운궁을 에워싼 외국공사관에 의지하기 위한 방책이었다. 이런 상황에서 황제는 실상 유명무실한 존재나 다를 바 없었고, 이권은 속속 외국으로 넘어가고 있었던 것이다.

② 독립협회의 활동[15]

자주인권, 천부의 권리, 그리고 독립국 존속 등을 정치적 개화 사상으로 가지고 있었던 기독교는 독립협회와 더불어 조선의 정치적 개화에 큰 일익을 감당하였다. 독립협회는 1896년 결성된 이후 시민 중심 협회로 다져지면서 독립문을 세우는 등 상징적인 사업에만 그치지 않았다. 직접적으로 사회운동과 정치운동을 전개하여 국민교육과 민주훈련, 민중계몽 등을 활성화하였다. 또한 협회에는 주동 인물인 서재필을 비롯하여 다수의 기독교인들이 참여하고 있었다.

독립협회에서는 고종에게 개혁을 건의하였다. 고종과 조정은 처음에 자성의 의지를 표명하기도 하였으나 개혁안을 수락하지는 않았다. 만일 개혁안대로 입헌군주제(立憲君主制)나 공화제를 실시할 경우 왕실의 존엄이 훼손되고 왕권이 제약을 받게 된다는 이유 때문이었다. 정부는 독립협회가 황제를 폐위시키고 미국이나 서구처럼 대통령을 옹립하여 공화정치를 단행하려 한다고 단죄하였다. 결국 독립협회에는 해산령이 내려졌고, 탄압을 받아 이상재, 이승만 등을 비롯한 17명의 중추적 인물들을 체포하였다. 이승만은 참혹한 지하 감옥에서 배재학당 시절 아펜젤러가 들려주던 복음의 메시지를 되새기며 기독교 신앙에 접근하였다. 그는 옥중에서 간수와 사귀며 벙커(A. Bunker) 목사 부부가 차입해 준 신약성경과 존 번연(J. Bunyan)의 『천로역정』(天路歷程, *The Pilgrim's Progress*)[16], 그리고 부흥사 무디(D. L. Moody)의 책들을 읽으며 신앙심이 깊어졌다. 얼마 후에는 그가 수감된 방이 감옥 속의 교회가 되어 애국지사들 다수가 입교하는 계기가 되었다.

---

15 민경배, 『한국기독교회사』, 260-264. 상종열, 『조선왕조실록』(서울: 이다미디어, 2003), 461.

16 게일 선교사 부부는 1895년에 번연의 『천로역정』을 한글로 번역하여 보급하였다. J. Bunyan 『텬로력뎡』J. S. Gale 부부 공역(서울: The Trilingual Press, 1895). cf. 안수강, 『길선주 목사의 말세론 연구』, 78.

1902년 6월 새로 투옥된 이상재(李商在)[17], 남궁억(南宮檍)[18] 등이 입교한 것도 이 감옥교회를 통해서였다. 또 당시 이 감옥에 투옥되었던 유성준(兪星濬)[19], 이원긍(李源兢)[20], 김정식(金貞植), 김린(金麟), 홍재기(洪在箕) 등도 기독교에 귀의하였다. 이 감옥교회는 선교사 게일(J. S. Gale)의 말대로 조선 최초의 신학교 구실을 톡톡히 하였다. 감옥에서 신자가 된 이들은 기독교의 민주 사상을 배워 출옥 후에 교회나 교회 계통의 단체로 흩어져 종교사업과 정신계몽 지도에 앞장섰다. 이원긍은 연동교회(蓮洞敎會)로, 이상재는 윤치호와 함께 중앙기독청년회(中央基督青年會)로, 유성준은 안국동교회(安國洞敎會)로, 김정식은 동경의 간다(神田)기독청년회로 들어갔다.

이처럼 조선 기독교는 초창기부터 정치적 개화에 이념적인 지주역할을 감당하였으며 민주정치에 눈을 뜬 애국지사들을 많이 배출하여 정치의 개화에 공헌하였다.

2) 문서선교와 한국학 발전에의 공헌

처음에 교육과 의료사업을 표방하면서 선교에 나선 기독교는 문화의 개화에 크게 공헌하였다. 기독교가 문화 영역에 공언한 내용은 다음과 같다.

① 문서 및 문예활동

문서와 문예활동을 근대식으로 추진하기 시작한 것은 기독교가 한국성교서회(韓國聖敎書會: The Korean Tract Society)를 조직하면서부터였다. 1890년 6월 25일에

---

17 이상재는 1896년 서재필 등과 독립협회를 설립하고, 조선기독교청년회연합회 회장과 조선교육협회장으로 활동하면서 독립운동에 헌신하였다.

18 독립운동가, 교육자, 언론인. 남궁억은 국화(國花)인 무궁화 보급에 힘썼으며 한글서체를 창안하는 일에 솔선하였다.

19 유성준은 조선 말기의 관리이자 법률가였으며 일제강점기에는 정치가로 일하였다. 기독교 관련 문헌으로 식자층을 위하여 번역한 국한문『신약전서』가 있다.

20 1901년 황국협회의 무고로 인해 독립협회 지도자들이 검거될 때 3년간 옥고를 치렀다. 그가 수감되어 있을 때 미국 선교사 벙커의 전도를 받아 기독교인이 되었으며 게일이 목회하던 연동교회에 출석하였다. 이후 함태영, 조종만 등과 함께 사재를 털어 분동교회를 세웠으며 1907년에는 국민교육회를 조직하여 계몽과 민족정신 함양에 힘썼다.

헌장을 통과시켰고, 1919년 예수교서회로 개칭하여 오늘날 기독교서회(基督教書會)의 모체가 되었다. 이 서회는 한글로 많은 역서를 발간하여 민중 교화에 공헌하였다. 이 서회가 낸 최초의 역서는『성교촬리』(*The Salient Doctrine of Christianity*)로 총 판매부수가 25만 부에 달하였다.

성서공회(聖書公會) 또한 큰 공헌을 남겼다. 아펜젤러와 언더우드는 로스-서상륜 번역본이 지나치게 평안도 사투리 일색이고 난해하다는 점을 파악한 후 성서번역을 위한 체계적인 계획을 수립하여 1887년 2월에 성서번역위원회를 조직하였다. 이들의 수고로 13년만인 1900년 9월에 신약성서 개역수정판이 빛을 보았다. 번역진은 게일, 언더우드, 레이놀즈, 그리고 김정삼, 김명준, 이창식 등이었다. 1904년에는 성서번역위원회 역본(譯本), 1906년에는 교정본(校訂本), 1910년에는 개정판(改正版), 그리고 1936년에는 한글맞춤법을 적용한 개역판(改譯版)이 발행되었다.[21]

기독교는 한글 발전에 큰 영향을 미쳤다. 기독교 관련 서적들은 예외 없이 한글로 출판되었다. 용어도 서민층의 상용어를 택하였기 때문에 복음전도와 민중교화가 그토록 짧은 기간 동안 유례를 찾아볼 수 없을 정도로 성과도 컸다. 기독교는 한글이 자랑스러운 조선의 글이라는 자부심을 조선인들에게 심어주었다. 기독교는 영혼구원의 기쁜 소식을 전해 주었을 뿐만 아니라 한글을 깨우쳐 문맹을 퇴치하고 지식을 추구하는 열정도 함께 가져다주었던 것이다. 기독교는 한글을 통하여 그동안 많은 천대를 받아 왔던 부녀자나 서민층에 민족의식을 불어넣어 줌으로써 조선의 자존심, 자국문화에 대한 자긍심을 진작시켜 주었고 이들을 새 시대의 역군으로 배출하였다.

② 찬송가 편찬

최초의 찬송가는 1892년 감리교의 존스(G. H. Jones)와 로스와일러(L. C. Rothweiler)가 펴낸『찬미가』(讚美歌)였다. 이것은 당지(唐紙) 19매, 총 30장으로 출판된 감리교 전용의 찬송가였다. 장로교회에서는 1894년 언더우드가 편집한 총

21 민경배,『한국기독교회사』, 275-277.

154장으로 된『찬양가』(讚揚歌)가 최초의 찬송가였다. 이후 장로교에서는 또 다른『찬셩시』(1895)와『찬양가』를 펴냈다. 장로교와 감리교에서는 합본찬송가가 필요하다는 점을 절감하고 1908년에 최초의 장감 연합찬송가인『찬송가』를 발행하였다.[22]

개화 초기의 시가(詩歌)형태로 된 찬송가는 창가(唱歌)운동과 신문학(新文學), 특히 신시(新詩)의 모체 역할을 하였다. 찬송가는 특히 학생들이나 독립운동가들이 그들의 의기를 드높이기 위하여 즐겨 불렀다. 그 내용에는 애국, 독립, 신교육, 신문화 등을 고무하고 예찬하는 것들이 많았다.

③ 잡지 및 신문 발간

잡지로서는 1889년 5월 언더우드가 배재학당 안에 인쇄소를 차리고 창간한『교회월보』가 정기간행물의 효시였다. 그 후 1892년에 창간된 The Korean Repository(한국의 寶庫)와 1901년에 창간된 The Korea Review(韓國槪觀)는 선교에 관한 보고와 논설은 물론이고 조선학 연구논문을 발표하는 선교사들의 논단(論壇)이기도 하였다. 그리고 1905년 언더우드 부인이 주간으로 창간한 The Korea Mission Field(선교지 조선)은 선교사들의 사역을 비롯하여 교회성장에 관한 자세한 보고와 자료가 풍부하게 들어 있는 광범위한 편집체제가 되었다. 이 자료는 일제강점기 교회사(敎會史) 연구에 있어서 귀중한 자료로 평가받는다. 아쉽게도 1941년에 종간되었지만 36년간에 걸친 방대한 정기월례 간행물로서 조선선교의 길이 빛나는 금자탑이다.[23]

신문으로서는 1897년 2월 2일에 창간된『죠션그리스도인회보』가 기독교계 최초의 주간신문이었는데 1897년 12월 8일에『대한그리스도인회보』로 개제(改題)되었다. 같은 해 4월 1일에는 언더우드가 편집한『그리스도신문』이 발간되었다. 이 신문은 종합적으로 편집하여 사설, 농리편설, 공장 편리설, 관보, 성경강론, 주

22 민경배, 한국기독교회사』, 280. 초기 찬송가들로는 다음 문헌들이 있다.『찬미가』,『찬양가』,『신정찬송가』,『신편찬송가』,『찬셩시』등. 이만열,『한국기독교문화운동사』(서울: 대한기독교출판사, 1992), 345-362.

23 민경배,『한국기독교회사』, 281. 한글잡지들을 소개하면 다음과 같다.『신학월보』,『신학세계』,『신학지남』,『성서조선』,『활천』,『청년』,『대한성공회월보』,『셰뎐ᄉᆞ의 긔별』등. 이만열,『한국기독교문화운동사』, 389-409.

석, 교회통신, 외국교회 통신, 기도회, 그리고 광고 등 다채로운 기사내용을 실었기 때문에 수요 계층이 넓었다. 이 신문은 1905년에 장로교와 감리교의 연합신문으로 발전하였으며, 1907년에는 『예수교신보』로 신문명을 바꿨다가 1915년 『기독신보』로 다시 개제하여 1937년까지 예수교서회에서 간행하였다.[24]

④ 한국문화에의 공헌

선교사들은 한국문화의 창달과 연구, 그리고 서양학문 도입에 크게 공헌하였다. 이들은 일본이 한국적 전통이 부재(不在)하다고 역설했던 것과는 달리 "극동(極東)에 있어서 한국이 기여한 문화적 공헌은 압도적"이라고 높게 평가하였고, "한국은 우리들 서구인(西歐人) 이상으로 자기들의 관습과 전통과 의례(儀禮)들을 순수하게 보존하려고 애쓰고 있다"라고 칭송하였다. 선교사들은 여러 부문에서 한국을 연구하였다.

한국역사 연구

역사 저술로는 만주에 있었던 존 로스(John Ross)의 『한국의 역사』(*The History of Korea*), 『고대와 현대의 풍습도』(*Ancient and modern with Discriptions of manners and customs*), 『언어와 지리』(*Language and Geography*) 등이 있다. 또 헐버트의 『한국의 역사』(*The History of Korea*), 게일의 『한국인의 역사』(*History of Korean people*), 기포드(D. L. Gifford)의 『한국의 일상생활』(*Every-Day Life in Korea*) 등을 들 수 있다.[25]

한글 연구

한글 연구로는 존 로스의 『상고시대의 한국어』(*A Korean Premier*)를 들 수 있다. 이 저서는 한국어에 대한 최초의 외국인 연구서라는 데 커다란 의의가 있다. 그는 이 책에서 한글의 어법(語法), 음운(音韻)등을 연구하여 소개하였고 한글을 일

24 민경배, 『한국기독교회사』, 281-282. 기독교계 신문들로는 『죠션크리스도인회보』, 『그리스도신문』, 『예수교신보』, 『그리스도회보』, 『긔독신보』, 『기독교보』, 『기독신문』, 『기독교신문』, 『구셰신문』, 『감리회보』, 『장로회보』등이 있었다. 이만열, 『한국기독교문화운동사』, 365-380.

25 민경배, 『한국기독교회사』, 283.

본어, 몽고어, 중국어 등과 비교하여 고찰하였다. 그는 이 책을 증보하여 1882년에 『한국어 문법과 어휘』(*Korean Speech with Grammar and Vocabulary*)를 간행하였다. 그리고 재한 영국 외교관이었던 스코트(James Scott)는 로스의 업적을 계승 연구하여 『언문말책』(*A Korean Manual, or Phrase Book with Introductory Grammar*)을 저술하였다. 헐버트는 수많은 논문을 통해 한글을 남태평양 및 인도의 모든 방언들과 비교 연구하고 이두문자를 분석하는 등 큰 업적을 남겼다. 언더우드는 『한국어 개론』(*Introduction to the Korean Spoken Language*)을 발행하였다. 또 조선문화에 대하여 누구보다도 깊은 관심과 조예를 보여주었던 게일은 『한국어 문법의 유형』(*Korean Grammatical Forms*)을 써서 한글문법의 독특성을 밝혀주었다. 문전(文典)과 사서(辭書)로는 언더우드가 쓴 『한영문전』(Korean-English Dictionary)이 있다.[26]

문화와 문학 분야 공헌

문화와 문학적인 업적 또한 지대하였다. 게일이 1895년에 번역한 『텬로력뎡』(天路歷程)[27]이 최초의 영서(英書) 한글 번역본으로 손꼽힌다. 또 그는 『춘향전』, 『구운몽』(九雲夢)[28] 등을 영문으로 번역하는 공적도 남겼다. 게일은 『한국민담』(*Korean Folk Tales*)이라는 저서를 통해 조선의 소설과 전설을 소개하였다. 헐버트가 1906년 뉴욕에서 간행한 『한국 순방기』(*The Passing of Korea*)는 매켄지(F. A. Mckenzi)의 『한국의 비극』(*The Tragedy of Korea*)과 더불어 구한국의 기울어져 가는 모습을 서술한 역사서이자 서사시(敍事詩)이다. 영국 성공회의 헌트(C. Hunt)는 『한국의 미술가와 그림』(*Some picture and painters of Korea*)을 써서 미술 연구를 위한 좋은 자료를 남겼다. 또 클라크(C. A. Clark)는 『구한국의 종교들』(*Religions of old Korea*)을 저술하여 조선의 불교, 유교, 무교(巫敎), 동학 등을 섬세하게 분석하였다. 그리고 언

26 민경배, 『한국기독교회사』, 284.

27 길선주 목사는 회심하기 전에 눈물로 책장을 적시며 읽었을 정도로 『텬로력뎡』 탐독이 그의 마음을 움직이는 결정적인 동인이 되었다. 김인서, "靈溪先生小傳(上)", 『神學指南』 13/6 (1931년 11월), 40. cf. 안수강, 『길선주 목사의 말세론 연구』, 77-78.

28 김만중이 모친을 위해 저술한 『구운몽』은 후대 소설에 많은 영향을 끼쳤다. 『옥루몽』(玉樓夢), 『옥련몽』(玉蓮夢) 등은 이 『구운몽』을 토대로 이루어진 작품이다. 『구운몽』은 이전에 있었던 다른 소설에 비하여 새로운 형식의 소설로서 명작으로 손꼽힌다.

더우드의 아들 원한경(H. H. Underwood, 元漢慶)은 『한국의 선박들』(*Korean boats and ships*)을 저술하여 한국 주선사(舟船史)에 개척자적 역할을 하였다. 이들은 서지학적(書誌學的) 목록 작성에 성실한 노력을 기울였다. 성공회의 트롤로프(M. N. Trollope) 주교는 조선이 관련된 동서 문헌 수집에 전념하였고 그가 죽은 뒤에는 랜디스(E. B. Landis)가 그 뒤를 이어 서적들과 문헌들을 수집하여 『랜디스 문고』를 편찬하였다. 이런 방면에서 결정적 업적을 남겨 한국 서지학의 금자탑을 세운 사람은 원한경이었다. 그는 1931년에 『한국관계 구문서략목』(韓國關係歐文書略目)을 발행하여 1594년부터 1930년까지 구미(歐美)서적과 논문이 2,882권에 이른다는 것을 보여주었다. 이들은 벌써 16세기에 극동 한 모퉁이의 작은 나라 조선에 대하여 연구하고 기록을 남겼다. 또한 연회전문학교(延회專門學校)의 교육학 교수였던 피셔(James E. Fisher)는 1918년에 『한국의 민주교육과 선교교육』(*Democracy and mission education in Korea*)[29]를 간행하여 한국에서의 선교 교육이 민주주의 정신 함양에 끼친 영향을 분석하였으며, 이는 서양인의 한국 연구에서는 가장 정곡을 찌른 비판정신을 보여준 논문으로 손꼽힌다.[30]

이렇게 해외 선교사들은 서구의 문화를 한국에 소개하고, 한국의 역사적 업적과 문화를 세계에 소개하였다. 이로써 한국의 개화에 크게 이바지하였고 한국학 연구의 초석을 마련하였다. 선교사들의 연구가 한국의 가요, 분묘, 건축, 인종학, 상업과 무역, 항해, 주선(舟船) 등에 이르기까지 폭넓게 망라하고 있었기 때문이다. 선교는 복음전파만이 아니라 이처럼 문화의 영역까지도 풍요롭게 한다.

---

29 James E. Fisher, *Democracy and mission education in Korea* (New York: 1918).

30 민경배, 『한국기독교회사』, 284-286.

Part 03

한국교회 해외선교의 출발

Story 09

1907년 평양부흥운동과 해외선교

1. 대부흥운동의 배경

1) 시대적 배경: 을사늑약

20세기 초 한국교회에 부흥의 불길이 솟아오를 무렵 무기력한 한국은 강대국의 각축장(角逐場)이 되어 비운의 역사를 맞게 되었다. 당시 러시아와 일본은 한국을 집어삼키기 위해 누구보다도 혈안이 되었다. 1895년 10월 8일 명성황후의 시해사건이 있은 후 고종이 친러파의 권유로 러시아공사관으로 아관파천(俄館播遷)함으로 러 · 일간의 충돌은 피할 수 없게 되었다. 그러다가 1904년 2월 6일 일본은 독단으로 러시아와 국교를 단절하고, 2월 9일에는 일본군이 여순(旅順)항에 있던 러시아 함대를 기습 공격함으로 1904년에 러일전쟁이 터지고 말아 한반도는 러시아와 일본 간의 이권다툼으로 전쟁터로 변하고 말았다. 일본은 러일전쟁에서 일방적으로 승리함으로 1905년 7월 27일 미국의 루즈벨트 대통령과 "가츠라-테프트(Katsura-Taft)" 밀약을 체결하였고,[1] 마침내 11월 17일에 강제적으로 한국과 을사조약을 체결함으로 한국은 모든 주권을 상실하였다.

러시아, 영국, 미국 등 여러 나라로부터 조선에서의 이권을 보장받은 일본은 여

1 "가츠라-테프트" 밀약이란 미국이 필리핀을 지배하는 것을 인정하고, 그 대신 미국은 일본이 한국을 통치하도록 허용하는 미일간의 비밀협약을 말한다. Tyler Dennett, "President Roosevelt's Secret Pact with Japan," *The Current History Magazine 21* (1924), 15-21.

기에 만족하지 않고 조선을 완전히 일본에 종속시키기 위하여 1905년 11월 17일 불법으로 을사늑약을 체결하였다. 이 조약의 체결로 조선에는 통감부가 설치되었고, 통감부는 조선의 모든 정사를 간여하였다. 이 조약이 체결된 사실을 안 백성들은 비통한 심정을 가누지 못하였다. 1905년 11월 20일 『황성신문』 주필 장지연은 "시일야방성대곡"(是日也放聲大哭: 오늘 목 놓아 크게 곡하노라)[2]이라는 논설을 써서 일본의 사기적인 침략행위와 정부의 무능을 지탄하고, 조약체결에 찬동한 을사오적들을 성토하였다. 유생들과 조병세, 민영환 등은 조약 폐기운동을 벌였다.

19세기 말경 한국사회는 경제적 부패와 민심의 동요로 가득 찼다. 예를 들어 제주도에는 63%의 농부들이 전체 농토의 고작 18%만을 소유하고 있었고, 6%의 부자들은 44%의 농지를 소유하여 부익부빈익빈(富益富貧益貧) 현상이 증폭되었다.[3] 농민들은 수차례 국가에 탄원을 제출하여 토지정책의 시정을 요구했지만 거절되어 전국 곳곳에서 반란이 일어났다. 1811–12년에는 평안도와 함경도에서 홍경래의 난이, 1862년에는 농민 반란이 전라도 전주에서, 1894년에는 동학농민운동까지 발전하였다. 동학농민운동이 발생하기까지 한반도에서 일어난 농민 봉기의 회수가 무려 100회나 되었다고 한다.

정치적 무능력과 사회적 혼탁은 우리의 중요한 모든 것을 타인의 손에 빼앗겼고 한국인의 가슴속에 씻을 수 없는 깊은 상처와 아픔을 남기고 말았다. 교회성장학자인 도날드 맥가브란(D. McGavran) 박사는 전쟁이나 독립투쟁 같은 정치적 혼란이 심한 지역일수록 오히려 복음의 수용성(receptivity)이 높다고 지적했다.[4] 정서적으로 심리적으로 불안하여 신(神)에 대한 갈급함이 많기 때문이다. 주권을 상실한 한국

---

2 『황성신문』, 1905년 11월 20일. 시일야방성대곡의 주요 본문을 소개하면 다음과 같다. "천만 뜻밖에 5조약이 제출되었다. 이 조약은 비단 우리 한국뿐만 아니라 동양 삼국의 분열을 빚어낼 것을 조장하는 것이다. 그러면 이등박문(伊藤博文)의 본의는 과연 어디에 있겠는가? … 저 개돼지만도 못한 소위 우리 정부의 대신이라는 자는 각자의 영리만을 생각하고, 위협에 벌벌 떨면서 나라를 팔아먹는 도적이 되어, 사천 년 역사의 강토와 오백 년 종사를 타인에게 바치고, 이천 만의 영혼을 모두 타인의 노예로 되게 하니, 저 개돼지만도 못한 외무대신 박제순(朴齊純)과 각 대신은 족히 엄하게 문책할 가치도 없거니와, 명색이 참정대신이라는 자는 정부의 우두머리임에도 불구하고, 다만 '부(否)'자로써 책임을 면하며 이름만 팔려고 꾀하였다."

3 김종섭, "18, 19세기의 농업 실태와 새로운 농업경영론," 『19세기의 한국사회』(서울: 성균관대학교, 1972), 5–6.

4 Donald McGavran, 『교회성장이해』, 한국복음주의 선교학회 역 (서울: 한국장로교출판사, 2001), 91–100, 388–95.

사회가 바로 그러했다. 이들은 북받치는 감정을 주체할 수 없어서 하나님 앞에 쏟아부어 간절히 기도함으로 원산과 평양대부흥운동이 발생토록 하는 데 기여했다.

2) 부흥운동의 요인

1903년부터 1908년까지 원산부흥운동과 평양대부흥운동이 전국적으로 확산된 것은 주로 세 가지 요인에서 기인했다. 첫째로, 가슴에서 우러나오는 간절한 기도 때문이었다. 1903년의 원산부흥운동의 불씨는 하디 선교사가 자신의 사역 실패 원인을 한국인에게 돌리다가 화이트(Mary C. White)와 맥컬리(Louise H. McCully)가 인도하던 여성 선교사들의 기도모임에 강사로 초대받아 기도하던 중 성령의 충만함을 입어 자신의 교만함, 신앙의 결핍, 성령강림의 체험이 없음에서 기인한 것을 솔직하게 고백함으로 발생되었다.[5] 하디는 기도회를 통해 성령의 폭포수 같은 은혜를 경험하게 되어 참기쁨과 자유함을 맛보게 되었고, 이로 인해 그는 한국교회에 부흥운동을 일으키는 최초의 지도자가 된 것이다.[6]

기도에 관해 초기 한국교회는 여러 가지 일화가 있다. 그중 기억될 만한 것은 블레어(William N. Blair) 선교사의 증언인데, 그는 1907년 1월 14일 저녁 평양 장대현교회의 사경회에서 일어난 기도에 관해 "그레함 리(Graham Lee) 선교사가 사회를 보면서 회중에게 기도하자고 선포했더니 여러 사람들이 기도를 시작하므로… 기도 소리는 마치 폭포수 소리와 같아서 대해호(大海湖) 같은 기도가 하나님의 보좌로 밀려 올라가는 듯하였다"[7]라고 언급했다. 기도는 하나님의 보좌를 움직이는 능력이었다. 평양대부흥운동의 가장 큰 특징 중 하나는 여러 사람들이 큰 목소리로 함께 기도하는 통성기도였다. 이는 하워드 존스톤(Howard A. Johnston) 선교

---

5 William Scott, *Canadians in Korea: Brief Historical Sketch of Canadian Mission Work* (Canada: William Scott, 1975), 55.

6 한국 선교사들의 자료에 의하면 한국 최초의 부흥회는 1897년 소래사경회를 이끈 펜윅(Malcolm C. Fenwick) 선교사였다. 하지만 소래사경회는 다른 지역으로 확산시키는 운동을 일으키지는 못했다. Malcolm C. Fenwick, *The Church of Christ in Corea: A Pioneer Missionary's Own Story* (New York: George H. Doran Co., 1911), 44-5를 보라.

7 박용규, 『한국기독교회사 1』(서울: 생명의말씀사, 2005), 863.

사가 1906년 웨일즈부흥운동의 통성기도를 그해 가을 한국에 소개하면서부터였다.[8] 통성기도는 간절히 기도에 집중케 하여 자신의 죄를 고백하며 회개케 함으로 지역 교회나 신학교에서도 즐겨 사용되어 한국교회의 부흥운동을 이끌었다.

둘째로, 사경회를 통한 성경공부 때문이었다. 초기 한국교회의 사경회는 성경공부와 기도회로 특징지을 수 있다. 성경공부는 주로 오전에, 기도회는 오후에 열렸는데, 헌트(W. B. Hunt)의 증언에 따르면 교사들이 성경을 가르칠 때 그곳에 모인 사람들이 예외 없이 눈물을 흘리는 것을 자주 보았다고 하였다.[9] 기도회와 함께 말씀연구 역시 초기 한국교회의 부흥을 일으키는 데 큰 영향을 끼친 것이다. 하디 선교사가 1903년 9월에 원산 사경회를 준비하면서 감리교 몇 사람들과 성경공부를 하고 있었는데 공부하던 어느 날 최종손이 걷잡을 수 없는 죄책감으로 자신의 죄목을 종이에 적어 읽었는데 이후 1년 동안 많은 변화가 일어났음을 저다인(J.L. Gerdine) 선교사가 보고했다.[10] 데이비스(George T.B. Davis)는 "한국교회 능력의 비결은 그 교회가 하나님 말씀으로부터 영양분을 섭취해 왔다는 사실에 있다"[11]고 주장했다. 1903년부터 1907년까지 한국교회의 성경 사경회는 한국교회의 부흥운동을 이끄는 강력한 수단이 된 것이다.

셋째로, 이방인들에게 하루라도 빨리 복음을 전하고자 하는 영혼의 부담감 때문이었다. 19세기 말부터 한국으로 입국한 개신교 선교사들은 대게 미국과 캐나다 출신으로 무디부흥운동이나, 학생자원운동(Student Volunteer Movement)이나, 나이아가라 사경회(Niagara Bible Conference)에 직 · 간접적인 영향을 받았기 때문에 복음전파에 상당한 열정을 보였다. 무디부흥운동에 큰 영향을 받은 선교사로는 맥코믹(McCormick)신학교 출신의 마펫(S. A. Moffett), 베어드(W. M. Baird), 스왈른(W. L. Swallen), 클락(C. A. Clark), 그레함 리(Graham Lee), 블레어(W. N. Blair)로 이들 모두는 전천년주의 종말신앙을 지니고 있었다.[12]

---

8 Charles A. Clark, 『한국교회와 네비우스 선교정책』(서울: 기독교서회, 1994), 195.

9 W. B. Hunt, "Impression of an Eye Witness," *Korea Mission Field 3* (March, 1907), 37.

10 J. S. Ryang, *Southern Methodism in Korea: Thirtieth Anniversary* (Seoul: Methodist Episcopal Church, 1929), 31.

11 George T. B. Davis, *Korea for Christ* (London: Christian Workers' Depot, 1910), 51.

12 초기 한국교회의 선교사들은 대게 세대적 전천년주의자들로 Swallen, Baird, Fenwick, Blacstone, Hardie,

마펫 선교사(왼쪽)와 베어드 선교사(가운데)

학생자원운동에 영향을 받아 한국에 내한한 선교사로는 윌더(Robert P. Wilder)가 있다. 그는 프린스턴대학 출신으로 학생자원운동의 지도자였는데 비록 자신은 녹슬고 찌그러진 깡통 같다 할지라도 생명을 구하는 물을 나를 수 있다며 한국 선교사로 헌신했다. 그리고 토론토대학 출신인 하디와 게일(James S. Gale) 역시 직·간접적으로 학생자원운동의 영향을 받고 한국으로 파송되었는데 이들은 학생자원운동의 구호인 "이 세대 안에서 세계복음화"를 몸소 한국에서 실천하며 한국교회의 부흥에 크게 이바지했다.[13]

나이아가라 사경회에 영향을 받아 한국에 파송된 대표적인 인물로는 침례교 선교사인 말콤 펜윅(Malcolm C. Fenwick)이 있다.[14] 전천년주의 종말신앙과 해외선교를 강조한 나이아가라 사경회는 펜윅으로 하여금 초기 한국교회의 부흥운동에 간접적인 영향을 끼치기도 하였다. 그는 1903년 10월 원산의 창전교회에서 열렸던

McKenzie 등이 있다. 이들은 그리스도의 임박한 재림, 환난 전 휴거, 문자영감설을 철저히 믿었다; 참고, Young Hoon Lee, "Premillennialism and Korean Presbyterianism," (D. Miss. diss., *Reformed Theological Seminary*, 1997), 15–37.

13 William Scott, *Canadians in Korea: Brief Historical Sketch of Canadian Mission Work* 16–21.

14 펜윅이 나이아가라 사경회에서 소명받은 것을 Malcolm C. Fenwick, *The Church of Christ in Corea: A Pioneer Missionary's Own Story*, 12에서 확인하라.

연합집회 때 장로교, 감리교, 침례교가 함께한 복음동맹에 참여하였고, 이후 원산 사경회의 모든 집회에 적극적으로 동참하여 부흥운동을 확산시켰고, 1906년 원산 사경회 때에는 그리스도의 재림이란 강의를 통해 참여한 모든 사람들에게 이전에 경험하지 못했던 자신들의 죄를 자백토록 하는 데 큰 기여를 했다.[15] 클락 선교사는 1901년부터 1907년까지 한국교회가 성장한 것은 복음전파의 결과라고 했는데, 당시 한국교회는 순회사역의 전도방법으로 꾸준히 복음을 전하여 1907년에는 한국 교인 수가 무려 7만 5천 명으로 증가하였다.[16]

3) 부흥의 징조와 신앙적 배경

한국교회가 1903년 이전에 잘하지 못했던 연합운동, 해외선교, 현지인 이양, 토착교회 설립을 1903년부터 1908년까지 경험함으로 6년 동안 한국교회가 급속도로 '부흥'[17]하였다.[18] 성령께서 불같은 역사로 이 나라와 민족을 타오르게 하는 1907년의 사건이 있기 전, 이미 여기저기서 성령의 역사는 불붙기 시작했다. 남감리회 선교회의 거점인 송도(지금의 개성)에서는 1901년 10월 남 · 북감리교 연합으로 개최한 신학회가 열렸다. 신학회 수업 시작부터 끝날 때까지 '성령이 강하게 임재하여' 참석한 이들이 '마음이 뜨거워지면서 새롭게 다짐하는' 역사가 있었다. 처음으로 한국교회 성도들이 성령의 임재를 경험한 사건이었다.

이와 같은 성령의 역사는 1903년 1월 구정을 맞아 송도에서 열린 신년기도회에서

---

15 車載明, 『朝鮮예수敎長老會 史記』(京城: 朝鮮예수敎長老會 總會, 1928), 179; Robert A. Hardie, "Evangelistic Work on the East Coast," *Korea Mission Field* 3 (June 1907), 95; E. Hahn, "Wonsan Bible Conference," *Korea Mission Field* 2 (August 1906), 190.

16 Charles A. Clark, 『한국교회와 네비우스 선교정책』 16–21.

17 각성(awakening)이란 용어 대신 부흥(revival)이란 말을 사용한 것은 선교학적인 관점에서 접근했기 때문이다. 『국어대사전』에 의하면 "부흥" 이란 "한동안 쇠잔하던 것이 번영상태로 돌아가는 것"으로 정의를 하고 있다. 이희승 편, 『국어대사전』(서울: 민중서관, 1972), 1305. 에딘버러대학교의 커(David Kerr) 교수는 1907년 평양운동이 회개와 영적 자각을 강조했다는 점에서 부흥운동보다는 오히려 각성운동으로 부르는 것이 옳다고 주장하고 있다. 장로회신학대학교 제5회 국제학술대회 준비위원회 편, 『20세기 개신교 신앙 부흥과 평양 대각성 운동』(서울: 장로회신학대학교출판부, 2006), 98–107을 보라.

18 예를 들어 1903년부터 1908년까지 한국 장로교회의 부흥현황과 통계를 보려면 Henry Rhodes, ed., *History of the Korea Mission, Presbyterian Church of the U.S.A. 1884-1934* (Seoul: Chosun Mission Presbyterian Church U.S.A., 1934), 504, 565–8에서 확인할 수 있다.

한층 더 강하게 나타났다. 북부의 한 교회당에서는 매일 오전 11시부터 12시 30분까지 전도하고 저녁에는 기도회를 하였는데, 기도의 열기는 갈수록 뜨거워지고 그와 함께 오순절 성령의 강한 역사가 영적 각성을 수반하여 모인 회중에게 나타났다.

당시 그 현장에 있었던 문경호 전도사는 『신학월보』에 송도의 영적 각성 움직임을 보고하며 다음과 같이 증언하였다.

> 송도 북부 본 교회당에서 전도하였는데 아침에는 열한시부터 열두시 반까지는 전도하고 저녁 일곱시부터 아홉시까지는 기도회를 열고 형제자매들이 각각 간증을 하게 하였는데, 교인들이 점점 늘어 회당에 앉을 틈이 없게 모여 예배를 하였다. 이때에 성신님이 예전 오순절에 일백 이십인을 감화시키듯이 예배당에 모인 형제자매들에게 각각 감화하시더니, 하루는 기도할 시간에 온 회중이 눈물을 흘리고 슬피 우는 것을 보고, 또 하루는 형제 중에 가슴을 치고 대성통곡하는 것을 보고, 또 하루는 기도할 때에 마음이 비참하여 울면서 기도를 하였으며, 또 하루는 각각 울면서 간증함으로 온 회중이 서로 비참하여 얼굴을 숙이고 눈물을 먹었더라.

사도행전에서 나타났던 철저한 회개운동이 일어났다. 자연히 성령의 은혜를 체험하고 주 안에서 주시는 용서와 사랑의 기쁨을 체험한 이들은 둘씩 짝을 지어 동서남북으로 흩어져 송도 시내와 시내 밖으로 나가 열심히 전도하였다.

무엇보다도 대부흥의 시발점은 이 땅에 복음의 사역을 위하여 들어와 있던 선교사들의 회개였다. 성령께서는 먼저 선교사들을 회개시키고 권능으로 충만케 하심으로 부흥의 도구가 되게 하였다. 이들은 한국의 고유한 문화와 전통을 무시하고 다만 선진국 선교사라는 이유 때문에 우월감과 교만함으로 일관하였던 것이 사실이다. 이런 그들의 처사는 자신의 선교사역에 실패와 한국 교인들과의 마찰을 면치 못하고 있었다. 오히려 선교사들이 원산 창전교회의 전계은 같은 사람들에게 기도생활의 게으름에 대해서 꾸짖음을 당하는 형편이었다. 그러나 선교사들의 회개를 통하여 양자의 간격이 좁아질 수 있게 되었고, 따라서 이때의 부흥운동은 선교사들의 회개에서 시작하여 한국 교인들에 의하여 심화되고 토착화된 회개운동이라고 평가하는 것이 옳을 것이다.

1903년 8월, 선교사들이 원산에 모여 성경공부와 기도회를 하였다. 이 모임은 중국에서 활동하고 있는 남감리회 여선교사 화이트의 방문을 계기로 캐롤, 노울즈, 하운셀, 캐나다장로회 여선교사 매컬리 등이 주도하였으며, 이들은 모임의 인도를 하디에게 부탁하였다. 이 당시 하디는 선교의 많은 어려움을 겪고 있었다. 그의 고백을 통해서 볼 때 실패의 원인은 자신에게 성령의 능력이 없기 때문이며, 능력이 없음은 성령의 능력을 순수하게 의지하지 못했기 때문이었음을 알 수 있었다. 하디는 그런 자신의 모습을 솔직하게 고백하였고 그 자리에서 성령의 은혜를 체험하게 되었던 것이다.

> "성신이 내 안에 충만한 실증을 가지고서 나의 부끄러움과 혼미에 찬 얼굴로 나의 교만함과 마음의 포악함과 신앙의 부족함과 또 그 상태가 빚어낸 모든 결과를 자복하니 회중은 강한 죄의식과 회개의 신앙생활 체험상의 작용을 비로소 깨닫게 되었다. 나는 그들에게 하나님의 약속을 믿는 단순한 신앙으로 내가 성신의 은사를 받았음을 알려주었다."

또한 일부 선교사들이 지니고 있던 '문화적 식민주의'(cultural colonialism)[19] 의식은 자존심이 강한 한국의 선교 1세대들과 마찰을 빚어 선교에 어려움을 겪게 하였다. 이런 선교사들의 의식은 성령의 은혜를 체험하고, 목도하므로 변화되었고 비로소 선교의 열매를 맺을 수 있게 되었다.

"작년까지만 해도 나도 은연중 '서양은 서양이고 동양은 동양이다'는 식의 바람직하지 못한 관념에 사로잡혀 있었다. 동양과 서양이 함께 만날 수 있는 근거나, 둘 사이에 어떤 유사성도 찾을 수 없다고 생각했다. 다른 사람들과 마찬가지로 나도 한국인들은 서양사람들이 하는 그런 종교적인 체험은 할 수 없을 것으로 생각했다. 이번 부흥회는 내게 두 가지를 깨우쳐 주었다. 첫째, 표면적으로 본다면 한국인들이 서양인과 정반대되는 것이 수천 가지가 넘지만 본질로 들어가 근

19 선교사의 '문화우월주의'(ethnocentrism).

본적인 것으로 따지면 서양인과 한 형제로서 하나라는 점이었다. (중략) 둘째로, 부흥운동으로 깨달은 바는 동양인들의 경건한 생활이나 기도에서 보여주는 단순하면서도 어린아이같이 순진한 신앙이 풍부할 뿐 아니라 깊이가 있어 서양인이 배워야 한다는 점이다. 우리가 이런 점을 배우지 않고서는 그리스도의 복음을 완전히 파악했다고 말할 수는 없을 것이다.

성령께서는 사도행전 10:1–11:18에서처럼 성령의 은혜가 자신들뿐 아니라 인종과 민족과 신분을 뛰어넘어 모두에게 동등하게 주어진다는 사실을 친히 가르쳐 주셨다. 이렇듯 성령께서 사람의 미련함과 교만함까지도 깨뜨리시고 복음의 사역을 감당할 수 있도록 친히 역사하신 것이다.

① 하디의 원산부흥운동

한 흐름은 1903년 원산 주재 선교사들의 기도회에서 연원하였다. 그해 겨울, 조선을 잠시 방문하였던 스웨덴의 프란손(F. Franson) 목사와 중국 체재 남감리회 선교사 화이트(Miss M. C. White) 여사가 원산 주재 감리교 선교사들과 한 주간 기도에 힘쓰며 성서연구를 한 적이 있었다. 선교지에서 교회 부흥의 발단은 선교사로부터 시작된다. 1903년 8월 원산의 선교사 모임 이후 하디는 한국의 부흥을 위한 성령의 도구로 대 변신을 하였다. 원산부흥운동을 점화시킨 하디는 토론토대학을 졸업하고 학생자원운동의 영향을 받아 토론토 의대의 YMCA의 후원을 받고 1890년 9월에 내한했지만, 13년 세월 동안 별다른 열매를 거두지 못했다. 1898년부터는 남감리교 의료선교사로 사역을 하다가 복음 전하는 일에 전념토록 하기 위해 의료선교를 포기하였고, 1901년부터는 강원도 통천 지방에서 지경터교회를 개척해 3년간 열심히 일했지만 실패하여 심적으로 무척 힘들었다고 고백했다.[20] 하디는 1903년 8월

하디(R. A. Hardie) 선교사

20 백낙준, 『한국개신교회사』(서울: 연세대학교출판부, 1990), 384.

24부터 30일까지 열린 선교사 기도모임에서 자신은 오랫동안 선교사문화우월주의(ethnocentrism)에 빠져 가난한 한국인들을 무시했고, 성령을 의지하기보다는 자신의 학력과 자질에 기대였음을 선교사들과 한국인들 앞에서 공개적으로 고백했다. 예전에는 사역의 실패를 한국인에게 돌렸지만 바로 자신이 성령의 역사를 의지하지 않았음을 확신했고, 이러한 고백은 너무 고통스럽고 굴욕적이라고 하였다.[21] 하디가 자신의 무력함을 깨닫고 죄를 자복한 영적 체험은 한국교회 부흥의 불씨가 되었고 점차 원산에 있던 교회와 다른 지역까지 강하게 영향을 끼쳤다.

하디의 부흥의 열기는 강원도 일대를 지나 개성과 서울 등지까지 확산되었고 그중 몇 가지를 소개하면 다음과 같다. 1904년 10월 서울 정동 감리교회에 있었던 사경회에서는 지적(知的) 충족으로만 만족했던 우수한 두뇌를 가진 자들이 자신들의 죄와 허물을 깨닫고 죄 용서함을 구하는 역사가 처음으로 일어나기도 했고, 1905년에는 송도 사경회에서 일어난 부흥의 불길이 성도 개인생활에 큰 영향을 끼쳐 이들은 자신의 죄를 회개하고 고백한 이후에 성령이 부으시는 큰 기쁨을 맛보게 되었다고 한다.[22] 1906년에는 하디가 대학생들에게도 회개운동을 불러 일으켰는데 이 때 봄 학기를 맞이하여 이화학당과 배제학당의 사경회에서 수많은 여학생들이 자신들의 죄를 고백하며 기도했는데 이 부흥의 열기가 일 년 내내 지속되었다고 한다.[23] 선교사의 살아있는 영성이 교회 부흥의 초석(礎石)이 된 것이다. 그가 인도하는 집회마다 영적 각성을 통한 부흥이 일어났다. 하디의 집회는 자신이 죄를 고백하며 영적으로 각성함으로 성령의 역사를 체험했던 것이 경험이 되어 죄의 자복과 영적 각성을 통한 집회가 되었다. 이러한 사실을 차재명은 다음과 같이 "1903년 장 · 감 양 교파와 침례회까지 연합하여 창전 예배당에서 한 주간 매야 집회하는 중 하리영(하디)은 은혜가 특수하였다"고 기록하였다.

하디는 1903년 8월 이후 1904년 11월까지 원산, 송도, 강원도, 서울, 인천 등을 돌며 집회를 인도하였다. 특히 그가 안식년을 맞아 미국으로 떠나기 전 가졌

---

21 R. A. Hardie, "R. A. Hardie's Report," *Minutes of the Annual Meeting of the Korea Mission of the Episcopal Church, South*, 1904, 27.

22 W. G. Cram, "The Revival in Son Do, " *Korea Mission Field* 2 (June 1906), 112.

23 L. E. Frey, "Revival at Ewa," *Korea Mission Field* 2 (May 1906), 133.

던 서울, 평양, 제물포 집회는 부흥운동의 영향을 한국의 주요 도시로 확대시키는 중요한 계기가 되었다.

이후 이들은 장로교, 감리교, 침례교 등 세 교파 연합으로 창전(倉前)교회에서 일주일 동안 성경공부와 기도회를 개최하였으며 매일 밤 집회를 열었다. 이때 캐나다인으로서 남감리회 선교부에서 일하던 하디(R. A. Hardie, 河鯉泳) 의사가 특별한 은혜를 체험하였다. 그는 강원도 북쪽 지방을 맡아 몇 해 동안 열심히 선교하였으나 결실이 없자 조선선교를 지속해야 할 것인지 회의에 사로잡혀 있었는데 이를 반성하고 자책하던 중 뜨거운 성령의 임재를 체험했던 것이다.[24] 다른 선교사들 역시 공개적으로 참회하며 죄를 통회 자복하였다. 천사처럼 여겨 흠모하던 선교사들로부터 죄 고백을 들은 조선인들은 진정한 참회가 무엇인지를 성찰할 수 있었다. 이들은 죄의식에 사무쳤고, 비로소 기독교를 내적으로 깊이 있게 체험하였다.

이 집회는 선교사들에게 새로운 자극을 불어넣어 1904년 1월에 다시 원산에서 집회가 열렸다. 이번에는 캐나다장로회의 로브(A. F. Robb, 鄴亞力) 선교사가 은혜를 받고 여러 날 동안 금식 통회하였으며 그는 길을 걸어가면서도 기도를 쉬지 않았다. 은혜를 받은 전계은(全啓恩) 역시 원산 거리를 누비며 전도하였고, 감리교의 정춘수(鄭春洙)도 그 부근을 왕래하면서 성령의 은사를 전하였다. 이 소식을 들은 평양 주재 장로교 선교사들은 1904년 12월 하디를 초청하여 집회 인도를 요청하였다.[25] 이 집회 기간 중 선교사들은 혹시 자신들의 선교 태도에 문제가 있지 않은지, 망설이는 태도는 없는지 자책하였는데 마침 영국 웨일즈(Wales)[26]와 인도에서 전개된 놀라운 부흥의 소식이 전해졌다. 이 소식은 성령의 은사를 갈망하던 평양 선교사들에게 또다시 큰 자극을 주었다. 이들은 성령의 불붙는 역사가 한국에서도 일어나기를 기도하였으며, 이 기도는 1907년 길선주 목사가 주도하는 평

---

24 박용규, 『평양부흥운동』(서울: 생명의 말씀사, 2000), 44-48.

25 민경배, 『한국 기독교회사』, 289-290.

26 1904년 웨일즈 부흥운동은 광부의 아들로 태어난 이반 로버츠라는 무명의 청년에 의해서 시작되었으며 수십만 명이 회개하였다. 이 부흥운동은 유럽과 아시아로 확산되었으며 1907년 평양부흥운동을 촉진하는 촉매가 되었다.

양부흥운동의 결실로 나타났다.

② 장대현교회와 새벽기도회

하디가 주도하던 부흥운동이 밀러, 하운셀, 저다인 등 선교사들과 전계은, 정춘수, 김홍순 등 일부 한국인들에 의해 계속되었는데, 전계은 등은 원산 거리를 누비며 기도하고 성령의 임재와 은사를 선포하며 대대적인 전도와 회개운동을 벌였다. 1906년 미국 북장로교 해외선교위원인 존스톤(H.A. Johnston)목사가 내한 평양 장대현에서 한국에서의 부흥운동의 필요성을 역설하며 영국 웨일즈 지방과 인도 카시와 지방의 부흥운동 소식을 전하였다. 여기서 존스톤은 하나님의 성령의 도구가 될 사람은 자원하라고 초청하였고 이 자리에서 한국의 부흥운동을 이끈 길선주 목사가 헌신을 작정한 것은 하나님의 섭리였던 것이다. 1907년 1월 역사적인 대부흥의 막이 올랐다. 새벽기도회를 주도했던 길선주 장로 등이 있던 장대현교회에서 구정사경회가 열렸다. 이 집회가 있기 전부터 선교사들은 매일 정오기도회를 가졌는데, 선교사들도 성령의 은혜를 받기 위하여 자신들이 먼저 죄를 털어 버려야 할 것을 알고 있었다.

성탄 다음 날부터 선교사들은 하나님의 권능을 받으려는 목적을 위하여 기도하고 있었다.

> "지금까지 우리는 정오에 모였다. 우리는 우리들 사이에 피차 죄를 고백하며 집회를 시작하였다. 우리(선교사)가 비록 완전하여 흠이 없긴 했으나 우리가 기도하면서 원하는 축복을 받기 위해서는 상호 간에 죄를 고백할 것이 있다는 것을 찾을 수 있었다."

낮에는 남자와 여자, 그리고 학생들로 나누어 각처에서 성경공부를 하였고 저녁집회는 장대현교회에서 연합으로 모였다. 그러나 기대 속에 시작된 첫째 날의 저녁집회는 기대와는 달리 '모든 것이 꽉 막혀 버린 듯, 생기가 없는 형식적인 것'이었다. 실망한 선교사들은 이튿날 정오 '하나님께 도움을 비는' 기도회를 가졌다. 성령의 임재를 간절히 기도한 선교사들의 기도는 그날 저녁집회에서 응답되었다.

헌트의 설교가 끝난 후 사회를 맡은 리(G. Lee)가 "기도합시다"라고 말한 후 그가 "나의 아버지여!"라는 말을 하자마자 밖에서부터 흠뻑 밀어닥치는 강력한 힘의 임재에 압도당했다. 사람들은 통성으로 기도하기 시작했고 그 소리는 걷잡을 수 없이 터져 나오는 기도의 맥이 온 영혼들에게 통하여 폭발되는 감격이었다.

"그 기도가 마치 큰 폭포소리처럼 들렸고 또 그 기도소리가 바다의 파도소리처럼 하나님의 보좌에 부딪치고 울려 퍼져 나가는 것만 같았다. 그것은 여럿이 외쳤던 소리였건만 기필코 하나였다. 그것은 유일하신 성령으로 거듭나는 경험, 한 분이신 아버지께로 들리움 받는 체험이었다."

집회가 끝난 후 많은 사람들이 돌아가고 5, 6백 명이 남아 계속 기도하게 되었다. 선교사들은 그들을 한곳으로 모아 계속 집회를 인도하였는데, 거기서 놀라운 장면이 전개되었다.

"기도를 한 후 죄를 자백할 사람이 있느냐고 하는 순간, 성령이 회중 가운데 임하셨다. 한 사람씩 일어나더니 자기 죄를 자백하고, 울음을 터트리더니 마룻 바닥에 쓰러져 손바닥으로 마룻 바닥을 치면서 괴로워 몸부림쳤다. 어떤 사람은 '목사님 말해주세요. 나 같은 놈도 소망이 있나요? 용서받을 수 있나요?' 하면서 마룻 바닥에 쓰러져 통곡을 하며 뒹굴었다. 죄를 자백하는 중간중간에 회중 전체가 통성 기도를 하였는데 남자 수백 명이 소리를 내어 하는 통곡 소리는 말로 형용할 수 없는 그런 것이었다. 그리고 다시 죄를 자백하면서 주체할 수 없는 울음을 터뜨렸는데 우리도 달리 어찌할 방법이 없어 울 뿐이었다."

과연 하나님은 모든 죄를 토설케 하여 거룩한 성전을 이루심으로 이 백성과 함께 거하려 하셨던 것이다.

다음 날의 집회에서도 이런 현상은 계속되었고 더욱 강력한 성령의 임재가 나타났으며, 집회가 끝날 때까지 이 같은 일은 이어졌다. 특히 이날 이후 한국의 부흥을 이끈 길선주 목사의 회개와 설교는 한국교회사에서 대부흥의 개막으로 취급되는 중요한 것이었다. 1904년 웨일즈부흥운동 때 로버츠가 했던 역할을 이곳에서는 길선주가 한 것이었다. 길선주는 밧줄로 자신의 가슴을 단단히 묶고 그 한쪽 끝은 다른 사람에게 잡게 하고 강대상 옆에 앉아 있던 선교사에게 도와 달라고 말했다. 그는 그것이 죄에 얽메인 사람이 그 줄을 끊고 하나님께 돌아오려고 하는 행동임을 설명한 후 그것에서 빠져나오려고 안간힘을 썼다. 하지만 단단히 묶인 밧줄은 쉽게 풀어지지 않았고 줄을 잡은 사람은 더욱 강하게 그 줄을 당겼다. 그러나 길선주가 있는 힘을 다하여 그 줄을 끊고 선교사에게 달려갔을 때 둘은 서로 끌어안으며 외쳤다. "할렐루야! 나는 자유다." 이 순간 숨죽인 듯 고요하기만 하던 회중이 자리에서 일어나 자신의 죄를 자복하고 마룻바닥에 넘어져 울부짖으며 회개하기 시작했다.

길선주 목사

그 당시의 상황은 이러했다.

"인간이 범할 수 있는 가능성이 있는 죄는 거의 다 고백되었다. 사람의 체면은 이제 다 잊어버리고 오직 이때까지 자기들이 배반하던 예수를 향하여 '주여 나를 버리지 마옵소서'라고 울부짖을 뿐이었다. 국법에 의한 처벌을 받는다든가, 또 비록 죽음을 당한다 하더라도 문제가 아니었다. 다만 하나님의 용서를 받는 것만이 그들의 유일한 소원이었다. 심지어 어떤 여신도는 청일전쟁 때에 어린아이를 업고 도망하다가 무거워 빨리 갈 수 없게 되자 아기를 나무에 부딪쳐 죽이고 혼자서 달아났던 일을 자백하였다."

길선주가 집회를 인도하던 그날 밤의 모습을 정익로 장로는 이렇게 증언하고 있다.

"그날 밤 길선주 목사의 얼굴은 위엄과 능력으로 가득 찬 얼굴이었고 순결과 성결로 불붙은 얼굴이었다. 그는 눈이 소경(길선주 목사는 시력이 약하였다)이어서 나를 볼 수 없었을 터이나 나는 그의 앞에서 도피할 수 없었다. 하나님이 나를 불러 놓은 것으로 생각되었다. 전에 경험하지 못한 죄에 대해 굉장한 두려움이 나를 엄습하였다. 어떻게 하면 이 죄를 떨어 버리고 도피할 수 있을까 나는 몹시 번민하였다. 어떤 사람은 마음이 너무 괴로워 예배당 밖으로 뛰어나갔다. 그러나 전보다 더 극심한 조심에 쌓인 얼굴과 죽음에 떠는 영을 가지고 예배당으로 되돌아와서 '오! 하나님 나는 어떻게 했으면 좋겠습니까'라고 울부짖었다."

이처럼 1907년 평양 장대현교회에서 있었던 집회는 초대교회 마가의 다락방에서 있었던 성령의 불길 바로 그것이었고, 그동안 있어 왔던 죄의 자백과 회개의 영적 각성운동을 대대적이며 전국적으로 번져 가게 하는 시발점이 되었다. 또한 그 이후 목회의 일들이 선교사들의 손을 떠나 한국인 목회자들에게로 옮겨지게 되었고, 한국의 목회자들이 중심이 되면서 영적 각성운동은 급속하게 전국으로 퍼져 나가게 되었던 것이다.

이와 같이 한국에서의 부흥운동은 주로 죄를 통회 자복하고, 하나님과의 막힌 담을 허물며 영적으로 거듭나는 종교적 체험으로부터 시작되었다. 여기서 하나 분명히 알아야 할 것은 집회를 인도하는 인도자들이 중생에 대한 성령의 증거를 입증하거나, 그 증거로 죄의 고백을 의도적으로 유도한 것이 아닌데 심령 속에 영적 각성이 일어난 자신들이 죄를 청산하려고 자발적으로 하였다는 것이다. 아울러 이런 체험들이 그들의 개인생활과 사회에 엄청난 변화를 몰고 온 것은 당연한 귀결이라 아니할 수 없다.

길선주는 1906년 자신이 장로로 시무하던 장대현교회에 새벽기도회를 창안하여 실천하였다.[27] 한국 최초로 새벽기도회를 시작했던 길선주의 신앙적 열정이 바로 1907년 평양부흥운동의 직접적인 동기가 되었다.[28]

선교사들의 자기 성찰로서의 기도회뿐 아니라 부흥운동을 가능케 했던 동기와 원인은 이처럼 조선 교인들의 신앙과 경건생활에서 왔다. 사경회(查經會)의

27 장병일, "復興運動의 횃불– 靈溪 吉善宙 牧師의 生涯와 思想", 『기독교사상』 (1966년 12월), 71–72.
28 이덕주, "영계 길선주 목사의 말세론(I)", 『살림』 3호 (1987년 2월), 73.

영향, 국가의 비운에 통회하는 기독교인들의 자기 성찰, 그래서 하나님밖에는 의지처가 없다는 조선 교인들의 간곡한 신앙에서, 그에 따른 경건한 기도생활에서 부흥의 불씨가 점화되었다. 당시의 조선 교인들은 국가의 비운에 통회하면서 하나님께 매달려 기도하는 것으로 또 다른 애국의 길을 모색하고 있었다. 이처럼 용솟음치는 부흥의 샘은 조선 교인들의 신앙적 열정과 기도가 근원이 되었다.[29]

2. 평양부흥운동의 점화와 확산

1907년 1월 2일부터 15일까지 약 두 주간에 걸쳐 선교사들과 장로교, 감리교, 침례교 세 교파 교인들이 연합하여 평양 장대현교회에서 대규모 사경회를 개최하였다. 이 사경회를 통하여 선교사들의 불타는 선교열과 조선 교인들의 열의가 결속되었다. 선교사들과 교인들은 매일 낮 시간에 기도회를 가졌다.

1907년 1월 12일 토요일에 블레어(W. N. Blair) 선교사는 고린도전서 12장 27절을 읽고 우리는 다 그리스도의 몸이요 그의 지체라는 주제로 설교하였다. 오순절 성령강림을 방불하게 하는 은혜의 불길이 타오르기 시작하였다. 교회에는 사람들이 가득 차 있었고 성령으로 충만한 회중은 말씀 앞에 녹아지고 깨어져 회개의 몸부림을 쳤다. 1월 14일 월요일 집회는 절정에 이르렀다. 장엄하고도 신비로운 힘이 임재하였다. 회중은 하나님의 임재에 압도당하고 있었다. 리(Graham Lee) 선교사가 짤막하게 설교한 후 두세 사람에게 기도를 청했을 때 20명 이상이 함께 소리 질러 기도하였다.

이때 이 선교사가 "그렇다면 함께 기도하자"라고 말하자 온 청중이 다함께 통성기도에 돌입하였다. 수많은 사람들이 일어나서 울부짖으며 죄를 고백하고 죄의식에 괴로워하며 땅을 쳤다. 한 사람이 죄를 고백하면 온 청중은 울음바다가

29 민경배, 『한국기독교회사』, 291.

되고, 뒤이어 또 다른 죄의 고백이 이어지고, 다시 통곡소리가 뒤를 잇고, 이렇게 새벽 두 시까지 죄의 고백이 계속되었다. 심지어 어떤 여신도는 청일전쟁 당시 어린아이를 업고 피신하다가 무거워서 빨리 도망칠 수 없자 아이를 나무에 부딪쳐 죽게 한 일까지 고백하였다.[30]

어떤 여선교사는 이때의 상황을 이렇게 고백하였다.

> 저런 고백들! 그것은 마치 감옥의 지붕을 열어제친 것이나 다름없다. 살인, 강간 그리고 상상할 수도 없는 모든 종류의 불결과 음욕, 도적, 거짓, 질투… 사람의 힘이 무엇이든 이런 고백을 강요할 수는 없을 것이다. 수많은 조선 교인들은 공포에 질려 창백해지고 마루에 얼굴을 가렸다.

『런던타임즈』기사에는, "나의 아버지여!"라는 한 선교사의 첫마디 기도가 떨어지자마자 밖에서부터 흠뻑 밀어닥치는 강대한 힘에 의해서 회중 전체가 압도당했다고 묘사하였다. 그때 우리 겨레는 외로웠다. 풍전등화의 국운을 슬퍼할 뿐 아무런 힘도 없었다. 사방으로부터 경멸당하는 처지였다. 그런데 "하나님이 우리 아버지"이시라는 이 우렁찬 소리가 얼마나 우리 겨레에게 가슴 메이게 그 곬을 타고 후비고 들어왔던가! "우리에게는 아버지가 계신다!" 우리에게는 그 하나님, 만유의 주재께서 "우리 아버지"가 되신다는 것이 실로 경이로움 그 자체요 은혜였다.[31]

성령의 역사가 구한말의 스러져 가는 국운을 비통해 하며 신앙으로 극복하려고 몸부림치는 조선 교인들의 가슴속에 불 일 듯이 일어난 것이다. 이 부흥의 물결은 학교들을 엄습하였다. 김찬성(金燦星)이 인도하는 숭덕학교(崇德學校) 기도회에서 3백 명의 학생들이 죄를 회개하였고 채정민(蔡廷敏) 목사가 인도하는 감리교 학교의 학생들이 통회 자복하였다. 이해 봄에 계속해서 길선주 장로는 서울에서

---

30 평양부흥회를 광경을 다양하게 기술한 자료들로는 다음과 같은 문헌들이 있다. 민경배, 『한국기독교회사』, 291-293. 박용규, 『평양부흥운동』, 241-288. 길진경, 『靈溪 吉善宙』(서울: 종로서적, 1980), 183-197. 김인수, 『한국기독교회의 역사』, 243-262. 김영재, 『한국교회사』, 110- 116.

31 민경배, 『한국기독교회사』, 292.

경기 도사경회(京畿 都査經會)를 개최하여 성령의 도리를 강론하였다. 이때 교회는 새로 모여드는 초신자들과 기존의 교인들이 신령한 중생을 체험하였으며 교회는 부흥일로에 들어섰다.

부흥의 열기는 평양부흥회 이전부터 남한 지역에도 몰아치고 있었다. 목포에서는 이미 1906년 남감리회의 게르딘(J. S. Gerdine) 선교사가 사경회를 인도한 바 있었는데, 거기 이미 성령강림의 뜨거운 역사가 교회를 뒤덮고 있었다. 게르딘이 이 사경회에서 성경말씀을 읽고 공의(公儀), 절제, 심판, 그리고 죄의 무서움과 회개의 필요성을 역설하자 이 말씀을 들은 청중은 깊은 감명을 받았다. 그들은 큰 소리로 자신들의 죄를 고뇌하며 통회 자복하였다. 그들의 얼굴은 사죄의 은총에 힘입어 새 생명을 얻은 기쁨으로 빛났으며, 죄를 극복한 승리의 찬송은 온 교회 가득히 울려 퍼졌다.[32]

3. 평양부흥운동의 의의

1) 영적 각성운동 그리고 성화

부흥운동을 지도하던 선교사들과 이를 지켜보던 미국선교본부 담당자들은 이 운동이 이상 심리의 발작을 동반하지나 않을까 염려할 정도였다. 그러나 이는 기우(杞憂)에 불과하였다. 1908년 일본 주재 감리회 감독 해리스(M. C. Harris)는 이 부흥운동으로 인하여 교회의 영적 수준이 상향되었고 성직 소명을 느낀 사람들이 많았다고 증언하였다.[33] 그의 증언은 이 운동이 정상적이고도 순수한 영적 운

32 게르딘 선교사에 의하여 시작된 목포에서의 부흥운동은 전라도 전 지역으로 파급되었다. 이렇게 원산과 평양, 서울, 목포 등지에서 일어나 교회와 신학교와 여러 학교들을 거쳐 전국 방방곡곡에 파급된 부흥의 불길은 교회를 혁신적으로 변화시키는 원동력이 되었다. 민경배, 『한국기독교회사』, 293.

33 "이 운동의 결과는 매우 좋다. 교회는 높은 영적 수준으로 올라갔고 매우 주의 깊은 성서교육 때문에 광신적인 요소는 거의 찾아볼 수 없었다. 정신이 돈 일이란 한 번도 없고, 수천 명의 사람들이 모두 정상적인 상태이다. 성직 소명(聖職召命)을 느낀 사람들이 수십 명이나 되었고 한 장소에서 2백 명이나 되는 많은 사람들이 글을 배우고 질문을 한다. 주정뱅이들, 도박꾼들, 도둑질한 사람들, 간음한 사람들, 살인자들, 그리고 스스로 의롭다고 여기는 일부의 유교주의자들, 죽은 거나 다름없는 불교신자들, 수천 명의 마

동이었다는 사실을 입증해 준다. 남감리회선교부 크램(W. G. Cram) 선교사도 이 운동은 진정한 영적 운동이었다고 증거하였다. 대부흥운동은 이들이 입증해 주듯 환각상태 혹은 광신적인 현상이 있었던 것이 아니라 진실로 순수한 영적 부흥운동이었다.[34] 또한 이 부흥운동은 구원의 은혜를 받은 그리스도인으로서 죄의 심각성을 깨닫고 성결한 삶을 살도록 결단을 촉구하였다. 이로써 조선 신자들은 예수 그리스도를 믿는 확신에 거할 수 있었고, 도덕적으로 정화되었으며, 구령사역에 투신하는 힘을 얻었다.[35]

2) 수적 성장

교회는 이 부흥운동을 통해 오순절 성령강림을 체험하며 급속한 성장을 이루었다. 평양부흥운동 이전인 1905년과 이후인 1907년의 교회 수, 전도소, 세례교인, 학습교인, 헌금 등을 비교하면 다음과 같다.

〈대부흥기의 교세 증가〉[36]

연 대	교회 수	전도소	세례교인	학습교인	헌금(원)
1905	321	470	9,761	30,136	1,352,867
1907	642	1,045	18,962	99,300	5,319,785
증가율(%)	200	222.3	194.2	329.5	393.2

귀숭배자들이 그리스도 안에서 새 사람이 되어 옛 것은 영원히 사라졌다."

34 김영재, 『한국교회사』, 118.

35 김영재, 『한국교회사』, 117.

36 민경배, 『한국기독교회사』, 306.

3) 비정치화의 신앙구형(信仰構形)

일본의 침략으로 인하여 야기된 정치적 혼란은 전에 없던 좌절과 절망을 몰고 왔다. 군대 해산, 외교권 박탈만 하더라도 실질적으로는 이미 나라의 운명이 다 했다는 것을 의미하였다. 전국 도처에서 의분을 이기지 못한 의병들이 봉기하였다. 이때 교회가 직면한 위기는 독특한 것이었다. 사경회와 같은 열정적인 성서 연구와 그것을 통해서 얻은 인간 존엄에 대한 자각, 자립교회의 정신에서 배양된 책임성 있는 인간상의 구현, 자립선교의 실천에서 오는 공동체 수호에 대한 강한 의식, 선교사들과 조선교회의 연대 활동 등이 그것이다. 이러한 일련의 현상은 조선에서의 교회의 정치적 성향이 드러나는 대목이기도 하였다. 그래서 엡윗청년회가 강경한 정치성을 띠고 있었고, YMCA 역시 정치적 동기를 가진 집단으로 조명받기도 하였다.

당시의 교회에는 우국지사들이 성황을 이루었다. 이들은 교회야말로 절박한 국가의 운명을 걸머질 수 있는 최후의 보루라고 믿고 있었다. 또 이들은 미국도 조선의 비극에 대해 책임이 있다는 점을 지적하며 선교사들에게 항의하였다. 심지어 일부 조선교회의 지사 청년들은 반감을 품고 선교사들의 생명을 노리는 일이 발생했을 정도였다. 안창호도 자신이 평양에서 기독교를 믿던 초기에는 선교사들이 조선인들을 마치 노예처럼 부린다며 분개하여 그들을 구타한 일이 있었다.

이러한 정황에서 선교사들의 반발은 컸다. 선교사들은 조선교회가 민족의 비운을 내세워 너무 정치에 개입하고 있다는 사실 때문에 고통스러워하였다. 이들의 눈에는 흔히 우국지사라는 사람들이 교회를 정치를 논하는 비밀회의실로 사용하려는 것처럼 보였다. 교회를 정치의 장소로 이용하려는 인사들이 교회의 본질을 위협한다고 본 것이다. 부흥의 물결 속에는 교회를 비정치화하여 경건한 신앙으로 자리 잡게 하려는 선교사들의 의도가 반영되기 시작하였다.[37] 그래서 선교사들은 교회가 정치적 기구로 전락해서는 안 되며 영적 실체가 되어야 한다는

37 민경배, 『한국기독교회사』, 294–300.

사실을 강조하였다. 그리하여 선교사들은 1907년 대부흥운동을 통해 조선교회의 궤도를 수정하고자 하였다. 이들은 부흥운동을 통해 교회의 비정치화를 추구하였고 정교분리의 원칙을 주장하였다.[38]

4. 평양부흥운동의 영향

1) 역사의 주류에 선 교회

① 역사의 소망을 품은 조선교회

국운은 이미 기울어졌다. 그래서 조선인들은 새로운 차원의 소망을 찾아야만 하였다. 국권은 일제에 빼앗기고 있었고 미국은 일제의 그러한 늑탈행각을 두둔하고 있었다. 선교사들의 헌신에 감동하여 미국 정부에 좋은 감정을 갖고 있었으나 이쯤에서 생각을 달리할 수밖에 없었다.

이 시기 1905년에 스왈런(William L. Swallen)선교사는 "그 나라(천국)에 마지막 소망을 두고 이 세상을 이기며 살자"라고 외쳤는데, 비탄에 빠져 있던 조선 교인들에게 위로와 감격의 메시지가 되었다. 이 메시지만큼이나 기독교는 조선인의 가슴속에 다시금 살아갈 희망과 의지를 갖게 해주었다.[39] 기독교인들은 대부흥운동을 통하여 하나님께서 우리 한민족을 회복시켜 주실 것이라는 비전과 소망을 갖게 되었다. 이 대부흥이 일어났을 때 조선교회는 민족적 비극에서 헤쳐 나올 수 있는 힘을 축적했을 뿐 아니라, 장차 계속해서 겪게 될 고난에 맞설 지혜와 담력을 소유하게 되었다. 대부흥운동을 통하여 역사의 주관자이신 하나님을 바라보았으며 조선도 역사의 한 모퉁이에 제쳐진 것이 아니라 세계역사의 한 주인공

38 그 결과 정치적인 동기로만 교회에 찾아들었던 사람들, 그래서 종교적 차원에 이르지 못했던 사람들의 경우에는 이 종교적 순화운동 뒤에 상당한 수의 인사들이 정리되어 나간 것이 사실이다. 그 결과 우국지사들이 교회에 발길을 끊었고 교회가 해산되는 사례도 상당하였다. 민경배, 『한국기독교회사』, 300.

39 이 역사의 현장에서 유대민족의 바벨론포로기에 그루터기가 남아 있었던 것처럼 조선 기독교인들은 이 민족을 사랑하시는 하나님을 의지하였다. 민경배, 『한국기독교회사』, 300-301.

으로 나아가야 한다는 사명의식을 갖게 되었다.

② 일제와 대결구도에 선 교회

이 대부흥운동의 민족사적 의의는 기독교가 조선의 성향을 바꾸었다는 점이다.[40] 조선에서 기독교는 당연한 일상사가 되고 있었다. 그 변화는 실질적이고 저력을 가지게 되었다. 사람 자체가 바뀐 것이다. 모두들 자신에 찬 희망의 빛을 가지게 되었다. 네비우스 선교방법론으로 근대시민 중산층이 형성되고, 대부흥운동을 통하여 근대적 시민의식을 가진 인간으로 성숙되었던 것이다. 이런 변화는 기약할 수 없는 일제의 혹독한 식민통치 아래에서 고난을 이겨나갈 수 있는 신앙과 정신을 확립하였다.

일제는 동양의 패권자로 급부상하고 있었다. 반면에 조선은 동양에서 새롭게 무장된 신앙의 힘을 가진 국가로 급부상하게 되었다. 일제는 조선을 경멸하고 병들게 하며 자기의 수중에 넣고 진멸을 꾀하고 있었지만, 조선은 기독교의 기본정신인 정의, 보편적 세계이념과 타오르는 애국심으로 약진하고 있었다. 이제는 일제에 굴하지 않는 정신으로 대결하는 위치에 올라 세계역사 위에 서게 되었다.

2) 민족과 동행하는 종교로의 승화

조선교회는 기존의 외연적, 외식적, 형식적 신앙의 단계를 넘어서서 보다 기독교 교리와 정신에 가까이 접근하게 되었으며 이때 비축된 영적 에너지로 일제강점기와 해방 후 오늘에 이르기까지 민족수난과 혼동의 시대를 견뎌냈다고 할 수 있다. 부흥운동을 거치면서 한국의 기독교인들은 종래의 전통종교와 문화(양반, 유교)를 기반으로 한 윤리 체계와는 구별되는 기독교 윤리체계를 형성하게 되었다. 영적 각성을 통해 거듭남을 체험한 것처럼 윤리와 문화도 거듭났던 것이다. 그리고 그러한 윤리는 교회 공동체뿐 아니라 일반 사회에도 영향을 끼쳐 사

40 "지금 기독교가 한국의 성품을 바꾸어 가고 있습니다." *New York Tribune*, *Philadelpea Press*의 저명한 극동특파원이었던 윌리엄 엘리스(W. T. Ellis)가 보도한 내용. 민경배, 『한국기독교회사』, 307.

회를 개혁하고 정화시키는 중요한 위치를 차지했던 것이다. 조선 그리스도인들이 내세만 지향했던 것이 아니라 윤리적, 사회적 갱신을 통해 기독교의 윤리적 방향이 개인의 변화, 가정의 변화, 사회변화에 있다는 점을 제시하였다. 그리스도인들은 죄 고백을 통해 죄 용서를 받고 마음의 평화를 누렸을 뿐 아니라 예수 그리스도 안에 있는 새 사람으로서 변화된 존재에 걸맞는 삶을 살게 되었다.

빛이 비추이면 숨겨졌던 것들이 드러나게 되어 있다. 그동안 어둠 속에서 존재했던 윤리와 문화들이 하나님의 빛을 받으면서 그 실체가 드러나기 시작했는데 전에는 '죄의식'없이 행해지던 '봉건시대' 습관적 행위들이 새롭게 죄로 인식되기 시작했다. 이들이 자백한 죄의 내용을 보면 살인이나 간음, 절도, 거짓말, 폭행 등과 같은 인류 보편적 죄뿐 아니라 축첩, 조혼, 노비제도, 술, 담배, 조상숭배, 미신행위, 음담패설 등 예전에는 죄로 여기지 않았던 것들을 죄로 고백하며 통회한 사실을 보아도 알 수가 있다. 이런 영적 각성은 거룩한 삶으로 귀착된다.

서울 지역에서 매서인으로 활동했던 '김씨'라고만 알려진 사람이 있었다. 그는 첩을 멀리 내보내고 술과 도박을 금하고 애지중지하던 장죽을 버리는 것으로 신앙을 표현하였다. 홍성에서는 부흥회에 참석했던 교인이 첩을 두는 것이 죄인 것을 깨닫고 십 년 동안 데리고 살면서 아이까지 두었던 첩을 내보내 서울로 올라가 간호원이 되게 하였다. 강화에서는 감찰 벼슬을 지낸 조상정이란 교인이 사람을 물건 매매하듯 값 주고 서로 매매하는 것이 곧 야만의 악습이라 하여 칠 년 전에 계집종 일인을 돈 수천 냥 주고 사서 부리다가 그 문서를 교회에 드려 놓아 불살라 없애고 그 계집종의 몸을 속량하여 자유케 하며 함께 하나님의 거룩한 자녀가 되었다. 영변에서도 노비 모녀를 부리고 있던 부인이 있었는데 교인이 된 후 딸 노비 몸값으로 삼백 원이나 지불하였음에도 그를 팔아넘기지 않고 오히려 자유를 주었고 나중에 결혼할 때 마치 자기 딸처럼 예물을 마련해 주었다. 그 어미에게도 자유를 주었으나 그는 떠나지 않고 그 부인과 함께 살기를 원했다.

이상의 기록들은 당시 죄의 고백과 각성을 통해 하나님의 새 백성이 된 사람들이 하나님나라 윤리에 부합하는 삶으로 갱신되어졌음을 나타내는 것들이다. 이들은 성령의 강권으로 자신들의 삶을 스스로 고쳐 나갔던 것이고 새로운 윤리와

사회를 만들어 나갔던 것이다. 이러한 변화의 영향은 사회개혁을 수반하는 결과를 가져왔다.[41]

먼저 사회계급과 서열의 개념이 무너지기 시작하였다. 세습되어 온 노비들을 면천하고 해방시키며, 교회는 오랫동안 천대받았던 천민들을 그리스도 안에서 동일한 형제자매로 받아들였다.

둘째, 남존여비의 사상이 타파되고 여성의 지위가 향상되었다. 일부다처제를 정죄하고, 조혼을 금지하였으며 부모가 자녀의 결혼을 강요하는 일을 금지시켰다. 부부가 동등한 인격체로 존중받게 되었고 어린아이는 귀하게 여김을 받았다. 아울러 공창과 축첩을 폐지하기에 이르렀다.

1916년 일본은 한국에 유곽업 창기 취제 규칙을 공포한다. 바로 공창제도를 말하는데, 처음에는 일본에서 건너온 일본 여인들에 의해서 매음 행위가 있었으나 세월이 흐르면서 한국 전체에 퍼져 나갔다. 1922년에 이르러서는 서울에만 일본 창기 766명, 한국인 창기 12,000명에 이르렀다. 일제가 이렇게 공창제도를 합법화함으로 한국사회는 도덕적으로 타락하고 정신은 날로 피폐되어 사회적으로 큰 문제가 되었다. 이에 교회는 절제운동의 일환으로 금주 · 단연 · 아편금지와 함께 공창제도 폐지운동을 적극적으로 펼쳐 나갔다. 평양에서는 1923년 12개의 YMCA 단체가 모여 교풍운동을 일으켰는데, 기생조합의 폐지와 무당 판수 조합의 폐지를 당국에 요구하는 계몽반을 편성하여 계몽에 앞장섰다. 1925년 장 · 감 연합공의회에서는 구세군과 협력하여 사회봉사부를 조직하여 폐창운동을 벌였고, 1926년 장로교 총회 제15차 총회에서는 기독교 면려회(C.E)를 통해 이 운동을 적극 후원하기로 결의하였다. 이 외에도 대한여자절제회, 조선기독교절제회 등에서 공창폐지를 기독교 절제운동의 일환으로 적극 펼쳐 나갔다. 그러나 일제의 간교한 술책으로 기독교의 절제운동들은 방해를 받았고, 이런저런 핑계로 훼

41 평양부흥운동이 미친 영향으로서 김인수와 박용규의 견해에 주목해야 한다. 김인수는 부흥운동의 결과를 네 가지로 정리하였는데, 기독교의 진리 터득, 급격한 성장, 토착적 교회 구형, 에큐메니컬 정신의 구현이라고 하였다. 김인수, 『한국기독교회의 역사』, 254–259. 박용규는 사회개혁 차원을 강조하였다. 그는 영적 각성, 배움에 대한 갈망, 철저한 성경적 신앙 구현, 여성의 지위 향상, 우상숭배에서의 해방, 비기독교인들의 기독교에 대한 시각변화, 한국에 대한 선교사들의 시각변화를 들었다. 박용규, 『평양부흥운동』, 451–502(제11장).

방을 받아 결국 공창제도는 일본이 전쟁에서 패하고 한국에서 물러간 후에야 폐지되었다. 아울러 교회는 일제가 퍼트린 공창제도의 폐지와 더불어 축첩 금지 등 순결에 관한 계몽에도 적극적으로 나섰는데 교회 안에서는 이런 문제들이 영적 각성을 통해 자발적으로 청산되었고 오히려 일반 사회계몽운동으로 전개되었으므로 빛과 소금의 사명이라 아니할 수 없다.

축첩의 타파는 교회가 사회에 끼친 영향 중에서도 많은 부분을 차지하는데, 가정이 바로 서고 여성의 인권이 향상되는 사회 전반적인 구조의 변화를 불러오게 하였던 것이다. 당시의 한국사회에서는 첩을 두는 일이 오히려 남성의 능력을 평가하는 기준이 되는 남성위주의 사회였다. 따라서 남성이 본처 외에 첩을 거느리고 소실을 두는 행위는 자연스러운 것이었다. 교회는 이것을 악덕으로 여겨 첩을 두는 자는 교회에 들이지 않았고, 교인 중 그런 일이 드러나면 내쫓기를 서슴지 않았는데, 새문안교회에서는 1910년에 노병상을 축첩하였다 하여 출교시켰고 남편을 버린 여인과 부정한 일을 저지른 유호준을 여섯 달 동안 처벌하였다.

1897년의 『죠선그리스도인회보』에 보면 이런 변화를 강조하는 계몽의 글이 있다.

> "부부가 없으면 부자와 장유와 붕우가 어디로 조차 나리오? 부창부수하여 가사를 서로 다스리고 서로 도와주어 서로 알지 못하는 일이 없고 서로 의논치 않는 일이 없어야 하고, 안에 화평한 덕행이 능히 온 집안을 창성케 하나니, 그런고로 자사 가라사대 군자의 도는 부부에 비롯한다 하시니 사람마다 마땅히 이 말씀을 깊이 계경할 것이어늘, 부부가 서로 공경하니 일로써 사람이 부모를 떠나 그 아내와 한 몸이 된지라 하나님이 짝하신 바를 사람이 나누지 못한다 하신 고로 주를 믿는 사람은 한 지아비와 한 지어미로 몸을 바치거니와…."

이처럼 교회에서는 일부일처를 교리화했고 이것을 어길 시에는 제7계명을 어긴다 하여 책벌을 했는데 이것은 당시 한국사회로 보면 가히 혁명적인 일이었다.

셋째, 마약 및 금주 금연운동을 전개하였다. 이는 단순히 윤리적인 문제로만 바라볼 것이 아니라 도탄에 빠진 민족의 생존권을 보장하는 운동이기도 하였다. 이렇게 성령을 통해 교회 안에서 일어난 거룩한 삶의 윤리들은 범국민적인 운동으로 확대되어 사회 전반에 하나님 나라의 거룩한 생활을 뿌리내리게 하였는데, 그중 한국교회가 언론을 통해 적극적으로 지적한 것이 마약과 술과 담배의 금지였다. 한국사회에서 아편은 이미 1892년에 널리 퍼져 그 폐해가 극심하였고, 1904년에 이르러서는 심각한 사회 문제가 되어 있었다. 아편은 혼란한 한국사회에 독버섯처럼 퍼져 사회윤리와 인간성을 파괴하고 마비시켜 나갔는데, 교회는 여론을 통해 아편의 해독성을 알리고 건전한 도덕적 인간상과 생활윤리를 제창하였다.

금연 금주 포스터

> 대저 아편이라는 것은 사람에게 비상보다 더 독한 것이라 이것으로 집안이 패하고 몸이 죽고 나라가 망하는 것이니 사람이 가까이할 것이 아니니라.

> 개화를 크게 해하는 물건은 술인고로 옳게 생각하는 사람마다 이것을 없이하기에 힘쓸지니 술은 바른 생애를 수고하여 모은 재물을 빼앗으며 검인과 죄인을 만들고 집을 망하게 하며 협잡과 뇌물과 사정을 성행케 하여(중략), 국재를 남용하며(중략), 경제상으로나 도덕상으로나 술은 없이할 물건이거늘…

> 형제들아 우리의 몸이 하나님의 거룩한 성전인 줄 알지 못하느냐, 교인들도 술 담배를 멀리하려니와 전도 선생들은 더욱 그럴지니라.
> 흡연의 해되는 증거가 무엇이뇨? 여러 형제와 자매는 각각 자기 몸이 하나님의 전 됨을

알고 이런 무익한 관습을 거절하야 그 몸을 정결케 할 뿐 아니라 더욱 어린 자녀나 젊은 학도의 흡연하는 것을 금지하야 신체와 총명과 영혼과 경제를 온전케 하시기를 간절히 바라나이다.

또 개인적으로 술과 담배를 거절하자는 호소문을 신문에 낸 사람도 있었다.

담배라는 것이 사람에게 해가 되는 것이요 조금도 유익되는 것이 없는 물건이라. 위생에도 여러 가지 해가 되는 것인즉 어찌 해가 되는 것을 거절치 아니하리요. 담배라 하는 것은 슬픔이나 울화가 있는 사람이 항상 먹거늘 우리 구주님 예수를 만난 형제자매야 슬픔이나 울화가 어디 있나뇨. 결단코 담배를 거절합시다. 담배를 거절치 못하옵시면 어찌 몸을 이길 수 있으며 성경에 가라사대 '몸을 이기어 날마다 그 십자가를 지고 나를 좇을지어다' 하셨으니 우리가 힘써 몸을 이기어야 하겠나이다. 우리 형제자매가 다 하나님의 성전 된 줄을 생각하옵시면 좋겠나이다. 그런 고로 결단코 술과 담배를 거절하옵나이다. 아멘.

이렇게 인쇄매체를 통해 계몽하면서 또한 교회 안에서는 교회법으로 강력하게 치리하였다. 감리교의 존스(G.H. Jones, 1867–1919)선교사는 전도인, 권속, 속장들의 모임에서 술을 마시는 교인들을 즉시 출교하겠노라고 경고하였고, 새문안교회에서는 술을 먹는 교인을 치리하였다는 기록이 남아 있다.

교인 중 이기용이라는 사람이 있었다. 당회에서 그 사람이 술 먹은 일이 있다 하여 불러서 물으니 '약으로 먹고 시장하여 먹었다'고 하므로 오히려 당회에서는 이기용을 위하여 기도해 주고 권면하여 보내었다. 이 사람은 그 후에도 노지순이라는 사람과 더불어 술을 마시기도 하고 화투 놀이도 하는 것이었다. 이러한 사실을 알게 된 당회에서는 이기용을 석 달간 책벌에 처하였다.

또한 1931년 신정찬송가가 발행될 때 임배세 작곡의 금주가를 번안하여 아예 계몽운동을 노래하게 하였다.

금수강산 내 동포여 술을 입에 대지마라
건강 지력 손상하니 천치될까 늘 두렵다
패가 망신 될 독주는 빚도 내서 마시면서
자녀교육 위하여는 일전 한푼 안 쓰려네
전국 술값 다 합하여 곳곳마다 학교 세워
자녀 수양 늘 시키면 동서문명 잘 빛내리
천부 주신 네 재능과 부모님께 받은 귀체
술의 독기 받지 말고 국가 위해 일할지라
아, 마시지 말라 그 술
아, 보지도 말라 그 술
조선사회 복받기는 금주함에 있느니라.

1928년 장로회에서 조직한 절제회의 총무 송상석 목사는 좌수의 약지를 끊어 혈서를 쓰면서까지 당시 조선 총독에게 진정하여 미성년자 금주, 금연법을 제정하였다. 사실 이 당시 일본에서는 이미 미성년자 흡연이 1900년에 법률로 제정하여 금지되고 있었다. 하지만 일제의 식민통치가 근본적으로 우민화정책이었고, 따라서 한국에 유곽을 설치하고 공창제도를 도입하는가 하면 아편을 공공연히 허용하여 나라를 피폐케 했던 것이다. 그런 일제가 한국 청소년들의 건전한 육체와 정신 함양에 소극적이었던 것을 짐작할 수 있는 것이다.

이런 일련의 금주 단연운동의 결과로 한국교회 초기부터 예수 믿는다는 것은 술과 담배를 끊는다는 것은 동일한 것으로 이해되었고, 깨끗하고 단아한 신앙생활로 성결을 유지했던 것이다.[42]

42 지금도 한국의 기독교인은 술과 담배를 하지 않는다는 전통을 갖고 있다. 이것은 사람의 몸이 하나님에게로부터 받은 것이므로 신체적으로나 정신적으로 건전한 삶을 유지해야 이 땅에 사는 동안 하나님이 주신 사명을 잘 감당할 수 있기 때문인 것이다.

넷째, 배상행위운동이 일어났다. 이들은 과거의 잘못에 대하여 회개할 뿐 아니라 삭개오(눅 19:8)처럼 배상의 책임을 기쁘게 감당하였다. 이들에게 있어서 회개는 눈물을 흘리며 죄를 고백하는 것으로 끝나는 것이 아니라 남에게 손해를 끼친 사람들이 그 손해를 배상함으로써 피차 화목을 이루는 것이었다. 사람들은 각기 자기가 일찍이 손해를 끼친 사람들의 집을 찾아다니면서 상처를 준 사람들에게 사과를 하고 과거에 남의 재물이나 돈을 훔친 사람들은 그것을 갚아 주었는데 그것은 비단 교인들뿐 아니라 불신자들에게도 그렇게 하였다.

1908년 2월『코리아 미션 월드』지에 선교사 프레더릭 밀러(Frederick S. Miller)가 소개한 경험담이다. 늙은 도박꾼 탕자였던 김씨가 회개하고 성령을 체험한 후 변화를 받았는데 그가 자신이 성령받은 체험을 다음과 같이 고백했다.

> 그의 사촌 땅에 철도가 놓이게 되어 그 보상을 대신 받으러 간 일이 있었다. 사람들은 자신이 늙은 사기 도박꾼인 것을 알고 있었다. 그 돈을 받아 사촌에게 전해 주자 사촌은 포기했던 돈이 들어왔다며 기뻐했다. 그런데 읍내에 나갔다가 주머니에 돈이 남아 있는 것을 발견하고는 '하나님이 주셨구나'하고 그냥 집으로 갔는데 그날 밤 한숨도 잘 수가 없었다. 그는 다음날 아침 일찍 사촌에게 가서 그 돈을 돌려주었다. 그리고 그는 말하길 '만약 성령이 나의 탐욕적인 마음에 계시지 않았다면 그런 일은 10년이 지나도 일어나지 않았을 겁니다'라고.

평양에서도 이런 보상행위는 계속되었다. 한 금광에서 일하던 청년 하나가 그곳에서 일하면서 날마다 조금씩 금을 훔쳐 집에다 모아 놓았는데 그 양이 상당한 것이었다. 그가 교인이 된 이후에 그것을 선한 일에 쓰려고 기회를 보고 있었다. 그는 주변 사람에게 좋은 본이 되는 사람이었지만 늘 마음에 숨겨진 죄로 인하여 괴로워하게 되었다. 그런 그가 집회에 참석하여 성령에 사로잡힌 후 그 금을 모두 금광 주인에게 돌려주었다. 그는 이것으로 인해 책벌받는 것보다 하나님과의 관계가 바로 되는 것이 더 중요하다고 하면서 회개하였다. 후에 그 금광 주인은 그를 더욱 신뢰하게 되었다.

선교사들의 보고서에서도 성령의 역사로 회개한 교인들에 배상행위가 줄을 이었다고 말한다.

> 회개는 눈물과 자백으로 이루어졌다. 그리고 장소를 가리지 않고 배상하려고 하였고 그 후에 평안을 얻었다. 우리 선교사들은 지난 수년 동안 우리한테서 훔쳐 간 물건과 돈들을 돌려받으면서 가슴이 찢어지는 것 같았다. 그토록 슬퍼하는 그들을 보면서 마음이 아팠다. 교인들은 시내 곳곳을 돌아다니며 그동안 훔친 물건과 돈을 돌려주면서 해를 입힌 사람들을 찾아가 용서를 빌었는데 교인들끼리만 그런 것이 아니라 교인 아닌 사람들에게까지 찾아가는 바람에 시내 전체가 들썩거렸다. 어떤 상인은 교인이 상점에 찾아와 수년 전 불의한 방법으로 취득한 것이라며 상당한 액수를 내놓는 것을 보고 크게 놀랐다.

이것은 진정 초대교회의 재현이라고 아니할 수 없으며 '이같이 너희 빛을 사람 앞에 비취게 하여 저희로 너희 행실을 보고 하늘에 계신 너희 아버지께 영광을 돌리게 하라'(마 5:16)는 말씀을 직접 응하게 하는 현장으로서, 삭개오처럼 진정으로 예수 그리스도를 만난 자들의 행적이라고 아니할 수 없는 것이다.

이런 현상에 대하여 1908년 감리교 감독 해리스(M.C. Harris)는 미국감리회 볼티모어 4년 총회에 이렇게 보고하고 있다.

> 이 부흥운동의 효과는 전적으로 훌륭하였다. 즉 교회의 신앙 수준이 더 높아졌고 미리 자상한 성경교육이 있었으므로 광신은 거의 없었으며, 정신이상 같은 경우도 하나도 없었고 수천 명의 신도가 올바른 마음의 자세를 세웠으며, 다수인에게 성직의 소명을 받게 하였고 그보다 더 많은 교회들이 성경을 공부하려고 무려 이천 명의 대집회가 한 장소에서 거행되었으며 수천 명이 글 읽기를 배우고 기독교를 알아보려고 문의하며 술주정꾼, 도박꾼, 도적놈, 오입쟁이, 살인강도, 독선적 유학자들, 잡신을 섬기는 사람들이 다 그리스도 안에서 새 사람이 되었으니 옛 것은 지나가고 말았다.

선교사들은 온 교회가 이제는 깨끗이 청소되고 새로운 것이 되었다고 만족해 했던 것이다.

아울러 이들의 윤리변화는 개인의 실행으로만 끝나지 않았다. 이들은 조혼, 교육, 청결, 흡연 등과 같은 주제를 놓고 공개적으로 토론을 통해 성결의 삶으로 나아가는 도덕적 기준을 설정하기도 했던 것이다.

다섯째, 교육사업이 활성화되었다. 부흥운동의 중심인 사경회[43]를 통해 말씀의 진리를 탐구했던 것처럼, 복음의 정신에 입각하여 민족의 장래를 책임질 어린이와 청소년들을 새 가정, 새 사회, 새로운 나라, 하나님나라의 인재로 양성하게 되었다.

여섯째, 우상숭배로부터의 해방이었다. 조선인들이 무당에게 굿하기 위해 지출하는 비용은 상상을 초월할 정도로 고액이었다. 그러나 부흥운동을 통하여 나라를 잃는 위기에 처했던 민족이 종교적 충족감을 얻었을 뿐만 아니라 오랫동안 얽매였던 우상들을 타파하고 영적으로 해방되는 자유를 누릴 수 있었다. 오기선 목사의 '십계요한'을 보면 기존에 죄로 여기지 않던 많은 것들을 죄로 인식하여 그것을 근절하기 위해 노력하는 모습을 볼 수 있다.

일곱째, 가난한 농민의 권익을 보호하였으며 노동관에도 변화가 생겼다. 농민을 보호하기 위해 교회와 교단이 농촌부를 신설하고, 농촌에 대한 연구회를 조직하였으며, 농촌사업을 전개하는 등 농민의 권익보호에 앞장섰다. 또한 노동을 신성시하는 운동을 전개하여 노동관에도 신선한 변화가 생겼다.

여덟째, 애국운동을 실천하였다. 부흥운동이 진행되던 1907년에 국채보상운동을 비롯하여 국산품애용운동, 물산장려운동에 적극 참여하였다. 105인 사건에서도 체포되거나 투옥된 사람들 대부분이 기독교인들이었고 3 · 1독립운동에도 민족 대표 서명자 33명 가운데 무려 16명이 기독교인이었다. 그리하여 기독교는 민족과 고난과 기쁨을 함께하는 민족종교로 성장하였다.

43 평양부흥운동과 1970년대의 부흥운동은 성격이 다르다. 평양부흥운동은 성경에 근거하여 회개운동을 전개하고 성화를 모색한 특성을 지녔지만 1970년대의 부흥운동은 방언, 신유, 예언 등 성령의 은사 중심으로 흘러 상대적으로 말씀에 대한 강조점이 희석되었다.

3) 조선교회 전통 확립

① 공통체적 교회 형성

세계교회는 조선 초기 교회의 특징을 '인격적인 개인구원'이라고 보았다. 그러나 조선교회는 대부흥운동을 계기로 공동체적 형태로 변모하기 시작하였다. 부흥의 불길은 고린도전서 12장과 요한서신과 밀접한 관련을 맺고 진행되었다. 고린도전서 12장은 성례의 문제를 정점으로 한 몸으로서의 교회에 대한 역할을 담았다. 조선교회가 이 고린도전서 12장을 토대로 하나님과 개개인 영혼의 인격적인 관계의 개념에서 교회의 성례적 개념, 교회의 공동체적 개념으로 변하여 함께 모였을 때 부흥운동이 일어난 것은 특기할 만한 사실이었다. 이를 통해 조선 교인들은 하나님과 만날 장소가 신도들의 공동체이지 결코 골방이 아니라는 사실을 체험하게 되었던 것이다.[44]

② 교파 간 협력과 연합

침례교는 1906년 대화회(大和會)에서 대한기독교회로 명칭을 바꾸었고[45] 장로교는 1907년 독노회(獨老會)를 조직하여 교회의 단합을 꾀하였으며[46], 여러 교파 사이에 융화와 협조의 분위기가 조성되었다. 장로교와 감리교는 평양에서 공동으로 병원을 운영하기도 하였으며, 교육사업도 동역하기로 약속하였다. 선교회 간의 지역 분할이 마지막으로 매듭을 지었던 것도 바로 이때의 일이었다. 1905년에 미국북장로회와 북감리회가 평안도 북쪽 지역을 나누어 연변과 박천 지역이 북감리회 선교 지역으로 이전되었으며, 1907년에는 북장로회와 남감리회 사이에 협약이 이루어져 강원도의 3분의 2 가량과 서울 이북의 경기도 지역이 남감리회

44 평양부흥회를 통해 기독교는 교단과 교파를 초월하여 그리스도의 지체로서 "여럿이 아니고 하나인 교회"라는 공동체적 의식이 집약되었다. 이를 계기로 조선교회는 개교회주의에서 교단조직적 교회로 발전하게 되었다. 민경배, 『한국기독교회사』, 303-311.

45 김용해, 『대한기독교침례회사』, 15. 침례교는 대한기독교회, 동아기독교회, 동아기독교, 대한기독교침례회 등으로 교단 명칭이 여러 차례 개칭되었다.

46 『대한예수교쟝로회로회회록(뎨 일회)』, 1908. 장로교회법에 따라 초대 목사 7인을 안수하기 위하여 우선 노회부터 조직하였으며, 총회는 5년 후인 1912년에 조직되었다.

에 이관되었다. 그리고 1908년에 와서는 남감리회와 캐나다장로회 사이에도 협정이 이루어져 원산 남쪽 지역이 남감리회로 옮겨지고, 그 외 함경도 지역 전체가 캐나다장로회 구역으로 확정되었다. 다소의 차이는 있었으나 그 지역의 지역 분할은 거의 1890년대의 선을 유지하고 있었다. 이 지역 조정으로 인하여 구역이 변하는 혼란도 있었다. 많은 교인이 하루아침에 다른 교파의 교인으로 바뀌는가 하면, 교회의 재산 일체가 한꺼번에 명의 변경되는 이변이 속출하였다. 그러나 이러한 이변이 호의의 감정으로 수행되었다는 것은 실로 놀라운 일이었다.[47]

이처럼 1907년의 평양부흥운동은 조선교회를 단합된 공통체로서의 교회, 즉 그리스도의 한 몸으로 일치된 교회를 형성하는 데 지대한 영향을 끼쳤다. 또 대부흥운동의 특징은 죄를 용서하고 형제의 허물을 덮어주는 일이었으며, 그래서 무엇보다도 사랑을 깊이 체험한 데 있었다.

초기 한국교회의 부흥운동은 각 교파 간에 지나친 경쟁을 추구하지 않고 함께하는 연합운동을 펼쳐 나갔다. 여러 교단과 교회가 서로 분리되지 않고 하나님 안에서 하나 되는 역사를 만든 것이다. 에베소교회의 간증처럼 "주도 하나이요 믿음도 하나이요"(엡 4:5)라는 고백이 이들에게 있었다. 19세기 말부터 한국으로 입국한 선교사들은 대다수가 전천년주의자들이었다. 이들은 복음이 가능한 한 빨리 이방인들에게 전해져야 한다는 부담감 때문에 교단의 장벽을 뛰어넘어 타 교단과 연합하는 것에 적극적이었다. 1903년 원산에서 실시된 사경회부터 연합 집회의 성격을 지녔다. 처음에는 감리교 선교사들만의 모임이었지만 점차 장로교와 침례교 선교사들이 동참하였고, 이후 모든 사경회들이 마치 교단의 장벽이 제거된 것처럼 진행되었다.[48]

1903년 남북감리교는 서로 간의 밀접한 관계를 유지하기 위해 배재학당을 북감리교와 남감리교가 함께 운영키로 했는데, 1905년 존스는 남북감리교의 긴밀한 관계에 대해 "선교사 사이에 존재하는 사랑과 동정의 공감대가 우리 양 선교

47 민경배, 『한국기독교회사』, 308-313.

48 Hardie, "Evangelic Work on the East Coast," 95; Mrs. W. M. Baird, "The Spirit Among Pyeng Yang Students," *Korea Mission Field* 3 (May 1907), 67.

회 소속 한국 교인들을 함께 묶어 주었으며, 이로 인해 우리는 하나님께 감사한다"[49]고 보고했다. 또한 선교지 분할 협정(comity)은 한국교회사에 길이 남을 연합운동의 좋은 예라 할 수 있겠다. 초기 한국 선교사들은 복음이 효과적으로 전달되고 각 교단 간의 경쟁과 불화를 제거하기 위해 선교지를 나누기로 결정한 것이다.[50] 아직까지 복음이 들어가지 않은 곳에 교단 간의 중복을 막도록 한 것이다. 그 외에 장로교와 감리교 선교사들은 연합으로 성경번역에 힘썼고, 또한 통합 찬송가를 만드는 데도 함께 주력했다.[51]

③ 토착적인 교회 형성

부흥운동을 통하여 토착 기독교문화로서 다듬어진 것은 새벽기도회와 성경공부이다. 부흥운동의 계기는 기도회와 성경공부였다. 특히 길선주 장로가 평양에서 시작한 새벽기도회는 부흥운동의 직접적인 도화선이 되었다. 또 평양의 장로교 남자성경연구반의 역할도 큰 몫을 담당하였다. 박효생은 조선교회를 가리켜 기도하는 교회, 성경을 읽는 교회라고 한다면 너무나 길선주적인 특징이라고 하였다.[52]

이때를 계기로 조선 교인들은 세계 어느 나라의 기독교인들보다 성경연구에 노력하게 되었고, 새벽기도회는 일상 신앙생활에 빼놓을 수 없는 요건이 되었다. 블레어 선교사는 조선교회가 사경회를 통해 성경공부와 기도에 전념하는 것이 마치 유대인들이 유월절을 지키는 것과 흡사하다며 미국교회도 이 점을 본받아야 한다고 강조하였다.

멜빈 하지스(Melvin L. Hodges)는 토착화란 "선교사역의 결과로 한 교회가…세워지고 스스로 관리할 수 있고, 스스로 후원할 수 있고, 스스로 현지인 교회를 재

---

49 박용규, 『평양대부흥운동』(서울: 생명의말씀사, 2000), 506.

50 C. D. Morris, "The Division of Territory Question," *Korea Mission Field* 3 (October 1907), 157.

51 1887년 한국성서번역위원회가 구성되어 1900년에는 신약성경을, 1910년에는 구약성경의 번역을 완성했다. 당시 성경번역위원회로는 장로교의 언더우드, 게일, 레이놀즈와 감리교의 아펜젤러와 스크랜톤이 있었다. 그리고 1908년에 장로교의 찬양가와 감리교의 찬미가가 합쳐져 찬송가가 발행되었다. 한국선교연구원(KRIM)의 조사에 의하면 한국 선교사의 중도탈락 1순위가 동료 선교사들과의 갈등이라고 지적했다; 참고, William D. Taylor, 『잃어버리기에는 너무 소중한 사람들』(서울: 죠이선교회출판부, 1998), 139–41.

52 박효생, "한국교회는 길선주형 교회: 『신앙계』(1983년 2월), 102–103.

생산할 수 있는 능력을 깨닫는 것"[53]이라고 언급했다. 한국교회의 토착화는 1890년 네비우스(John Nevius)의 선교정책이 채택되면서 이루어졌는데, 이 원리는 원산부흥운동과 평양대부흥운동을 거치면서 더욱 토착적이고 독특한 한국교회의 특징으로 뿌리를 내리게 되었다. 1909년 마펫 선교사는 한국교회가 토착화할 수 있었던 것은 네비우스의 선교정책 가운데 사경회와 자립의 사상을 채택했기 때문이었다고 언급했다.[54]

사경회는 한국인으로 하여금 하나님의 말씀을 깊이 묵상하거나 연구토록 한 것뿐만 아니라 토착화의 능력을 배양할 수 있도록 하였다. 사경회는 평신도를 대상으로 한 모임과 교회 지도자를 키우기 위한 모임으로 나뉘어 졌는데, 주로 겨울철 농한기나 봄철 제초 작업이 끝난 7월에 각각 두 번씩 열렸다. 사경회가 열리는 기간 동안 참석자들은 자신의 왕복 여비는 물론 체재비 일체를 자비로 부담해야만 했다. 마펫은 한국교회가 사경회를 통해 새신자를 양육하고, 자질을 계발시키며, 매서인, 전도자, 조사, 전도부인 등을 발굴하여 파송할 수 있었다고 강조했다.[55] 또한 사경회에서 영수, 조사, 권사를 발굴할 수 있어서 한국교회의 필요한 일꾼들은 거의 사경회를 통해서 채울 수 있었다. 사경회를 거치면서 훈련된 일꾼들은 영적인 군사로 무장되었고, 각 지역 교회를 조직적으로 운영하거나 교회 문제에 대해 스스로 결정할 수 있었고, 나아가 자력으로 복음을 전할 수 있었다.

한국교회 토착화의 가장 큰 특징은 재정적 자립(自立)이라 할 수 있겠다.[56] 예를 들어 한국교회는 당시 아무리 가난하다 할지라도 선교사의 도움만 받지 않고 값을 기꺼이 지불하려고 했다. 성도들이 교회에 헌금하는 액수가 엄청나게 늘어나 큰 교회에서는 자기 교회에서 사역하는 조사(助司)에게 월급을 지급할뿐만 아니라 작은 교회를 재정적으로 돕는 데도 힘을 썼다. 자립의 원리는 교회에

53 선교사가 사역을 하면서 중요하게 신경 써야 할 부분이 토착화(土着化)이다. 토착화가 되어야 현지인 이양이 가능하기 때문이다. 참고, Charles H. Kraft & Tom N. Wisley, ed., *Readings in Dynamic Indigeneity* (Pasadena: William Carey Library, 1979), 6.

54 박용규, 『한국기독교회사 1』, 619.

55 Charles A. Clark, 『한국교회와 네비우스 선교정책』(서울: 기독교서회, 1994), 146.

56 클락은 한국교회에서 재정적 자립을 가장 중요하게 여긴 교단이 장로교라 하였다. 『장로회신학대학 70년사』(서울: 장로회신학대학, 1971), 17-18.

만 제한되지 않고 학교에도 적용되어 평양 숭실중학교의 경우 선교사의 후원이 어느 정도 있었지만 학생들은 방과 후에 새끼 꼬기, 책 제본하기, 길 닦기 등으로 자신의 학비와 식비를 자력으로 해결해야만 했다. 역사학자 라토렛(Kenneth S. Latourette)이 한국교회는 외부의 도움에만 의존하지 않고 자신들의 힘과 능력으로 교회건물을 세우길 원하는 자들이라고 지적한 것처럼 경제적 자립정신이 무척 강했다.[57]

클락 선교사는 사경회에의 성경공부가 한국교회의 자립, 자치, 자전을 실현시키는 데 큰 공헌을 했다고 지적했다.[58] 평양 장대현교회가 그 좋은 예라 할 수 있겠다. 1907년 평양대부흥운동이 일어날 당시 장대현교회는 선교사에 대한 의존도가 높은 교회였지만, 부흥운동이 있은 후 길선주 목사가 담임하게 되었고, 재정적으로도 부족함이 없어서 15년 동안 39개 교회나 개척할 수 있었다. 더욱이 길선주 목사가 1905년에 주도한 새벽기도회는 한국의 독특한 기도회로 정착되었다.[59] 이 새벽기도회는 한국교회가 정치적 혼란과 경제적 궁핍이 함께하고 있을 때 오로지 살아계신 하나님만이 이런 고통의 터널에서 해방시킬 것이라 믿고 시작했는데 지금까지 한국 고유의 신앙형태를 만들게 되었다.

④ 현지인 위임

선교의 꽃은 현지인 위임이다. 위임(leaving)이란 선교사가 교회를 개척하고 난 뒤 현지인에게 이양하는 것을 말한다. 바울과 바나바가 안디옥교회를 세우고 이들에게 1년간 양육시킨 뒤 이양하고 과감히 떠났는데(행 11:19-30, 13:1-3) 이런 모습을 평양대각성운동에서 찾아볼 수 있다. 선교사는 현지인에게 위임할 때 '피그말리온 효과'(Pygmalion Effect)[60]를 기대해야 한다. 선교사 스스로가 현지인이 잘될 것이라고 기대했는데 정말로 잘되는 것을 말한다. 선교사가 '피그말리온 효과'

57 Kenneth S. Latourette, *A History of the Expansion of Christianity*, vol. 6 (New York: Harper & Row, Pub., 1944), 430.

58 Charles A. Clark, 『한국교회와 네비우스 선교정책』, 320-24.

59 민경배, 『한국기독교회사』(서울: 연세대학교출판부, 1993), 267.

60 '피그말리온 효과'(Pygmalion Effect)란 가능성을 믿어주면 기대에 부응하는 결과가 일어나는 것을 말한다. 이민규, 『끌리는 사람은 1%가 다르다』(서울: 더난출판, 2006), 194-8을 보라.

를 나타내기 위해서는 우선 문화우월주의 사상을 버려야 한다. 당시 선교사들이 자신의 문화우월주의 사상을 버리는 데 시간이 걸리긴 했지만 평양대부흥운동 즈음 현지인을 세워 사역을 맡기는 데 두려워하지 않은 것은 한국교회의 축복이었다.[61] 이후부터 김익두, 주기철, 이성봉 목사 등 걸출한 현지인 지도자들이 배출되기 시작하였다.

선교사가 자신의 우월주의, 편견, 권위주의, 신앙의 부족을 통회하고 회개하는 것을 본 길선주 장로는 1907년 평양대부흥운동 마지막 날인 1월 15일에 대중들 앞에서 참회하며 자신의 죄를 낱낱이 고백했다. "나는 아간과 같은 죄인이올시다"[62]며 친구가 임종 1년을 앞두고 자신에게 재산을 관리해 달라고 부탁했는데 미망인의 돈 100달러를 사취했다고 회개했다. 길 장로의 회개가 있은 후 함께한 1천 5백 명의 회중은 각자 통곡하는 회개의 역사가 일어났다. 사람들은 공개적으로 사기, 횡령, 음주, 거짓말, 증오, 도둑질을 고백했다.[63] 이날 저녁 길선주 장로의 설교가 있은 뒤 집으로 돌아가지 않은 사람 600명은 함께 기도하면서 "길선주 장로는 길선주가 아니라 예수였다"[64]고 고백했다. 조지 굳윈(George Godwin)은 1904년 웨일즈부흥운동 때 로버츠가 중심 역할을 했다면 1907년 평양대부흥운동 때는 길선주 장로가 그 일을 담당했다고 기술했다.[65] 알렌 선교사 역시 길선주가 평양에서 일어난 성령의 불길을 전국으로 확대한 주역이라고 말했다.[66] 그는 평양을 중심으로 하여 의주로, 서울로, 전국으로 다니며 신자가 있는 곳이면 어느 곳이든 부흥의 역사를 일으켰다.

한국교회에 개신교가 소개된 지 20년 즈음 영적으로 준비되고 훈련된 현지인

---

61 하디 선교사가 문화우월주의를 버리는 데 13년의 세월이 걸렸고, 펜윅 또한 13년이 소요되었다. 하디는 1903년 8월 24일에, 펜윅은 1903년 2월 10일에야 이 사실을 깨달았다. Idem, 『한국기독교회사 1』, 829-32; 안희열, 『시대를 앞서간 선교사 말콤 펜윅』(대전: 침례신학대학교출판부, 2006), 238-41.

62 "길선주 장로가 회개를 했을 때" [온라인 자료] http://blog.empas.com/benny0208/18434393, 2007년 2월 25일 접속.

63 Myung Keun Choi, *Change in Korean Society between 1884-1910 as a Result of the Introduction of Christianity* (New York: Peter Lang, 1997), 275.

64 James S. Gale, *Korea in Transition* (New York: Laymen's Missionary Movement, 1909), 205.

65 George Godwin, *The Great Revivalists* (Boston: The Beacon Press, 1950), 194-203.

66 Horace N. Allen, *Things in Korea* (New York: Fleming H. Revell, Co., 1908), 171.

을 배출한 것은 축복이었다. 길선주 장로는 평양대부흥운동이 끝난 그해에 평양 장로회신학교에서 제1기 졸업생으로 졸업을 한 뒤 목사안수를 받고 장대현교회에서 목회(牧會)하기 시작했다. 당시 선교사들은 현지인 지도자를 길러내기 위해 1901년에 평양 장로회신학교를 개원하였고, 그 결실을 1907년 10월에 맺게 되었다. 현지인 지도자를 배출하기까지 그레함 리 선교사가 장대현교회를 시무하다가 이젠 길선주 목사에게 위임한 것이다. 이후 길선주 목사는 약 800명의 목사와 전도사를 세워 일꾼을 길러내는 데 박차를 가하였고, 60여 교회를 더 개척하였다. 한 사람의 현지인 지도자가 길러지게 되니 선교사의 몫을 10배, 20배 이상으로 감당할 수 있었다.[67]

4) 선교하는 교회로의 체질화

성령의 불길이 조직의 구현으로 보존되고 저장되면서 그 힘이 방출되는 통로가 선교로 나타났다. 조선교회는 자립선교를 실현하였고 이는 해외에 복음을 전파하는 인프라가 되었다. "이 세기 안에 전 세계를 기독교화!"라는 표어를 외친 존 모트(J. R. Mott)[68]가 1907년에 조선을 방문하였다. 그는 "이 세기 안에 전 세계를 기독교화시킬 수 있다는 가능성은 조선에서 장로교 성장을 보고서는 누구나 확신할 수 있다"고 고백하였다.

부흥운동을 계기로 조선교회는 전도사업에 주목하였다. 원산부흥운동 기간 동안 한국교회의 역사적인 사건은 해외선교의 시작이었다. 1884년 게일 선교사에 의해 개신교가 소개된 지 막 20년 즈음 한국교회는 첫 선교사를 해외에 파송

---

67 선교사는 자신이 사역하는 당대에만 잘해서는 안 된다. 그가 현지인을 세워 교회를 맡기고 떠난 이후에 현지인에 의해 사역이 유지되고 성장하고 있는지가 중요하다. 이제 평양대부흥운동을 회상하며 한국교회는 선교사를 파송하는 일에만 급급하지 말고 이들이 지구촌 구석구석까지 사람을 길러낼 수 있도록 훈련시켜야 할 때이다.

68 존 모트는 세계기독학생운동의 대 선각자이며 근대 에큐메니칼운동을 개척한 선구자이다. 그는 한국 에큐메니컬운동 발전에도 큰 공헌을 남겼다. 세계 최초의 에큐메니컬 선교사 대회인 '영국 에든버러대회(1910)'를 이끈 주역이었으며 한국을 여러 차례 방문하였다. 첫 방한이었던 1907년 2월에는 6천여 명에게 강연하였다. 그는 1907년 평양 장대현교회에서 열린 평양부흥운동을 목격하고 나서 장차 조선은 동양의 예루살렘이 될 것이라고 말하였다.

하는 감격을 누렸다. 피선교국가에서 선교하는 국가로 탈바꿈하게 된 것이다. 장로교는 1907년 전도국(傳道局)을 설치하였고, 감리교 역시 그해에 내지전도국(內地傳道局)을 조직하였다. 또 감리교는 1910년 내외선교국(內外宣敎局)을 설치하였다. 각 교파는 설치된 전도국을 통해 많은 선교사들을 국내외에 파송하였다. 이즈음에 침례교를 창설한 펜윅을 통한 침례교 선교사 한태영을 북간도로 피송하였다.[69]

마침내 장로교에서는 1907년 9월 17일 평양신학교를 졸업한 이기풍 목사를 제주도로 보내기로 결정하고, 그다음 해인 1908년 1월 11일 평양 장대현교회의 길선주 목사는 이기풍 선교사에게 파송예배를 드리고 그를 제주도로 파송하였다. 평양에 복음을 전하러 온 마펫 선교사에게 돌을 던진 이기풍이 이젠 복음의 불모지인 제주도에 핍박도 두려워하지 않고 선교사로 파송된 것은 하나님의 은혜라 할 수 있겠다. 남감리회는 1908년 이화춘(李和春)을 북간도(北間島)로 파송하였다. 1909년에는 한석진(韓錫晋)을 일본 동경에 파송하였고, 최관흘(崔寬屹)을 북중국(시베리아)에, 김진근(金振瑾)을 남만주에, 방화정을 캘리포니아와 멕시코로 파송하기로 결정하여[70] 처음부터 선교하는 교단으로 그 틀을 다듬어 나갔다.[71]

---

69 펜윅이 1906년 침례교단을 창설하고 그해 한태영을 첫 선교사로 파송하였다. 이후 펜윅은 만주, 시베리아, 몽골 같은 북방 지역에 선교사를 집중적으로 파송하였기에 침례교에서는 이를 최초의 선교사로 보고 있다. 참고, 김용해, 『대한기독교침례사』(서울: 대한기독교침례회총회, 1964), 15.

70 민경배, 『한국기독교회사』, 314–315. 부흥운동 이후 각 교파는 이처럼 전도사업에 열정적으로 주력하였고, 1909년에는 평양부흥운동의 연장선상에서 '백만인구령운동'(百萬人救靈運動)을 연이어 전개함으로써 민족복음화에 열정을 품었다. 이처럼 백만인구령운동은 1907년의 기적을 목격한 체험적 신앙 위에 뿌리를 내렸다.

71 이후 1912년 총회 조직 : 박태로, 김영훈, 사병순 중국으로, 1917년 방효원, 1937년 방지일 목사 파송(산동성) 1955년 최찬영, 김순권 파송, 1956년 최찬영, 김순일 목사 태국 파송. 현재 한국교회는 한인 디아스포라 선교에 좀 더 관심을 가지고 투자할 때라고 본다. 외교통상부 통계에 따르면 2005년 재외동포 수가 무려 6,638,338만 명이나 되는데 앞으로 이 숫자는 더 증가할 추세이기 때문이다. 지금까지 한국교회가 현지인 선교는 A급 수준이지만 디아스포라 선교는 그렇지 못했다. 사실 한국교회는 미전도종족이 밀집되어 있는 10/40창문 지역에 현지인을 대상으로 한 제자훈련에 집중하여 가시적인 열매를 거두었다. 하지만 지금까지 한인 디아스포라가 주로 이주하는 곳은 경제적으로 부유한 국가들이 많다. 현재 디아스포라 선교사들은 한인 동포를 대상으로 한 사역에만 머물고 있지만 앞으로 우리가 해결해야 할 것은 바울과 바나바 같은 이중문화선교사(bicultural missionary)를 많이 배출하여 현지인들을 주께 돌아오도록 하는 비전을 지녀야 한다. 이들은 이미 오래전에 하나님의 은혜를 경험한 자들의 후손들이지만 지금은 거의가 명목상 크리스천들이다. 그렇다면 한국교회는 향후 10년, 20년 이후에 현지인 언어와 문화에 불편함이 없는 선교사 자녀를 잘 길러내어 이들로 하여금 영적으로 죽어가는 서구인들에게 영적 각성(spiritual awakening)을 불러일으키도록 해야 한다. 이 사명이 원산부흥운동과 평양대부흥운동이 우리에게 던져주는 선교적 과제이다.

한편 언더우드는 1912년 9월 1일 창립된 조선예수교장로회 총회의 초대 총회장으로 피선되었다. 선교사로 와서 한국 최초의 장로회 목사로서 활동하기 시작한 지 27년 만의 일이었다. 원래 장로교회의 행정치리 기구에는 당회(Session), 노회(Presbytery), 대회(Synod), 총회(General Assembly)가 있는데 한국에서는 대회 제도를 두지 않았다.

언더우드는 새문안교회에서 한국교회 최초 당회장이 되었고, 노회가 처음 조직되었을 때 제1대 회장이 된 사람은 마펫(samuel Moffet)이었다. 언더우드는 이때 안식년으로 미국 체류 중이었다. 그는 귀임 후에 1909년 노회에서 노회장으로 피선되었다. 이후 창립총회에서 제1대 총회장으로 당선되었다.

처음 선교사들이 내한했을 때는 기독교를 전할 수 없었고 조직된 교회도 없었다. 1889년 일시적으로 장로교 선교사들의 공의회가 구성된 바 있었으나 1893년에야 미국 남북장로회 선교사들의 장로교공의회가 조직되었다. 여기에 더하여 캐나다 장로교와 호주 장로교 선교사, 한국인 대표들이 참석하는 '조선장로회공의회'가 구성된 것은 1901년의 일이었다. 당시엔 선교사들이 모든 것을 주관하였다.

1900년을 전후해 한국교회는 급성장했다. 한국인들을 하나님 앞으로 끌어들인 동인(動因)에 관해 언더우드 부부는 먼저 '청일전쟁, 콜레라 창궐, 황후 피살, 그 후의 소요, 독립협회운동, 러일전쟁, 일본에 의한 나라 강탈과 식민지화 등 모든 국가적 재앙, 정치적 격동'을 꼽았다. 당시 조선에는 500여 년의 사직이 망하는 것을 보고 교회 문을 두드린 사람이 많아 민족적 비운의 시기에 교회는 급성장했던 것이다. 그다음 성장 요인은 자발적인 기독교 복음전도와 교육이었다.

한국 교인들은 1907년 평양신학교에서 7명의 졸업생이 처음 배출되었을 때 주체적인 치리 기구를 만들었다. 그해 9월 졸업생을 목사로 장립했고 장로교회 치리법에 따라 처음으로 노회를 조직하였다. 이 노회는 전국에 단 하나밖에 없었고 독자적으로 운영되는 노회였기 때문에 흔히 독노회(獨老會)라고 부른다. 이 독노회는 한국인 목사 7명, 장로 40명, 선교사 38명으로 구성되었다. 1911년 대구에서 모인 독노회는 장로교 최고 의결기관인 총회를 조직하기로 결의했고, 5개 조직교회당 목사 1인과 장로 1인의 총대를 내어 구성하기로 했다.

그리하여 마침내 1912년 총회가 구성되었다. 이때 한국 장로교회는 노회 7개, 조직교회 134개, 미조직교회 1920개, 예배당 건물 1438채, 한국인 목사 69명, 외국인 목사 77명, 장로 225명, 세례교인 5만3008명, 총신자 수 12만7228명의 교세를 이루고 있었다.

첫 총회는 평양의 경창리에 있던 여자성경학원에서 장로 221명, 목사 96명(선교사 44명 포함)이 회집한 가운데 직전 독노회장이었던 레이놀즈(W L Reynolds) 선교사의 사회로 개최되었다. 언더우드의 총회장 피선은 첫 선교사의 공적을 예우한 것이었다.

1885년 한국선교를 시작하여 각 분야 사업의 초석을 놓아 한국교회가 경이적 성장을 할 수 있게 한 것에 대한 감사의 표시였고, 새로 구성된 총회에서도 그 초석을 잘 놓아 달라는 염원의 표시였다. 언더우드는 청년 시절 이 땅에 와서 자신이 뿌린 씨가 다른 선교지들과는 견줄 데 없이 급속히 자라나는 것을 본 당사자이면서 목격자였기 때문에 크게 감격해 했다.

언더우드가 총회장으로서 회의를 진행하면서 사용했던 의사봉을 '고퇴'라고 불렀다. 일곱 개의 각기 다른 빛이 나는 나무는 당시 7노회를 상징했고 세 띠를 달아 삼위를 상징했다. 고퇴는 십자가 위의 반석 같은 교회를 상징해 견고한 나무로 제작했다. 이 고퇴는 독노회를 처음 조직할 때부터 사용했다. 당시 선교사들은 의사봉을 망치라고 부르기에는 적합하지 않다고 여겨 게일이 두드릴 '고(鼓)' 자와 나무망치 '퇴(槌)' 자를 합하여 '고퇴'라고 정했다.

창립총회에서는 중국에 선교사를 파송하기로 결정했다. 산둥성 내양현에 박태로, 사병순, 김영훈을 선교사로 파송키로 한 것이다. 동아시아를 향한 기독교 선교는 중국과 일본에서 먼저 이루어졌지만 선교사 파송은 한국에서 먼저 행해졌다. 한국교회는 이 일을 통해 교회는 선교하는 공동체이며, 교인은 누구나 그리스도의 증인이어야 함을 증언했다.

다른 한편으로 언더우드 선교사가 자립하고 선교하는 교회로 성장하도록 선교의 씨를 뿌린 수고의 열매라고도 할 수 있었다. 한국교회는 이미 처음 노회가 조직되었을 때부터 제주도에 선교사를 파송한 이래 일본, 시베리아, 만주에 선교사를 파송해 오고 있었다.

그들은 중국으로부터 받은 유교문화에 대한 보답으로 기독교를 전한다는 마음으로 중국선교에 임하였다. 그러나 당시 중국 정세는 달랐다. 중국은 스스로 대국이라고 자만하고 있었고 이미 유수한 기독교 단체들의 선교사들이 오래전부터 활동해 오고 있었다. 그런 중국 땅에 역사가 일천하고 재정적으로도 어려웠던 한국교회가 선교를 수행한다는 것은 결코 쉽지 않은 일이었다. 당시 선교사들의 마음은 어쩌면 1세기 로마시대에 망국의 유대인 기독교인들이 로마에 전도하러 갔던 심정과 비슷했을 것이다.

한국교회는 이처럼 나라가 쇠망해 가는 상황에서 전국적인 조직망을 갖추었고, 온 신도들이 마음을 합하여 나라를 위해 기도할 수 있는 기구를 탄생시켰다. 또 밖으로 해외선교를 담당하기로 결의함으로써 장차 교회가 나아갈 진로를 닦았다. 여기에 첫 총회 조직의 큰 의미가 있다.

5. 평양부흥운동을 이어간 백만인구령운동

1909년 9월 남감리교연회에서 시작하여 전국 교회사업으로 '백만인구령운동'이 시작되었다. 이 운동은 송도(개성)에서 부흥을 위한 매일기도회로 모이던 남감리회 선교사들에 의해 시작되었다. 이들은 이듬해 모임에서 5만 명의 영혼을 구원하기 위해 기도하고 전도하자고 결의하였다. 이후 이 계획은 남감리회 선교회 연례회의에 안건으로 제출되었고 이듬해까지 20만 명의 영혼을 그리스도께 인도하자는 표어를 내걸었다.

이 계획은 계속해서 확장되었으며, 1909년 10월 복음주의선교부 연합공의회(General Council of Evangelical Missions)는 20만 명을 아예 5배로 늘려 온 교회가 "백만 영혼을 그리스도께"라는 표어를 채택하였다. 이것은 175,000명의 교인을 헤아리고 있었던 당시 교회로서는 너무나 대담한 목표였다. 이 운동은 구령의 열정과 복음전파의 열기로 시작되었다. 선교사들은 1907년대의 국가적 위기가 교회가 성장할 수 있었던 동인이었다고 파악하였고, 합병 전후의 "절망감, 독립국 상실의 좌절감이 다시 한 번 교회가 부흥할 수 있는 계기가 될 수 있을 것으로 믿고 있었다. 그래서 100만 명 구령이라는 목표로 상향조정하였던 것이다. 선교사들 역시 한일합방을 전후한 국가적 위기가 100만 명을 구원할 수 있는 적절한 시기가 될 수 있다고 보았다. 그리하여 미국에서 온 복음전도단과 함께 윌버 채프만(Wilbur Chapman), 찰스 알렉산더(Charles Alexander) 등 당대의 쟁쟁한 부흥사들이 원정 출장까지 왔었다. 그 결과 많은 지역의 교회에서 불신자들이 그리스도를 영접하고 세례를 받았다.[72]

그러나 1909년과 1910년의 전도활동 기간에 기대했던 것만큼의 열매를 거두지 못했다. 이 구령운동은 잘 계획되고 조직된 행사였음에도 불구하고 실패하고 말았다. 인위적인 계획, 그리고 선교사들이 주도하는 운동이 조선교회 상황에서는 적합하지 않다는 교훈을 남긴 것이다. 그리고 똑같은 동기로서 다시 부흥을 꾀한다는 계책은 성공하기가 어렵다는 암시를 남겼다. 또한 조선의 급변하는 정치상황 속에서 이 운동은 국민의 마음을 움직이기에는 너무나 역부족이었다는 사실도 냉정하게 성찰해야 한다.[73] 그럼에도 불구하고 1910년에 김영제(金永濟)와 김진근 두 목사를 만주 간도 지방에 선교사로 파송한 것은 백만인구령운동의 연장선상에서 거둔 귀한 결실이었다.[74]

원산부흥운동과 평양대부흥운동은 영적 운동임에도 불구하고 교회성장을 이루었다. 당시 부흥운동은 교회를 성장시키기 위해 어떤 전략을 세우고 추진하면서 이루어진 것이 아니라 교회 지도자의 내적 변화가 교회성장이라는 결과를 초래한 것이다. 초기 한국교회의 성장에 관해 이만열 교수는 다음과 같은 통계를 제시했다. 1903년에서 1906년 사이 감리교회의 교인 수는 7,988명에서 30,336명으로 늘어가 380%의 증가율을 보였고, 장로교회에서는 1903년에서 1910년 사이 15,712명에서 무려 84,442명으로 증가해 540%의 증가율을 나타냈다고 한다.[75]

72 민경배, 『한국기독교회사』, 325–326.

73 민경배, 『한국기독교회사』, 326.

74 변창욱, "한국 장로교회 선교사 파송 100년(1907–1956)", 『선교와 신학』19 (2007년 6월), 14.

75 이만열, "한말 기독인의 민족의식 형성 과정," 『한국사론 I』(서울: 서울대학교출판부, 1973), 337–9.

장로교와 감리교의 급격한 교회성장 비율을 보면 원산부흥운동과 평양대부흥운동이 일어난 시기에 가장 많이 성장했다는 점이다.

이런 교세성장의 배경에는 당시 신자들이 심령을 정결케 하려는 운동이 일어났기 때문이다. 20세기 초 교회성장에 대해 부정적 견해를 제시한 자들에게 역사학자인 박용규 교수는 당시 정치적 혼란과 소용돌이 속에서 일종의 도피적인 경향이 부흥운동을 촉발시켰다는 자들에게 반론을 제시했는데, 본 연구자 역시 이에 동의한다.[76] 어떤 정치적인 사유가 있어서가 아니라 죄의 고백과 뜨거운 기도와 말씀연구로 인해 교회가 부흥한 것이다. 더욱이 이들은 전천년주의 사상으로 가득 차 있었기 때문에 교회 부흥은 더욱 가속화되었다. 선교문화인류학자인 헤셀그레이브(David Hesselgrave) 박사는 "전천년주의자들은 다시 오실 하나님나라를 세운다는 기대 때문에 복음을 전파하여 이방인들이 구원함을 받도록 선교하는 일에 집중한다"[77]고 주장한 바 있다. 이들은 성령의 강권적인 역사로 복음전파하는 일에 매진하다 보니 교회가 성장하게 되었다. 그러나 무엇보다도 선교사와 현지인 지도자의 영성회복이 교회 부흥의 시금석이 되었다.[78]

그동안 전통윤리 안에서 죄로 인식되지 않던 많은 것들을 성령의 조명으로 죄임을 알게 되었고 교회 안에서 그것들을 근절시켰을 뿐만 아니라, 변하지 않으면 망할 수밖에 없는 당시의 사회와 문화를 전반적으로 바로잡는 역할을 초대 한국교회는 훌륭히 감당했다. 아울러 교회가 세속에 물들지 않고 나아가서 사탄의 계략에 무릎 꿇지 않는 아름다운 윤리를 전통으로 세워 놓을 수 있었던 것은 성령의 강권적 역사로 부흥운동이 죄의 자백과 회개의 영적 각성으로 충만하였기 때문인 것이다.

---

76 박용규, 『평양대부흥운동』(서울: 생명의말씀사, 2000), 530-40.

77 David J. Hesselgrave, *Today's Choice for Tomorrow's Mission* (Grand Rapids: Zondervan Publishing House, 1988), 216.

78 정치적, 사회적으로 급속도로 변화하던 시기에 한국교회는 어떻게 대처해 나갔는지 살펴볼 필요가 있다. 당시 교회부흥을 이끌었던 하디, 그레함 리, 블레어 선교사, 길선주 장로는 한결같이 세대적 전천년주의자들이었다. 이들은 절망적 세계관에 사상적 토대를 두고 있기에 복음전파에 우선순위를 두었지 사회변화와 개혁에 대해선 회의적(懷疑的)인 태도를 취했다. 이들의 주된 관심은 주님의 임박한 재림뿐이었기에 가라 앉는 '배'를 구원하는 것보다는 물속에 빠지거나, 파선당한 배에 있는 '사람'을 구원하는 것을 귀하게 생각했다. 그렇다 보니 '세상'보다는 '사람'에게 초점을 둘 수밖에 없었다. 이들에게 있어서 사회활동, 의료봉사, 그리고 교육활동은 복음전파를 완성시키는 수단으로만 생각했다.

하지만 오늘의 한국교회를 보면 가슴 아픈 현실을 말할 수밖에 없다. 비록 교세적으로는 세계의 어떤 나라보다 뛰어나지만 그 성장은 이미 멈추었고 감소추세로 접어들고 있다. 이것은 한국의 초대교회가 세워 놓은 성결의 전통들이 이 시대에 목회에 뛰어든 젊은 목회자들과 세속의 문화에 빠져든 연약한 기독교인들이 내세우는 합리주의적 교회윤리에 의하여 청산되어야 할 구습 취급을 받기 때문이다. 세상과 구별되지 않는 그들의 삶과 세속의 욕망들로 오염된 기독교문화는 한국교회에서 성령의 역사를 점차 사라지게 하였고, 그 결과로 이런 아픈 현실이 오고 만 것이다. 그리고 교회의 흔들림은 한국사회의 전반적인 타락과 윤리부제를 방조하였고 인간성을 상실한 사회로 미친 듯이 달려가는 것을 방관할 수밖에 없는 연약한 존재가 되었다. 한국의 교회가 하나님의 영광스런 교회로 거듭나기 위해서는 초대 한국교회에서 보여준 철저한 자복과 통회의 외침으로 하나님과의 사이에 쌓아 올린 죄의 담을 허물어야 하며 그때에야 비로소 성령께서 임재하시어 역사하여 주실 것이다. 우리는 이런 성령의 역사를 간절히 기도해야만 한다.

Story 10

한국교회의 선교: 제주도와 산동성

장로교회는 1907년 독노회를 조직하면서부터 외지전도국을 설치하여 전도자를 제주도[1]와 해외로 파송하여 선교하는 일에 힘썼다.[2] 그런데 사실 독노회가 공식적으로 선교사를 파송하기 이전부터 북부 지방의 교회들과 후에 노회로 승격하게 될 대리회는 간도와 연해주에 사는 교포들을 위하여 이미 전도인들을 파송하여 복음을 전하고 있었다. 또한 이주한 기독교인들이 교회를 돌보고 전도하여 곳곳에 교회를 개척하였으며 목회자를 파송해 줄 것을 요청하기도 하였다.

1901년, 리 선교사는 선천 지역 사경회에서 전도의 필요성을 역설하였다. 그리하여 그해 평안공의회가 신자 9명과 선교사들을 선정하여 전도위원회를 구성하였다. 그리하여 각 교회와 개인으로부터 헌금을 받아 몇몇 전도인을 세우고 전도 사업에 착수하였다. 1905년에 공의회는 선교사 3명과 신자 3명으로 구성된 전국 전도위원회를 조직하여 활동하다가 1907년 독노회가 조직되자 회원 12명으로 전도국을 설치하였다. 1900년부터 1945년까지 45년 동안 총 255명의 교포 선교사들

---

1 한국 장로교의 제주도선교는 해외선교(Foreign Mission)로 일컬어졌는데, 그 이유는 본토로부터 아주 멀리 떨어진 것처럼 여겨졌고 하나의 외국과도 같았기 때문이다. 이기풍이 선교사역에 임하기 전에 어떤 개신교 사역자도 그것에서 복음을 전한 적이 없었으며, 현지에 개신교인도 전혀 없었다. 제주도는 문화, 풍습, 방언도 본토와는 판이하였다. 그러나 제주도선교는 1913년부터 '내지선교'(Home Mission)로 간주되었는데, 이는 1912년 한국 장로교회가 중국 산동성에 순수한 해외선교를 시작한 이후부터였다.

2 장로교는 1907년 독노회를 설립할 때와 1912년 총회를 설립할 때도 선교사를 파송할 것을 결의하였을 정도로 선교에 비중을 두었으며 선교 그 자체를 솔선하여 수행해야 할 지상명령(至上命令)으로 여겼다. 김인수, 『한국기독교회의 역사』, 353-354.

을 8군데의 선교지에 파송하였는데 나라별로 보면 만주에 172명, 일본에 32명, 시베리아에 21명, 제주도에 14명, 하와이를 포함한 미국에 9명, 중국에 4명, 몽고에 2명, 쿠바에 1명 등이었다. 교단별로는 총 4개 교단이 참여하였으며 장로교회가 146명, 감리교회가 46명, 침례교회가 16명, 그리고 성결교회가 14명, 미확인 선교사 수가 30명이었다. 그리고 장, 감, 성 연합 팀으로 파송된 선교사 수는 모두 4명이었다. 1907년부터 1945년까지 장로교가 파송한 146명의 선교사들의 분포를 살펴보면 115명의 목사와 6명의 안수 받지 않은 목회자, 8명의 여전도사, 6명의 조사, 1명의 의사, 10명의 미분류사역자들을 포함하여 제주도, 만주, 시베리아, 몽고, 일본, 중국, 소련, 심지어 미주 지역에까지 파송하였다.[3]

이 기간 동안의 선교사역은 모두 독특하면서도 의미심장한 것이었지만 제주도선교와 중국 산동성선교는 조선교회가 펼친 첫 타문화권 내지는 외국 선교역사에 매우 의미심장한 이정표가 되었다.

1. 제주도선교(1907-1930)

제주도선교는 조선교회에 이루어진 첫 번째 타문화권 선교였으며, 이후 조선교회의 선교운동에 큰 영향을 끼쳤다. 제주도선교는 제주도 자체 선교뿐 아니라, 순수한 외국 선교사역인 중국 산동성선교의 도화선이 되었다는 점에 있어서 의미가 깊다.

독노회는 미국북장로회, 미국남장로회, 호주장로회, 캐나다장로회 등 4개 선교부에 의하여 조직되었다. 장로교 최초의 노회로 설립된 독노회는 전도부를 설립하고 "선교 없는 교회는 교회가 아니다"라는 모토를 내세워 전도에 최선의 노력을 경주하기로 결의하였다. 그 첫 사업으로 1907년 9월 평양의 장대현교회에서 조선예수교장로회 독노회가 조직되었을 때 9월 17일 첫 임직을 받은 7명의 목

3 김해성 외 3인, 『초기 한국교회 해외선교 연구』(서울: 총신대학교부설선교연구소).

사들 중 이기풍 목사는 제주도선교사로 자원하여 파송을 청원하였다. 노회는 그의 청원을 환영하여 받아들였고, 그를 조선교회의 첫 타문화권 선교사로 제주도에 파송하였다.[4]

독노회 설립과 함께 조선교회가 단독으로 이기풍 목사를 제주도로 파송하기로 결의한 것은 결코 갑작스러운 일은 아니었다. 1903년 겨울부터 원산을 기점으로 평양, 서울, 목포, 송도 등지에서 부흥운동의 열기가 있었고, 1907년 1월 2일부터 15일까지 평양 장대현교회에서 부흥집회가 개최되었다. 이후 평양부흥운동은 길선주 장로가 서울과 전국을 다니며 연이어 기도회와 부흥집회를 인도함으로써 조선교회 안에 광범위하게 확산되었다. 이러한 부흥운동의 중심에 서 있던 장대현교회에서 독노회가 조직되었고 임직받은 7명의 목사들 중 이기풍 목사를 제주도에 선교사로 파송하기로 결의한 것은 결코 우연한 일이 아니었다.[5]

독노회는 이기풍 목사의 제주도선교 청원을 받아들여 즉시 해외선교실행위원회를 조직하였다. 이를 실현하기 위해 선교비를 모금하였으며, 마침내 그를 조선개신교의 첫 선교사로 제주도에 파송하였다. 이리하여 이기풍은 제주선교를 발판으로 삼아 개신교 선교운동의 개척자가 되었다.[6]

1) 제주도선교의 동기

조선교회는 다른 어떤 국가보다도 먼저 선교에 눈을 떴고 또 실제로 이 사역을 실천에 옮겼다. 그렇다면 무엇이 그토록 일찍 선교운동을 진작시킨 동인이 되었는가? 어떻게 조선교회는 열강들의 간섭과 침탈로 국권이 상실되어 가던 절대절명의 위기상황 속에서도 외지선교를 위하여 7인밖에 안 되는 목사들 가운데 한 명을 제주도에 파송하여 선교에 헌신하게 하였는가?

4 이종우, 『한국교회 선교역사』(천안: 백석대학교), 82-83.

5 변창욱, "한국 장로교회 선교사 파송 100년(1907-1956)", 16.

6 이기풍에 앞서 1902년 인천 내리교회 감리교인들로 이루어진 하와이 사탕수수 농장 이민단의 신앙을 지도하기 위해 홍승하 전도사가 동행하였다. 그러나 홍승하를 해외 파송 선교사로 간주하지는 않는다. 그는 언어와 문화가 같은 한인들, 주로 자기 교인들에게 신앙을 지도하기 위해 보내졌으므로 그를 한국교회의 첫 타문화권 선교사로 인정하지는 않는다. 이종우, 한국교회 선교역사』, 84.

첫째, 1903년 원산부흥운동에서부터 시작하여 1907년에 최고조에 이른 평양 부흥운동과 각성운동의 결과라고 볼 수 있다.

둘째, 처음 독노회를 조직한 장로교회의 기쁨의 표현이자 그리스도를 향한 감사의 표시이기도 하였다.

이렇듯 조선교회에는 남에게 도움을 베풀려고 하는 열린 마음과 감사의 정신이 충만하였으며, 이러한 열정이 결과적으로 오늘날 큰 교회성장과 선교운동을 가능하게 하였던 것이다.[7]

2) 선교사 이기풍

이기풍 선교사

예수님을 영접하기 전 이기풍[8]은 평양 서문통 네거리에서 예수를 믿으라고 전도하던 마펫 선교사에게 돌을 던져 턱에 큰 상처가 나게 한 사람이었다. 또 마펫이 교인들과 함께 장대현에 예배당을 건축한다는 소식을 듣고 공사를 방해하며 예배당을 부수기도 하였다. 이기풍은 그리스도인이었던 김구 선생의 어머니와 안중근 의사의 부친 안태흘로부터 귀히 여김을 받았고 그리스도인들의 삶을 통해 큰 감명을 받아온 터라, 자기로부터 돌팔매질을 당한 마펫 선교사가 의외로 인자한 반응을 보이자 마음이 흔들렸다.

1894년 청일전쟁이 발발하자 전쟁터가 된 평양에서 더 이상 생활할 수 없게 된 이기풍은 원산으로 피난하였다. 전쟁의 와중에서 재산을 잃어버린 이기풍은 다시 장사에 나서 여러모로 고생하면서 겸손한 인격을 훈련받았다. 어느 날 그는 우연히 그가 때려눕혔던 마펫 선교사와 똑같은 서양인을 보게 되었다. 그가 자책

7 이종우, 『한국교회 선교역사』, 92.

8 이기풍 목사의 생애와 제주도선교사역을 기술한 자료로서 다음 문헌들을 참고할 것. 이종우, 『한국교회 선교역사』, 85-92. 심군식, 『한국교회 순교자들의 생애』(서울: 도서출판영문, 1994), 45-80. 기독교대백과사전편찬위원회 편, "이기풍", 『기독교대백과사전(12권)』(서울: 기독교문사, 1993), 1093-1094.

감으로 괴로워할 때 그 서양인이 이기풍을 향해 "죄를 회개하고 예수를 믿으십시오"라고 소리쳤다. 마치 하늘로부터 내려치는 뇌성벽력 같은 소리는 이기풍의 양심을 비수처럼 찔렀다. 그에게 복음을 전한 선교사는 다름 아닌 스왈런(William L. Swallen)이었다. 그는 원산을 근거지로 삼아 선교사역을 전개하고 있었다. 이기풍은 모든 죄를 통회 자복하고 1894년 스왈런에게 세례를 받았다. 이때 그의 나이 30세였다. 예수님을 구주로 영접하고 나서 이기풍의 생활은 전적으로 달라졌다. 완전히 예수에게 미쳤다는 소리를 들을 정도로 매일 동만 트면 집을 나가 전도하는 것이 일과였다. 그러나 복음을 전하면서 성경 지식이 부족하다는 점을 뼈저리게 느낀 이기풍은 성경을 공부할 열정을 품고 평양을 방문하였다. 그는 마펫 선교사를 만나 마펫을 괴롭힌 지난날의 모든 죄를 고백하며 용서를 구하였고 마펫은 그를 따뜻하게 맞아주었다. 천하의 불한당 이기풍이 과거사를 깨끗하게 청산하고 하나님의 종으로서의 삶을 살게 된 것이다. 1896년 그는 마펫 선교사를 도와 함경남북도를 순회하며 많은 전도의 열매를 맺었다. 이기풍은 권서인을 거쳐 조사가 되었다.

이기풍은 1903년에 평양신학교에 입학하여 서경조, 길선주, 양전백, 한석진, 방기창, 송린서와 함께 수학하였다. 5년 동안 학업을 이수하고 1907년에 졸업하여 조선 장로교 최초 7인 목사 중의 한 사람으로 안수받았다. 그는 목사가 된 후에 마펫 선교사를 생각하며 흑암 가운데 사는 이들로부터 돌팔매를 맞는 선교사가 되어야겠다고 생각해 왔는데, 독노회에서 7인 목사를 장립한 기념으로 제주도에 선교사를 파송하기로 결의하였다는 소식을 듣고 전도위원회에 선교사로 자청하였다. 선교사로 자원한 후 한때 마음이 약해져 제주도로 가는 일을 주저하기도 하였다. 그러나 윤함애 사모[9]가 적극적으로 격려해 주었고 부인조력회(여전도

9 이기풍 목사의 사모 윤함애는 황해도 안악 중골에서 윤 진사의 여식으로 태어나 어린 시절부터 사대부 가문에서 엄격한 교육을 받으며 성장하였다. 15세가 되던 해 치료가 불가능한 해괴한 열병에 걸려 3년 간 투병하였으나 소망이 없이 지내던 중 언더우드 선교사의 전도인으로 일하던 김채봉으로부터 전도를 받았다. 그로부터 기도를 받고 기적적으로 소생하여 예수님을 영접하였다. 그러나 신앙 문제로 가정에서 핍박이 심하여 가출하였고, 18세에 마펫 선교사를 만나 세례를 받았다. 마펫 선교사는 이길함 선교사(Graham Lee, 1861–1916)에게 윤함애를 소개하여 그의 양녀가 되었고 약 5년 동안 리 선교사의 보호를 받았다. 윤함애는 마펫 선교사의 중매로 1903년에 이기풍과 결혼하였다.

회)를 비롯한 평양 성내 교인들은 이기풍 목사 가족과 선교사업을 위해서 새벽마다 기도하였다.

이 목사 부부는 조그마한 목선을 타고 인천 앞바다에서 출항하여 제주도로 향하였는데 여러 번 풍랑을 만나면서 간신히 목포에 이르렀다. 그러나 거센 풍랑 때문에 사모와 자녀를 목포에 남겨두고 단신으로 제주도로 향하였다. 이기풍 목사가 제주도로 떠난 지 한 달이 지나도록 아무런 소식도 없어 모두 걱정하던 차에, 그는 요행히도 좌초된 난파선을 빠져나와 헤엄을 쳐서 겨우 추자도에 상륙하였다. 이 항해길에서 풍랑을 만나 여러 사람이 목숨을 잃었다.

제주도에 복음을 전하겠다는 부푼 꿈을 안고 제주도에 도착한 이 목사에게는 실망스러운 일들이 한두 가지가 아니었다. 우선 언어가 전혀 통하지 않아 의사소통이 어려웠으며, 천주교인 학살 사건 이후라 모두 증오에 찬 눈으로 바라볼 뿐 전도에는 전혀 반응을 보이지 않았다. 더러는 맹렬히 복음을 반대하며 핍박을 가해오기도 하였다. 아무도 방을 빌려주려고 하지 않았기 때문에 잠잘 숙소마저 마련하지 못하는 경우가 허다하였다. 사람들에게 전도할 양으로 다가가면 도무지 상대해 주지 않았고 다들 회피하는 바람에 대화 자체마저 힘들었다. 제주도 선교가 너무 힘들어 한때 제주도를 떠날 요량으로 이 사실을 마펫 선교사에게 전한 적이 있었다. 마펫 선교사는 "이기풍 목사가 내 턱을 때린 흉터가 아직 아물지 않고 있고, 이 흉터가 아물 때까지 더욱 분투하시오"라는 답신을 보냈다. 그는 이 편지를 받아 읽으며 자신의 안일한 태도를 회개하였다. 그는 다시 용기를 내어 평양으로 귀환하려고 챙겨 놓았던 짐을 다 풀고 전도길에 나섰다. 이기풍은 여행길에 사람들이 재워주지 않아 마구간이나 야외에서 잠을 청하는 때가 많았으며, 먹을 것을 구하기도 힘들어 자연에 의존해야만 하였다. 이런 날이 계속되자 영양실조로 더 이상 몸을 지탱할 수조차 없어 모래사장을 걸어가던 중 정신을 잃고 혼절하기도 하였다. 한번은 해녀의 도움과 간호로 가까스로 회복이 되었는데 그 해녀에게 전도하여 제주도선교의 첫 열매를 거둘 수 있었다. 그는 농군들 사이에 섞여 일을 하면서도 여러 날이 지나서 친숙하게 된 후에야 입을 열어 복음을 전하기도 하였다.

얼마 후 이 목사는 목포에 가서 사모를 데리고 제주도에 왔으나 사모는 현지인들과 말이 통하지 않고 풍속까지 달라서 외롭고 쓸쓸한 날들을 보냈다. 그러나 사모는 초지일관의 신앙으로 오로지 주님과 복음을 위하여 자신을 제주도 사람들을 위한 희생의 제물로 여겼다. 선교사의 배후에는 이처럼 헌신적 봉사를 아끼지 않는 사모들의 사랑과 희생적인 수고가 있었다는 점을 숙고해야 한다. 제주도의 문화와 풍습을 잘 몰라 제주도 사람들과 많은 갈등을 겪기도 하였으나 이 목사 부부는 이러한 난관을 믿음과 구령의 열정으로 인내하였다. 1908년에 20여 명에 불과하던 교인 수가 1911년에는 410명으로 증가하였고 세 곳에 교회가 설립되었다.

이후 1912년 제주선교를 위한 한 명의 조사와 몇몇 남녀 전도인들이 파송되었다. 1913년, 제주선교는 성장일로에 있었으며 매서인 1인을 고용할 계획까지 수립하였다. 1919년에는 예배당이 6곳, 기도처가 4곳이 있었다. 이기풍 목사는 1915년에 건강상의 이유로 제주도를 떠났다. 제주도는 한국의 일부이기는 하지만 본토에서 원거리에 있을 뿐만 아니라 풍속과 습관, 언어가 달라 일반문화의 혜택은 물론 복음의 혜택을 전혀 받지 못하고 있던 지역이었다. 이기풍 목사는 그곳에 가서 박해를 감수하며 10년 동안 헌신하였고 그 결과 제주노회가 조직되었다.

3) 제주도선교사

이기풍 목사는 제주도 복음화를 실현한 첫 선교사였다.[10] 그러나 이기풍 이외에도 공식적으로 파송된 다른 남녀 선교사들, 학생들, 그리고 외국 선교사들이 제주도 복음화를 위해서 수고의 땀을 흘렸다는 점을 잊어서는 안 된다.

1909년 평양 여전도회에서는 여전도사인 이관선을 제주선교사로 파송하여 5년 동안 이기풍 목사를 돕도록 하였다. 이 전도사는 "여자가 여자를 위하

10 이종우, 『한국교회 선교역사』, 94.

는"(woman's work for woman) 외지전도의 모범이 되어 여전도회가 파송한 첫 선교사가 되었다. 1908년에 조직을 완전하게 갖춘 평양 여전도회는 회원 한 사람이 1전씩 연보하여 이 연보로 전도사를 파송하였다. 이관선 전도사는 1909년부터 1913년까지 평양 여전도회에서 파송한 선교사로 사역하였다. 1909년에는 평양 숭실대학과 고등학교 학생들이 헌금을 모아 김형재를 제주에 파송하여 1년 동안 전도하게 하였으며, 그 이후에도 장기적 혹은 단기적으로 사역자들을 파송하였는데 처음에는 북부에서 맡았고, 1913년 이후부터는 전라노회에서 담당하여 추진하였다.

미국남장로회 파송 선교사로 전라북도와 충청남도에서 활약한 매큐첸(Luther O. McCutchen) 선교사[11]의 부인은 개인 헌금으로 여전도인 2명을 보내어 전도하게 하였다. 그는 "전라노회의 선교사역"이라는 글에서 윤식명 목사, 권서인, 조사들, 그리고 여전도사들이 이기풍 선교사와 더불어 제주도에서 사역하였다고 밝혔다.

제주도에서 사역한 목사들로는 윤식명 목사가 1914년부터 1921년까지, 최대진 목사와 최대선 목사가 1916년부터 선교하였으며, 장덕상 목사가 1917–1918년까지, 김창국 목사가 1917년부터 1923년까지, 이창규 목사가 1923년부터 사역하였고, 이도종 목사가 1931년에, 정순모 목사가 1934년에, 그리고 조상학 목사가 수고하였다. 평신도로서는 김창문이 1909년에, 김홍련이 1915년부터 복음을 전하였다.

---

11 1902년 미국남장로회로부터 파송을 받아 목포를 거쳐 전주를 선교 거점으로 삼았다. 그는 순회전도사역을 통하여 무주, 전주, 익산, 진안, 금산 등지에 수많은 교회들을 개척하였으며 전북 지방과 충남 지방에 성경학교를 설립하여 전도자들을 양성하였다. 일제 말기에 선교사들에게 내려진 강제 추방령으로 인하여 귀국하였다. 기독교대백과사전편찬위원회 편, "매큐첸", 『기독교대백과사전(5권)』, 1056.

4) 제주도선교의 특징

① 능력전도(Power Evangelism): 신유의 선교[12]

제주도선교에 하나님의 치유의 능력이 나타나 다양한 질병으로 고생하는 병자들이 회복되면서 사역이 활발하게 전개될 수 있었다. 놀라운 표적과 기사가 제주선교 사역자들을 통하여 증거되면서 복음의 진보를 이룰 수 있었다. 이기풍 목사는 1911년 9월 17일 대구에서 열린 제5차 독노회에서 앉은뱅이가 걷고, 미치광이가 고침을 받고, 귀신들린 남녀들과 다른 질병을 가진 사람들이 고침을 받았다고 보고하였다. 능력전도는 오늘날 선교사역에서도 매우 중요한 요소로 거론되는데, 한국교회 선교 초기에는 이러한 치유를 동반한 능력전도가 매우 현저하게 나타났다.

② 통전적으로 이루어진 선교[13]

역사적으로 선교운동은 교회구조(modality)와 선교회구조(sodality)에 의하여 이루어졌듯이, 제주도선교에서도 역시 같은 원리를 발견할 수 있다. 이기풍 목사를 파송한 그 자체는 교회구조의 선교라고 볼 수 있지만, 선교가 활성화될 수 있었던 배경에는 선교회구조의 협력사역이 뒷받침되었다.

평양노회의 여선교회는 이관선 여전도사를 이기풍 목사 내외와 더불어 일하도록 제주도에 파송하고 선교비를 전달하였다. 평양 남학교와 학생선교회에서도 학생 사역자 김영재를 제주도에 보내고 그의 선교비를 담당하였다.

미국북장로교회의 파송을 받고 주로 부녀자들을 위해 전도활동을 전개하였던 배귀례 선교사(Margaret Best)[14]는 1909년 9월 20일에 작성한 "평양 한국 여선교회"

---

12 이종우, 『한국교회 선교역사』, 94-97.

13 이종우, 『한국교회 선교역사』, 97-99.

14 미국북장로회 파송 선교사로 1897년 7월에 내한하여 평양선교부에 부임하였다. 주로 부녀자들을 위한 전도, 계몽, 행정을 담당하여 여성 지도자로 사역하였으며 내한 3년 후에는 평양의 모든 지역을 순회전도하였다. 1903년 숭의여학교 초대 교장, 1907년 평양여자성경학원 초대 교장, 숭실학교 교사로 봉직하였으며 신천, 곡산 등에서 전도하였다. 기독교대백과사전편찬위원회 편, "베스트", 『기독교대백과사전(7권)』, 673.

에 대한 보고서에서 1908년에 조직된 평양 여선교회가 놀라운 저력을 발휘하였다고 하였다. 당시 선교회들은 비교적 조직적이면서도 조용하게 사업들을 펼쳤으며, 선교단체들은 선교정신을 함양시키고 전도를 생활화하는 데 큰 업적을 남겼다.

③ 협력 선교사팀 구성을 통한 선교[15]

장로교 독노회는 이기풍 목사를 제주도에 파송하였을 때뿐만 아니라 다른 사역자들을 파송할 때에도 계속 후원하였다. 윤산온(George McCune)[16]은 시베리아 블라디보스토크에서의 사역에 대하여 다음과 같이 보고하였다.

> 제주도에 파송된 선교사는 조사와 권서인 그리고 여전도사 등이 있다. 해양 지방인 블라디보스토크에 가 있는 선교사에게도 후에 이런 돕는 사역자들을 딸려 보낼 것이다. 그들의 모든 경비는 노회가 담당한다.

한국교회는 오늘날 선교사들을 개별적으로 파송하기보다는 선교사팀을 구성하여 파송하는 것을 신중하게 고려하여야 한다. 안수받은 목사들만을 선교지에 보낼 경우 많은 문제들이 야기될 수 있다. 이러한 부담을 피하기 위해서 교회는 안수받은 목사들과 안수받지 않은 사역자들을 함께 팀으로 보내는 것이 바람직하다. 이기풍 목사와 이선광 여전도사, 여러 남전도인 등 전국 교회의 헌금과 기도, 그리고 평양 여전도회와 평양 숭실대학교 학생 등의 연합사역(team ministry)을 통하여 제주선교는 초기의 많은 어려움을 극복하고 성장할 수 있었다.

제주도선교는 처음에는 해외선교로 여겨졌으나 1913년부터는 내지선교로 간주되었다. 내지선교로 간주된 후부터는 제주도와 지리적으로 가장 근접해 있는

15 이종우, 『한국교회 선교역사』, 99-100.

16 미국북장로회 파송 선교사로 1905년 9월에 내한하였다. 평양 선교회에 배치되어 베어드의 숭실학교 운영을 도왔으며 신성중학교 교장, 평양 숭실전문 교장으로 봉직하였다. 교육사업에 힘쓰던 중 1936년 신사참배에 항거하다 교장직에서 해직당하고 강제 출국 조치되었다. 기독교대백과사전편찬위원회 편, "매큔2", 『기독교대백과사전(5권)』, 1057.

전라노회가 맡게 되었고, 1917년 전라노회가 전북노회와 전남노회로 분립되면서 전남노회가 제주선교를 전담하게 되었다.[17]

5) 제주도선교의 의의

선교사를 파송하여 제주도를 선교한 행적은 다음 여섯 가지 관점에서 각별한 의미를 갖는다.[18]

첫째, 제주선교는 1903년부터 시작되어 1907년에 정점에 이른 평양부흥운동과 각성운동의 결과로 표출된 조선교회 선교의 시발점이 되었다. 부흥운동의 역사가 제주선교까지 확장되어 나갔던 것이다.

둘째, 제주선교는 조선교회가 "선교하지 않는 교회는 진정한 교회가 아니다"라는 선교적 교회론을 가지고 있었음을 보여준다. 그리하여 장로교는 1907년 독노회 설립과 함께 최초로 임직받은 7명의 목사들 중 이기풍 목사를 최초의 타문화권 선교사로 제주에 파송하였다.

셋째, 당시 조선교회는 선교를 조선교회 전체에 주신 지상 사명으로 이해하였고, 제주선교의 모든 비용을 외국 자금의 보조 없이 조선교회의 헌금으로만 감당하였다. 제주선교는 몇몇 교인이 아닌 조선 장로교 산하 모든 교회가 헌금을 바쳐 참여한 사업이었다. 제주선교는 이후 조선교회가 해외선교비 일체를 스스로 감당하는 자립선교의 모범이 되었다.

넷째, 제주선교를 위한 선교비 후원 창구가 독노회 전도국으로 일원화되어 있었다. 전도국이 선교사 인선, 선교비 모금과 후원, 후속선교 인력 파송 등의 모든 총체적 지원을 담당하였다. 또한 선교사는 전도국과 긴밀한 관계를 유지하며 매년 노회 회기 때마다 전도국에 사역을 보고하고 교계 신문에도 선교소식을 게재

17 이후 1923년 봄에는 김익두 목사를 초청하여 10일간 대전도집회를 열었고, 1922부터 1924년까지 여름방학 중 숭실전문하고 학생전도대에서 대대적으로 전도집회를 개최하였다. 이기풍 목사가 사역을 시작한 지 20여 년이 지난 1930년 11월에는 17개 교회가 개척되어 전남노회에서 분립되고 제주노회가 독립노회로 조직되었다.

18 변창욱, "한국 장로교회 선교사 파송 100년(1907-1956)", 21-23.

하였다. 또한 전국 교회의 연보, 즉 특별 선교헌금으로 모금된 선교비에서 선교사의 생활비, 사역비, 교통비, 가사비 등이 지원되었다.

다섯째, 목사안수를 받은 선교사뿐 아니라 남녀 전도사, 조사, 평신도 남녀 전도인, 매서인, 학생들의 협력사역과 팀선교(team mission)가 이루어졌다. 이로써 장로교회의 전도국뿐만 아니라 평양 여전도회와 숭실전문학교, 그리고 고등학교 기독학생회까지 각계각층에서 선교에 동참하였다.

여섯째, 평양 여전도회는 여성사역을 위해 독신 여선교사를 파송하였다. "여성을 위한 여성사역"을 위해 제주에 여전도사를 선교사로 파송한 것이다. 이로써 여전도회 전국 연합회가 보조선교사 파송 기구로서 남성 주도의 장로교 총회 선교사 파송 기구인 전도국과 협력하여 선교사를 파송하고 후원하는 협력사역의 기틀을 마련하였다.

2. 중국선교: 산동성선교(1913-1957)

1907년 독노회가 설립된 이후 교회는 국내외적인 어려움 속에서도 꾸준히 성장하였다. 1907년 이기풍 목사가 제주도선교사로 떠난 이후 조선교회는 계속하여 타문화권 선교에 관심을 갖고 매진하였다. 조선에 비하여 훨씬 이전부터 복음을 받아들였던 중국이나 일본에서도 선교를 생각하지 못했지만, 한국교회는 선교가 그리스도인들의 지상의 사명이라는 것을 인식하고 선교에 열정을 품었다.[19]

한국교회의 선교는 1907년 장로교가 독노회를 조직하고 이기풍 목사를 제주도로 파송하면서 시작되었다. 장로교는 전국 교회를 한 노회 안에 관리하던 것을 1911년에 이르러서는 전국의 7개 대리회[20]를 7노회로 조직하고 총회를 설립하기 위한 준비에 착수하였다. 1912년 9월 1일 주일에 창립총회가 개막되었다. 초대

---

19 박기호, 『한국교회 선교운동사』(서울: 아시아선교연구소출판부, 1999), 62.

20 경기 · 충청대리회(50여 교회), 평북대리회(160여 교회), 평남대리회(90여 교회), 황해대리회(50여 교회), 함경대리회(80여 교회), 전라대리회(130여 교회), 경상대리회(190여 교회).

총회장에는 언더우드가 선출되었고, 부총회장에는 1907년 평양부흥운동의 주역이었던 길선주 목사가 선출되었다. 총회가 설립되자 장로교회는 세계교회의 일원이 된 것을 확인하고 이를 만국장로교회연맹과 각국 장로교회의 총회에 통고하였다. 명실공히 한국 장로교회는 세계 장로교회와 세계교회의 일원이 된 것이다. 비록 국가는 일제에 의해 그 독립권을 빼앗겼지만 교회는 오히려 당당한 독립적 기구로서 세계교회와 어깨를 나란히 하는 경사를 맞았다. 교회는 법으로 200명의 총대 중 선교사의 숫자가 40명을 넘지 못하게 못 박음으로써 한국교회의 자치성을 강화하였다. 한국의 목사, 장로들이 절대다수였다는 점에서 그만큼 한국교회 지도자들이 교회를 책임지고 이끌어 가야 하는 책무도 커졌다.

1) 산동선교의 시작

곽안련(Charles A. Clark) 선교사

1912년 장로교 총회가 설립되자 그 기념으로 복음전파 역사가 더 오랜 중국 산동에 선교사를 파송할 것을 만장일치로 결의하였다. 총회가 설립되고 나서 수행한 첫 번째 사역은 해외선교부를 조직하는 일이었다. 한국 선교역사에서 제주선교가 국내에서 시도된 첫 번째 타문화권 선교였다면, 외국에 선교사를 파송하여 외국인을 대상으로 선교한 첫 번째 사례는 바로 중국 산동선교였다. 미국북장로회 선교사 클락(곽안련, Charles A. Clark)은 한국교회 중국 산동선교의 중요성에 대해 "조선교회가 선교 받은 지 28년밖에 안된 때였다. 실로 세계에 유(類)가 없는 경이적 사실이 아니고 무엇이랴"라고 높게 평가하였다.

산동선교를 위해 총회는 선교사를 파송하기 전에 현지를 답사하고, 선교지 선정을 위해 중국교회뿐 아니라 재중(在中), 재한(在韓) 미국북장로회 선교부와 협의하는 등 사전 준비작업을 거쳤다. 또한 1907년 독노회 설립으로부터 1912년 총회가 설립되기까지 줄곧 전도국 위원장을 맡았던 길선주 목사는 그 이전부터 이미 중국선교에 대한 비전을 품고 있었다. 또한 블레어(William Blair) 선교사에 의하면 중국에 선교사를 파송하자는 안건이 여러 해 동안 청원되었고 마침내 1912년 장로교 총회가 중국 내 선교지역을 조사하도록 지시하였다.[21]

1912년 총회에서 중국 산동성에 선교할 것을 만장일치로 결의하고, 이에 따라 총회 선교부 부원인 한위렴(William B. Hunt)[22] 선교사가 중국 산동을 방문하여 선교 추진을 긍정적으로 평가하였다. 또한 장로회 총회는 이와는 별도로 현지에 있는 중화 예수교장로회 화북대회(華北大會)와의 협의를 통해 '선교지 허가'를 얻기 위해서 2명의 한국인 목사를 파견하였다. 박태로 목사는 산동선교의 후보자로서 그가 실제로 그곳에 파송되기 전에 선교지를 답사하였다. 김찬성 목사 역시 산동노회와 협의하여 선교부의 위치를 확정하기 위하여 박태로 목사와 함께 파견되었다. 이러한 과정을 거쳐 1913년 가을 총회에서 선교지를 중국 산동성 회양현과 래양현으로 결정하고 첫 선교사로 김영훈(金永勳), 사병순(史秉淳), 박태로(朴泰魯) 등 세 사람을 임명하였다.[23] 또한 래양에서 선교하고 있던 산동 주재 미국북장로회 선교부는 선교부가 사용하던 소유지를 한국 선교부에 이양하고 다른 지역으로 철수하겠다고 제안하였다. 김찬성과 박태로 두 목사가 산동성을 방문한 때는 마침 3년 만에 한 차례씩 있는 화북대회가 개최되는 시기였기 때문에 한국교회의 산동선교 계획안을 화북대회에 제출할 수 있었다. 이에 중화 장로교 화북대회는 만장일치로 조선교회의 산동선교를 가결하여 허락하였다.

이처럼 한국 장로교회는 조직되어 있는 현지 교회와 선교사들의 협력을 얻어 진출할 수 있었다. 장로교 총회는 선교지 선정 문제를 현지 미국 선교사들과 중국장로회대회의 교회 지도자들과 사전에 협의하고 허락을 얻은 후에 선교사를 파송하였다. 그리하여 한국 선교사가 제의하고 중국교회의 동의를 얻어 공맹(孔

21 한국교회가 중국선교를 시작한 것은 1910년 에딘버러에서 열린 세계선교대회가 동기 요인으로 작용했다고 말하는 학자도 있다. 20세기가 시작되어 세계역사의 운명적인 새 장이 열렸을 때, 비서구 지역 국가에서는 새로운 민족정신이 싹트고 있었으며 이는 기독교회에 되었다. 박기호, 『한국교회 선교운동사』, 167.

22 미북장로회 파송 선교사로 1897년 10월에 내한하여 평양선교부에 배속되었다. 재령에서 현지 천주교인들로부터 박해를 받은 개신교 신자들을 위로하였으며 사태를 수습하였다. 그는 황해도에서 오직 선교사업에 매진하여 재령선교의 아버지로 불렸다. 기독교대백과사전편찬위원회 편, "헌트6", 『기독교대백과사전(16권)』, 294.

23 김영재, 『한국교회사』, 139.

子, 孟子)의 출생지인 산동의 래양현을 중심으로 선교 지역을 무난하게 할당받았던 것이다.[24]

그렇다면 왜 한국 장로교회는 산동성을 첫 번째로 해외선교지로 선택하였는가?

첫째, 산동은 공자와 맹자의 출생지요 중국문명의 발생지였기 때문에 중국인들뿐만 아니라 당시 중국의 유교문화권에 영향을 받고 있었던 한국인들에게 매우 중요한 지역이었다. 한국 목사들은 한자를 읽고 쓸 수 있어서 의사소통이 가능하였고 언어도 한자음과 비슷해서 매우 쉽게 습득할 수 있었기 때문이다.

둘째, 산동성은 공자와 맹자가 태어난 고장으로 기독교의 불모지이며, 1900년 의화단 사건이 일어난 어수선한 지역이었기 때문이었다. 의화단의 반외세와 반기독교 투쟁을 주도한 인사들은 산동성 사람들이었으며 산동 지역에서 선교사들은 많은 피해를 입었다. 천주교, 미남침례교, 독일 루터교, 미국북장로교 등 여러 선교부가 산동에서 사역하고 있었지만 주로 도시에 집중하였고 선교 열매도 미미하였다. 특히 산동은 1862년부터 50여 년 간 유일하게 미국 장로교 선교부가 선교하고 있었으나 큰 어려움을 겪고 있던 곳이기도 하였다. 우리 총회는 다른 나라에서 이미 성공한 지역에 들어가는 것보다는 실적이 없는 곳에 가서 복음을 전하는 것이 의미가 있다고 여겨 이 지역을 선택하게 되었고, 중국교회에서도 적극적으로 이곳을 천거하였던 것이다.

셋째, 한국 기독교인들은 그들에게 영생의 복음을 전하여 준 서양 선교사들에게뿐만 아니라, 기독교 전래 이전 공맹의 도를 전해 준 중국인들에게도 감사의 마음을 표현하였다. 복음을 전해 준 서양 선교사들과 고등한 문화를 전해 준 중국인들의 은혜를 갚기 원했던 것이다.[25]

산동선교는 1913년 박태로, 김영훈, 사병순 목사가 산동에 도착한 이래 오랜 기간 지속되었다. 당시 중국선교부에서 우리에게 할당한 산동지역의 한국 선교구역

24 공자와 맹자의 출생지인 산동성 사람들은 그들의 본토유산에 대하여 매우 자부심이 컸다. 그래서 이들은 외부문화에 대해서는 단호한 자세로 배척하는 입장을 취하였다. 중국문명의 발상지라고 할 수 있는 산동성에서, 더군다나 외지인인 조선인들이 선교사역을 수행한다는 것은 감히 엄두를 내지 못할 일이었다.

25 박기호, 『한국교회 선교운동사』, 63.

은 래양현을 중심으로 즉묵현, 평도현, 초원현, 루하현, 해양현까지 모두 6현이었다. 그 인구는 당시 우리나라 평안북도와 황해도의 사람들을 더한 규모로 약 380만 명에 달하는 숫자였다. 그중 기독교인은 여러 교파와 교단의 교인 수를 총합하여 5,000명쯤이었다. 중국 기독교인들은 "이 사람들이 천당 가고 지옥 가는 것이 조선교회에 달려 있다"고 말했을 정도로 한국에서 파송된 선교사들을 신뢰하였다. 그 당시 미국북장로회 선교부는 한국교회가 선교를 맡은 지역에서 철수하였고 방효원, 홍승한, 박상순 목사가 서로 지역과 교회를 나누어 시무하였다. 당시 산동에는 7개국 10개 교파에서 입국한 선교사들이 각기 선교사역을 진행하고 있었고, 래양현만 하더라도 루터교, 침례교, 천주교, 장로교 등 5개의 교파가 활동하고 있었다. 선교사역은 1957년 마지막 선교사인 방지일이 중국 공산정권에 의하여 추방당할 때까지 계속되었다.[26]

2) 한국 선교사들의 초기 사역

1913년 11월 박태로, 김영훈, 사병순 등 세 사람의 한국 선교사들은 그들의 아내와 자녀들과 더불어 래양에 거주하였다. 중화문화권에 대해서 한국 선교사들은 거의 아는 바가 없었고 현지에는 영향력 있는 교회도 없었다. 한국 선교사들과 그들의 가족이 산동에 도착했을 때 그들은 '조그마한 나라' 한국으로부터 온 사람들로 여겨졌으며 그 도시에서 거의 존대받지 못하였다.[27] 서양 선교사들은 종종 자기나라의 정치적, 경제적인 도움을 받았지만, 무시당하던 한국 선교사들은 일제 식민통치 기간이었으므로 국가의 후원을 받지 못하였다. 한국 선교사들은 해외 선교사로서 누릴만한 아무런 혜택도 없이 중국인들과 뒤섞여 생활하였으며 자신들이 나름대로 원칙과 원리를 정립하고 교회를 개척하여 이끌었다. 이들이 가진

26 김영재, 『한국교회사』, 329. 박기호, 『한국교회 선교운동사』, 64. 방지일 목사는 1937년부터 1957년까지 중국 선교사로 파송받아 산동에서 사역하였다. 중국 공산 치하에서 반공분자로 지목을 받아 추방 명령을 받기까지 20여 년간에 걸쳐 산동선교에 헌신하였다. 1957년 추방령에 따라 홍콩을 통해 귀국함으로써 산동선교는 막을 내렸다. 기독교대백과사전편찬위원회 편, "방지일", 『기독교대백과사전(7권)』, 315-316.

27 박기호, 『한국교회 선교운동사』, 69.

것은 오직 복음뿐이었다. 이들은 대규모의 교육사역이나 의료사역을 설립할 후견인 없이 단순하게 복음의 메시지만을 전할 수밖에 없는 처지였다. 산동에서 서양 선교사들과 중국인 사역자들은 처음에는 한국 선교사들을 그다지 호의적으로 대하지 않았으나 진심을 알고 나서부터는 협력자들이 되었다. 세 명의 첫 산동 선교사들은 이러한 협력관계를 바탕으로 열심히 사역을 전개할 수 있었다.[28]

초기 산동성 선교사역에 대해 사전 조사와 준비가 미비하였다는 이유를 들어 실패한 선교라고 비판하는 사람들도 있다. 그러나 이는 성급한 판단이다. 실제로 한국 장로교회는 산동선교를 시행하기 이전에 주의 깊게 조사하였고 철저하게 계획을 세워 실행에 옮겼다. 또한 선교사들을 파송하기 전에 서양 선교부와 중국 노회와 협의하였고 선교사 파송계획도 현지에 가서 충분하게 논의하였다.

3) 산동선교 성공의 계기

선교지에 부임한 선교사들은 인사차 래양 시에 있는 중국 관리들을 방문하였다. 선교사들이 일상적인 예의 표시로 관리들을 예방하였으며, 관리들 또한 답례로 선교사들을 방문하였다. 세 선교사들이 예의를 갖추어 관리들을 방문하자 한민족이라는 소수민족에 대한 중국인들의 멸시와 비난을 재고하게 하는 큰 변화가 일어났다. 중국 관리들과 한국 선교사들 간의 교류는 마을사람들의 선교사들에 대한 태도의 변화를 가져왔다. 한국 선교사들은 성령의 인도하심 가운데 중국 관리들을 예방하였고, 중국인들은 선교사들을 인정하여 후대하였다. 한국은 '동방예의지국'이라고 불릴 정도로 한국 선교사들에 대한 인식이 전환되었다. 선교사들은 중국으로부터 물려받은 문화유산을 통해 한자를 이해하고 쓰는 재능이 뛰어나 중국어를 빠르게 배웠으며 중국 선교사역을 효율적으로 전개할 수 있었다. 한국 선교사들은 중국인들에게 선교함에 있어 서양 선교사들이 갖지 못한 유리한 점들을 갖추고 있었다. 성경의 일부를 한자로 써서 중국인들에게 나누어주

28 박기호, 『한국교회 선교운동사』, 69-70.

면 중국인들은 훨씬 수월하게 복음을 이해하였다. 중국인들은 공맹에 대한 공경심이 깊었기 때문에 한자로 쓰여진 모든 문장들을 존경심으로 대하였으며 건네받은 전도지들을 무심코 버리지 않고 집으로 가져가 간수하였다. 중국에 파송된 선교사들은 모두 중국 글을 잘 아는 사람들이었으며 한자로 필담을 나누며 전도도 하였다. 또 그들이 선교지에 간 지 2년쯤 되었을 때에는 중국어로 설교를 할 정도로 회화 능력도 향상되었다.[29]

4) 교회성장과 장애 요인들

산동성에 전도의 문이 열려 한국 선교사들이 도착한 지 3년째 되던 1915년 4월, 이들은 중국인 남자 두 명과 여자 한 명에게 세례를 베풀고 기존 신자 다섯 명과 함께 교회를 시작하였다. 매우 작은 규모로 시작하였으나 견고하게 기초를 세워갔다. 1917년에는 28명의 세례교인, 35명의 학습교인, 26명의 새 신자가 있었다. 여섯 개의 집회처가 마련되었고 16명, 10명, 6명의 학생으로 구성된 세 개의 자립한 학교가 있었다. 1920년에는 많은 동네에서 전도예배가 개최되었고, 수백 명의 중국인들이 복음을 들었다. 1921년에는 중국인 성도들이 가가호호 방문하면서 복음을 전하였다. 1923년 말 통계에 의하면 세례교인이 519명, 교인 수가 815명, 25개의 예배 처소, 19개의 자립한 학교, 10개의 교회건물이 있었다. 한국교회의 해외 선교사역은 이처럼 견고하게 확장되어 갔다.[30]

중국교회가 성장하는 데는 많은 장애 요인들이 있었다. 여자들을 마음대로 움직이지 못하도록 발을 묶는 전족(纏足)을 한다든지, 한자를 깨우치지 못했다든지, 극도의 가난, 과도한 음주, 주일을 성수하지 않고 일하는 행위, 거짓말, 선교사들에게 의식주를 의존하는 일 등등이 교회성장의 장애 요인들이었다.[31]

---

29 박기호, 『한국교회 선교운동사』, 69-70. 한국 선교사들은 자신들을 중국인들과 동일시하고 문화에 적응함에 있어 서양 선교사들보다 훨씬 쉬웠다. 만일 공산정권이 들어서지 않았더라면 한국 선교사들이 중국 복음화에 더 큰 기여를 하였을 것이다.

30 박기호, 『한국교회 선교운동사』, 73.

31 그러나 이러한 장애 요인들이 있었음에도 불구하고 교회가 꾸준히 성장할 수 있었던 것은 한국 선교사들이 한자를 쓰는 재능이 있었기 때문이었다. 선교사들은 이러한 재능이 있었기에 중국인들과 수월하게 의

5) 선교사 교체

① 첫 선교사들이 당한 고통

여름의 지독한 더위와 의료 시설의 부족으로 박태로 선교사는 질환을 앓다가 1916년 5월에 귀국하였다. 파송 3년 6개월만인 1917년 4월 김영훈, 사병순 선교사 역시 큰 흉년이 들자 생활비와 사역비가 부족하여 자녀교육의 어려움을 극복하지 못하고 귀국하였다. 문제는 이들이 총회 전도국으로부터 허락도 받지 않은 채 귀국하였다는 점이었다. 이 사건으로 인해 많은 사람들의 비난이 쏟아졌다.

그러나 이 사건의 배경에는 다음 세 가지의 요인이 작용하였다.[32]

첫째, 당시 국내 선교국이 현지 사정에 어두웠다는 점이다.

둘째, 이로 인해 선교부는 한국적 선교방법을 고집하였다.

셋째, 여러 차례 선교사들의 지원 요구가 반영되지 않자 선교사들은 모욕감을 느끼고 의욕을 상실한 채 귀국할 수밖에 없었다.

파송된 지 3년여 만에 산동 주재 한국 선교사들이 모두 철수하자 현지 교인들은 매우 실망하였다. 1917년 5월 총회 전도국은 질병 치료차 귀국해 있던 박태로 선교사와 방효원 목사를 임시로 다시 산동에 파송하여 산동선교를 돌보게 하였다. 방효원은 총회가 현지를 답사해 줄 것을 요청하였고 사실 방효원은 현지답사를 위해 현장에 파견되어 있었다. 안타깝게도 박태로 선교사는 다시 병이 악화되어 귀국할 수밖에 없었다.[33] 그리하여 중국어를 구사하지 못하던 방효원만 홀로 남게 되자 총회는 중국어를 할 수 있는 선천의 김병규 조사를 6월에 급히 파견하여 중단 위기에 처한 선교사업을 돌보게 하였다. 8월에 귀국한 방효원은 9월 총회에서 산동선교를 보고하였고, 총회는 3명의 선교사를 추가로 파송함으로써 산

사소통을 할 수 있었고 이들과 터놓고 교제할 수 있었다. 박기호, 『한국교회 선교운동사』, 71.

32 박기호, 『한국교회 선교운동사』, 74. 그러나 비록 이들이 산동성에서 선교한 기간은 짧았지만 실질적으로 해외선교의 토대를 마련했다는 점에서, 그리고 이후에도 계속해서 산동에 선교사를 파송할 수 있는 디딤돌을 놓았다는 차원에서 의미를 부여해야 한다.

33 박태로 선교사는 1916년에 질병으로 귀국하여 휴양하던 중 1918년 9월 6일 황해도 봉산 사리원 자택에서 52세를 일기로 세상을 떠났다. 기독교대백과사전편찬위원회 편, "박태로", 『기독교대백과사전(7권)』, 131.

동선교는 중단 없이 지속될 수 있었다.[34]

② 방효원 선교사 파송

1917년 9월 제6차 장로교 총회가 서울에서 열렸을 때 방효원 목사가 산동선교 문제를 총회에 보고하였고, 이전 선교사들을 사임하도록 하고 그 대신에 다른 선교사들을 파송하자고 제안하였을 때 총회는 방효원 목사를 보내기로 결의하였다. 그는 총회의 결의를 받아들였으며 현지에서 사역할 동역자를 요구하였는데 홍승한이 추가로 선발되어 두 가정이 산동선교에 임하게 되었다.[35] 이들은 잠시 셋집에서 살다가 1918년 1월 전도국에서 구입해 준 가옥으로 이사하였고 처음 3년간은 중국어를 배우면서 틈틈이 전도하였다. 같은 해 2월 김병규는 8개월간 임시전도인으로서의 책임을 다하고 귀국하였다.

1917년에 평도, 해양, 서하, 즉묵 등 다섯 개 현이 확장되면서 30여 개 교회가 개척되었고 1918년에 박상순, 이대영 선교사가 추가로 파송되어 선교사업이 더욱 견고해질 수 있었다. 1931년에 이르러서는 독노회 내양노회를 결성하였다.[36]

③ 의료선교사들의 협력

1917년 10월에 재개된 산동선교는 추가 선교인력 파송과 아울러 김윤석, 안중호 등[37] 평신도 의사들이 자발적으로 선교사역에 동참하면서 시너지 효과를 거둘 수 있었다. 선교사역은 1919년부터 1920년 어간에 급성장하였고 이후에도 꾸준히 성장세를 지속하였다. 김윤석과 안중호의 의료사역은 최초의 의료선교로 볼 수 있으며 의학이 활성화되지 못한 당시로서는 절실한 과제이기도 하였다. 1918년 11월에는 박상순 선교사가 증파되었고, 전도사업과 함께 의료사업이 병행되었다.

---

34 방지일, "방효원 선교사와 산동선교", 『선교와 신학』 19집 (2007년 6월), 77.

35 박기호, 『한국교회 선교운동사』, 75.

36 기독교대백과사전편찬위원회 편, "방효원", 『기독교대백과사전(7권)』, 317–318.

37 이들은 공식적으로 선교부로부터 파송을 받지는 않았지만 두 평신도 의사들이 당시 산동선교 의료사역으로 크게 이바지하였다. 한 사람은 1916년에 세브란스를 졸업하고 래양에서 양의(洋醫)를 개업한 김윤식이었고, 다른 한 사람은 1931년 즉묵현에 거주하였던 안중호였다. 두 사람 모두 의술로써 산동성 선교사역에 큰 공헌을 남겼다. 변창욱, "한국 장로교회 선교사 파송 100년(1907– 1956)", 28. 기독교대백과사전편찬위원회 편, "안중호", 『기독교대백과사전(10권)』, 1283.

김윤식은 총회와 상관없이 래양에 가서 계림의원을 개원하여 자비량 선교사역을 감당하였다. 그는 공식적으로 선교사로 파송된 것은 아니지만, 가난한 현지인들을 무료로 치료해 주었으며 교회서적을 반포하고 중국인들의 마음을 움직여 복음에 귀의하는 사람들이 늘어났다. 그래서 계림의원은 초기부터 '조선장로회 선교병원'으로 알려지기도 하였다. 이후 1923년에 주현칙 의사가 즉묵에서 가성병원을 개원하였고, 1932년에는 안중호 의사가 개원하여 선교사업에 많은 도움을 주었다.[38]

④ 현지 교회들과의 협력

1913년 장로교 총회에서는 선교사는 현지 산동노회에 소속되고 별도의 교회를 세우지 않도록 하며 선교사를 언권위원으로 허락한다고 결의하였다. 이후 1916년 총회는 선교사들이 중국교회로 이명할 것을 허락하고 귀국할 때에는 원래대로 총회의 회원으로 귀환 조치한다고 결의하였다. 그리하여 선교사들은 1918년 5월 중국 화북대회에 정식으로 가입하고 래양현 주변 12km 지역을 선교구역으로 인수하였다. 한국 선교사들은 산동노회에 소속하여 산동노회에 속한 지교회를 개척하였고, 별도로 한국 선교회를 조직하여 선교사업을 진행하였다.

산동선교가 확장되면서 한국 장로교 총회는 1919년 중국 산동대회에 선교지역을 확장해 줄 것을 요청하였고, 한국 장로교에서 요구한 대로 래양 전 지역을 선교구역으로 이양받았다. 선교구역의 확대는 미국북장로회 산동지부 선교사들과 중국 노회원들과 협의하여 순조롭게 이루어졌다. 그리하여 산동선교는 선교지역이 확대되고 그 지역 내 미국북장로회가 설립했던 교회들을 인수하면서 급성장을 이루었다. 이후 1921년 11월 미국북장로회 선교부와 요동노회와 합의하여 산동성 즉묵 지역이 한국 선교지역으로 편입되었다. 1922년 6월 한국 장로교 총회는 이대영 선교사를 산동성 래양으로 파송하였다. 1922년 9월에는 산동선교 구역이 확대되면서 래양 지역과 즉묵 지역의 두 구역으로 분할되었다. 그러나 1924년 9월에 총

38 박기호, 『한국교회 선교운동사』, 78-79.

회에서 선교 예산을 축소하면서 한 차례 타격을 입었다. 그 여파로 래양과 즉묵 두 선교부가 다시 하나로 합병 복귀되고 즉묵의 홍승한, 이대영 선교사가 선교사역에서 철수하였으며 방효원은 래양에, 그리고 박상순은 래양에서 즉묵으로 이주하는 등 다각도로 선교지 조정이 이어졌다. 또한 운영하던 학교 보조비를 삭감 조치하여 학생 수가 감소하였고, 자급정책이 강화되면서 교육 분야는 점차 쇠퇴하다가 1936년부터 1938년 어간에 학교 교육은 중단되고 말았다.[39]

1931년 여전도회는 한국 장로교 최초의 여선교사로 김순호 전도사를 산동에 파송하였다. 1933년 5월에는 새로운 래양노회를 조직함으로써 중화기독교회 산동대회 내에 노회로 자리 잡았다. 이는 우리나라의 선교사들이 계속 본국 선교부에 소속되어 사역하는 것과는 매우 대조적이었으며 현지인들에게 교회운영을 맡기지 않고도 무난하게 발전할 수 있다는 독특한 전례를 남겼다.

⑤ 산동선교의 정체기와 방지일 선교사 파송[40]

1930년까지 지속적으로 성장세를 이어가던 산동선교는 1931년부터 차츰 정체기에 접어들었다. 이는 1931년 만주사변을 시작으로 1937년 중일전쟁 발발에 이르기까지 산동을 둘러싼 항일 투쟁과 대내외적으로 정국이 불안한 상황에 놓였기 때문이었다. 1937년 중일전쟁 와중에서 박상순, 이대영, 김순호가 귀국할 수밖에 없었지만 총회는 산동선교를 포기하지 않고 계속해서 선교사들을 파송하였다.

초대 산동 선교사 중의 한 사람인 방효원 목사의 아들 방지일 목사는 선친의 대를 이어 1937년 5월 7일 중국에 들어가 산동선교팀에 가담하였다. 방지일은 한국 장로교가 어려운 중국 정세 중에 산동에 파송한 마지막 선교사가 되었지만 결코 그가 미미한 선교를 감당한 것은 아니었다. 그의 산동선교를 위한 헌신적

39 산동에 파송된 한국 선교사들은 교회개척뿐 아니라 교육사역 분야에도 헌신적으로 종사하였다. 선교부는 초등학교 수준의 학교들을 도왔고 5년 과정의 성경학교를 설립하였다. 또한 한국 장로교 총회로부터 후원이 더 많아지자 선교사들은 래동에 성경학교를 설립하였으며 노회의 행정을 강화해 나갔다.

40 박기호, 『한국교회 선교운동사』, 81-83. 기독교대백과사전편찬위원회 편, "방지일", 『기독교대백과사전(7권)』, 315-316.

인 삶은 오늘날 한국 선교사들이 본받아야 할 귀감이 되고 있다. 그는 무엇보다도 중국인을 사랑하였으며 교회를 위해 고군분투하였다. 제2차 세계대전이 종료되고 산동 지역이 공산화된 이후에도 여러 해 선교사업에 충성하다가 1957년에 공산 정권으로부터 추방당하여 귀국할 때까지 중국교회를 위해 수고의 땀을 흘렸다.

방지일 선교사에 의하면 그 당시 한국 선교사들은 자기들 임의로 선교 지역을 선택하지 않고 한국 장로교회와 그 지역에 있는 서양 선교단체들, 그리고 현지 교회와 협의하여 결정하였다. 한국 선교사들에 의하여 설립된 40개의 교회들은 중화기독교회 산동대회 산하에 있는 래양노회에 소속하였다. 그 교회들은 파송받은 선교사들의 본국 교회에 속한 것이 아니라 중국교회에 속하였다. 비록 원 소속은 한국 장로교였지만 그들은 중국노회의 회원이 되어 중국인 교회들을 개척하였던 것이다.[41] 2차 대전이 끝나기 3년 전인 1942년 중국선교 통계에 의하면 교회 35처소, 세례교인 1,710명이었고, 래양에는 애린학교, 지푸에는 애도학교가 설립되었으며, 의료선교사가 파송된 때도 있었다.

⑥ 산동선교 대단원의 막

1940년 이후 이대영, 방지일 두 선교사가 잔류하여 교회를 돌보다가 1948년 이대영 선교사가 먼저 귀국하였다. 중국 대륙이 공산화되었음에도 불구하고 방지일 선교사는 많은 어려움을 감수하며 선교사역에 충실하게 임하였으나 중국 공산정권에서 추방령이 내려져 1957년 귀국할 수밖에 없었다.

이로써 44년간 지속해 오던 한국에 장로교 최초의 해외 선교사역이었던 중국 산동성선교는 대단원의 막을 내렸다.

41 이것은 오늘날 한국 선교사들이 본받아야 할 가장 이상적인 결정이었다. 현재 일부 한국 선교사들은 선교지에서 기존의 현지 교회나 교단과의 관계를 무시하고, 무분별하게 독자적인 행동을 하고 있다. 이들은 현지 교회 혹은 교단과의 관계에 있어서 마치 외교관이 갖는 치외법권과 같은 독특한 혜택을 누리고자 한다. 하지만 우리는 선교사가 선교지에서 한 사람의 사역자로서 현지 교회와 좋은 관계를 갖고 협력하는 것이 너무나 당연하고 바람직한 태도라는 점을 역사를 통하여 다시 성찰하여야 한다.

6) 첫 독신 여선교사 김순호

1928년 전국여전도회연합회가 발족되면서 제일 먼저 중국으로 선교사를 파송해야 한다는 데 의견에 일치를 보았다. 1930년대까지만 해도 중국 여성들은 유교문화권에서 힘든 생활을 하였는데 같은 여성으로서 이들 중국 여성들을 복음으로 해방시키기를 원하였던 것이다. 1930년 제3회 여전도회 전국대회 총회는 마침내 독자적으로 여선교사를 파송할 것을 결의하고, 그 첫 사업으로 총회가 전도사업을 진행하고 있는 산동성에 중국인 선교를 위하여 여선교사 한 사람을 파송하기로 결의하였다. 그리하여 1931년에 김순호[42]를 산동성 여선교사로 파송하였다. 한국 여성을 종래 대국으로만 여기던 중국에 선교사로 파송함으로써 한국여성이 활동할 수 있는 영역에 새로운 전환점이 마련되었다.

역사상 처음으로 여선교사를 파송한 여전도회는 모든 지회들로 하여금 이 사업을 위해 기도하고 지원할 것을 호소하였고 지회용 책자마다 여선교사의 활동내력을 보고하였다. 김순호는 현지의 선교사업이 확산되어 가자 1934년 전도부인 한 명을 파송해 줄 것을 청원하였고 대회는 이 요청을 허락하였다. 파송받은 지 5년 후인 1936년, 김순호는 안식년을 맞아 귀국하였고 6개월 동안 휴식을 취하는 중에 전국 교회를 순방하면서 선교활동을 보고하였다. 그녀에게 꾸준히 선교비를 보낸 회원들은 선교보고를 들으며 외지에 선교사를 파송하는 일에 자부심을 느꼈다. 김순호는 순회활동 보고를 통하여 회원들의 마음에 더욱 선교의 불을 지폈다.

김순호 선교사는 1년 동안 안식년을 보내고도 바로 선교지로 돌아가지 못하였는데 1937년 일본이 중국과 전면전을 선포하고 침략전쟁에 돌입하였기 때문이었다. 전시상황에서 산동에 들어간다는 것은 위험천만한 일이었다. 이후 김순호가 다시 중국에 입국할 수 있었던 것은 그 이듬해인 1938년 10월이었고, 산동이 아닌

42 박보경, "한국 장로교회 초기 여성선교사의 사역과 선교학적의의(1908–1942)", 『선교와 신학』 19집 (2007년 6월), 163–167. 박기호, 『한국교회 선교운동사』, 76–78. 기독교대백과사전편찬위원회 편, "김순호", 『기독교대백과사전(3권)』, 211.

청도에 거주하면서 산동 지역으로 순회하며 선교사역을 수행해야만 했다. 1939년 여전도회 총회에서 소환을 결정함으로써 중국 산동성에서의 사역이 마무리되었다. 그녀는 산동에서 활동한 유일한 동양 여성 선교사였으며 중국 여성들을 대상으로 어학, 심방, 설교, 전도활동, 성경공부반 지도 등에 크게 공헌하였다.

7) 산동 선교정책과 의의

한국 장로교 최초의 타국 외지선교였던 중국 산동선교는 다음과 같은 점에서 주목할 만한 선교 전통을 남겼다.

첫째, 산동선교는 한국교회 선교 역사상 최초의 타문화권 선교였다.

둘째, 외국 선교자금의 도움 없이 오로지 한국교회 자력으로 선교인력과 자원을 조달한 선교사역이었다.

셋째, 한국교회는 중국선교에서 서구처럼 강압적인 선교를 강행하지 않음으로써 현지 중국인들이 반감과 악감을 갖지 않게 하였고 오히려 선교사역에 협력자가 될 수 있도록 유도하였다.

넷째, 한국교회 선교 역사상 최초로 의료사역을 병행함으로써 복음전파의 우회적 방안을 마련하였다.

다섯째, 선교사 파송 전과 파송 이후에 중국교회와 미국 산동 선교부와 협의하여 선교구역을 결정하였다.

여섯째, 한국의 산동 선교사들은 현지 노회에 소속되어 그 노회의 일원으로 사역하였다. 별도로 한국교파 교회를 세웠던 것이 아니라 현지의 교단 교회를 설립하였기 때문에 현지 교단에 의해 보호를 받을 수 있었고, 현지 교회와 협의하에 선교를 수행할 수 있었으며, 현지 지도자로 활동할 수 있었다.

일곱째, 한국 장로교 총회의 전도국(선교부)의 감독하에 선교사역을 수행함으로써 긴밀한 협의를 통해 선교를 추진할 수 있었다. 선교비 후원 창구를 독노회 전도국으로 일원화하였고, 전도국은 선교사를 인선하는 일, 선교지 모금과 후원, 후속 선교인력 파송 등 일체의 총체적 지원을 맡았다.

여덟째, 1917년부터는 행정적으로 현지 언어공부와 안식년 제도가 마련되었다.

끝으로, 한국교회의 고유한 새벽기도, 사경회, 개인전도, 십일조와 헌금하는 법, 주일성수, 성경공부 등의 신앙전통을 전수하여 정착시켰다. 또한 자립교회 원리를 처음으로 가르쳐 자립의 기틀을 다지도록 하였다.[43]

43 변창욱, "한국 장로교회 선교사 파송 100년(1907–1956)", 31–35. 한국교회의 고유한 전통으로 자리 잡은 새벽기도의 전통, 사경회, 개인전도, 십일조, 주일성수, 성경공부 등은 1890년 6월에 내한하여 강론한 네비우스의 지침과 아울러 1903년 원산부흥운동, 1907년 평양부흥운동이 맺은 결실이었다.

Story 11

한국교회의 선교: 만주, 러시아, 미주

설립 초기부터 한결같이 선교하는 교회의 모습을 보여준 한국교회는 한국의 지경을 넘어서서 일본 동경, 중국 산동, 러시아 연해주, 만주 등지에 흩어진 한인 디아스포라들을 대상으로 복음을 전파하였다. 특히 1913년에는 순수하게 해외 선교로서의 중국 산동선교가 시작되었다.

1917년 제6회 장로회 총회에서는 한인 동포 사역을 '전도', 외국인 전도사역을 '선교'로 구분 지음으로써 해외 한인 디아스포라 선교가 점차적으로 해외선교의 범주에서 제외되었다. 그러나 한인 동포 선교는 선교 초기 단계부터 한국 장로교회뿐만 아니라 다른 교파와 교단에 소속된 모든 교회가 다함께 감당했던 한국교회 선교사(宣教史)의 중요한 몫이었다.[1]

1. 만주선교

만주는 한국인들에게 간도라고도 알려졌는데 간도는 섬이라는 뜻이다. 중국과 한국 사이에 놓여있는 만주는 오랜 역사에 걸쳐 중국과 한국의 영토권 주장으로 분쟁을 일으킨 지역이었으며, 1909년 중국이 일본의 지지를 받아 분쟁의 땅을

1 변창욱, "한국 장로교회 선교사 파송 100년(1907-1956)", 36-37.

장악함으로써 일단락되기까지 주인 없는 땅이나 다를 바 없었다.[2] 실상 만주 땅은 거기에 거주하는 중국인들보다 한국인들이 3배나 더 많이 살고 있었다.

고대로부터 만주는 한국인들의 삶의 터전이었으나 여러 가지 면에서 한국 본토와는 아주 달랐다. 언어는 중국어인데다 날씨는 훨씬 더 추웠으며 땅은 황량하였고 사람들은 이질적이었다.

1) 한국인들의 만주선교의 중요성[3]

만주에는 많은 한국인들이 이주하여 살고 있었다. 캐나다장로회 선교사로 내한하여 함경북도, 만주, 서울 등지에서 전도사역과 교수사역에 종사한 한 스코트(William Scott)[4] 선교사는 1918년에 쓴 "간도교회"라는 글을 통하여 1910년 이후 한국인들이 만주로 이주한 중요한 이유를 네 가지로 열거하였다. 첫째는 1917년 한국은 어려운 시기였다는 점, 둘째는 반면에 간도는 상당히 번영하고 있었다는 점, 셋째는 간도에는 생활비가 적게 든다는 점, 넷째는 간도에서의 삶을 통해 자유와 만족을 얻게 될 것이라는 소망을 들었다.

만주에 여행하던 한국인들은 강도 출몰에 대한 두려움이 있었다. 이를 대처하기 위해, 그리고 중국인들에게 호감을 사기 위해 한국인들은 중국옷을 입고 다니는 것이 일반적이었다. 이것은 일종의 상황화였다고 볼 수 있겠다. 만주는 한국 복음화의 전초기지와도 같은 곳이었다. 복음은 천주교 신부들에 의하여 만주에 처음 소개되었고 이후에는 개신교 선교사들에 의하여 전하여졌다. 로스, 맥킨타이어, 토마스 선교사는 만주로 이주한 한국인들 가운데 기독교에 입교한 신자들에게 세례를 베풀었다. 신약성경이 한국어로 처음 번역된 것도 로스, 맥킨타이어, 서상륜, 백홍준 등을 통해서 만주에서 비롯된 일이었다. 한국과 만주는 위치

2 상종열, 『조선왕조실록』, 311.

3 박기호, 『한국교회 선교운동사』, 113-114.

4 스코트(William Scott, 1886-1979)는 캐나다연합장로회에서 파송받은 선교사로 1914년 12월에 내한하였다. 함경북도 성진 지방과 만주 훈춘현 등지에서 사역을 감당하고 간도 용정 소재 은진중학교 교장을 거쳐 함흥 영생학교 교장으로 봉직하였다. 1951년 예장과 기장이 분열할 때 김재준과 더불어 제명 처분되었다. 기독교대백과사전편찬위원회 편, "스코트9", 『기독교대백과사전(9권)』, 1024.

상으로 매우 가까운 지역이었기 때문에 한국에서 세례를 베풀지 못하는 상황에서는 선교사들이 한국 기독교인들을 만주로 데려가 세례를 베풀고 다시 한국으로 귀환시키는 경우도 있었다.[5]

노해리 선교사는 한국 선교부가 산동성 동부에서 선교사역을 펼쳤듯이 또 다른 지역에서도 선교운동을 벌일 것을 제안하였는데, 만주에서 전개하는 새로운 선교운동은 어쩌면 산동에서보다 더 성공적일 수 있다는 기대감에 부풀어 있었다. 수십 만 명의 한국인들이 만주에 살고 있었고 당시 만주는 한국의 일부로 간주되었을 정도였다. 한국인들 중 많은 사람들이 그곳에서 출생하여 성장하였고 많은 사람들이 중국 시민권을 획득하였다. 노해리는 만주의 한국인들에게 전도하는 것은 여러 가지 면에서 효율적이라고 생각하였다. 그는 만주에 있는 한국인들을 중국과 일본을 복음화하는 사역자들로 동원할 수 있기를 기대하였다. 한국인들은 한자에 능숙하고 중국말을 잘하여 중국인들과 교류를 나누고 있었고, 잘 어울렸기 때문이다.

2) 만주에서의 부름과 선교사 파송[6]

1901년에 처음으로 만주로부터 기독교 사역자들을 보내달라는 요청이 있었다. 평안북도 여선교회는 압록강 근처에 정착해 있던 사람들을 복음화하기 위하여 사역자 한 사람을 후원하여 파송하였다. 목단(牧丹)에 있던 로스와 웹스터 선교사 내외도 곧 그들을 방문하였다. 이렇게 한국인 사역자들과 외국인 사역자들이 정기적으로 그곳에 있는 기독교인들을 방문하였다.

1902년, 장로회공의회는 만주에서 활동하는 스코틀랜드 선교사들에게 편지를 보내어 간도에 거류하는 조선인을 계속 자기들이 돌아볼 것인지, 아니면 한국 장

5 언더우드 선교사도 교인들을 데리고 만주에 가서 세례를 베풀었다. 그는 100명의 지원자 중에서 30명을 선별하여 만주에서 세례를 주었는데 이는 미국공사 딘스모어(Dinsmore)가 한국 내에서는 세례를 베풀지 않도록 요구했기 때문이었다. 딘스모어는 언더우드가 여행 중에 전도하고 세례를 행할지도 모른다는 생각에 그에게 여행증 발급을 거부했을 정도로 민감하였다. Lillias H. Underwood, 『언더우드』, 100.

6 박기호, 『한국교회 선교운동사』, 110–111.

로회공의회가 돌아보아야 할 것인지 의사를 타진하였다. 스코틀랜드 선교사들은 조선인의 전도는 조선인 교회에서 추진하는 것이 좋겠다고 답신하였으며 그때부터 평안북도 각 교회는 압록강 건너편에 거주하는 한국인을 위하여 매서인이나 전도인을 파견하여 전도에 힘썼다. 이어 1909년에 시작된 백만인구령운동의 일환으로 김영제 목사를 북간도에, 김진근 목사를 서간도에 전도목사로 파송하였다.

1910년, 평안북도 대리회는 서간도선교를 독노회 전도국에서 주관해 주기를 청원했으나, 독노회는 노회 자체로는 힘이 미치지 못하다는 점을 절감하고 평안북도 대리회가 재정을 전담하기로 하고, 김진근을 서간도의 전도목사로, 김영제를 북간도에 전도목사로 파송하였다.[7] 간도에는 오래전부터 많은 한국인 교포들이 살고 있었고 이곳 교포들은 일찍이 성경번역에 종사한 로스와 맥킨타이어, 그리고 그들을 도와 성경을 번역한 한국인들을 통하여 중국 본국인들보다 먼저 복음을 접할 수 있었다. 평안북도와 함경도의 교회들은 간도를 같은 교구로 인식하고 있었을 정도로 많은 신자들이 개인 자격으로 전도하며 교회를 설립한 사례들이 많다. 1898년 중국 남만주 즙안현에 거주하고 있던 이성삼과 임득현이 전도하여 양자교회가 설립된 적이 있었고 그들은 이듬해 집사로 세움을 받았다. 이 양자교회에 다니던 교인들이 박응엽을 인도자로 삼고 1903년에는 뇌석차교회를 설립하였다. 뇌석차교회의 교인이 점차 증가됨에 따라 원거리를 왕래하는 일부 교인들이 1908년에 분립하여 별도로 신풍교회를 설립하였다. 중국 남만주 왕청문교회는 이 지역으로 이주한 뇌석차교회 집사 장경현이 부지런히 전도하여 1910년에 설립되었으며, 남만주의 요천수교회는 한국 본국에서 이주한 교인 장대석, 이학엽, 이시화 등 세 사람이 복음을 전하여 같은 해에 설립한 교회이다. 함경북도 대리회는 캐나다 선교회와 협력하여 함경북도 지방과 중국 동만주, 그리고 블라디보스토크에 전도인들을 파송하거나 순방하여 교포교회들을 세우고 돌보았다. 1908년에 모아산교회가 설립되었고, 1909년에는 명동교회, 호천포교회가 설립되었는데 김영제 목사가 이 교회들을 순회하면서 돌보았다.[8]

---

7 김영제는 오래전부터 동만주 북간도에서 전도인으로 활동한 경력이 있었다.

8 이외에도 용정시교회, 1910년에 김서범 목사가 설립한 만지기교회, 대황구교회, 차대인구교회, 경신향옥

미국감리회는 1908년 3월에 조선선교연회를 조직하고 9월에 남감리회 선교연회를 조직한 후 이화춘 목사를 간도 용정촌에 파송하여 선교사업에 착수하였다. 1910년에는 목사 배형식과 손정도를 남북 만주에 파송하고, 1920년에는 북감리회 조선연회 만주지방회를 조직하였다. 장로교에서 북간도노회를 조직한 것과 거의 같은 시기였다. 남감리회 선교연회에서 동만주와 시베리아에 선교할 것을 결의하고, 1920년 9월에 남감리회 조선연회장 램버트는 동만주와 시베리아에 거주하는 교포들을 위하여 선교사 크램을 관리자로, 양주삼을 총무로 임명하고, 장재덕을 선교사로 파송하였다. 장재덕은 길림성 신안촌 액목현 등지에서 개척교회를 설립하였고, 시베리아에서도 전도사역을 전개하여 해삼위 등지에 한인감리교회를 설립하였다. 1930년, 남북 감리회는 서로 합동하여 기독교조선감리회를 조직한 후에 기독교조선감리회 만주선교연회를 조직하였다.

이화춘 목사

1925년도 조선총독부의 통계에 의하면 간도지역의 교세는 116개 교회와 17,538명의 신자들이 있는 것으로 파악되었다.

3) 서양 선교단체들과의 협력사역

덴마크 선교회가 차지하고 있는 지역을 제외한 만주 대부분의 지역은 스코틀랜드와 아일랜드 장로교회 선교부의 전도활동 영역에 있었다. 캐나다장로회 선교부도 만주에서 선교 관할 구역 일부를 가지고 있었고, 미국장로회 선교부는 이

천동교회, 장백현교회, 장은평교회, 적안평교회, 국자가교회, 정동교회, 최선탁 목사가 목회하는 회룰현교회, 두도구교회, 간장암교회, 신풍교회, 일송정교회, 이병하 목사가 목회하는 금당촌교회 등이 설립되었다. 북간도는 그 크기가 거의 강원도만한 광활한 땅으로, 1923년 전후에는 거주 인구의 80%에 해당하는 30만 명의 교포들이 거주하고 있어서, 비록 중국에 속한 땅이지만 한민족의 영토나 다름없을 정도였다. 그래서 장로교회 총회는 간도와 러시아 영토에 있는 교회들을 우리나라의 관할하에 두었다. 1917년에는 북간도는 함북노회에서 관할하였고, 블라디보스토크는 함남노회에서 관리하였다. 그러다가 1921년에는 간도 일대를 독립시켜 간도노회로 분리하여 설정하였다.

곳에서의 선교구역 설정을 고려하고 있었다. 노해리(Harry Andrew Rhodes, 魯解理) 선교사는 만주에서의 선교사역을 효과적으로 추진하기 위하여 만주교회 지도자들과 협의하였다. 앞서 선교부에서는 이에 관한 연구나 논의에 진척이 없었다. 효과적인 선교사역을 위한 방안으로서 한국 선교사들과 서양 선교사들 사이의 협력사역이 제안되었다. 교회가 개척되는 상황에서는 조직구성이 어려울 뿐만 아니라, 모든 정황이 자주 바뀔 수도 있기 때문에 한국인들이 서양 선교사들의 도움을 받아야 할 필요성이 있었던 것이다.[9]

노해리 선교사는 한국 장로교회의 만주선교 활동 실행 가능성을 염두에 두어 다음과 같이 제안하였다.[10]

첫째, 만주에서 무제한의 가능성을 가진 한국 선교부는 이미 선교를 전개하고 있는 기존 서양선교사들과 협력하고 통일성 있게 일하여야 한다.

둘째, 만주에 주재하고 있는 한국 선교부 서양 선교사 회원들은 한국 선교사들이 한국인들을 대상으로 선교사역과 중국인들에게 수행하는 선교사역을 지도할 수 있다.

셋째, 만주에 있는 한국 선교부의 선교센터(서양선교사들)는 중국인 선교를 위해 한국인들을 준비시키는 가장 좋은 기회를 갖게 될 것이다. 예컨대 언어를 배우는 일이나, 최상의 사역 방법을 배우는 일이나, 성경을 가르치고 수련회를 갖는 일이다. 이 센터는 바로 선교현지에서 지도자를 준비시키는 학교가 될 것이다.

9 박기호, 『한국교회 선교운동사』, 114-115. 만주로 이주하는 한국인들은 서로 다른 지방에서 왔고 다양한 교파와 신앙적인 배경이 있었으므로 교회정치나 선교사역을 전개하는 방법 등에 있어서 피차 다른 생각들을 가지고 있었다. 따라서 이러한 어려움을 극복하기 위해 조정하고 중재해 주는 지도자가 필요하였다.

10 박기호, 『한국교회 선교운동사』, 115. 오늘날에도 한국교회들과 한국 선교사들은 지식과 경험에서 성숙한 단계에 이르기까지 서양 선교회와 이들 선교사들과 공조하여 협력 선교를 시행할 필요가 있다. 한국교회와 선교사들의 선교의 열정과 자원이 시행착오나 중복선교로 낭비되어서는 안 될 것이다.

2. 러시아 시베리아선교

1) 최관흘과 러시아 선교사들

한국교회의 선교활동은 점차 호응을 얻게 되었다. 러시아 한인동포들(고려인)은 1860년경부터 러시아에 이주하여 구한말 이후 일제강점기 동안 일제의 학정과 기근을 피하여 고국을 떠나 살던 사람들이다. 1905년 을사늑약이 체결되자 우국지사들은 독립운동을 수행하기 위해 무장봉기를 하거나 의병으로 항쟁하기 위해 국내보다 활동하기 쉬운 중국 만주나 러시아 연해주로 이동하였다. 그 수가 급증하면서 1909년 당시 연해주에는 약 20만 명의 한국인들이 거주하고 있었다.

그리하여 이들 러시아에 거주하는 한인 동포들을 대상으로 구령사역을 전개하기 위해 선교사들을 파송해야 할 필요성이 대두되었다.

① 최관흘 목사 파송

최관흘 선교사는 1909년 9월에 한국을 떠나 같은 해 11월에 러시아 연해주(沿海州) 지방에 있는 항만도시 블라디보스토크(Vladivostok)에 도착하였다. 연해주 지사를 찾아가 자신이 한국인 목사임을 밝히고 블라디보스토크 한인촌에 거주하면서 한국 국적의 장로교인 60명을 목양하겠다는 장로교 설립청원서를 제출하였다. 이에 대해 여러 가지 진통이 있었지만 쉽게 포기하지 않고 기다린 결과 이듬해 1910년 2월 9일 모스크바 내무성으로부터 장로교회 조직과 예배를 조건적으로 허락하겠다는 회신을 받았다. 이후 블라디보스토크 선교는 활기를 띠게 되었다. 그는 1년 동안 블라디보스토크를 비롯하여 800km 이상이나 떨어진 하바롭스크, 그리고 만주 지역인 하얼빈까지 왕래하면서 복음을 전하여 400여 명의 결신자를 얻었고, 블라디보스토크에 삼일교회를 세웠다. 최관흘 선교사는 본래 시베리아 한인 동포들을 위해 파송받았지만, 그의 선교사역은 실제로는 타문화권 사역이나 다를 바 없었다. 시베리아에 살고 있던 한인들은 이미 소련문화에 적응해 있었기 때문에 그가 처음으로 그곳에 도착했을 때 예상 외로 그들은 더 이상 전형적인 한국인은 아니었으며 그만큼 선교는 어려울 수밖에 없었다. 1910년 9월 평북 선천에서 열린 제4회 독노회에 참석한 최관흘은 블라디보스토크, 빨치산스크(내수청), 우스리스크(소왕령), 하바롭스크(러바루께), 하얼빈(합이빈) 등지의 한인 동포들 가운데 회개하고 복음을 받아들인 자들이 많이 생겨났고 교회가 설립되었다고 보고하였다.[11]

1910년 독노회는 한병직을 전도인(조사)으로 시베리아에 파송하였다. 2년 동안 사역한 결과, 1911년에 예배당 2곳과 예배 처소 30곳을 세웠으며 교인 764명이 있다고 보고하였다. 동령교회와 소왕령교회는 독노회에 목회자를 보내 달라고 요청하였다. 1918년에 장로교 총회에서는 블라디보스토크와 상해에 전도목사를 한 사람씩 파송하기로 하고 먼저 블라디보스토크에 김현찬을 파송하였으며 상해에는 5개월 후에 선교비가 마련되는 대로 목사를 파송하기로 결의하였다. 1919년에 총회에서는 김현찬의 블라디보스토크 전도보고를 듣고 감동을 받은 회중이 2천원의 헌금을 모았다.

② 최관흘 목사의 정교회 개종

한국 장로교회의 첫 시베리아 파송 선교사였던 최관흘은 어려운 여건을 인내하며 처음에는 훌륭하게 사역을 감당하였다. 그러나 1910년 10월부터 러시아 정교회뿐 아니라 러시아 중앙 및 지방 경찰에 의해 장로교는 소위 개신교 이단으로 몰리면서 최관흘에게 조직적으로 박해를 가하기 시작하였다. 이런 핍박 상황 속에서 1911년 봄에는 전도문이 열리지 않고 선교비마저 부족하여 매우 힘든 상황에 처하게 되었다. 그리고 1911년 11월에는 러시아 관헌에게 체포되는 수모를 당하면서 결국 러시아 정교회로 개종하고 말았다. 그가 정교회로 개종한 것은 심한

11 정호상, "한국교회 최초의 선교사 최관흘", 『선교와 신학』 19집 (2007년 6월), 92–93. 김영재 『한국교회사』, 136. 기독교대백과사전편찬위원회 편, "최관흘", 『기독교대백과사전(14권)』, 789–790. 김인수, 『한국 기독교회의 역사』, 352. 블라디보스토크(Vladivostok, , 海蔘威)에는 함경북도 성진에서 사역하던 있던 선교사 그리어슨과 롭이 전도인 전훈석, 홍순국, 이두섭 등과 함께 함경북도와 동만주를 순회하면서 전도한 일이 있었다. 그 후에 원산에서 파송을 받은 전도인 김유보와 모학수가 교회를 설립하였다. 이 교회를 목회하고 그 지역 전도를 위하여 1909년 장로회 제3회 독노회는 평양신학교 제2회 졸업생 9명 가운데 한 사람인 최관흘을 러시아의 동남쪽 블라디보스토크에 파송하여 그곳에 거주하는 한국인 이민자들을 대상으로 선교하도록 조치하였다.

경제적인 어려움과 러시아 관리들로부터 받는 극심한 핍박 때문이었다.

그의 동역자인 감리교회 손정도 목사는 러시아 정교회로 개종하지 않다가 강제로 추방당하였다. 이런 정황 속에서 블라디보스토크 선교는 당분간 중단될 수밖에 없었으며 블라디보스토크 고려인들은 목자 없는 양으로 전락하여 새로운 돌파구가 마련되기만을 기대하고 있었다.[12]

③ 손정도 목사의 활동 및 전도구역 분계

손정도 목사는 1910년 북감리회 내외선교회의 파송을 받아 복음이 미치지 못하는 만주 지역을 순회하며 전도하였다.[13] 계속해서 연해주로 이주한 감리교 신자들을 위해 사역하면서 블라디보스토크 지역의 선교활동은 더욱 활발해졌다. 이후 손정도는 러시아 정교회로 개종할 것을 종용받았으나 이를 거부하고 끝내 러시아 정부의 추방령이 떨어져 귀국길에 올랐다.[14]

손정도 목사

1918년 장로교 총회에서는 간도선교를 두고 감리교회와의 갈등이나 필요 없는 경쟁을 피하기 위하여 선교구역을 조정할 것을 제안하였으며, 1920년에는 전도지 분계위원회를 두어 선교구역을 조정하기로 하였다. 그리하여 러시아 영토에서는 소왕령에서 동청철도, 북쪽 지역은 감리교의 전도구역으로 정하고, 소왕령에서 수청, 해삼위, 추풍, 연추 등지는 장로교의 전도구역으로 설정하였으며, 소왕령은 양 교파의 공동 전도지로 확정하였다. 그리고 중국 영토에서는 하얼빈시 전부와 동청철도 이북은 감리교의 전도구역으로, 북

12 1917년 러시아 공산 혁명 이후 정교회는 여러 가지 어려움에 처하게 된다. 이 어려운 정황에서 정교회로 개종하였던 최관흘은 1919년 그의 이전 교회로 돌아왔고 1922년에는 복직이 허락되었다. 최관흘이 깊이 회개하고 돌아온 것은 다행스런 일이었다. 한국 장로교회 시베리아선교의 약점은 선교사들에게 충분한 재정적 후원을 하지 못했다는 데 있었다. 최관흘이 러시아 선교지에서 정교회로 개종하였던 것도 부분적으로 경제적 곤란이 있었기 때문이었다. 또한 러시아 정교회가 개종을 강요한 점도 고려해야 한다. 그는 정교회 회원이 됨으로써 한국인들을 위하여 효율적 선교를 전개할 수 있을 것으로 판단하였다. 복직이 된 최관흘은 연해주의 빨치산스크(내수청)에 있는 교회로부터 청빙을 받았다. cf. 박기호, 『한국교회 선교운동사』, 93. 김양선, 『한국기독교회사 연구』(서울: 기독교문서선교회, 1971), 140-141.

13 민경배, 『한국기독교회사』, 315. 남감리교에서는 1908년 이화춘 전도사와 매서인 두 사람을 파송하였다.

14 변창욱, "한국 장로교회 선교사 파송 100년(1907-1956)", 47.

간도, 서간도, 목능현, 소왕령 하얼빈시 연선에 있는 교회들과 동청철도 이남은 장로교의 전도구역으로 정하였다. 서양 선교사들이 우리나라에서 시행했던 선교지 분담정책을 피선교 교회가 자립하여 선교하는 교회로 성장하면서 외국 선교 현지에서 그대로 시행했던 것이다. 이 정책은 교파와 교단이 난립하는 현시대의 정황에서 바람직한 협력 방안을 어떻게 모색할 것인지에 대한 교훈을 준다.

④ 러시아에서 활동한 선교사들

최관흘 목사가 러시아에서 당한 고난, 그리고 정교회로의 개종이 빌미가 되어 1912년 9월 장로교는 시베리아선교를 중단할 것을 선언하였다. 이후 한동안 중단되었던 블라디보스토크 선교는 그곳 한인교회들이 선교사 파송을 요청해 옴에 따라 장로교회에서 1918년 김현찬 목사, 1922년 최흥종 목사를 파송함으로써 다시 착수할 수 있었다. 이후 박창여, 한가자 등 여러 선교사들을 시베리아로 보내어 선교사역을 계속할 수 있도록 조치하였다.

1922년 통계에 의하면 이 당시 교세는 교회 32개, 총교인 1,935명, 목사 5명, 장로 9명, 소학교 5개, 야학 35개의 판도로 성장함에 따라 함북노회에서 시베리아노회가 별도의 노회로 분립되었다.[15]

2) 러시아선교의 특징과 의의

유난히 우여곡절이 많았던 러시아선교는 다음과 같은 다양한 특징과 의미를 갖는다. 여기에서 얻을 수 있는 선교적 교훈 또한 풍성하다.

첫째, 러시아 연해주 선교는 목자 없는 양같이 방황하고 있는 한국인 디아스포라들을 돌보기 위한 의도에서 비롯되었다. 1909년 안수받은 9명의 목사들 가운데 최관흘을 선택하여 시베리아 블라디보스토크에 파송하였다. 이후 해외 동포 선교

15 변창욱, "한국 장로교회 선교사 파송 100년(1907-1956)", 49. 이후 시베리아선교는 공산당의 탄압이 점점 심해지면서 선교상황이 악화일로에 있었다. 결국 장로교 총회는 1925년에 시베리아노회를 폐지할 수밖에 없었고, 1929년에 이르러 20여 년간이나 지속해 왔던 러시아 블라디보스토크 장로교 선교역사는 막을 내렸다.

는 한국교회의 해외선교의 중요한 사역의 장으로 등장하였다. 한인 디아스포라 동포들은 가는 곳마다 교회를 설립하고 목회자를 파송해 줄 것을 요청하였다. 초기 해외 한인교회들은 오늘날 전 세계의 주요 도시에 세워져 있는 한인교회의 모판이 되었고 이를 기반으로 세계선교의 잠재력을 가진 교회로 발전하였다.

둘째, 한국교회는 제주도선교에서 경험했듯이 선교사팀을 파송하여 팀사역을 감당하게 하였다. 비록 선교사들이 시베리아에 있는 한인들에게 파송되었지만 그들의 사역은 자국민뿐 아니라 이질적인 타문화권 사역에 종사한 것으로 간주해야 한다. 그 이유는 그들이 원주민들을 위한 사역과 한국어와 한국문화를 전혀 모르는 한인 2세들을 위한 사역도 감당해야만 했기 때문이다.

셋째, 선교사들은 그곳에 있는 교회들을 자립하는 교회들로 훈련시키고 독립노회를 조직해 나갔다. 이로써 선교는 철저하게 현지화가 이뤄질 수 있었다. 최관흘 선교사가 재정적인 어려움을 겪으며 러시아 당국으로 핍박을 받아 일시 러시아 정교회로 개종한 일과, 손정도 선교사가 강제 출국 조치된 사건으로 인해 시베리아선교가 위기를 맞는 듯 했으나 한국 장로교는 이를 지혜롭게 극복하고 계속하여 다른 사역자들을 파송함으로써 선교사역을 중단하지 않았다.

넷째, 선교사역에서의 행정체제 구축과 지원의 중요성이다. 시베리아선교의 약점은 선교사들에게 충분하게 재정적 지원을 뒷받침하지 못한 데서 불거졌다. 이 사실은 우리가 자립선교를 강조하고 있지만 또한 행정적으로 지원을 하지 못하면 어려움에 처하게 된다는 교훈을 준다.

다섯째, 선교에 관한 역사적 기록과 사료보존의 중요성을 일깨워 주었다. 최관흘 선교사가 연해주 블라디보스토크 지역에서 선교한 역사적 기록과 사료가 발굴되어 연해주 한국 장로교회는 선교의 전통성을 인정받고 법적으로 보호를 받을 수 있었다. 1997년 10월에 러시아 새 종교법이 발표되면서 기존의 모든 종교단체는 재등록을 해야만 하였다. 이러한 어려운 상황에서 한국 장로교 선교사들은 사료보관소에서 고문서를 찾아내어 이를 근거로 모스크바 연방정부 법무성과 기타 관련 기관들로부터 확인을 받았다. 한국 장로교회가 1920년대까지 적어도 15년 이상 존재했다는 사실을 인정받아 연해주 장로교단이 정식 법인으로 등

록될 수 있었다.[16]

3. 일본선교(1909-1948)

일본선교는 본래 일본에 거주하는 한인 교포들과 유학생들을 대상으로 전개되었다. 그리고 다른 교파에서의 선교사역 혹은 개별적인 선교활동이 있기는 했지만, 주로 장로교회와 감리교회 연합사업 위주로 전개되었다.

1) 동경유학생 선교

1876년 한일수호조약이 체결된 이후 문호가 개방되고 개화에 눈을 돌리기 시작한 조정은 명치유신 이후 서구문화를 적극적으로 수용하여 월등하게 앞선 일본을 시찰하기 위해 1880년 신사유람단들 일본에 파견하였다. 이후 일본 동경에 머물러 신학문을 공부하는 유학생들이 생겼다. 특히 1894년 갑오경장 이후 조선 정부는 유학생들을 선발하여 국비로 파견하였고 양반집 자제 유학생들도 크게 늘었다.[17]

초기 일본선교는 주로 일본 주재 선교사들과 일본 기독교인들에 의해 이루어졌다. 이후 조선 기독교 청년들 가운데 일본 유학생들이 증가하게 되자, 1906년 조선 YMCA에서는 부총무 김정식을 동경에 있는 유학생들에게 보내어 그들의 생을 하나님께 바치고 조국의 장래를 위해 헌신하도록 독려하였다. 그는 1906년 8월 동경에 한인 YMCA를 설립하였는데, 당시 동경 한인 YMCA는 단순히 유학생들의 친목단체가 아니라 민족운동의 요람지로 발전하고 있었다.[18] 1908년 3월

16 변창욱, "한국 장로교회 선교사 파송 100년(1907–1956)", 49–50. 러시아 정부는 개신교를 탄압하기 위해 새로운 종교법을 제정하여 공포하였으나 오히려 이 법으로 인하여 한인 장로교회들을 법적으로 보호해 주어야 하는 입장이 되었다. 이로써 지금은 법적인 보장을 받으며 안정적으로 복음을 전할 수 있는 길이 열렸다.

17 오윤태, 『한국기독교사(4): 이수정편』(서울: 혜선출판사, 1983), 132.

18 박기호, 『한국교회 선교운동사』, 97–98.

에는 평양 예수교서원의 정익노 장로가 동경을 방문하여 백남훈, 조만식, 오순형 등 유학생들을 만난 것이 계기가 되어 본격적으로 교회설립이 추진되었다.[19]

1909년 9월 장로교 독노회는 『교회신보』를 발간하기로 하고 그해 졸업생인 목사 한석진을 사장으로 임명하는 한편 그를 일본 동경에 파송하여 유학생들에게 3개월 동안 전도하게 하였다. 그해 10월 동경에 도착한 한석진 목사는 별도의 가옥을 세내어 조선인 YMCA 사무실 겸 예배당으로 사용하였다. 이렇게 함으로써 그동안 일본 동경 YMCA에 더부살이를 하고 있던 유학생들을 비로소 자생적 신앙공동체로 독립시킬 수 있었다.[20]

한석진 목사

그리고 유학생들을 대상으로 전도하여 상당한 성과를 올렸고, 몇 사람에게는 세례를 베풀었으며 몇 명은 집사로 세움으로써 교회까지 조직하였다. 이듬해 1910년 독노회는 장로 박영일을 전도인으로 세워 동경에 파견함으로써 그 전해에 한석진이 설립한 교회를 거점으로 유학생들에게 전도하게 하였으며, 별도로 시찰위원을 동경에 파송하여 복음사역의 형편과 가능성을 타진하게 하였다. 당시 유학생들 가운데 158명이 기독교인이었으며, 이들은 조선 YMCA회관을 빌려 사용하고 있었다. 1911년에는 목사안수를 받은 임종순을 유학생들을 위한 담임목사로 파송하였다.[21]

그런데 1911년 동경 유학생 가운데 감리교 출신 유학생들은 따로 예배를 드리는 일이 있었고, 별도의 감리교회를 세우고 선교사업을 추진하자는 움직임이 있었다. 이로써 동경 내에 장로교와 감리교가 제각기 교회를 설립하여 자칫 갈등이 고조될 가능성이 있었으므로 장로교 독노회는 감리교와 이 문제를 협상하였다. 비록 장로교가 먼저 유학생 선교사역을 시작하였지만 장로교와 감리교가 연합하여 동경 연합교회를 운영해 나가기로 합의하였다. 이듬해 1912년에 장로회 총회

19 변창욱, "한국 장로교회 선교사 파송 100년(1907–1956)", 37.
20 정성한, "한석진 목사와 일본선교", 『선교와 신학』 19집 (2007년 6월), 138–139.
21 박기호, 『한국교회 선교운동사』, 98.

는 다시 감리교회와 협력하여 동경 유학생을 위한 연합교회를 설립하였는데, 얼마 후 총회가 맡은 일이 지나치게 많아지자 장로회연합선교회에 교회 관리를 위임하였다.

일본에 유학한 학생들을 대상으로 한 선교는 어떤 특정 교파를 내세우지 않고 장로교와 감리교가 연합하여 공동사역으로 추진하기로 합의함에 따라 1912년 이후부터 장로교와 감리교는 1년 내지 3년 기간씩 교역자를 교대로 파송하기 시작하였다. 1912년에 장로교 선교사 주공삼이 파송되어 2년간 사역하였고, 1914년에는 감리교 선교사 오기선이 파송되어 3년간 사역하였다. 이처럼 장로교와 감리교 두 교파가 동경연합교회를 담임하는 목회자를 교대로 파송하면서 새로운 형태의 연합사업 양상으로 추진된 동경선교는 해방이 될 때까지 지속되었다. 1913년 장로회 총회에 보고된 일본 동경연합교회 현황에 의하면 동경 유학생 전체 500명 내지 600명 가운데 매주일 80명 내지는 100명이 교회에 출석하고 있었다.[22] 장로교회와 감리교회 간의 동경에서의 연합사역은 오늘날 한국 선교사들에게 연합사역을 시도할 만한 방안과 도전을 시사해 준다. 동경에서의 장감 연합사업은 선교사들이 사역 현지에서 분열을 지양하고 연합에 충실해야 한다는 모범을 보여주었다.

2) 일본 한인 이주자들과 일본선교 사역

1910년 조선이 일제에 강제 합병된 이후 일본의 경제적 수탈로 인해 농지와 토지를 빼앗기고 소작농으로 전락한 수많은 한인들은 일감을 찾아 만주, 연해주, 그리고 일본의 각처, 특히 관서 지방으로 이주하였다.[23] 그리하여 1917년경부터는 유학생 위주의 선교에서 벗어나 재일 한국인 노동자들을 포함하는 선교로 대상이 확대되기 시작하였고 일본 각처에 교회가 설립되었다.

---

22 박기호, 『한국교회 선교운동사』, 99–100. 영 선교사는 장감 연합사역에 쌍방 모두가 보여준 훌륭한 협력 정신이라고 하였다. 곽안련 또한 한국 장로교가 연합사업을 하자는 감리교의 요청에 기쁨으로 동의했다며 에큐메니칼 정신을 높게 평가하였다.

23 cf. 미국기독교연합회 동양문제위원회 편, "三一運動秘史" 민경배 역, 『기독교사상』 99호 (1966년), 100–104.

관서 지방의 경우, 1917년 고베신학교에 유학중이던 정덕생 목사는 한인 노동자들을 위한 전도사업을 펼쳤다. 그 결과 1918년 고베와 요코하마에 교회가 설립되었고 1921년에는 오사카에 교회가 설립되었다. 이처럼 일본에 유학한 신학생들을 중심으로 재일 한인 노동자 거주 지역에서 선교활동과 교회설립이 활발하게 이루어졌다. 1920년대에는 30만 명 이상의 한국의 남녀 노동자들이 일본으로 건너왔는데 이들을 중심으로 관서 지역에 많은 교회들이 들어섰다. 동경에서는 선교사업이 활발하게 진행되었으며, 1919년 3 · 1 운동이 일어나기 한 달 전쯤에는 동경 YMCA에서 2 · 8 독립선언문이 발표되었다. 동경 이외의 지역에 대한 전도사역도 3 · 1 운동 이후 활성화되었다. 일본 선교사업이 확대되자 한국 예수교 연합공의회는 1927년 캐나다장로회에 재일 한국인 선교에 참여해 줄 것을 요청하였고 영(L. L Young) 선교사가 일본에 파송되어 관서 지방 한인선교가 더욱 탄력을 얻었다. 그리하여 동경 이외에 오사카, 고베, 나고야, 교토, 나라 등지에 한인교회가 계속하여 설립되었다. 그 결과, 1934년 일본 현지에 재일조선기독교회라는 장로교와 감리교의 단일 교단이 설립되었다. 1938년 당시 일본에 거주하던 한국인 교인은 3,000여 명이었고, 조직교회는 50여 개, 한국인 목사 13명, 여전도사 20명, 외국인 선교사 6명, 그 외 여러 명의 조사들이 재일 한국인 선교를 담당하였다.[24]

장로교와 감리교 이외에 일본선교를 활발하게 추진한 교회는 성결교회였다. 이미 한국 성결교회는 초기 전래자인 정빈, 김상준을 비롯한 초기 지도자들이 일본 유학 시절 동양선교회 동경성서학원에 입학함으로써 성결교인이 되었다는 사실에서도 알 수 있듯이 일본과 밀접한 관계를 맺고 있었다. 그 후에도 동경성서학원에 유학하는 학생들이 계속 있었고, 1920년대에 동양선교회가 성결교회로 조직을 정비하면서 일본에 있는 교포선교를 추진하게 되었다. 1927년 4월에는 졸업생 윤낙영을 곧바로 전도사로 파송하여 동경에 교회를 설립하였다.[25]

24 1948년 대한민국 정부 수립 후, 재일조선기독교교회는 재일대한기독교회로 개칭하고, 1958년 세계개혁교회연맹(WARC)에 가입하였다. 이후 세계교회들과 연대하여 통전적인 선교를 전개하고 있다. 박기호, 『한국교회 선교운동사』, 101-102.

25 박기호, 『한국교회 선교운동사』, 103.

3) 전도사역과 봉사활동

일본 주재 한국 선교사들은 복음전파뿐 아니라 사회봉사 영역에도 깊은 관심을 가졌다. 일본이 한국을 식민통치하고 있을 때 가난한 한국인들이 목적지도, 일정한 직업도 없이 무작정 도일하여 방황하는 경우가 많았다. 그래서 여러 곳에 산재하고 있던 교회는 일본에 거주하는 한인들을 위한 전도와 사회봉사의 센터로서 기능을 발휘하였다. 일본에 새로 몰려드는 수많은 한국인 이주자들에게 전적으로 복음을 전파하고 전도하면서 전적으로 사회봉사를 담당할 전임사역자들을 확보하는 일이 가장 어려웠다. 일본에 있는 조선기독교회는 1933년 2월경 자체 헌법을 만들어 채택할 정도로 교세가 확장되었다.[26]

4) 일본선교의 특징과 의의

일본선교는 일본이 지배국가인 반면 한국은 피지배국가였다는 점에서 독특한 면이 있었다. 일본선교에서 발견할 수 있는 특징과 의의는 다음과 같이 정리할 수 있다.

첫째, 일본에서의 선교사역은 한국을 식민통치하고 있던 바로 그 나라의 중심부에서 이루어진 사역이었다는 데 각별한 의미가 있다. 일본은 비록 우리보다 먼저 복음을 접한 나라이며 신학도 상당한 수준에 있는 나라였다. 그러나 한국 기독교는 일본 기독교계의 도움을 받지 않고 독자적으로 현지 선교사역을 감당하였다. 그리고 이러한 선교방식은 한국이 일본으로부터 해방된 이후에도 일본선교를 지속적으로 전개할 수 있는 견고한 토대가 될 수 있었다.

둘째, 일본선교는 연합선교가 바탕이 되었다. 장로교와 감리교는 일본 동경에

---

26 일본에 있는 조선기독교회가 이 헌법을 제정할 때 어떤 다른 교단의 헌법을 모방하지 않고 자체적으로 제정하였다는 점에서 큰 가치가 있다. 또 이 헌법을 제정함에 있어 참여한 관계자 모두가 훌륭하게 협력정신을 보여주었다는 점도 의미가 깊다. 일본에 있던 조선기독교회는 1934년부터 제정된 자체 헌법에 근거하여 운영되었고 조선기독교회로서의 고유한 정체성을 가질 수 있었다. 박기호, 『한국교회 선교운동사』, 103-104.

교파를 구분하여 각기 별도의 교회를 세우지 않고 이를 초월하여 하나의 연합교회를 설립하였다. 당시 하와이, 샌프란시스코 등지에도 여러 한인 동포교회가 있었지만, 모두 본국 교파주의의 영향으로 세워진 교파교회였지 연합교회 체제가 아니었다. 동경에 세워진 교회는 최초의 한인 동포들로 설립된 연합교회였다. 동경 유학생들을 대상으로 한 선교사역은 한국 장로교 독노회가 주도권을 쥐고 시작했지만, 1912년 이후 장로교의 양보로 장로교와 감리교의 연합사업으로 추진되었다. 관서 지방 한인 동포사회에서도 충실하게 이 연합체계를 실천하였다. 장로교 선교부와 감리교 선교부는 힘써 연합과 협력을 실천함으로써 일본선교는 교단난립으로 인한 선교사업의 중복 투자, 선교비 낭비, 선교회 간 경쟁과 갈등, 교인이나 교회 일꾼들의 수평이동 등의 문제점들을 극복할 수 있었다.

셋째, 일본 동경 유학생 선교는 2, 3년간 특별한 임무를 담당할 수 있는 단기 선교사를 발굴하는 일이 필요하다는 교훈을 주었다. 장로교와 감리교 두 교회가 교대로 목회자를 파송함으로써 동경 연합교회의 선교사역은 특정 사역, 유학생 혹은 이민 목회사역을 감당함에 있어 비단 장기선교사뿐만 아니라 단기선교사도 파송할 필요가 있다는 점을 여실히 보여준 사례였다. 1909년 한석진 목사는 장로교 독노회에 의해 3개월 짧은 기간 선교사로 파송받아 한인 유학생 교회의 기초를 견고하게 다짐으로써 자신에게 주어진 단기선교의 임무를 잘 수행하였다.

넷째, 일본에서의 선교사역은 복음전파와 사회봉사가 병행되었다는 점에도 큰 의미가 있다. 일본선교에서의 약점은 일본에 있는 한국인들의 낮은 경제수준 때문에 교회가 자립하는 데 매우 어려웠다는 점이었다. 이 때문에 교회가 목회 일선에서 복음전도뿐 아니라 사회봉사에도 균형을 유지하지 않으면 안 되었다. 교회의 사회봉사는 암울한 상황 속에서 공부하던 한인 유학생들과 노동자들에게 소망을 심어주었다.[27]

27 변창욱, "한국 장로교회 선교사 파송 100년(1907-1956)", 41-43. 일본선교는 일제의 한국 전통과 얼을 말살하려는 정책에 항거하여 한국어 사용을 장려하면서 민족정신을 심어주고 어려움을 함께 나누었다는 점에서 의미가 깊었다. 이처럼 일본선교는 서로 돕는 한국의 고유한 전통과 강인한 정신을 통해 전개되었다.

4. 미주 지역 선교

1) 하와이선교

존스(George H. Jones) 선교사

한인들의 미주 지역 이민은 하와이가 그 첫 관문이라 할 정도로 하와이부터 시작되었으며, 미주 지역의 한인선교 또한 하와이에서부터 시작되었다. 1902년 교회가 중심이 되어 추진한 한인들의 하와이 농업이민은 미국북장로교회 선교사였다가 주한 미국공사로 신분을 전환한 알렌 선교사가 정치적으로 중개하였다. 동서 개발공사의 데슐러(D. Deshler)가 이민을 주관하였으며, 미국감리회 존스(George H. Jones) 선교사가 데슐러를 도와 한국인들을 설득하고 이민을 장려하면서 규모가 커졌다. 존스 선교사가 독려하여 인천 내리감리교회에서만 남녀 교인 50여 명이 지원하였으며 내리교회 교인들이 중심이 되어 집단으로 이주하게 되었다. 1902년 12월 22일에 인천을 출발한 1차 이민단 121명을 인솔하는 책임자는 내리교회의 직원이었던 장경화였다. 안정수가 통역관으로 동승하였고, 홍승하 전도사가 그들의 신앙지도를 맡기 위하여 동행하였다.[28]

하와이에 도착한 한인 이민자들은 농장에 정착하자마자 청교도들이 그랬던 것처럼 먼저 교회부터 설립하였다. 1903년에 오하우섬 가후쿠와 와이알루아 농장과 호놀룰루에 교회가 설립되었으며 이후 각 섬의 농장마다 교회가 설립되어 1910년 당시 한인교회 수가 35개 처에 달하였고 한국인 권사가 27명이었다. 교인 수는 많을 때는 천 명이 넘었고 적을 때는 250명 정도로 줄기도 하였는데 이는 1905년 이후부터는 하와이 이민이 중단되고 이민자들이 점차 미국 본토로 이주

28 한국기독교역사연구소 편, 『한국기독교의 역사(2)』(서울: 기독교문사, 2000), 99. 홍승하 전도사의 사역은 선교가 목적이 아닌 한국인 이민자들을 돕는 차원이었기 때문에 선교사역으로 간주하지는 않는다.

해 갔기 때문이었다.[29]

1920년대에 들어서면서 미국 본토에 한국 유학생들이 증가하면서 이들을 중심으로 한인교회들이 세워졌다. 미주 지역 교회는 1903년에 호놀룰루 감리교회를 시점으로 계속 설립되었다. 1905년에는 감리교에 의해 하와이에 에봐한인교회를 비롯하여 9개의 한인교회가 등장하였고, 1907년에 2개의 교회, 1909년, 1911년, 1913년, 1914년 매해 1개의 교회가 설립되었다. 1905년에 성공회에 의해 팔라마한인성공회가, 1918년에는 이승만과 민찬호에 의하여 초교파교회인 한인기독교회가 건립되었다.[30] 1901년과 1905년 사이 수많은 한국인들이 하와이로 몰렸으며, 1905년에는 장로회공의회에 선교사들을 파송해 달라는 긴급한 요청이 전달되었다. 장로회공의회는 그 현황을 파악하기 위한 위원회를 구성하여 파견하였으며, 위원들은 면밀하게 검토한 후 현지 감리교회와 미국 본토로부터 충분히 목양을 받을 수 있다고 판단하여 한국에서 굳이 사역자들을 파송하지 않아도 된다고 보고함에 따라 공의회는 선교사들을 보내지 않기로 결정하였다.

이미 유능한 감리교 선교사들이 사역하고 있는 하와이에 다른 사역자들을 증파하지 않음으로써 사역자들 사이의 불필요한 경쟁을 지양한 것은 현 한국교회에서 본받아야 할 교훈이라고 할 수 있다. 오늘날 한국교회는 다른 선교사들이 이미 사역하고 있는 지역에 선교사들을 추가 배치하는 것을 자제했던 초기 선교정책의 전략적인 교훈을 새겨두어야 할 것이다. 오늘날 한국교회 교단과 선교회들은 경쟁심 때문에 다른 단체의 선교사들이 일하고 있는 지역에 선교사들을 중복 파송함으로써 선교자원을 낭비하는 일이 없는지 성찰해야 한다.[31]

29 한국기독교역사연구소 편, 『한국기독교의 역사(2)』, 99. 하와이에 세워진 한인교회들은 이후 하와이선교와 민족운동을 전개하는 구심점으로 성장하였다.

30 한국기독교역사연구소 편, 『한국기독교의 역사(2)』, 103-104. 이외에도 북미주에 한인구세군교회(1912)가 설립되었고, 감리교회에 의하여 샌프란시스코한인교회(1905), 오클랜드한인교회(1914), 뉴욕한인교회(1921), 시카고한인교회(1924), 로벗슨한인감리교회(1904), 리들리한인교회(1919), 피아플로한인선교회(1917), 맨티카한인선교회(1917), 그리고 딜라노한인교회(1930)가 설립되었다. 장로교회에 의하여 로스엔젤레스한인연합교회(1906), 업랜드한인선교회(1907), 롬폭한인선교회(1913), 산티아나한인선교회(1915), 그리고 디뉴바한인교회(1912)가 설립되었으며, 초교파교회로 로스앤젤레스대한기독교회(1936)가 설립되었다.

31 박기호, 『한국교회 선교운동사』, 106-107.

2) 멕시코선교

멕시코 이민은 하와이 이민이 시작된 2년 후쯤인 1905년에 시작되었다. 멕시코 이민은 영국인 마이어즈(J. G. Myers)와 일본인 다이쇼(大庭貫一)가 꾸민 사기성 이민사업으로 추진되었다. 이들은 하와이 이민의 열기를 이용하여 좋은 노동조건과 높은 임금을 준다는 조건으로 과대 선전하여 주로 빈민계층의 이민단을 모집하였다. 이들은 대부분이 비기독교인이었고 모집 과정에서 허황된 사기극에 현혹당하였다. 막상 멕시코에 도착한 이주민들은 노예와 다를 바 없는 노동을 해야 하였다. 멕시코에 이민한 한인들의 열악한 상황이 샌프란시스코에 있던 한인들에게 알려졌고 이 내용이 다시 국내 상동교회 엡윗청년회에 통보되면서 황성신문에 그 정황이 기사화되었다. 국내 여론이 악화되어 결국 멕시코 이민은 중단되었다. 멕시코에 이민한 대부분의 사람들이 비기독교인이었던 관계로 이전의 하와이 이민과는 상황이 전혀 달랐던 것이다.

1905년 멕시코에 이민을 떠난 사람들은 1909년 노동계약 기간이 만료되면서 어느 정도 자유로운 생활을 하게 되었고 자유를 얻은 교포들은 독자적으로 신앙집회를 가질 수 있었다. 1908년 10월 5일 김세원, 황명수, 이근영, 방경일, 신광희, 조병하, 정춘식 등이 메리다에서 전도회를 조직하고 예배를 드렸다. 이들은 1909년 샌프란시스코에서 미주 지역, 즉 캘리포니아와 멕시코에 사는 동포들을 위해 파송되었던 방화중(方華中) 목사의 신앙지도를 받으며 그해 5월 12일 정식으로 멕시코 한인선교회를 조직하였다. 그러나 방화중 이후 김제선 전도사가 이 조직을 맡아 이끌었으나 교포들이 자주 이동하면서 안정된 기반을 갖추지 못해 크게 성장하지는 못하였다.

3) 쿠바선교

반면에 쿠바에서는 이민이 시작된 직후부터 한인교회가 바로 설립되었다. 쿠바 마탄사스에 이주한 이민들 사이에는 감리교인과 안식교인들이 많았다. 이들은 교파를 초월하여 1921년 10월 5일 한인교회를 조직하였으며 이 교회가 모체가 되어 1926년에 이르러서는 감리교 선교부의 지원을 받으면서 쿠바 한인감리교회로 설립되었다. 초기에는 방경일, 양춘명, 호건덕 등이 교회를 지도하였고 1966년 쿠바가 공산화되기까지 꾸준하게 교세가 유지되었다.[32]

미주 지역에서의 선교는 어디까지나 미국에 거주하는 우리 동포들을 위한 것이었지 이민족에게 선교를 한 것은 아니었다는 점에서 엄격한 의미에서 해외선교로 분류할 수는 없다. 그러나 외국에 거주하는 동포들에게 선교사를 파송함으로써 일제의 식민통치를 뛰어넘어 한국인으로서의 고유한 정체성을 가질 수 있었다는 점에서 큰 의미를 부여할 수 있다.

32 한국기독교역사연구소 편, 『한국기독교의 역사(2)』, 106.

Story 12

한일합방과 한국교회의 민족운동

1. 합방 이후의 교회탄압과 한국교회의 해외선교

일제는 친일 세력인 이완용, 송병준, 이용구 등을 중심으로 구성된 매국단체인 일진회를 앞세워 조선이 원해서 합병한다는 논리로 1910년 8월 29일 합방을 단행함으로써 완전히 식민지화하였다.[1]

일제는 통감부 대신 조선총독부(朝鮮總督府) 체제로 바꾸고 본격적으로 무단정치를 수행하였다. 총독부는 치안유지의 명목으로 경찰과 헌병을 일원화하여 헌병경찰제도를 만들었다. 그리고 제1대 경무총감(警務摠監)으로는 한국인을 가장 많이 학살한 아까시(明石 二)를 임명하였다. 또한 총독부는 1910년 12월 3일 제령(制令) 제10호를 선포하였는데, 이는 범죄인의 진술과 경찰서장의 인증만으로도 어떤 범죄이든지 즉결 처형할 수 있도록 규정한 법이었다. 총독부는 계속해서 언론기관을 폐지하고 경향 각지에 경찰을 풀어 한국의 역사, 지리, 기타 민족정신 고취에 도움이 되는 서적들을 압수하고 판매 금지시켰다. 이뿐 아니라 총독부는 식민지 사관에 입각하여 『朝鮮半島史』(조선반도사)[2]를 편찬하였고, 조선교육령을 발표하여 한국인에게는 식민지 지배에 필요한 일본어와 최소한의 기술교육 정도

1 박영규, 『조선왕조실록』, 521.

2 일제는 대한제국을 강제 합병한 후 중추원 산하에 소위 '조선반도사편찬위원회'를 설치하고 3 · 1운동 이후에는 총독부 직속 하에 '조선사편수회'를 만들어 식민사관을 강화하였다. 식민사관의 핵심적인 논지는 한국사의 시간과 공간을 축소하는 두 가지 관점으로 귀결된다. 일제는 한사군이 요동에 있었음을 입증하는 『삼국사기』의 기록을 허위로 간주하여 한국역사를 1,500여 년의 짧은 역사로 축소시켰다.

만을 허용하였다.

일제는 이처럼 무단정치를 통해 민족말살정책을 펴면서 한편으로는 교회탄압에 나섰다. 당시의 한국교회는 강력한 전국적 조직을 지닌 유일한 단체였고, 따라서 민족운동이 교회를 통해 전개되고 있었기 때문이었다. 평양의 서우학회(西友學會), 청년회(靑年會), 자강회(自彊會), 상업중의소(商業衆議所), 그리고 미국의 캘리포니아에서 조직된 신민회(新民會) 등은 모두 기독교 계통의 항일단체였다. 총독부는 중앙복음전도관(中央福音傳道館)[3]을 한국 곳곳에 설치하였다. 이는 교회로 하여금 나라의 흥망 같은 것은 염두에 두지 않고 오직 신앙에만 열중하게 하려는 일제의 흉계였다. 이것이 교회의 완강한 반대로 실패하자 총독부는 유학을 장려한다는 명분으로 공자교(孔子教)를 세우기도 하고, 나중에는 천도교(天道教)의 손병희(孫秉熙)를 이용하여 기독교를 천도교의 한 종파로 종속시키려고 계획하였다.[4] 그러나 이런 계책도 모두 실패하였으며, 이외에도 다양한 방책들을 내놓았으나 교회를 와해시키지 못하였다.

1) 105인 사건과 한국교회

일제는 한반도를 강점한 후 초대 총독으로 데라우찌를 파송하였다. 그는 서북세력 민족운동의 핵심부로 간주되던 신민회(新民會)를 와해시키기 위해 105인 사건을 날조하여 탄압하였다. 합방 3년 전인 1907년에 결성된 신민회[5]는 회장 윤치호, 부회장 안창호 등 수뇌부로부터 회원 상당수가 기독교인들로 구성되어

---

3 일제는 소위 '중앙복음전도관'을 여러 곳에 세워 교회의 복음사역을 방해하였다. 강압적으로는 기독교를 막아낼 수 없자 사상적인 차원에서 복음을 왜곡시키기 위해 이단적인 집단을 앞세워 기독교의 신앙적 혼란을 획책하였다. 중앙복음전도관은 일제 어용종교인 조합교회와 아울러 이러한 정책에 반영된 대표적인 사례에 해당된다.

4 민경배, 『한국기독교회사』, 332. 이는 일종의 신앙적 '혼합주의'(syncretism)를 획책한 논리로 단정할 수 있다. 유교는 조선 500년사의 건국이념이었고 이미 모든 국민에게 체질화되어 있었다는 점, 천도교는 민족의 정체성을 일깨우는 공감대를 형성했다는 점에서 한국기독교인들을 설득하기에 안성맞춤이라고 여겼을 것이다.

5 신민회는 1907년에 안창호, 윤치호 등이 비밀조직으로 결성하였다. 이 조직은 민족의식과 독립사상을 고취하고, 동지 단합과 국민운동 역량을 축적하며, 교육기관을 설치하고 상업기관을 만들어 단체의 재정과 국민 부력을 증진시킨다는 목적으로 조직되었다. 김인수, 『한국기독교회의 역사』, 372.

있었다.

일제는 먼저 민족운동의 요람지로 서북 지방(西北地方: 황해도와 평안도)을 주목하였다. 서북 지방에는 일찍이 기독교가 전래되어 다른 고장보다 국민의식이 각성되어 있었고 기독교계 민족 지도자들이 활발하게 활동하고 있었다. 이들은 학교를 세워 국민의 교육수준을 높이고 의식을 계발하며 산업을 장려하여 국력을 배양하는 것만이 나라를 구원하는 길임을 자각하였다. 이 일을 실행하기 위하여 이들은 교회와 더불어 백년지대계의 학교를 세우는 일에 열중하였다. 장로교계만 하더라도 1907년에 405개, 1908년에 516개, 1909년 719개교 등 1년에 무려 150여 곳에 학교가 증설되었다. 또 1908년 김구(金九), 최광옥(崔光玉), 도인권(都寅權), 이승길(李承吉), 김홍량 등 기독교계 지도자들이 중심이 되어 해서교육총회(海西敎育總會)를 조직하고 계몽운동을 펼쳤다.

1910년 11월 안중근(安重根) 의사의 4촌 동생 안명근(安明根)이 서간도(西間島)에 세울 무관학교의 자금을 마련하려고 입국했다가 체포되는 사건이 발생하였다. 총독부는 이 사건을 계기로 해서교육총회 회원 전원을 내란미수죄로 몰아 체포하였다. 황해도 일대에서는 김구, 최명식, 이승길, 도인권 등을 비롯하여 교계 인

105인 사건으로 공판장에 끌려가는 애국지사들

사와 지식인 160여 명이 검거되었다. 이 중 감리교 목사 도인권을 제외하고는 전부 1915년을 전후하여 출옥하였지만 이것은 단지 일제의 조작 음모 때문에 교회가 희생되기 시작한 의사(義士)들의 첫 대열에 불과하였다.[6]

조선총독부는 황해도 지역의 민족운동 말살음모가 성공하자, 이번에는 평안도 지역의 기독교 세력 탄압에 나섰다. 평안도는 교회의 세력이 강할 뿐 아니라 신민회의 발판역할을 하는 곳이었다. 총독부는 이곳에서 신민회와 교회 세력, 그리고 선교사들을 제거하기 위해 경감총감과 고등경찰과장 등을 시켜 조작극을 꾸몄다. 총독부는 안태국(安泰國), 이승훈(李昇薰) 등 우국지사들이 1910년 12월 28일 압록강 철교 준공식에 참석차 신의주로 가는 데라우찌 총독을 선천역에서 암살하려 했다고 주장하였다. 이들이 선천 신성중학교(神聖中學校)에서 평안도에서 온 동지 20명과 합류하여 선교사 매큔(G. S. McCune)의 격려를 받고 권총을 지급받은 후 기다렸으나 열차가 정차하지 않고 지나갔기 때문에 암살계획을 실행에 옮기지 못했던 것이라고 선전하였다. 또 그들은 이 우국지사들이 다음날 환영객 속에 섞여 있다가 총독이 서울로 가는 도중 잠시 정거하는 선천역에서 매큔과 악수하는 순간 사살할 것을 계획하였으나 일본 경찰의 삼엄한 경비로 인하여 뜻을 이루지 못했다는 시나리오를 만들었다.

총독부는 이 날조된 조작극에 수많은 기독교계 우국지사들을 연루시켜 검거하였다. 1911년 10월 12일부터 겨울까지 검거한 기독교인의 수는 안태국, 이승훈, 전덕기, 최광옥, 김근형, 정희순, 한필호 등 일제의 발표에 의하면 157명이었으나, 실제로는 모두 5백여 명이 구속되었다. 이들 중에서 전덕기 목사와 김근형, 정희순, 한필호는 고문으로 세상을 떠났고, 최광옥은 병사하였으며 23명은 석방되었다. 그러나 나머지 123명은 1912년에 재판을 받았는데 이 중에서 기독교인의 수가 무려 105명에 이르렀다. 총독부는 이들을 검거한 뒤 사건조작을 위해 진술서를 받아 내려고 모진 고문을 가하였다. 그리하여 억지로 자백하도록 강요함으로써 완전하게 사건을 조작하였다.[7]

---

6 민경배, 『한국기독교회사』, 332.

7 민경배, 『한국기독교회사』, 333-334.

그러나 취조가 끝나고 이들이 재판정에 섰을 때, 사건이 조작되었다는 사실이 백일하에 드러나고 말았다. 이른바 증거물로 제출된 유일한 근거인 공술서(供述書)가 견딜 수 없는 고문 때문에 쓰여졌다는 사실이 밝혀졌고, 검사가 소송한 문구 중에 60여 명의 암살음모자들에 대한 내용이 터무니없이 조작된 것으로 증명되었다. 그러나 재판장은 이런저런 구실과 핑계로 1912년 10월 18일 남감리교의 윤치호와 안태국을 비롯하여 105인에게 징역 10년 내지 5년의 형을 언도하였다. 105인 사건으로 인하여 독립운동 단체인 신민회는 간부들이 모두 검거되면서 그 활동이 중지되었다. 선고를 받았던 사람들은 여러 차례의 감형을 받고 1915년 2월에 모두 풀려나왔다. 이들이 출옥하여 평양역에 도착했을 때 9천여 명의 시민들이 역 광장에 모여 환영하였다.[8]

이 사건은 일제를 대적한 한국 우국지사들의 항쟁이었고, 신앙적으로는 악의 세력인 일본과의 영적 전투였다. 기독교는 한민족과 운명을 같이하는 종교가 되었던 것이다.

2) 한국 장로교의 총회 조직과 해외선교

한국교회는 시련을 극복할 수 있는 동력이 교회 자체에 있다고 믿었다. 이는 교회의 전국적인 조직을 서두른 배경으로 작용하였다. 복음전도관, 남감리교, 성공회가 교회당을 건립하고 교회의 구조 확립을 위해 정진하였다.

장로교가 교세를 전국적으로 확장하면서 1912년 9월 1일 평양에서 총회를 조직하였다. 이 창립총회에는 목사, 장로, 선교사들을 합하여 모두 221명이 모였다.[9] 한국교회 역사상 최초로 전국적 회합이 있었다는 사실만으로도 고무적이었다. 장로교 총회가 조직됨으로써 교회는 움직이는 기구이자 포괄적인 조직으

8 민경배, 『한국기독교회사』, 334–337. 이때 세계선교협의회는 한국을 '오늘의 성지'라고 불렀으며, 선교에서의 성공은 근대사의 불가사의요, 그 신앙은 초대교회를 방불하게 하였으며, 성서에 대한 열의는 세계적이라고 경탄을 표하였다.

9 민경배, 『한국기독교회사』, 345–346. 1912년 당시 장로교는 7개 대리회를 7개 노회로 개편할 정도로 부흥하였으며 경기충청노회, 북평안노회, 남평안노회, 황해노회, 전라노회, 경상노회, 함경노회 등으로 개칭하여 조직되었다. 김요나, 『총신90년사: 1901–1991』(서울: 도서출판양문, 1991), 172–173.

로 우뚝 섰다. 이 설립총회에서 언더우드는 총회장에, 블레어는 회계에 선출되었고, 이외의 모든 직(職)은 부총회장 길선주를 포함하여 한국인에게 배정되었다.[10] 이 총회는 최초의 안건으로 선교사역을 다루어 독노회의 설립을 통해 선교하는 교회를 지향했던 것처럼, 다시 한 번 선교하는 교회로서의 면모를 다졌다. 초대 총회장 언더우드는 설교를 통해 선교가 교회의 사명임을 강조하였고 한국교회가 장차 걸머지고 나가야 할 고난의 길을 예견하였다. 이는 그가 일제통치하의 교회와 감내해야 할 수난을 정확하게 보고 있었다는 의미이다.

이 총회에서는 중국 산동성 래양에 선교사를 파송하여 외국인을 대상으로 한 선교를 강화하였으며, 매년 감사주일에는 해외선교를 위하여 기도에 힘쓰고 헌금하기로 결의하였다. 특별히 일본 동경선교는 한국교회의 연합정신을 보여준 모범적인 사례가 되었다. 장로교 총회와 감리교 연회는 각각 위원 3명씩을 선택하여 3년 동안 동경교회 일을 위임하게 하되 두 교파 어느 하나의 특정 교파 명의를 사용하지 않고 연합예수교회로 통칭하는 데 합의하였다.[11]

2. 한국교회와 3 · 1운동

일제의 식민지로 전락한 후, 국내에서는 공공연한 독립운동이 불가능하게 되자 많은 우국지사들이 해외로 망명하였다. 해외 망명인사들의 독립운동은 대개 두 가지 경향으로 나누어졌다. 하나는 해외에 독립운동의 기지를 설치하고 군사적인 활동을 광범위하게 전개하여 무력으로 독립을 쟁취하자는 것이었다. 본국과 강 하나를 사이에 두고 있는 만주의 서간도와 북간도였기에 연해주로 망명한 독립운동가들은 주로 무력항쟁 차원에서 활동을 전개하고 있었다. 또 하나는 외교적인 수단에 의하여 독립을 쟁취하려는 것이었다. 여기에는 중국과 밀접한 관

10 김요나, 『총신90년사: 1901–1991)』, 176. 이재영 편, 『제90회 총회 회의결의 및 요람』(서울: 대한예수교장로회총회사무국, 2006), 176.

11 민경배, 『한국기독교회사』, 346–347. 이 합의는 유학생들이 고향에 돌아왔을 때에는 그 가족이 다니는 교회의 교인이 되게 한다는 전제하에 이루어졌다.

계를 맺고 있는 상해를 중심으로 활동하는 인사들과 미국을 중심으로 국제적으로 활동하는 인사들이 포진해 있었다.

국내에 남아 있던 우국지사들도 갖은 악조건을 무릅쓰고 망명인사들과 결탁하여 독립운동을 전개하였다. 해외에서의 독립군의 무력항쟁이나 망명지사들의 외교활동, 그리고 국내에서의 비밀결사나 교육기관들의 활동은 모두 항일의식에 뒷받침되어 전개되었고, 이들의 활동은 더욱 국민의 항쟁의식을 불러일으켰다. 이리하여 각지에서 민요(民擾)가 연속적으로 일어났다. 일제의 가혹한 식민통치하에서 사회 전체에 팽창되어 가던 민족 항쟁의식은 발화하여 폭발 지점을 향하여 다가가고 있었다. 그리고 국제적으로는 민족자결주의(民族自決主義)라는 새로운 각성운동이 짙게 깔려 있었다.

1) 3 · 1운동 발발과 전개

망명활동 혹은 비밀결사에 의지하거나, 교육활동이나 종교사역에 의지하던 민족운동을 전국적인 대규모 독립운동으로 표면화시키는 계기를 마련해 준 것은 1919년 미국 제28대 대통령 윌슨(Thomas Woodrow Wilson)이 주장한 민족자결주의였다.[12] 민족자결의 원칙은 일제의 식민통치하에 신음하던 한국민족에게 한국도 일본으로부터 독립을 쟁취할 수 있다는 희망을 불어넣어주었고, 이 희망이 3월 1일에 거족적 독립운동으로 분출되었다. 또한 대한제국을 선포한 초대 황제 고종의 서거가 있었다. 이 두 가지 사건은 3 · 1운동이 발발하는 직접적인 도화선으로 작용하였다.[13] 한국교회는 이 운동에 민족의 주체성과 울분을 호소할 효과적인 통로를 제공하였다. 교회만큼 전국적인 유기적 연락망을 가진 단체가 없었기 때

12 1918년 파리 강화회의에서 미국의 윌슨 대통령은 모든 민족은 약소국가라 할지라도 다른 나라의 간섭 없이 스스로 결정할 권리가 있다고 주창하였다. 그는 약소민족에게 자유가 주어져야 하고 강대국들이 약소국을 지배하는 일이 종식되어야 한다고 강조하였다. 외국 주재 한국인 애국지사들은 윌슨의 민족자결주의론을 듣고 조국의 독립을 달성할 때가 도래했다고 기뻐하였다. 김영재, 『한국교회사』, 168-169.

13 고종은 1907년 순종에게 선위한 후 태황제로 퇴위하였다. 1910년 8월 29일 일제가 무력으로 한일합방을 이루자 이태왕으로 불리다가 1919년 정월에 68세를 일기로 승하하였다. 이때 전국 각지에 그가 일본인에 의해 독살당했다는 소문이 퍼져 민족의 의분을 자아냈으며 국상이 거행될 때 3 · 1운동이 일어났다. 박영규, 『조선왕조실록』, 500.

문이었다.

일본 동경 유학생 최팔용(崔八鏞) 등은 조선청년독립단을 조직하여 독립운동을 계획하였고, 이들 유학생 600여 명은 1919년 2월 8일 동경의 기독교청년회관에 모여서 춘원 이광수가 작성한 독립을 요구하는 선언서를 낭독하고 결의문을 발표하였다. 이른바 2 · 8독립선언이었다. 이 독립선언은 국내에서 독립운동을 모색하던 우국지사들에게 커다란 자극이 되었고 도전의식을 심어주었다. 이것이 불씨가 되어 드디어 3월 1일에 독립운동으로 발전하였다.[14]

3 · 1운동은 육당 최남선이 작성한 독립선언서 발표와 더불어 점화되었다. 독립선언서 발표는 3 · 1운동이 거족적 독립운동으로 전개되는 데 큰 힘을 발휘하는 원동력이 되었다. 파고다공원에서 해주교회 정재용[15] 전도사가 독립선언서를 낭독한 뒤 운집한 시민들은 태극기를 들고 독립만세를 부르며 시위행진을 시작

14 김영재, 『한국교회사』, 169.

15 정재용은 황해도 해주에서 태어나 1911년에 당시 6년제였던 경신중학교를 졸업하였다. 1919년 3월 1일 파고다공원(현재의 탑골공원)에서 민족 대표, 종교계 대표, 학생 대표들이 모여 독립선언식을 거행할 것을 알고 약 5천 명의 학생들과 함께 참석하였다. 이날 민족 대표들이 독립선언식 장소를 인사동 태화관으로 옮기고 나타나지 않아 공원에 운집한 군중이 혼란에 빠지자 팔각정 단상으로 올라가서 독립선언서를 낭독하였다. 그는 같은 해 8월에 체포되어 2년 6월형을 선고받고 평양형무소에서 감옥생활을 하였다. 출옥한 뒤에는 독립운동 단체인 의용단에 참가하여 서광신, 이기춘 등과 함께 항일운동에 진력하였다. "3 · 1獨立宣言 낭독 鄭在鎔 씨別世", 『동아일보』, 1977년 1월 4일.

하였다. 시위운동은 점점 지방으로 파급되었다. 엄청난 규모의 거족적인 시위운동은 일본 관헌들을 놀라게 하였다. 3월 한 달 동안만 해도 운동에 참가한 인원은 1,000,368명, 피살된 자 3,366명, 상해자 9,227명, 피수(被囚) 35,712명에 이르렀으며[16] 두 달 간 집회 수는 1,500회 이상, 연인원은 200만 명에 달하였다.[17]

2) 한국교회의 참여

독립선언서에 서명한 민족 대표 33인 중에 무려 16명이 교회인사였다는 점만 보더라도 한국교회가 3 · 1운동에 얼마나 깊숙이 참여했는지를 알 수 있다.[18] 교회는 국내외에 독립선언서와 각종 문서를 전달하는 일에도 큰 역할을 감당하였다.[19]

3 · 1운동에는 전국 교회가 동시다발적으로 일어나 만세를 부르며 일제에 항거하였다. 평양에서는 이날 낮 1시에 장로교의 장대현교회와 감리교의 남산재교회가 고종의 봉도회(奉悼會)에 이어 계속해서 독립선언식을 갖고 시가행진에 돌입하였다. 진남포에서는 감리교 학생 120여 명이 시위의 주도역할을 하였고, 안주에서는 김화식(金化湜) 집사가 평양으로부터 독립선언서를 입수하여 천도교와 합동으로 독립운동을 전개하였다. 또 선천에서는 신성학교의 직원과 학생들이 조선독립단이라고 쓴 깃발을 흔들면서 시위에 들어갔는데, 이들이 경찰서에 이르렀을 때에는 시민들이 가세하여 3천여 명이나 되었다. 원산에서는 정춘수 목사와 곽명리(郭明理), 이가순(李可順) 전도사 등이 중심이 되어 시위에 임하였다. 대구에서는 이만집(李萬集) 목사가 주도하여 3월 8일 군중을 한곳에 집결시킴으

---

16 민경배, 『한국기독교회사』, 367.

17 김영재, 『한국교회사』, 170.

18 33인 민족 대표는 기독교인 16인, 천도교인 15인, 불교인 2명이었다. 기독교인 대표자 명단은 다음과 같다. 이승훈, 박희도, 이갑성, 오화영, 최성모, 이필주, 김창준, 신석구, 박동완, 신홍식, 양전백, 이명룡, 길선주, 유여대, 김병조, 정춘수.

19 평양 기독교서원(書院)의 총무였던 안세환(安世桓)은 동경의 내각 총리대신과 저명한 정객(政客)들에게 한국의 독립을 진정하려다가 붙잡혔다. 또 미국 대통령과 파리평화회담에 보내는 탄원서(歎願書)는 감리교 목사 현순(玄順)과 김지순(金智順)이 안동의 김병농(金炳濃) 목사를 통해 전달하기로 하였고, 국내의 각국 영사관(領事館)에 독립선언서를 전달하는 일은 정동교회의 이필주(李弼柱) 목사가 담당했었다. 민경배, 『한국기독교회사』, 364.

로써 경상북도 독립운동의 선구적 역할을 하였다. 부산에서는 3월 11일에 기독교인들과 일신여학교 학생들이 합세하여 시위운동을 전개하였다. 전주에서는 교인들과 천도교인, 신흥학교 학생들이 3월 13일 목판 인쇄된 태극기를 들고 시가를 누볐다. 그리고 함경북도 성진에서는 3월 10일 기독교계 보신학교 학생들을 중심으로 태극기를 흔들고 나팔을 불면서 군중 2백여 명과 함께 시위하다가 일경과 충돌하였다.[20] 광주에서는 숭일, 수피아, 광주농업학교 학생들의 주도로 시위가 일어났다. 이렇듯 대개 기독교학교가 있는 곳에서는 그들 학교 학생들을 중심으로 시위가 확산되었다.[21]

이처럼 한국교회는 솔선하여 3 · 1운동을 주도하였다. 민족의 고난을 대신 짊어지려는 교회의 성숙한 모습을 보여주었던 것이다.

3) 교회의 피해

시위의 원인이 기독교에 있다고 판단한 일제는 교회를 대상으로 보복을 감행하였다. 총독부는 경찰과 헌병을 풀어 예배당을 파괴하고 종탑을 헐었으며 성경책을 압수하여 불살랐다. 기독교인들이라면 시위 여부를 막론하고 무조건 주모자로 간주하여 닥치는 대로 체포하여 구금하였다. 총독부의 교회박해는 강서 사천교회 학살사건, 정주교회 학살사건, 강계교회 학살사건, 위원교회 학살사건, 서울 십자가사형 사건, 북간도 노루바위교회 및 서간도 각지의 교회 학살사건 등 이루 헤아릴 수가 없다. 수원 제암리교회 소각사건은 가장 참혹하였다. 만세시위가 막바지에 이른 1919년 4월 15일 일본군 아리다 중위가 제암리에 나타나 30명의 교인들을 교회당에 모으고 문을 잠근 후 집중 사격을 가하여 전원 사살하였다. 아리다는 증거인멸을 위해 교회를 완전 소각하였다.[22]

검거된 시위자들도 참혹한 고통을 당하였다. 그중 가장 대표적인 사례가 유관

20 민경배, 『한국기독교회사』, 364-366.

21 이병헌, 『삼일운동비사』(시사시보사, 1959), 911.

22 민경배, 『한국기독교회사』, 371.

순(柳貫順)의 경우였다. 그녀는 충청남도 천안 출생의 기독교인 소녀로서, 이화학당 고등과 1학년에 재학 중이던 16세 때에 3 · 1운동에 참가하여 천안, 연기, 공주, 진천 등지의 군민들이 총궐기한 아우내장터 만세시위를 주도했었다. 그녀는 일경에 검거되어 공주형무소에서 7년형을 언도받았으며, 그 후 서대문형무소로 이감되어 복역하던 중 극심한 고문을 받고 옥중 순교하였다. 붙잡힌 기독교인들의 고통은 이루 말할 수가 없었다. 특히 여신도들이 체포되어 당한 고문은 참혹하기 이를 데 없었다.[23]

1919년 3월 1일부터 6월 30일까지 재판받은 피고인 숫자만 해도 기독교인이 2,190명으로 유교나 불교 및 천도교인을 합한 1,556명보다 훨씬 많았으며, 교역자도 151명으로 천도교직원 72명을 두 배가량 능가하였다. 거기에 만주 지역의 한국교회까지 그 여파가 미쳐 3 · 1운동으로 인한 피해가 심각하였다.[24]

4) 3 · 1운동의 결과

비록 3 · 1운동을 통해 독립을 쟁취하지는 못했지만 한국교회가 교파의 구별 없이 단합할 수 있었다는 점, 그리고 민족의 수난 앞에서 결코 수수방관만 하지 않고 적극적으로 참여하였다는 점 등은 한국교회사에 영광스러운 한 페이지를 장식할 만한 것들이었다. 이 운동은 민족을 하나로 묶었으며, 상해에 대한민국 임시정부를 설립하는 동인이 되었고, 일제의 무단통치를 문치로 전환시키는 계기가 되었다.[25]

3 · 1운동은 일본으로 하여금 형식적이나마 그들의 정책을 변화시키지 않을

---

23 한 여신도의 고백을 소개하면 다음과 같다. "나는 평양에서 3월 2일 체포되어 경찰에 구금되었다. 경관들은 우리가 기독교인인가를 자세히 물어보았다. 그곳에는 12명의 감리교 여신도와 2명의 장로교 여신도, 1명의 천도교 여신도가 있었다. 경관들은 채찍으로 우리 여자들을 내리치면서 옷을 다 벗기고 벌거숭이로 여러 남자들 앞에 세워 놓았다. 경관들은 나에 대해서는 거리에서 만세를 불렀다는 죄목밖엔 찾지 못하였다. 그런데도 그들은 내 몸을 돌려가면서 마구 구타해서 전신에 땀이 흠뻑 젖었다. 내 양손은 꽁꽁 묶였고, 그들은 계속해서 사정없이 때렸다. 그러다가 땀이 흐르면 찬물을 끼얹었다. 춥다고 말하면 그때는 담뱃불로 내 살을 지졌다. 어떤 여자는 심한 매질로 기절까지 하였다. 우리들은 성경책을 다 빼앗기고 기도는 고사하고 말도 할 수 없었다. 우리는 인간으로서의 견딜 수 없는 무서운 폭행과 욕과 조롱을 받았다."

24 민경배, 『한국기독교회사』, 372.

25 김인수, 『한국기독교회의 역사』, 415.

수 없도록 압력을 주었다. 이로써 한국 국민이 일본의 식민정책에 기꺼이 찬동하고 있다고 선전을 일삼던 일본의 주장이 전혀 거짓임이 밝혀졌다. 세계의 여론 또한 매우 비판적이었다. 일본은 헌병과 경찰들을 통한 무단정치(武斷政治)를 포기하고 소위 문화정치(文化政治)를 실시한다고 선포함으로써 그들의 식민정책의 일부를 수정하였다. 그러나 이것은 이때까지 추구해 왔던 것과 똑같은 목적을 추구하기 위하여 단지 그 방법과 현상만을 달리한 것뿐이었다. 문화정치는 기껏해야 무단정치의 제2막의 연장선에 불과하였으며 허위와 기만으로 가득 찬 정치체제였다.

병천 유관순 열사의 생가

한국교회는 국가와 민족이 위험에 직면하였을 때 언제나 하나로 힘을 합쳐 투쟁하는 전통을 갖게 되었다. 3 · 1운동에 동참한 전국 교회의 반응은 놀라웠다. 열심의 파도, 갱신된 신앙이 온 반도를 휩쓸었다. 마치 1907년의 대부흥운동이 재현된 듯하였다. 이로서 한국 겨레는 기독교의 위대함과 그 우월성, 그 도덕적 용기를 피부로 실감할 수 있게 되었다. 평양에서는 한 주일에 7백 명의 새 신자가 입교하였으며, 어떤 사경회에서는 현장에서 14명의 청년이 목사의 길을 걷기로 지원하였다. 확실히 거기에는 정치에 대한 것 이상의 자기 결정을 위한 새 정신, 새 희망, 새 열망이 살아 움직이고 있었다. 또한 기독교 교육의 폭발적 발전에 주목해야 한다. 그 수적 증대는 참으로 놀라운 것이었다. 이러한 교육열은 결국 3 · 1운동 때에 나타난 그리스도인들의 애국적이요 두려움을 모르는 고난이 겨레 전체에 미친 영향 때문이었다. 이러한 교회와 교육의 현상적 진흥은 심각한 민족사의 한 방향 전환을 의미하는 것이었다.[26]

3. 부흥회를 통한 복음운동과 사회개혁

한국교회는 1907년 대부흥운동을 계기로 신앙에 활력을 불어넣는 부흥회가 지속되었다. 한일합방 이후에도 부흥회를 통한 신앙운동은 계속되었다. 하지만 부흥회는 단지 내면적 신앙을 각성시키는 차원에 그쳤던 것이 아니라 사회를 개혁해 가는 동력까지 동반하고 있었다. 부흥회는 한국교회의 사회운동과 함께 호흡하며 보조를 같이하고 있었던 것이다. 이 당시의 대표적 부흥사는 길선주 목사와 김익두 목사였다.

이 두 부흥사의 부흥회 내용과 이들의 메시지가 사회에 끼친 영향을 살펴보자.

1) 길선주 목사의 부흥회

길선주는 평안남도 안주 태생으로 그의 나이 28세인 1897년에 중생을 체험하였다. 1897년 판동 널다리골교회(장대현교회의 전신)에서 리(Graham Lee, 李吉咸) 선교사에게 세례를 받아 기독교인으로 입교하였다. 1901년 장대현교회 장로를 거쳐, 1903년에 평양 장로회신학교에 입학하였고 1907년 제1회 졸업생으로 목사 안수를 받았다. 그는 1906년에 당회에 의뢰하여 새벽기도회를 정착시켰다. 그는

26 민경배, 『한국기독교회사』, 391-393.

1903년 원산부흥운동의 주역이었던 하디가 장대현교회 초청으로 1906년 평양에서 한 주간 시행한 부흥집회를 통해 깊은 감명을 받았다. 존스턴(H. A. Johnston) 박사가 장대현교회에서 주일예배 설교를 통해 웨일즈와 인도 지방에 있었던 부흥운동의 소식을 전하면서, 조선에서 누가 교회를 부흥시킬 성령의 은혜를 충만하게 받겠느냐며 손을 들어보라고 하자 신학생이며 장로였던 그가 손을 들고 일어섰다. 이때부터 그는 한국교회의 부흥사로 새로운 발걸음을 내딛게 되었다. 길선주 목사는 장로 시절 1907년 평양대부흥회의 주역이 되었을 뿐만 아니라 새벽기도회, 통성기도 등을 창안하여 한국교회의 토착적 신앙 형성에 커다란 공헌을 하였다.[27]

그는 요한계시록을 10,200회 이상 독파하여 거의 암기하다시피 하였고, 신약성서는 1백 회, 구약성서는 30회 이상, 그리고 요한1서는 5백 회나 읽었다.[28] 이러한 성경 지식으로 그의 설교는 언제나 영력이 넘쳤고 성경구절을 구슬처럼 꿰매어 일관성 있게 해석하였다. 그의 설교를 듣는 청중은 누구나 회개하였고 성령의 역사를 체험하였다. 길선주 목사는 35년간 한국 본토를 망라하고 만주에 이르기까지 연 20만 리에 이르는 길을 누비며 부흥회를 인도하였다. 그는 1935년 11월 26일 평남 고창의 이향리교회에서 사경회를 인도하다 뇌일혈로 쓰러져 하나님의 부르심을 받았다.

길선주 목사의 신앙적 핵심은 종말론(終末論)이었는데, 그 근거는 요한계시록이었다. 그의 설교는 언제나 예수의 재림을 기다리는 종말 지향적 성격을 지녔다. 그러나 그의 종말사상은 은둔과 피안적(彼岸的) 성격이 아니라 피안의 세계와 차세(此世)를 통합하는 일원적 성격을 지녔다. 그러므로 그의 신앙은 겨레와 동행해서 증언되고 역사 속에서 생동하는 강한 힘이 있었다. 그가 민족 대표 33인 중의 한 사람으로 활동했던 것과 민족의 독립을 위해 다각적으로 노력했다는 사실

27 길선주 목사의 생애에 대해서는 다음 문헌을 참고할 것. 김인서, "靈溪先生小傳(上)", 『神學指南』13/6 (1931년 11월), 37-41. 김인서, "靈溪先生小傳(中)", 『神學指南』 14/1 (1932년 1월), 37-43. 김인서, "靈溪先生小傳(中二)", 『神學指南』, 14/2 (1932년 3월), 33-36. 김인서, "靈溪先生小傳(下)", 33-36. 김인서, "靈溪先生小傳 續一", 27-31. 김인서, "靈溪先生小傳 後篇二", 『信仰生活』5/2 (1936년 2월), 25-29. 김인서, "靈溪先生小傳 後篇三", 『信仰生活』 5/3 (1936년 3월), 28-32. cf. 안수강, 『길선주 목사의 말세론 연구』, 22.

28 김인서, "靈溪先生小傳 續一", 『信仰生活』5/1 (1936년 1월), 28.

이 이를 입증한다. 길선주 목사는 부흥회를 통해 독립운동의 실패로 좌절한 우리 민족에게 새로운 활력소를 제공해 주었다. 그는 하나님의 자비와 능력으로 일본이 패망하고 반드시 한국이 해방될 것이라는 소망을 겨레에게 심어주었던 산 신앙인이었다.[29]

2) 김익두 목사의 부흥회

김익두 목사

김익두는 1920년대 한국교회의 부흥회를 대표하는 인물이었다. 그는 1874년 황해도 안악에서 출생하여 1900년 27세에 안악교회에서 선교사 스왈론(W. L. Swallen)의 설교에 감동을 받아 기독교에 귀의하였다. 1902년 세례를 받기 전까지 신약성서를 백 번 읽었으며 신앙적 열정과 기도로 무장한 전형적인 한국기독교인이었다. 김익두 목사는 성령의 불같은 임재를 체험한 후 1902년 신천교회에 시무하면서 1906년에 평양 장로회신학교에 입학하였다. 4년 후 제3회로 졸업한 후 1920년 예수교장로회 제9회 총회에서 총회장에 피선되어 봉직하였다.[30]

그는 신천교회에 시무할 때부터 신유(神癒)의 은사를 받은 목사로 주목받았다. 그의 부흥회는 1920년대에 절정에 이르렀다. 그의 메시지는 예수님의 십자가와 보혈, 회개와 천국, 부활의 복음이 신비로운 힘에 의하여 전파되었고, 죄 사함의 격렬한 경험이 현상화하면서 신유의 은사로 나타나기 시작하였다. 그의 심오한 성경 지식에 기초된 신앙이 이 모든 능력의 원천이었다. 그에게 본격적으로 신유

29 길선주의 '민족개량'의 원리는 장래에 실현될 차안적 현세적 민족구원의 섭리를 믿는 '민족언약사관'에서 출발하며 철저하게 민족 운명공동체 의식을 반영하였다. 당대의 민족상이 처절한 피압박 민족으로 각인되어 있었음에도 불구하고 그가 현세와 내세를 결코 단절로 보지 않고 두 세계를 시간적 연속선상에서 일원적으로 바라볼 수 있었던 것은 바로 식민치하에서 현세적 구원을 기다리는 운명공동체로서의 민족이 있었기 때문이었다. 따라서 민족은 그로 하여금 현세와 내세의 이원론을 극복하게 해주는 절대적인 동인이 될 수 있었다. 안수강, 『길선주 목사의 말세론 연구』, 337-338.

30 이재영 편, 『제90회 총회 회의결의 및 요람』, 11.

은사가 나타나기 시작한 것은 1919년 경북 달성(達城)의 현풍교회에서 박수진(朴守眞)의 턱뼈를 고쳐 준 때부터였다. 그의 신유의 기적은 계속되어 1920년 경산(慶山)에서 풍증(風症)으로 시달리는 김손금을 낫게 하였고, 사월리교회에서는 혈루증을 앓고 있던 박달옥을 치유하였다. 그러나 이러한 사례들은 빙산의 일각에 불과하며 그의 신유기적에 대한 일화는 헤아릴 수 없이 많다. 심지어 2, 3m 앞에 있는 환자를 손으로 가리키며 "병마야 물러가라"고 외치기만 해도 치유되는 역사가 나타났다.[31] 김익두 목사의 이적행각(異蹟行脚)은 장로교회의 헌법 제3장 제1조 "금일에는 이적 행하는 권능이 정지되었느니라"(『조선예수교장로회사기』 참조)」라는 조문을 수정해야 한다는 헌의안까지 발의될 정도였다.[32]

그가 인도한 부흥집회 수는 국내는 물론 만주 시베리아에 걸쳐 776회에 이르렀고, 설교 회수는 28,000여 회, 새로 세워진 교회가 150여 개소, 신유인원수 1만여 명, 그의 설교로 회개하여 목사가 된 사람이 2백여 명에 달하였다. 그는 부흥회를 통해 영적 사랑과 함께 육적 사랑도 강조하였고 성신의 능력과 기도의 힘, 그리고 고생 후의 낙(樂)이라는 소망의 메시지를 계속 전하였다. 그의 설교는 1919년 이후의 심각한 민족적 좌절과 아픔, 무신론 사회주의의 도전을 한국교회가 잘 헤치고 나갈 수 있게 해주는 원동력이 되었다. 또한 그는 돈 없고 무식한 하류층들과 상대하면서 신유의 기적을 베풀어 그들의 아픔을 달래 주었다. 그는 한국교회가 미처 손을 뻗치지 못했던 하류층의 사람들이 공산주의의 달콤한 유혹에 실족하지 않도록 힘썼다.

특히 그의 내세 지향적 메시지는 한국교회로 하여금 현세에서 사회주의를 이룩하자는 공산주의와 결별하게 해준 동인이 되었고, 민중의 자긍심을 독려해 주는 힘이 되었다. 김익두 목사는 좌절과 절망 속에 있는 한국교회를 다시금 신앙으로 일으켜 세워주고 새로운 미래를 대망하도록 용기를 북돋워 준 한국교회 전

31 황해도 재령의 임택권 목사는 1919년 '이적명증회'를 발기하여 3년여 동안 조사한 김익두 목사의 이적 사실을 1921년에 『조선예수교회이적명증』이라는 책자로 발간하였다. 발기인으로는 임택권 목사 외에 오득인, 김용승, 장홍범, 유만섭, 장의택, 이택주 등이 참여하였다. 김인수, 『한국기독교회의 역사』, 424.

32 황해노회는 1922년 장로회 총회에 이 조항을 수정할 것을 헌의하였는데 총회는 이 안건에 대해 신경과 성경진리에 위반되는 조건이 아니므로 개정할 필요가 없다고 결의하고 각 노회에 회부하였다. 그 결과는 부결로 나타났다. 김인수, 『한국기독교회의 역사』, 424.

환기의 위대한 인도자였다. 그는 1950년 10월 14일 후퇴하는 공산군에 의하여 교회당 안에서 총탄에 맞아 세상을 떠났다.[33]

33 기독교대백과사전편찬위원회 편, "김익두", 『기독교대백과사전(3권)』, 270-271.

Story 13

일제 말기의 한국교회

1. 일제 말기의 한국교회의 위기

한국교회는 일제 말기에 이르러 전례 없는 위기에 봉착하였다. 위기는 교회의 안팎에서 동시에 밀려오기 시작하였다. 교회의 내부에서는 총독부의 교묘한 책략으로 분파작용이 계속 활개치고 있었고, 외부적으로는 교리에 대한 사회적 무관심과 냉대가 팽배해 가고 있었다. 한일합방과 3 · 1운동 때까지만 해도 교회는 민족의 희망이었으며 정신적으로 믿고 의지하던 최후의 보루였다.[1] 그러나 일제 말기에 이르러 교회는 분열과 이권싸움을 계속하여 신뢰를 잃었다. 여기에 사회주의 사상까지 준동하여 많은 사람들의 관심이 교회보다는 그쪽으로 쏠리고 있었다.

국내에서 활동하던 공산주의 여러 단체들은 주도권 쟁탈전을 벌이다가 1925년 4월 17일 아사원에서 조선공산당을 설립하였는데 당시 주요 간부는 김재봉, 박헌영, 조봉암 등이었다.[2] 이렇게 되자 교회에 일말의 소망을 걸었던 민족 우국지사들이 교회를 등지고 사회주의운동에 가담하는 사태가 속출하였다. 교회는 더 이상 한국민족에게 희망을 줄 수 없는 무기력한 기구로 인식된 것이다. 길선주는

---

1 1920년대 말기에만 해도 기독교인은 한국 인구의 2% 정도밖에 되지 않는 미미한 세력에 불과하였지만 교회는 도덕적 정신적으로는 가장 영향력 있는 기관으로 인정받고 있었다. 민경배, 『한국기독교회사』, 478.

2 이영헌, 『한국기독교사』, 170. 1930년대 현대 사상과 기독교 사상을 담은 팜플렛 중에는 김인영의 "하나님의 존재"(1933), 채필근의 "과학과 종교"(1933), 이상문의 "종교와 사회"(1933), 김춘배 역의 "마르크스와 예수"(1929), 도인명의 "인류학"(1933) 등이 있다. 같은 책, 171.

사회주의 혹은 사회주의 색채를 띤 기독교 세력들에 대하여 현세에서 진리를 반대하는 악한 세력으로 규정하여 '유물주의의 악론사상' 혹은 '기독교 공산주의'로 규정하였으며, 길선주 목사는 "오늘의 유물론은 명일(明日)의 지식이 되지 못할 것이니 학문이 어찌 사람을 구원하랴!" 하며 탄식하였다.[3] 이런 냉엄한 현실 속에서 공산주의의 교회 도전은 무섭게 활개를 쳤고 여기에 총독부는 교회 말살정책으로 합세하였다.

1) 공산주의의 도전

공산주의는 국내외에서 교회에 맹렬하게 핍박을 가하였다. 국내에서 공산주의는 교회가 민족운동을 전개하지 않는다고 비난하면서 공산주의만이 민족의 독립을 쟁취할 수 있는 유일한 길이라고 선전하였다. 교회로 몰려들던 젊은이들은 교회로부터 등을 돌려 발길을 끊었고 기왕 교회에 있던 사람들조차 낙심하며 교회를 떠났다.

공산주의는 한국교회의 선교지였던 만주 지역에서 무력행사로 교회를 박해하였다. 공산당에 의한 한국교회 최초의 피해는 1925년 중국 길림성에 있던 침례교회에서 발생하였다. 그해 이 지역으로 파송되었던 윤학영, 김이주, 박문기, 이창희 목사 등이 공산당들에게 붙잡혀 엉뚱하게도 일본의 밀정이라는 죄목으로 악형을 받아 순교하였던 것이다. 또 1932년 10월 14일에는 간도에 있던 침례교 종성동교회에 공산당원 30여 명이 난입하여 부락민을 예배당에 회집시킨 후 불신자와 신자를 가려내고 신자들의 생명을 해쳤다. 이때의 일로 그 교회를 담당했던 김영국, 김영진 두 형제 목사가 순교하였다.[4] 또 1932년 12월에는 감리교연회로부터 파송받아 시베리아 신한촌에서 전도하던 김영학 목사가 강제노역을 하다가 얼음이 갈라져 강에 빠져 순교하였다. 그는 1930년 1월 반동분자라는 죄명으로 소련 경찰에 체포되어 징역 10년을 언도받고 중노동을 하던 중에 참화를 입었

---

3 안수강, 『길선주 목사의 말세론 연구』, 51.

4 민경배, 『한국기독교회사』, 481–482.

다.[5] 1931년 가을에는 길림 지방의 쌍거천에서 최태봉, 김광욱 등 7명의 신자가 공산당에 가입하지 않는다는 이유로 살해당한 일도 있었다.[6] 그리고 1935년 1월 4일에는 장로교의 한경희 목사가 북만주의 호린현에서 순행전도를 하던 중 40여 명의 공비들에게 목사라는 이유로 총살을 당하였다.[7]

2) 기독교 사회운동의 붕괴

당시 교회의 사회운동도 와해되기 시작하였다. 이것은 교회의 사회적 활동의 중단이라는 점에서 매우 커다란 위기였다. 사회운동이 붕괴된 직접적인 원인은 교회 내 보수계의 반발, 사회운동을 민족운동으로 간주하여 중단을 종용하는 총독부의 압력, 그리고 사회운동가들의 일제에의 전향 등 세 가지로 집약할 수 있다.

우선 교회 내에서의 사회운동에 대한 비판은 1935년을 고비로 해서 나타나기 시작하였다. 교회 내에서의 최초의 비판은 채정민 목사에게서 나왔다. 그는 신신학과 사회복음주의, 사회주의 이론을 함께 비판하면서 사회운동을 중단해야 한다고 주장하였다. 그리고 그의 뒤를 이어 길선주 목사도 사회운동은 교회의 위신을 실추시킬 뿐이라고 반대 의견을 폈다. 또 보수계통의 여러 목사들과 신도들의 사회운동 비판이 곳곳에서 전개되었다. 이렇게 되자 장로교 총회는 1937년에 농촌부를 폐지하였고, 이로써 농촌운동이 대세를 이루었던 사회운동은 좌절되고 말았다.[8]

---

5 김인수, 『한국기독교회의 역사』, 455.

6 민경배, 『한국기독교회사』, 483.

7 한경희 목사는 얼어붙은 강에 파묻혀 순교의 관을 썼다. 이 소식을 접한 장로회 총회는 송창근 목사를 북만교회에 파송하여 시찰하게 하였으며, 김인서는 "북만교회는 순교의 피로 쌓은 교회"라고 추앙하였다. 민경배, 『한국기독교회사』, 483-484. 이외에도 연길현의 교회가 공산당의 방화로 교인이 모두 이산하였고, 적암동교회는 공산당의 습격을 받자 교인들이 피난길에 올랐으며, 로터거우교회는 두 번이나 공비의 습격을 받아 수천 원의 막대한 재산피해를 입었다. 한국교회는 이처럼 국내외에서 공산주의의 도전으로 위기에 처하였다.

8 농촌사업을 가장 광범위하게 추진한 교단은 장로교였다. 장로회 총회는 1928년 9월 제17회 총회에서 농촌부를 설치하기로 가결하고 1930년부터는 전국적으로 농사강습회를 개최하였으며 『농민생활지』를 통해 계몽하였다. 이 잡지는 1928년부터 1933년까지 22만 6천 부를 발행했을 정도로 농촌운동은 심혈을 기울인 분야였다. 그러나 1937년에 이르러 농촌부를 폐지함으로써 사회현장에서 한 걸음 후퇴하였다. 이영헌, 『한국기독교사』, 177.

일제의 교묘한 저지 역시 사회운동이 붕괴하게 된 주된 요인이었다. 일제는 1931년부터 농촌운동이 장래에 한민족의 민족운동으로 크게 확산될 것을 우려하여 예의주시하고 있었다. 그러다 마침내 1938년 3월에 기독교 사회운동의 주도 세력이었던 기독교청년회(YMCA)를 흥업구락부 사건[9]을 빌미삼아 해체시켰으며, 금주운동 및 절제운동을 민족구원의 차원에서 추진하던 면려회 역시 일제의 탄압에 의해 좌초되고 말았다. 1937년 5월 면려회 전국연합회 서기였던 이양섭이 전국면려회에 발송했던 통문을 불온서적으로 몰아 기소하였고, 그해 8월에는 강신명이 금주금연운동을 빙자하여 불온문서를 인쇄했다는 죄목으로 구속되었다. 일제는 그해 6월에는 안창호 중심의 수양동우회와 관련을 맺었던 면려청년회마저 수양동우회사건[10]에 연루시켜 해체시켰다. 이로 인해 면려회는 전국적 운동의 기반을 완전히 잃게 되었다. 그리고 기독교농촌연구회를 조직하여 활동했던 배민수와 유재기 역시 1938년 6월 일제가 조작해 낸 기독교도의 조선독립운동 음모사건에 연루되어 치안유지법 위반으로 구속되었다.

이렇게 되어 한국교회의 사회운동은 근본 뿌리부터 송두리째 뽑히고 말았다. 더욱이 사회운동을 전개하던 사람들조차 상당수가 사회주의운동에 가담하여 교회를 떠나거나 일제의 압력에 못 이겨 민족을 배신하고 황국신민과 내선일체를 운운하면서 일본의 앞잡이로 전향하기도 하였다.

---

9 흥업구락부(興業俱樂部)는 일제강점기에 결성된 기독교 계열의 사회운동 단체이다. 일제는 1938년 5월 22일 안재홍 등 흥업구락부 간부 회원 60여 명 등 100여 명을 검거하고 일본 경찰은 구자옥 등 52명을 치안유지법 위반으로 기소하였다(흥업구락부사건).

10 수양동우회는 안창호가 미국 로스앤젤레스에서 조직한 흥사단(興士團)이 국내에서 수양을 목적으로 결성한 단체였다. 이 단체는 관청에 등록하였고 집회도 합법적인 절차를 밟아 회집된 적법한 단체였으나 일제는 이 단체에 가입한 인사들을 민족운동을 전개하는 요주의 인물들로 낙인찍어 불순한 목적을 갖고 모이는 단체로 간주하였다. 김인수, 『한국기독교회의 역사』, 474.

2. 장로교의 내분과 감리교의 연합

일제 말기 한국교회는 두 가지 엇갈린 희비(喜悲)의 교차로를 지나고 있었다. '비'는 해방 후 교회가 나누어지는 아픔을 맛보아야 했던 장로교회 분열의 조짐이 벌써 가시화되었다는 점이고, '희'는 남북감리교로 나뉘어 전래되었던 감리교회가 하나의 감리교회로 통합되었다는 점이다.

1) 장로교의 분열조짐

장로교회의 분열조짐은 1930년대에 들어서면서 가시화되기 시작하였다. 그 요인들은 지방색과 신학적 견해의 차이 등 두 가지였다.

신학적인 논쟁은 당시 평양신학교 교수 박형룡 박사와 숭인상업학교 교사 김재준 목사 사이에서 치열하게 전개되었다. 김재준 목사는 한국에서의 신학교육이 단일하고도 고루한 전통신학과 고정되고 사문화된 교리를 그저 주입식 교육으로 가르치는 데 만족하고 있다고 비판하였다. 또 그는 『신학지남』에 투고한 "이사야의 임마누엘 예언연구"[11]에서 그리스도의 동정녀 탄생에 의문점을 가질 만한 해석을 시도함으로써 문제를 야기하였다. 나아가 성서축자영감설을 반박하였을 뿐 아니라[12], 선교사들이 한국교회의 주체의식을 방해하였다고 공격하면서 한국교회사의 부재를 탄식하였다.[13] 반면 박형룡 박사는 미국 보수신학의 주도 세력이었던 프린스턴신학교에서 공부한 전형적인 근본주의자였다. 그는 신학이란 창작이 아니라 사도적 전통의 정통신앙을 그대로 고수하는 것이라고 믿었다. 그리하여 그는 성서무오설과 축자영감설을 고수하여 성서에 대한 비판적 해석을 단죄하고 1935년 5월 이후부터는 김재준 목사로 하여금 『신학지남』에 더 이상 글을

11 김재준은 "이사야의 「임마누엘」豫言 研究"를 『神學指南』에 게재하여 박형룡과 논쟁하였다. 그는 이사야 7장 14절의 '처녀'(히브리어 '엘마')가 동정녀를 가리킨 말이 아닐 수도 있다는 입장을 밝혀 파란을 일으켰다. 김재준, "이사야의 「임마누엘」豫言 研究", 『神學指南』16/1 (1934년), 34.

12 김재준, "성서해석", 주재용, 『김재준의 생애와 사상』(서울: 풍만출판사, 1986), 64-76.

13 김인수, 『한국기독교회의 역사』, 478.

계재하지 못하도록 제재 조치를 취하였다.

신학적 대립은 이 두 신학자뿐만 아니라 산정현교회를 담임했던 송창근 박사의 교회사직에서도 나타났다. 송창근은 그의 진보적 신학사상 때문에 조만식 장로를 비롯한 교인들의 배척을 받아 사직하고 그의 후임으로 주기철 목사가 부임하였다.[14] 이러한 보수와 자유라는 신학적 대결구도를 배경에 두고 1934년과 1935년 장로교 총회에서는 심각한 신학적 분열이 초래되었다. 먼저 1934년의 총회에서는 당시 남대문교회 김영주 목사의 창세기 모세 저작설 부인 문제와 김춘배 목사의 여권에 대한 자유주의적 해석 문제가 논의되었다. 이때 박형룡 박사는 "모세의 창세기 저작을 부인하는 사람은 장로교의 목사 됨을 거절함이 가하다"라는 유권해석을 총회에 제출하였고, 김춘배 목사에 대해서도 "김 목사는 여권 운운으로 시대사조에 영합해서 성경을 해석하려는 사람이기 때문에 교회의 징계에 처함이 옳다"라고 주장하였다.[15]

1935년 장로교 총회에서는 1934년 총회에서보다 더 많은 문제들이 의제로 올랐다. 이해의 총회는 먼저 김영주 목사와 김춘배 목사에 대한 책벌을 정식으로 성문화시키고, 계속해서 신흥우의 적극신앙단 문제를 다루었다. 총회는 이 기관을 "자유주의 신학을 표방하는 불온단체"라고 규정하고 거기 참여한 장로교 목사들이 탈퇴할 것을 명하였다. 또한 총회는 미국아빙돈출판사에서 출판한『단권주석』의 정통성에 관한 시비를 취급하였다. 총회는 "이 주석은 장로교의 교리에 위배되는 점이 많으므로 교회로서는 강독치 않을 것"을 결의하고 번역에 참가한 목사들에게 공개 사과할 것을 명하였다. 모든 문제들이 총회에서 논의되었고, 따라서 모두 해결된 것처럼 보였다. 그러나 총회의 결의는 대부분 북쪽 교회의 다수에 의한 일방적이고도 독단적인 횡포라는 인상이 짙었고, 남쪽 지역의 대표들은 힘의 한계를 느끼며 이에 대한 불만을 내면에 축적하고 있었다. 이로 인하여 남북의 지역감정이 더욱 심화되었다.

당시 기독교인의 분포는 남북의 차이가 현저했으며, 대다수의 기독교인들이

14 민경배,『순교자 주기철 목사』(서울: 대한기독교출판사, 1985), 144-149.

15 김인수, 한국기독교회의 역사』, 479-481.

압도적으로 북한 쪽에 편중되어 있었다. 그러므로 정책을 결정할 때마다 북한의 교회들이 강력한 영향력을 행사하였고, 남한의 교회들은 북측의 이러한 행태에 대하여 불만을 품고 있었다. 더욱이 남쪽 지방은 온건한 신학적 입장을 취했던 반면, 북쪽 교회들은 보수적 입장을 고수하고 있었으므로 신학적인 반목도 계속되었다. 이러한 암암리의 대립은 1934년 장로교 총회에서 표면화되었다. 이 총회에서 북쪽 교회 대표들은 남쪽 교회 대표들을 근대주의자들이라고 비난하였고, 남쪽 대표들은 "북부의 전제적 횡포가 사라지지 않는 한 총회에서 탈퇴하겠다"고 위협하였던 것이다.[16]

이러한 남북교회 간의 대결은 1936년 광주에서 열린 제25회 장로교 총회에서 표면화되었다. 가장 문제가 되었던 것은 경중노회 사건이었다. 경중노회는 서울의 함태영, 전필순, 최석주, 이석진, 권영식 등 목사들이 손을 잡고 보수적인 경성노회에서 이탈하여 조직한 노회였다. 경성노회는 곧 이 노회를 불법기관으로 단죄하고 여기에 가담한 목사들을 제적시켰다. 그러나 남부 지역 목사들은 따로 모여 새로운 장로교를 조직할 것을 논의하였다. 이로 인해 장로교는 최악의 분열 위기를 맞게 되었다.[17] 이렇게 되자 장로교회 일각에서는 어떻게 해서든지 교회의 분열만은 막아야 한다는 자성의 소리가 높았고, 또 사랑으로 화해할 것을 촉구하는 평신도들의 외침도 있었다. 그리하여 장로교는 분열의 위기만큼은 가까스로 피할 수 있었다.

2) 남북감리교의 통합

한국 장로교는 1912년에 총회를 조직하여 선교부에서 독립하기는 했으나 독

16 남북 지역감정 대립양상은 마산 문창교회의 박승명 사건, 『정찬송가』문제, 진보사상에 입각해 있던 전필순 목사가 『기독신보』편집인으로 취임한 문제, 신흥우의 적극신앙단과 관련된 경중노회 분리 사건, 조선신학교 인가 문제 등 다양한 영역에서 발생하여 표면화되었다. 민경배, 『한국기독교회사』, 499-504.

17 민경배, 『한국기독교회사』, 501. 1937년 10월 29일 승동교회에서 경성노회와 경중노회가 합석하여 총회의 제안에 피차 순종하기로 합의하였다. 그러나 분열의 근본적인 요인들이 모두 제거된 것은 아니었다. 지방적인 색채와 신학적 대립은 여전히 장로교 안에 내재하고 있었다. 장로교는 단지 일시적인 분열의 위기만을 넘긴 것뿐이었다.

자적인 신앙고백과 정체성을 갖고 있지는 않았다. 그러나 감리교는 한국교회의 신앙이 반드시 미국교회의 형태를 따라야 할 필요성이 없다는 이유를 들어 미국 선교부에서 완전히 독립된 한국적 감리교회의 형태를 이룩하였다.

미국 감리교회는 남북으로 분리되어 있었다. 이것은 남북전쟁과 유관한 사회적 조건이 반영된 양상이었다. 가령 노예제도를 인정하느냐 아니면 폐지할 것이냐의 사안이 결부되어 있었다. 본래 감리교회는 남감리교와 북감리교로 분리되어 따로 한국에 전래되었고, 따라서 한국에서의 감리교회 체제 역시 양분되어 있었다. 그런데 한국 감리교인들은 민족적 주체의식 때문에 감리교회의 분리를 가슴 아프게 생각하였다. 더욱이 이들은 일본의 감리교회가 독립되어 있다는 사실에서 커다란 자극을 받아 한국 감리교회도 하나로 통합하여 일본 감리교회보다 열등하다는 인상을 씻고 민족적 요청에 부응하자는 의견들을 내놓았다. 이렇게 되어 한국 감리교회의 연합작업이 논의되었다. 한국의 남북감리교회는 1924년 3월 5일 서울에서 각 산하단체인 진흥방침연구회를 통해 서로 회합하여 연합의 초안을 내놓았다. 그러나 이 초안은 1925년 미국에서 부결되었다. 크게 실망한 한국 감리교회는 결국 단독으로라도 통합해야겠다는 결단을 내렸고 다시 통합계획안을 작성하였다. 결국 1928년 미국북감리교 총회가 먼저 승인하고, 이어서 1930년 미국남감리교 총회 역시 승인함으로써 마침내 한국 감리교회의 통합의 숙원이 이루어지게 되었다.[18]

따라서 한국 감리교회는 1930년 12월 2일 협성신학교에서 통합총회를 열고 하나의 한국 감리교회를 발족시켰다. 감리교회는 남녀, 귀천, 빈부, 지식의 유무 등 일체의 차이를 인정하지 않았을 뿐만 아니라 편협한 교파주의를 배격하였다. 또한 권위보다는 신앙과 애정을 존중하며 진보적인 자세로 사회적 요청에 따라야 한다는 내용을 담은 교리선언도 발표하였다. 이로써 한국 감리교회는 명실상부한 하나의 교회로서 큰 걸음을 옮겨 놓기 시작하였던 것이다.[19]

18 민경배, 『한국기독교회사』, 488–490.

19 민경배, 『한국기독교회사』, 490. 그렇지만 이 남북감리교의 연합 행로가 그렇게 순조로운 것만은 아니었다. 남북감리교의 합동은 서울에서만 사실상 성사되었을 뿐 지방에서는 여전히 남북으로 갈라진 미묘한 상태였기 때문이었다. 더욱이 선교사들이 통합에 불만을 품고 조선감리교회에서 분립하여 선교회를 다

3. 신사참배와 교회의 수난

1) 신사참배 강요

일제강점기에 한국교회의 수난은 신사참배를 강요받는 데서 절정에 달하였다. 일제는 한국 기독교인들의 신앙심과 민족주의정신을 와해시키기 위한 일환으로 신사참배를 강요하였다.

일본 신궁에 참배하는 목회자들(1943)

① 신도(神道)의 종교성 문제

일제는 한국교회와 전 한국민족에게 신사참배를 강요하면서, 이는 단지 국민의례일 뿐 종교적 행사는 아니라고 선전하였다.[20] 그러나 이 신도이즘(Shintoism)은 사실상 종교였다. 신도는 자연종교 일반에서 볼 수 있는 모든 종교적 의식들

시 조직하려는 움직임마저 있었다. 당시 김종우는 남감리회와 북감리회의 합동은 단지 명의상 합동일 뿐이라고 주장하였다. 김종우의 보고: 기독교조선감리회, 동부, 중부, 서부, 제1회 연합연회, 『회록』(1931), 153.

20 일제는 신사참배는 종교의식이 아니라 국민의례이며 예배행위가 아니고 조상에게 최대의 경의를 표하는 것이라고 선전하였다. 또한 신사참배에 임할 때 천황에 대한 경의를 표할 수 있다고 강조하였다. 이 내용은 1936년 1월 조선총독부 교육국장 와따나베가 장로교와 감리교의 지도자들을 초청하여 설명한 내용이다. 김영재, 『한국교회사』, 205.

을 갖추고 있었을 뿐 아니라 제사의식 또한 종교임을 역력히 증명해 주고 있었다. 신도에는 개인적인 안위와 행복을 비는 기도가 있었고, 국가의 융성을 기원하는 예식도 있었으며, 신을 찬양하는 찬미가와 신이 내려준 복에 대한 감사의식도 포함되어 있었다. 또한 신도는 만물에 영(靈)이 있다 하여 태양, 산천, 수목 등 자연물을 신으로 섬겼고, 특히 일본의 역대 천황은 현인신(現人神)으로 받들어 모셨다. 일본은 천황주의를 강조하면서 그들의 정신적 지주로서 신도를 내세웠던 것이다.[21]

이렇듯 신도는 분명히 종교였고, 따라서 기독교인들이 신사참배를 거부한 것은 우상숭배 금지조항인 십계명의 제1계명을 지키려는 신앙적인 발로에서 나온 것이었다. 또한 기독교인들이 신사참배를 거부한 배경에는 일제에 굴복하지 않으려는 강한 민족정신이 함축되어 있었다.

② 신사참배 강요 과정

일제가 한국에 신사를 들여온 것은 1918년부터였다. 이때 일제는 축절 때마다 일본 천황의 사진에 경례를 올릴 것을 명하였다. 이 당시만 해도 한국교회는 신사와 종교는 관념상 다른 것이고, 따라서 신사에 참배하는 것은 종교를 강요하는 것이 아니므로 신앙의 자유가 침해당하는 것이 아니라는 입장에 서 있었다. 더욱이 일제는 1925년 1월부터 신사관계 업무를 총독부의 종교과에서 사회과 소관으로 옮겨 놓기까지 하여 신사참배가 종교적 성격을 띠지 않는다고 선전하였다.

일본은 신사를 통해 천조대신(天照大神), 천황, 무사신, 영웅신, 전쟁 전몰장병 등의 신위(神位)에 참배하게 하였으며 2차대전을 앞둔 1936년부터는 미나미 지로(南次郎, 1874–1955)가 기독교인이던 우가끼 가쯔시게(宇垣一成, 1868–1956) 후임 총독으로 부임하여 내선일체(內鮮一體)와 황국신민화(皇國臣民化) 정책의 일환으로 참배를 시행하였다. 일제는 1924년 11월 강경에서 참배를 반대한 보통학교 교사와 학생들을 퇴학시킨 것을 기점으로 1925년 10월 15일 남산 조선신궁(朝鮮神宮)

21 Nam Sik Kim, A History of Presbyterian Church in Korea(Jackson: Reformed Academy, 1985), 391–392.

준공, 1932년 평양 서기산 참례 강행, 1936년 평양 숭실전문학교 교장 매큔(G. S. McCune, 1872–1941)과 숭의여고 교장 스누크(V. L. Snook, 1866–1960)를 강제 해직시켜 출국 조치하는 등 점진적으로 압박의 수위를 높였다. 1937년 7월에는 중일 전쟁을 계기로 매월 6일을 애국일로 정해 신사참배를 의무화함으로써 본격적으로 참배를 강요하였으며, 각 교단에 신사의 봉사(奉祀)는 관념상 종교가 아니라고 홍보하면서 이를 합리화하기 위한 법적 조치로서 1939년 3월 24일 74회 중의원 회에서 종교단체법을 상정하여 통과시켰다.[22]

감리교는 1936년 6월 제3차 연회에서 참배를 결정하였고 1938년 총리사 양주삼은 신사참배는 종교적 의미로서의 예배가 아니라 애국적 행위(patriotic gesture)라는 입장을 표명하며 감리교가 결속할 것을 촉구하였다. 장로교는 1936년 선교실행위원회를 소집하여 기독교학교의 폐쇄를 선포하는 등 강경책을 폈으나 총독부의 압력에 굴복하여 1938년 9월 10일 제27회 총회에서 황국신민으로서 적성(赤誠)을 다하기로 기한다는 가결결의문을 선포하였다.[23]

신사참배에 부녀자들을 강제로 동원시키는 모습

22 안수강, "신사참배 회개론의 유형별 연구", 『한국개혁신학』42권 (2014년), 47. cf. 박영창, 『순교자 박관준 장로 일대기』(서울: 두란노, 1998), 272–76. cf. 안이숙, 『죽으면 죽으리라: 失格된 순교자의 수기』(서울: 기독교문사, 1981), 89, 94. 당시 가결결의문은 다음과 같다. "아등(我等)은 신사는 종교가 아니고 기독교 교리에 위반하지 않는 본의를 이해하고 신사참배가 애국적 국가의식임을 자각하며 써(以) 신사참배를 솔선 여행(勵行)하고 … 황국신민으로서 적성(赤誠)을 다하기로 기함."

23 안수강, "신사참배 회개론의 유형별 연구", 『한국개혁신학』, 47–48.

③ 신사참배 성찰

첫째, 한국의 모든 교회가 신사참배의 죄책을 공감하고 신사참배 회개를 공적으로 시행하여 하나의 교회로서의 본질적 일치를 모색해야 한다. 교회의 진정한 일치는 외면적 활동보다는 근본적으로 교회의 고유한 내면적 본질을 회복하려는 노력을 경주할 때 가능하다. 신사참배 문제가 이전 세대에서 결자해지하지 못한 난제였다면 후세대에서라도 포기하지 않고 해결해야 한다. 해방 이후 두 세대 이상이 경과했지만 지금까지도 정부에서 식민치하에서의 고난을 회고하며 꾸준히 강제병탄, 수탈, 징병, 징집, 부역, 위안부 등의 문제를 제기하여 일본의 사죄를 촉구하는 것도 같은 맥락에서이다.

둘째, 치리영역에서 권징을 재정립함으로써 교회의 표지를 회복해야 한다. 한국교회는 신사참배의 권징 문제를 도외시하는 잘못된 관행을 남김으로써 앞으로는 어떤 죄에 대해서든지 그 누구도 감히 권징을 운운할 수 없는 처지가 되고 말았다. 해방 이후 한국교회는 사랑과 용서를 빙자하여 권징을 경시하거나 재건과 부흥을 명분으로 내세워 아예 권징을 시행하는 일을 포기하였다. 한국교회가 참 교회의 표지를 회복하고 자정능력을 갖추기 위해서는 신사참배라는 상흔의 아픔을 딛고 권징의 전통을 재정립해야 한다.

셋째, 꾸준히 회개운동을 전개하여 교회의 거룩성을 회복하고 진정한 용서를 실천해야 한다. 작금의 한국교회는 포스트모더니즘적인 시대상황이 도래하면서 성도들은 성화영역과 경건한 삶을 멀리하고, 지식의 급속한 팽창은 점차 영적인 삶에 대해 무관심을 촉진하기에 이르렀다. 신사참배 회개 문제를 매듭짓지 못한 채 두 세대가 넘는 세월이 흐르는 동안 한국교회는 어떻게 복음대로 살아야 할 것인가의 중차대한 과제를 놓치면서 교회의 거룩성과 용서에 치명적인 흠집을 남겼다.[24] 그 결과 분열현상이 촉진되어 하나의 교회로서의 본질적인 일치를 구현하지 못하였고 교회의 표지인 권징까지도 유명무실하여 사문화되기에 이르지 않았는가!

24 안수강, "신사참배 회개론의 유형별 연구", 60-64.

2) 한국교회의 수난

① 기독교학교의 수난

일제가 기독교학교에 신사참배를 강요하기 시작한 것은 1932년 평양 서기산에서 거행된 춘계 위령제에 참석을 강요한 때부터였다. 이 당시 학교 책임자들은 기독교 교리에 위반된다며 참석을 거부했었다.[25] 그러나 일제는 이러한 행사가 단지 국민의례일 뿐이라고 교묘하게 설명하여 숭실전문학교와 숭의여학교 등 몇 학교를 참석시키는 데 성공하였다. 이렇게 첫 단계를 성공시킨 일제는 그해 한국의 모든 학교에 신사참배를 명령하였다. 사태가 여기에 이르자 장로교회는 같은 해 제21차 총회에서 "기독교인의 신사참배는 기독교 정신에 위배되는 행위이므로 이를 고려해 줄 것"을 총독부에 요청하기로 결의하였다. 그러나 이 요청은 곧 묵살되었고 총독부는 각 학교에 신사참배령을 하달하여 오히려 신사참배를 더욱 강화해 나갔다.[26]

일제는 신앙 문제를 내세워 신사참배를 거부한 숭실전문학교 교장 매큔과 숭의여학교 교장 스누크, 안식교의 이명학교 교장 이명에게 60일간의 유예기간을 주면서 불응하면 파면조치할 것이라고 위협하였다. 안식교의 이명은 신사참배를 승인했으나 매큔과 스누크는 선교사들과 뜻을 같이하는 평양의 27명의 목사들과 함께 신사참배 거부를 결정하였다.[27] 결국 매큔과 스누크는 파면당하였고, 학교는 1937년 당국에 넘어가고 말았다. 그리고 대구의 계성, 신명, 서울의 정신, 재령의 망신, 선천의 신성, 보성, 강계의 영실학교 등도 같은 운명에 처해졌으며, 연희전문학교 역시 1941년까지 버티다가 총독부이 수중에 넘어가고 말았다. 일제의 신사참배 강요로 인하여 평양신학교를 비롯한 광주 숭일중학교, 수피아여학교, 목포 영흥중학교, 정명여학교가 폐교되었고 순천 매산중학교, 전주 신흥

---

25 신사참배는 십계명의 제1계명과 2계명에 직결되는 문제였으며 보수성향의 기독교인들은 이에 근거하여 신사참배에 항거하였다. 장동민, 『박형룡의 신학연구』(서울: 한국기독교역사연구소, 1998), 295–298.

26 김영재, 『한국교회사』, 202–203.

27 60일 유예를 받은 숭실전문학교의 매큔 교장과 숭의여학교의 스누크 교장은 신사참배에 끝까지 항거하다 1936년 1월에 교장직에서 해직되었고 3월에 강제 출국 조치 되어 귀국하였다. 김영재 『한국교회사』, 204.

중학교, 기전여학교 등은 참배에 항거하여 자진 폐교하였다.

② 교회에 대한 탄압

이렇게 기독교학교에 대한 탄압에 이어 일제는 마침내 교회를 탄압하기 시작하였다. 일제는 우선 다루기 쉬운 교파부터 교묘하게 손아귀에 넣었다. 1935년 안식교가 최초로 신사참배를 가결하였고, 천주교 역시 종래의 태도를 바꾸어 1938년 2월 신사참배에 응할 것을 결정하였다.[28]

감리교 역시 1938년 9월 3일 양주삼 총리사의 이름으로 "연전에 총독부 학무국에서 신사참배에 대하여 방침을 시달한 일이 있거니와 신사참배는 국민이 반드시 봉행할 국가의식이요, 종교가 아니라는 사실을 인식하였을 줄 압니다. 그런고로 어떤 종교를 신봉하든지 신사참배가 교리에 위반되거나 신앙에 구애됨이 추호도 없을 것을 확실히 알 수 있습니다"라는 성명서를 발표하여 신사참배에 순응하였다. 양주삼은 서울 시내 기독교 학생들과 신도 7천여 명을 이끌고 조선신궁에 참배하였다.[29]

장로교는 그래도 마지막 순간까지 고뇌를 거듭하였다. 장로교는 1931년 9월 경남노회에서 신사참배 반대결의안이 통과된 일이 있었고, 1938년에는 장로교 계통의 학교들을 모두 폐교시키면서 일제의 신사참배 강요에 항거하였다. 이렇게 되자 일제는 장로교 박멸계획을 세우고 실행에 옮기기 시작하였다. 일제는 1938년 9월 9일 제27회 장로교 총회 때 우선 강경파인 주기철, 채정민, 이기선 목사 등을 미리 검속하고 친일파인 이승길, 김일선 목사 등을 통해서 분리공작을 편 다음 총대 한 사람 한 사람을 불러 신사참배에 찬성하도록 협박하였다. 그리고 이 총회가 개회되었을 때에는 경관 97명을 193명의 총대 사이사이에 끼어 앉게 하여 살기어린 눈길로 회의진행을 감시하였다. 첫날에는 임원선거가 있었는

28 당시 신사참배에 대한 천주교의 입장은 다음 여섯 가지로 정리할 수 있다. 첫째, 시국을 철저하게 인식하기 위하여 기독교 교역자 좌담회를 개최하고 지도계몽에 힘쓸 것. 둘째, 교회당에 국기 게양탑을 세울 것. 넷째, 기독교인의 국기경례, 동방요배, 국가봉창, 황국신민서사 제창을 실시할 것. 넷째, 일반 신도의 신사참배에 대한 바른 이해를 고취하고 신사참배 참여에 힘쓸 것. 다섯째, 당국의 지도에 따르지 않는 신자에게는 법적 조치를 취할 것. 여섯째, 국체에 맞는 일에는 적극 원조할 것.

29 민경배, 『한국기독교회사』, 510.

데 총회장에 홍택기, 부회장에 김기창, 서기에 곽진근, 회계에 고한규 목사 등이 피택받았다. 그리고 둘째 날인 9월 10일은 장로교 수치의 날이 되었다. 박응률 목사가 신사참배는 국민의 당연한 의무라며 참배결의와 성명서 발표를 제안하였고, 거센 반발이 있었으나 홍택기 목사는 신사참배가 신앙에 배치되지 않는다고 가결을 선포하고 말았다.[30] 이어서 총회 폐회 후에는 부회장이 임원을 대표하고 각 노회장이 총회를 대표하여 평양신사에 참배하는 불미스러운 일을 자행하였다. 결국 최후까지 버텨 왔던 장로교마저 일제의 신사참배 정책에 무릎을 꿇었다.

침례교는 재림사상 때문에 일제의 눈총을 받아 오다가 1942년 6월과 10월 사이에 전치규 목사를 비롯하여 32명의 교역자가 구속당한 것을 계기로 마침내 1943년 5월 10일 강제해산의 비운을 맞았다.[31] 성결교의 재림사상 역시 재림 시의 영광이 천황의 존엄에 비례된다 하여 1943년 5월 남녀 교역자들이 구속되었고, 그해 12월 29일에는 일제에 의해 교단해체령을 받았다.[32]

안식교는 숱한 순교자를 낸 뒤 1943년 12월 28일에 해체되었으며 성공회는 1942년 7월 드레이크(Drake) 신부가 한국을 떠남으로써 자연스럽게 해산되었다.[33]

일제는 1940년까지 3백여 명의 목사와 신도들을 검속하였고, 이들을 교회와 교직에서 제명시키는 불법을 저질렀다. 그 결과 한국교회는 멸절될 위기에 처해졌고, 따라서 오로지 신앙생활에만 침잠하기 위해 낯선 곳으로 핍박을 피하여 떠나는 뜻있는 신앙인들이 늘어갔다.

③ 선교사 추방

선교사들의 형편은 점점 어려워져 갔다. 이들은 치리권이 한국교회에 속해 있

---

30 민경배, 『한국기독교회사』, 512-513. 그 후 일본이 태평양전쟁을 일으켰던 1941년부터는 일제의 교회박해가 더욱 극렬한 양상을 띠었다. 일제는 심지어 한국교회에서 서구식 교파이름을 사용하지 못하게 하고 '교단'이라는 말을 사용하게 하였으며, 1945년 8월 1일에는 종교단체법까지 통과시켜 한국의 모든 교회를 단일교단으로 만들어 버렸다. 또한 일제는 국체에 순응하지 않는 교파는 가차 없이 해체시켰다.

31 김용해, 『대한기독교침례회사』, 68-69.

32 이응호, 『한국성결교회사논집』, 239.

33 김인수, 『한국기독교회의 역사』, 533-534.

었기 때문에 총회나 총리원 혹은 노회의 결의에 순응해야 할 처지였다. 그러나 신사참배만은 절대로 수용할 수 없다는 것이 이들의 각오였다. 어쩔 수 없이 이들은 한국교회에서 선교사의 자격을 포기하고 시골로 다니면서 개인 자격으로 복음을 전하였다. 그러나 이것마저 순탄하지는 않았다. 기독교학교들은 이미 공식적인 절차를 통해 일본의 손에 넘어가 있었고, 한국 전역에 일제의 탄압이 미치고 있었기 때문이었다.[34]

이렇게 되자 주한 미국영사 마쉬(O. G. Marsh)는 1940년 10월 선교사들에게 전면철수를 명령하였고, 선교사들은 그해 11월 16일까지 대다수가 본국으로 돌아갔다. 그리고 일제는 잔류해 있던 선교사들에게 갖은 수단 방법을 동원하여 축출을 획책하였다. 그 한 예가 1941년 3월 2일 평양에서 발생한 '반전기도일 사건'이었다. 이 사건은 일제가 조작한 것으로 선교사 바츠가 세계기도일의 기도문 속에 "극히 불온한 반국가적이요 반전적인" 말들을 써서 중일전쟁의 성전성을 모독했다는 것이다. 여기에 연루되어 체포된 선교사들은 15명이었다. 일제는 이런 식으로 선교사들을 핍박하였고 결국 선교사들은 1941년 9월까지 전원 한국을 떠나고 말았다. 이로써 한국교회는 정신적인 지원 없이 독자적인 힘으로 어려움을 헤치고 나가야 할 처지에 놓이게 되었다.[35]

④ 일제강점기 때 교회의 학살

제암리 학살은 대표적인 일제강점기 때 학살 현장이었다. 3 · 1운동 때 일본군이 수원(지금의 화성시) 제암리에서 주민들을 집단적으로 학살한 만행사건이다. 1919년 4월 15일 아리다(有田俊史) 일본 육군중위가 이끄는 한 무리의 일본 군경은 앞서 만세운동이 일어났던 제암리에 와서 기독교인 약 30명을 교회당 안으로 몰아넣은 후 문을 모두 잠그고 집중 사격을 퍼부었다. 이때 한 부인이 어린 아기를 창밖으로 내놓으며 아기만은 살려달라고 애원했으나 일본 군경은 아기마저 잔혹하게 찔러 죽이고 말았다. 이 같은 만행의 증거를 없애기 위해 일본군은 교

34 민경배, 『한국기독교회사』, 520–521.

35 민경배, 『한국기독교회사』, 522.

회당에 불을 질렀으며, 바깥으로 나오려고 아우성치는 사람들까지 모두 불에 타 죽게 만들어 무고한 양민 28명을 학살하고 다시 부근의 채암리(采岩里)에 가서 민가를 방화, 31호를 불태우고 39명을 학살했다. 일제의 이 같은 만행에 분노한 선교사 스코필드는 현장으로 달려가 그 참혹한 광경을 그대로 사진에 담아 〈수원에서의 일본군 잔학행위에 관한 보고서〉를 작성, 미국으로 보내 여론화했다. 1982년 문화공보부는 제암리 학살현장의 유물발굴과 조사에 착수, 그해 10월 21일 이 지역을 사적 제299호로 지정했다.[36] 그외 상서 사건, 맹산 사건, 그리고 정주학살 사건 등은 한국 기독교 역사에서 지울 수 없는 큰 아픔으로 남아있다.

제암리교회의 학살당한 현장

36 [네이버 지식백과] 제암리 학살 사건 [堤岩里虐殺事件] (한국근현대사사전, 2005. 9. 10., 한국사사전편찬회)

3) 신사참배에 항거한 교회 지도자들

① 주기철 목사의 항거[37]

주기철 목사는 일제의 신사참배를 거부하고 끝까지 저항하는 모범을 보여주었다. 그는 첫 목회지였던 부산 초량교회에 시무할 때부터 신사참배 반대안을 경남노회에 제출했었다. 그리고 두 번째 목회지였던 마산 문창교회 시절에는 중일전쟁을 위해 기도하라는 일제의 공문을 받고 "불의한 자는 망하게 하고 의로운 자는 흥하게 하소서"라는 기도를 올려 일제의 표독한 눈총을 받았다. 또한 그는 1936년 9월 1일부터 개최된 평양신학교 부흥회에서 유명한 "일사각오"(一死覺悟)[38]의 메시지를 전하였다. 그리고 그의 인생의 반려자요 신앙의 동반자였던 오정모(吳貞模) 여사를 부인으로 맞이한 것도 이때의 일이었다.

주기철 목사는 평양 산정현교회의 조만식 장로를 비롯한 교인들의 청빙을 받고 1936년 이 교회에 부임하였다. 그는 산정현교회로 부임하면서 한국의 예루살렘인 평양을 지키겠다고 굳게 결의하였다. 산정현교회의 목회자로 첫걸음을 내디디면서 그의 고난의 행진은 시작되었다.

신사참배 항거와 관련하여 그는 네 차례나 일경에게 검속되었다. 그의 1차 검속은 1938년 2월이었다. 그는 이때, 신사참배를 솔선하여 가결시킨 평북노회장 김일선(金一善) 목사의 신학 입학 기념식수를 장홍련이 도끼로 찍어 넘긴 사건에 연루되어 검거되었다. 그리고 2차는 같은 해 9월 장로교 총회를 대비한 예비검속

37 주기철 목사의 신사참배 항거는 다음 문헌을 참고할 것. 김남식, 『신사참배와 한국교회』(서울: 새순출판사, 1990), 174-175. 김영재, 『한국교회사』, 214. 민경배, 『순교자 주기철 목사』, 6장(180-272). 김인수, 『한국기독교회의 역사』, 513-521. 특별히 평양형무소에서 투옥된 유치장을 바라보며 필담을 나누던 내용을 기술한 문헌으로는 안이숙 여사의 『죽으면 죽으리라』가 있다. 안이숙, 『죽으면 죽으리라: 失格된 순교자의 수기』(서울: 기독교문사, 1981).

38 "일사각오", 한국교회순교자기념사업회, 주영해, 『주기철 설교집』(서울: 도서출판엠마오, 1988), 32-37. 일사각오는 주기철 목사의 신앙을 대변하는 용어가 되었다. 이 설교의 본문은 요한복음 11장 16절이며, 대지는 '예수를 따라서의 일사각오', '남을 위하여의 일사각오', '부활진리를 위하여 일사각오' 등 모두 3대지로 구성되어 있다.

에 걸려 검거되었고, 3차는 1939년 농우회(農友會) 사건에 관련되어 검거되었다. 그는 3차 검속으로 7개월간 경상북도 의성경찰서에 구금되어 신사참배에 찬성할 것을 강요당하다가 1940년에 가서야 겨우 석방되었다. 그는 3차 검속에서 풀려나온 직후에 산정현교회의 선교단상에서 마태복음 5장 18절과 로마서 8장 18절, 31절부터 39절까지를 본문으로 설정하여 "오 종목 나의 기원"[39]이라는 제목으로 설교하였다. 그는 이 시점에 이미 순교를 각오하고 있었다.

1940년 10월에 마지막으로 검거되었을 때 일경은 주기철 목사를 구속한 후에도 계속해서 목사직을 사직할 것을 권고하였다. 그러나 그는 "하나님으로부터 받은 사명은 내놓을 수 없다"는 입장을 분명하게 밝혔고, "나는 하나님의 진노가 일본에 내려지기를 원치 않는다. 그러나 불의한 나라나 사람은 망하지 않을 수 없다"며 일경들을 단호하게 꾸짖었다. 일경은 당시 평양노회장이었던 최지화 목사를 불러 그를 파면할 것을 요청하였다. 주기철 목사는 사직을 권고하는 최지화 목사에게 "당신도 양심이 있느냐"고 반문하며 끝까지 목사직 사면을 거부하였다.[40] 결국 최지화 목사는 평양임시노회를 소집하여 의결문을 채택하여 주기철 목사를 파면 조치하였다. 구금당한 주기철 목사는 고질병이던 안질이 날로 심해졌고 폐와 심장도 극도로 쇠약해졌다. 그래도 그의 마음만큼은 지극히 평화로웠다. 그는 언제나 "네가 죽도록 충성하라 그리하면 내가 생명의 관을 네게 주리라"는 요한계시록 2장 10절의 말씀을 늘 애송하였다. 같이 수감되었던 김양선 목사가 조바심을 내자 주기철 목사는 "자네 왜 그러나 너무 서두르지 말게. 여기가 천국이라네"라고 말하면서 위로해 주었다. 전황이 극도로 가열되었던 1944년, 주목사는 "일본은 4, 5년 내에 망하고 만다. 나는 죽어 천국에 가서도 한국교회를 위하여 기도하겠다"라고 옆에 있던 신앙동지에게 귓속말로 일러준 일도 있었다.

1944년 4월 22일, 일사각오의 신앙으로 감내하던 그에게 마침내 순교의 날이 왔다. 주기철 목사는 극도로 쇠약해진 몸으로 "순교할 수 있게 해 주옵소서"라고

39 5중기도의 내용: ① 죽음의 권세를 이기게 하옵소서, ② 장기간 고난을 견디게 하옵소서, ③ 노모와 처자(妻子)를 주님께 부탁합니다, ④ 의에 살고 의에 죽게 하소서, ⑤ 내 영혼을 주님께 부탁합니다. 한국교회순교자기념사업회, 주영해, 『주기철 설교집』, 9-20.

40 김인수, 『한국기독교회의 역사』, 517.

기도하다가 이날을 맞았다. 그는 "주님이 나 위해 십자가에 돌아가셨는데 내 어찌 죽음이 무서워 주님을 모르는 체 하오리까. 일사각오 있을 뿐이외다"라는 기도를 끝으로 영광된 순교자의 반열에 들어섰다.

② 박관준 장로의 항거[41]

평안북도 영변(寧邊) 출신의 박관준 장로는 신사참배의 부당성을 평남지사, 총독, 그리고 문부대신에게 진정하는 한편 총독을 13회나 면담하고 신사참배 강요의 부당성을 전하려 했으나 실패하였다. 박 장로는 그래도 뜻을 굽히지 않고 보성여학교 교사직을 사퇴한 안이숙(安利淑) 선생을 동반하여 동경으로 건너갔다. 그는 그곳에서 일본신학교에 재학 중이던 아들 영창(永昌)과 함께 여러 인사들을 만나 설득하는 한편 마침 종교법안을 심의하던 일본 제국회의 석상에 입장하여 신사참배에 반대하는 항의서를 의사당에 던지며 다음과 같이 외쳤다.

> 나는 여호와 하나님의 대사자(大使者)이다. 여호와는 유일 진신(眞神)이시다. … 만일 이 사실을 믿기 어렵다면 하나님이 진신인가 천조대신(天照大臣)이 진신인가 시험하여 보자. 그 시험의 방식은 나무 백단을 쌓아 놓고 그 위에 나를 올려 앉히고 불을 질러서 내가 타지 않으면 여호와 하나님이 참신이심을 알게 될 것이고 그때에는 여호와 하나님을 일본의 신으로 섬기라.[42]

박관준 장로의 항의서 투척으로 의회는 아수라장이 되었다. 박 장로 일행은 즉석에서 체포되어 한국으로 압송되었다. 이후 그는 6년간의 옥고를 치르던 중 순교하였다.

---

41 박관준의 신사참배 항거는 다음 문헌을 참고할 것. 안이숙, 『죽으면 죽으리라: 失格된 순교자의 수기』. 김인수, 『한국기독교회의 역사』, 521. 박관준의 아들 박영창은 선친이 신사참배 법안상정 반대선언문 투척한 일을 상술하였다. 박관준의 투척문에는 큰 도는 나라의 한계가 없고, 종교 여부에 따라 국가의 흥망성쇠가 좌우된다는 점, 그리고 하나님께서 종교법안에 진노하실 것, 기독교를 국교로 삼으라는 내용 등을 담았다. 박영창, 『순교자 박관준 장로 일대기』(서울: 두란노, 1998), 272-768.

42 박영창, 『순교자 박관준 장로 일대기』, 278.

③ 김선두 목사의 항거

김선두 목사는 1917년 장로회 총회장에 피선되어 봉직하였으며, 2년 후 3 · 1 운동 당시에는 일경에 피체되었다.[43] 일제가 신사참배를 강요하자 이에 항거하여 대대적으로 거부운동을 주도하였다. 그는 박형룡 박사와 함께 일본에 가서 정계 요직들과 교계 거물급 인사들을 만나 신사참배의 부당성을 역설하였다. 그는 그곳에서 일본정우회의 외무부장 마쯔야마 장로, 정계와 군부의 원로 닛비끼 장로, 국내대신차관 등을 설득하여 서울에 와서 총독을 만나 진정함으로써 신사참배 강요 철회를 권고하겠다는 약속을 얻어내었다.

그러나 김선두 목사가 귀국한 후 바로 검거되는 바람에 그의 계획은 수포로 돌아가고 말았다. 그는 순교를 각오하고 일제의 종교탄압에 대항하여 문제를 확산 폭로하고자 하였다. 해방을 맞아 1946년에 월남하여 교회와 신학교를 위해 헌신하였다.[44]

④ 이기선 목사의 항거

평안북도 의주 북하단동교회 목사였던 이기선은 총회가 신사참배를 결의하자 이에 반발하여, 전국을 순회하며 신사불참운동에 뜻을 같이하는 동지들을 규합하였다. 1940년 3월경에는 만주의 안동을 방문하여 신사참배 거부운동을 전개하던 최용삼, 김형락, 박의흠, 계성수, 김성심 등과 회합을 갖고 다음 사항들을 결의하였다.[45]

첫째, 신사참배에 반대한다.
둘째, 신사참배를 새행하는 학교에 자제들을 입학시키지 않는다.
셋째, 신사참배하는 교회에는 출입하지 않는다.
넷째, 신사참배에 항거하는 동지들끼리 가정예배를 드리며, 신앙동지들을 규

43 민경배, 『한국기독교회사』, 366.
44 한국기독교역사연구소 편, 『한국기독교의 역사(2)』, 332-333.
45 한국기독교역사연구소 편, 『한국기독교의 역사(2)』, 333-334.

합하여 신령한 교회 출현의 소지를 육성한다.

이기선은 계성수와 함께 지방 전도를 전개하면서 신사참배와 궁성요배를 거부할 것을 역설하였다. 이후 평양의 채정민 목사에게 자신의 활동을 보고하고 향후 대책을 협의하였다. 황해도 지역 순회운동 계획을 세워 김의창 등과 함께 황해도 각지를 돌며 활동하던 중 1940년 6월경 일경에게 체포되었다.[46] 그는 해방 전까지 일곱 차례나 검속되어 모진 고문을 받으면서도 언제나 "감사합니다"라는 말을 건넸고, 찬송을 부르면서 감옥생활을 인내하였다.

⑤ 한상동 목사의 항거

한상동 목사는 1937년 부산 초량교회를 담임하면서 교역자 생활을 시작하였다. 1938년 마산 문창교회 목사로 시무하다 신사참배 반대로 목사직을 사면하였으며, 이주원과 함께 경상도 지역의 신사참배 거부운동을 주도하였다. 또한 이들은 호주장로회 소속 선교사 호킹(D. Hocking), 투루딩거(M. Trudinger) 등과 협력하여 서북 지역에서 이 운동을 전개하였다. 이들은 이 운동을 정치운동으로 전회(轉回)시킬 필요가 있다는 데 동의하고 다음과 같은 사안을 결의하였다.[47]

첫째, 신사참배를 긍정하는 노회를 파괴한다.

둘째, 신사에 참배하지 않는 신도들을 모아 새로운 노회를 조직한다.

셋째, 신사참배를 긍정하는 목사에게 세례를 받지 못하게 한다.

넷째, 가정예배와 가정기도회를 힘써 시행하며, 개인전도 등의 수단으로 동지들을 규합한다.

46 한국기독교역사연구소 편, 『한국기독교의 역사(2)』, 334. 이기선은 설교에서 신사참배와 관련하여 다음과 같이 가르쳤다. "신사참배로 여러분을 오너라 가너라 간섭하기 시작하거든 관공서에서 전도하는 줄 알고 전도할 기회를 삼으시오. 말 안 들으면 가두겠다고 하거든 그때부터는 실천신학교에 입학시켜 주겠다는 줄 알고 감사하게 생각하시오. 마지막으로 죽이겠다고 하면 천당에 보내겠다는 줄 알고 기쁨으로 기다리시오."

47 한국기독교역사연구소 편, 『한국기독교의 역사(2)』, 334-335.

이기선은 1940년 4월 만주 지역 교회의 대표자들과 신사참배에 불응하는 노회를 전국적으로 결성하기로 합의하고 주기철 목사, 최봉석 목사 등 약 20여 명의 교역자들과 함께 당시의 노회 해체를 위해 노력할 것을 결의하였다. 1940년 7월 한상동 목사는 검속되어 부산을 거쳐 이듬해 7월 평양으로 이송되었으며 해방이 될 때까지 그곳에서 옥고를 치렀다. 그러나 그는 끝까지 굴하지 않고 신앙의 지조를 지켰으며, 재판석상에서도 굽힐 줄 모르는 자세로 강경하게 신사참배에 항거하였다.[48]

항거하다 형장에 끌려가는 모습

48 이외에도 신사참배에 저항하다가 투옥되거나 순교한 이들의 숫자는 헤아릴 수 없이 많았다. 최봉석 목사, 박의흠 전도사, 감리교의 이영한 목사, 침례교의 전치규 목사도 순교의 길을 떠났다. 옥중에서도 끝까지 신사침배에 항거한 교역자들이 70여 명이었고 그중 순교자는 50여 명에 달하였다. 또 2천여 명의 신도들이 투옥되었으며, 초야에 은둔하여 신앙의 정절을 지킨 사람들도 부지기수였다.

4) 일본기독교조선교단 설립[49]

일제는 신사참배를 강요하여 한국교회의 신앙과 민족정신을 말살하려는 계책에 그치지 않고 아예 한국교회를 멸절시키려는 궤계를 썼다. 일제는 이 정책의 일환으로 우선 1943년 4월에 조선혁신교단(朝鮮革新教團)을 구성하고 친일파인 전필순(全弼淳) 목사를 의장으로 선출하였다. 그리고 일제는 민족성을 고취할 수 있다고 판단되는 출애굽기와 다니엘서를 비롯하여 구약성서 대부분과 신약의 요한계시록을 사용하지 못하게 하였으며[50], 찬송가를 개편할 것을 지시하였다.

그러나 각 교단의 반발이 심하자 일제는 드디어 장로교 대표 27명, 감리교 대표 21명, 구세군 대표 6명, 그리고 소교파(小教派) 다섯 군데에서 대표자 1명씩을 선정하여 강제로 서명하게 한 뒤 1945년 7월 19일에 일본기독교조선교단을 설립하였다. 총독부는 초대 통리(統理)로 장로교의 김관식 목사를 선임하고 부통리에 김응태 목사, 총무에 송창근 목사 등을 일방적으로 임명하여 취임하게 하였다. 일제는 여기에 소속되지 않은 인사들은 투옥하거나 강단에서 추방한 후 함구령 또는 금족령을 내려 실질적인 활동을 금지하였다.

49 민경배, 『한국기독교회사』, 540-541. 일본기독교조선교단 설립으로 한국교회는 완전히 형태를 잃고 일본기독교의 일개 교단으로 전락하는 운명에 놓이고 말았다. 그러나 8월 15일에 해방을 맞으면서 일본기독교조선교단은 설립된 지 채 한 달이 못되어 자연스럽게 와해되었다.

50 일제는, 출애굽기는 모세가 민족을 해방시킨 일, 다니엘서는 예루살렘을 향한 다니엘의 기도, 요한계시록은 불의를 심판하는 재림주의 최후의 심판을 담았기에 국체에 위배된다 하여 이 성경들을 폐기하도록 조치하였다.

Part 04

한국 기독교 선교의 재출발

Story 14

광복과 동란, 그리고 한국교회

1. 광복 후의 한국교회

1) 북한교회의 고난

북한에서는 해방을 맞이하자 자치회, 조선건국준비위원회(건준) 등의 단체들이 자발적으로 일어나 국가재건을 위한 정치활동을 개시하였다. 일제의 탄압으로 고통당하던 기독교인들도 적극적으로 합류하는 한편 교회 재건에 박차를 가하였다. 북한의 공산화를 획책하던 소련 주둔군의 입장으로서는 이러한 움직임은 달갑지 않은 것이었다. 그들은 기독교인들을 철저하게 감시하고 교회단체들을 와해시키기 위한 박해에 착수하였다. 결국 기독교인들과 공산주의자들 사이에 불가피한 충돌사태가 발발하였다.

① 기독교사회민주당 탄압

1945년 9월 초, 신의주 제일교회의 윤하영 목사와 신의주 제이교회의 한경직 목사가 중심이 되어 기독교인을 주축으로 한 기독교사회민주당이 조직되었다. 이 정당은 한국 최초의 정당이었고 민주주의 정부 수립과 기독교 정신에 입각한 사회개혁을 목표로 삼았다. 이 정당은 후에 사회민주당으로 개명되었다.[1]

1 김양선, 『한국기독교해방십년사』(서울: 대한예수교장로회총회교육부, 1956), 62ff. 기독교사회민주당을 사

그 후 각 지방에 지부가 조직되고 세력이 날로 커지자 소련군은 탄압의 손길을 뻗치기 시작하였다. 1945년 11월 16일 용암포에서 열린 사회민주당 조직대회 때 공산당은 대회장을 습격하고 간부들에게 폭행을 가하였다. 단상에 앉아 있던 홍석황 장로가 그 자리에서 숨지고 용암포예배당을 비롯해 당 간부들의 사택이 모두 파괴되었다. 이에 격분한 이 지방의 학생들이 항의시위를 벌였고 공산당 측과 학생들 간에는 큰 충돌이 일어났다. 11월 23일 정오, 신의주를 비롯한 주변 도시의 중고등학교 학생 약 5천여 명이 봉기하여 공산당 본부와 인민위원회 본부를 습격하였다. 그러나 공산당 측은 학생들을 향해 기관총을 무차별 난사하였으며 이로 인해 수십 명의 학생들이 목숨을 잃었다.[2]

이처럼 학생들의 시위운동이 격렬해지자 소련군은 교직자들을 엄격하게 조사하고, 교회 내정을 간섭하는 등 강경한 자세로 교회를 탄압하였다.

② 3 · 1절 기념행사와 교회탄압

1946년의 삼일절은 광복 후 처음 맞는 기념행사라는 점에서 의미가 깊은 날이었다. 교회에서는 신석구, 송정근, 김인준, 이학봉, 황은균 목사 등이 준비위원이 되어 특별 기념예배를 드리기로 계획하고 이를 위한 준비를 하고 있었다.[3] 그러나 북조선 임시인민위원회는 교회에서의 삼일절예배를 금지하였다. 교회는 이에 굴하지 않고 계획대로 기념행사를 진행하고 기념예배를 드렸다. 평양에서는 기념예배가 끝난 후 교인들이 시가행진에 돌입하였고 수천 명의 시민들도 이에 호응하여 신탁통치반대와 신앙의 자유를 외치며 행진대열에 동참하였다.[4]

한편, 의주에서는 의주 동교회에서 삼일절을 기념하는 성대한 기념예배를 드렸다. 이때 공산당은 인민위원회 기념행사에 참가하였던 수천 군중을 이끌고 동교회에 난입하여 성경을 찢어 불태우고 성단을 파괴하였다.

회민주당으로 개명한 것은 기독교인이 아닌 일반인들도 폭 넓게 영입하여 지지를 얻기 위한 조치였다.

2 Bruce Cumings, *The Origins of the Korean War, vol. 2. The Roaring of the Cataract 1947-1950*(Princeton University Press, 1990), 319.

3 『평양노회사』(평양노회사 편찬위원회, 1990). 320.

4 김성준, 『한국기독교사』(한국교회교육연구소, 1980), 185.

③ 주일선거 거부운동

삼일절 기념행사 사건 이후 공산당은 중요한 행사를 의도적으로 주일에 시행하여 기독교인들의 참석을 강요하고, 예배당에서 정치 강연을 강행하는 등 탄압을 가하였다. 특히 공산정권이 총선거일로 선포한 1946년 11월 3일은 주일이었으므로 어차피 교회와의 충돌은 불가피한 일이었다.[5]

마침내 1946년 10월 20일 북한5도연합노회가 소집되었고 성수주일, 교회당의 신성 확보, 신앙과 집회의 자유 보장 등을 담은 결의문을 채택하였다. 5도연합노회는 이를 공산정권에 통고하였다.[6]

첫째, 성수주일을 생명으로 삼는 교회는 주일에는 예배 이외의 여하한 행사에도 참가하지 않는다.

둘째, 정치와 종교는 이를 엄격히 구분한다.

셋째, 교회당의 신성을 확보하는 것은 교회의 당연한 의무요 권리이다. 예배당은 예배 외는 여하한 경우에도 이를 사용함을 금지한다.

넷째, 현직 교역자로서 정계에 종사할 경우에는 교직을 사면해야 한다.

다섯째, 교회는 신앙과 집회의 자유를 확보한다.

공산정권은 교회를 탄압하는 것만으로는 자기들의 뜻을 관철하지 못할 것이라고 판단하여 김일성의 인척이자 비서인 강양욱 목사를 앞세워 교회를 전복시킬 측면 공작을 시도하였다. 즉 믿음이 약한 교역자들을 매수하여 따로 교회기관을 만들게 하고 그들에게 교권을 부여하고 보장해줌으로써 내분을 일으켜 교회를 자멸시키려고 했던 것이다. 이 궤계의 일환으로 결성된 것이 바로 조선기독교도연맹이었다. 그러나 처음에는 이 기구에 동조하여 적극적으로 가담하는 교역자들이 별로 없었으므로 강양욱 목사는 회유책을 쓰고 위협도 가하여 함경도와 황해도의 교역자들을 이 연맹에 가입시켰으며, 교회가 솔선하여 주일 총선거에 참여할 것을 강요하였다. 그러나 대부분의 교회들은 이에 응하지 않고 총선거에 참여하지도 않았다. 이들은 순교를 각오하고 아예 종일 교회 밖으로 나오지 않았

---

5 김인수, 『한국기독교회의 역사』, 563.

6 김양선, 『한국기독교해방십년사』, 68.

다. 이처럼 교인들의 결의와 결속이 견고했기 때문에 공산정권은 점차 기독교도연맹을 십분 활용하여 노골적으로 교회를 탄압하기 시작하였다. 마침내 공산정권은 연맹에 가입하지 않은 교역자들을 교직에서 파면시켰고 투옥하는 수모를 안겨주었다.[7]

2) 북한교회 재건

북한에서 교회 재건의 중심이 된 지역은 평양을 중심으로 한 관서 지방이었다.[8] 그리하여 장로교회의 노회와 지교회, 감리교회의 지방회와 지교회, 성결교, 기타 소교파의 교회들까지도 완전히 재건하기에 이르렀다.

① 출옥성도들의 재건운동

일제의 신사참배 강요에 결사반대하다가 투옥된 70여 명의 교직자들 중 주기철 목사 등 50여 명은 옥중에서 순교하였고 남은 20여 명은 해방과 함께 출옥하였다. 이들은 출옥 후 주기철 목사가 시무하던 평양 산정현교회에 모여 신사에 참배한 교회 지도자들의 처리 등 한국교회의 재건에 관한 제반 문제를 토의하고 교회 재건의 기본원칙을 수립하였다. 한국교회 재건 기본원칙에 대한 교계의 반응은 컸다. 이에 따라 전노회적으로 혹은 개교회적으로 이 원칙을 실행에 옮겼다.[9]

그러나 이 재건의 열성은 냉엄한 현실에 부딪히게 되었는데 그 문제는 박형룡 박사의 공박을 받은 홍택기 목사의 반발로 야기되었다. 홍택기 목사는 옥살이를 했던 사람이나 교회를 지키기 위하여 불가불 일제에 굴복했던 사람이나 고생은

7 이영헌, 『한국기독교사』, 234. 북한정권은 기독교도연맹을 조직하면서 황해도와 함경도 교역자들 다수를 가입하게 하고 일반 신자들에게까지도 가입할 것을 강요하였다. 그리하여 1949년 회장 김익두, 부회장 김응순, 서기 조택수 등을 간부로 선임하여 기독교도연맹을 조직하였다. 북한 공산정권은 이러한 조치를 임원 당사자들과 사전에 협의하지 않고 일방적으로 결정하여 공포하였다. 같은 책, 234. 민경배, 『한국기독교회사』, 549-550.

8 종래 한국교회의 성지로 알려진 평안북도 선천읍을 중심으로 한 평북노회는 1945년 7월 19일에 조직된 일본기독교조선교단에 가입하지 않고 있었다. 따라서 실제로 평북노회 산하 수백 교회는 재건의 필요조차 없었다.

9 김양선, 『한국기독교해방십년사』, 45.

마찬가지였다고 반박하고, 신사참배 회개의 문제는 세상적이고 물리적인 방법으로 할 것이 아니라 각 개인이 하나님과의 직접관계에서 해결되어야 한다고 주장하였다.[10] 이에 이기선 목사와 그의 추종자들은 따로 교회를 복구하였으며 이후에 장로회 독노회로 발전하여 장로교가 분열하는 시발점이 되었다.[11]

② 북한5도연합노회 조직

평안북도 교역자 퇴수회에서 여섯 노회[12] 대표자들은 북한5도연합노회의 조직에 대한 의견에 합의를 보았다. 이들과 평양노회가 중심이 되어 5도 16노회와 교류하며 준비위원회를 구성하고 연합노회 조직을 위한 절차를 결정하였다. 그 후 1945년 12월 초에 평양 장대현교회에서 북한5도연합노회가 조직되었다. 북한5도연합노회를 장로교 총회로 만들지 않고 일개의 협의기관으로 만들었는데 이는 매우 현명한 처사였다. 그 때문에 1947년 남한교회가 단독으로 전체 총회를 계승하게 될 때 어려움이 없었던 것이다.[13]

급속도로 성장하는 교회의 시대적 요청에 의하여 영력 있는 교역자의 양성을 위한 신학교 재건은 시급한 과제였다. 그리하여 연합노회는 신사참배 거부로 폐쇄되었던 평양신학교를 재개할 것을 결정하고 신학교 교육의 중임을 김인준 목사에게 맡겼다.

해방을 오로지 하나님의 특별한 선물로 생각하는 많은 사람들은 감사하는 마음으로 교회에 모여들기 시작하였다. 북한5도연합노회는 이를 기회로 삼아 한국을 기독교화하기 위하여 강력한 전도운동을 일으킬 것을 결정하였으며 이와 같은 정신에 부합하는 독립기념전도회를 설립하였다. 그리고 노회와 각 지교회에 지회를 두어 모든 신자가 전도운동에 적극 참여할 수 있도록 유도하였다. 이 전

10 김양선, 『한국기독교해방십년사』, 46.

11 이기선 목사는 채정민 목사와 더불어 서북 지방에서 신사참배에 반대하는 많은 목사들과 평신도들을 규합하여 조직적으로 신사참배에 반대하였다. 그는 해방 후 신사참배에 참여한 진영을 일체 배제하고 독노회를 설립하였다. 김영재, 『한국교회사』, 214.

12 여섯 노회는 평동(平東)노회, 평북(平北)노회, 용천(龍川)노회, 의산(義山)노회, 산서(山西)노회, 삼산(三山)노회 등이었다.

13 김양선, 『한국기독교해방십년사』, 46-49.

도운동을 통하여 북한의 전도사업은 크게 확장되면서 괄목할 만한 성과를 거둘 수 있었다. 이와 같이 각 교단이 적극적이고 활발한 교회재건운동을 전개함으로써 북한 개신교는 일시적으로나마 재건되어 미래를 향한 신앙의 행보를 내디딜 수 있었다.

3) 남한교회 재건

① 장로교회

남한에서 가정 먼저 교회 재건에 힘쓴 노회는 부산을 중심으로 한 경남노회였다. 1945년 9월 2일 부산시 연합노회 예배 때 최재화, 노운헌, 심문태 목사 등 20여 명의 교역자들은 신앙부흥운동으로 교회재건에 만전을 기할 것을 결의하였다. 9월 18일 부산진교회에서 경남재건노회가 조직되면서 신사참배 항거운동의 주역 주남선 목사가 노회장에 추대되었다. 경남노회의 재건에 발맞추어 전북노회가 재야 목사였던 배은희 목사를 노회장으로 선출하는 등 여타 노회들도 모두 다시 조직되어 1946년 초까지 남한 전역의 모든 노회들이 재건을 마무리하였다. 그리하여 1946년 6월 12일부터 4일간 서울 승동교회에서 총회가 열렸다. 이 총회는 북한에 있는 노회 대표들이 참석할 수 없는 처지였으므로 남한만의 총회라 하여 남부총회라고 명명하였다.[14]

1947년 4월 대구제일교회에서 제2회 남부총회가 개최되었는데 1942년에 해체되었던 대한예수교장로회 제31회 총회를 계승하여 제32회 총회로서 개회하기로 결정하였다. 왜냐하면 남북통일의 조짐이 희박하다고 판단했기 때문에 남한에서만이라도 완전한 총회를 재건하는 것이 향후 교회의 미래를 위해 현명한 처사라고 판단하였던 것이다. 이북으로부터 피난 온 교역자들에 대하여는 회원 3인의 추천만 있으면 노회에 가입시켜 교역에 임할 수 있게 하였다.[15]

---

14 김인수, 『한국기독교회의 역사』, 576-577.

15 김인수, 『한국기독교회의 역사』, 578.

② 감리교회

감리교의 복구운동은 재건파와 부흥파 양 진영에서 각기 정통성을 주장하면서 병행되었다. 재건 측에서는 교단대회에서 퇴장한 후 1946년 1월 14일 동대문교회에서 재건중앙위원회를 개최하고 이규갑 목사를 위원장으로 추대하여 재건의 기치를 높였다. 이들은 일제 치하 교단계 인사들을 숙청하는 것이 그 목표였다. 재건파에 반대한 인사들을 부흥 측이라 하였는데 이들은 1946년 4월 7일 강태희 목사를 중심으로 수표교교회에서 기독교조선감리회 부흥신도대회를 열고 "감리회 부흥 및 수습 대책에 있어 감리회의 전통 헌장과 신도의 여론을 존중하여 합리적 타당한 방도를 취하되 양심과 이론에 호소하여 실시되기를 희구한다"고 성명을 발표하였다.

이렇게 양분된 감리교회는 1949년 4월 1일 "불행하게도 나뉘어져 악몽과 미로에 방황"하던 과거를 씻고 양측 교회가 통합하기로 의견의 일치를 보았다. 그 통합의 기본원칙은 '무조건 통합'이었다. 이렇게 해서 1949년 4월 30일 서울 정동교회에서 통합연회와 통합총회가 열려 감독에 김유순 목사를 선임하였다.[16]

③ 성결교회

해방과 더불어 3년간 봉쇄되었던 교회의 문이 열렸고, 1945년 11월 9일부터 10일까지 양일간에 걸쳐 서울에서 성결교회 총회가 열렸다(의장 천세광, 총회장 박현명). 남녀 교역자들이 일제히 모여서 사멸되었던 교회 재건에 전력을 기울였으며 이런 노력의 과정을 통하여 성결교단에서는 최초의 교역자 양성기관인 서울신학교가 즉시 개교되었다. 또한 교단지인 『활천』이 복간되었고 교회의 재건이 급속도로 진행되었다.[17]

---

16 민경배, 『한국기독교회사』, 552–553. 김인수, 『한국기독교회의 역사』, 578–579. 성결교는 해산된 교회가 거의 제 모습을 찾게 되었으나 6 · 25동란을 당하여 교난 내의 유력한 지도자들이 순교함으로써 타격이 컸다. 그러나 성결교의 불붙는 전도열은 교회를 크게 성장시켜 한국에서 장로교와 감리교 다음 가는 교회로서의 위치를 확보하였다.

17 민경배, 『한국기독교회사』, 553. 김인수, 『한국기독교회의 역사』, 579–580.

④ 구세군

해방과 함께 구세군은 10월 18일 사관급지방관 회의를 개최하고 재건에 관해 토의하였다. 교단의 명칭에 대해서는 구세교회로 할 것인지 구세군으로 할 것인지 양론이 있었다. 이런 와중에, 1946년 9월 14일 일본에 있던 찰스 데빈스 부령이 만국본영 특사로 상황파악 차 내한하여 구세교회총회를 참관하였다. 그는 총회원 다수가 구세군으로 복귀를 원하자 이를 수락하였다.

1947년 4월에는 로드가 한국 사령관으로 내한하여 재건과 복구에 총력을 기울였다. 사관의 제복 마련 및 교역자들의 생활개선에 힘쓰고 사관학교도 재개하였으며 사회사업에도 헌신하였다. 문서사업으로는 기관지 『구세공보』를 복간하여 사회계몽 활동에 이바지하였고 특별히 금주호를 제작하여 배포함으로써 금주운동에 앞장섰다.[18]

⑤ 동아기독교회(침례교회)

1940년 동아기독교회는 교회 수가 254개에 이르렀으나 해방 후 단 42개 교회밖에 남아 있지 않았고 교인 수는 350명에 불과하였다. 1949년 9월 충남 강경에서 모인 제39회 총회에서는 교단 이름을 동아기독교에서 침례교회로 바꾸었으며, 강경에 성경학원을 개원하고[19] 수강생들을 입학시켜 후진 양성에 박차를 가하였다.

1950년 2월에는 미국남침례교에서 애버내티(J. A. Abernathy) 선교사 부부가 내한하여 선교활동을 벌임으로써 미국남침례교회와의 공식적 관계가 구체화되었고 교회 발전에 큰 도움을 주었다.[20]

18 민경배, 『한국기독교회사』, 553. 김인수, 『한국기독교회의 역사』, 581-582. 구세군의 사회사업은 항상 활발하여 고아원, 후생학원, 모자원, 구세병원 등 전국 각지에서 활동을 전개하였으며 자선냄비를 운영하여 극빈자들을 구제하였다.

19 침례교는 1949년 3월 1일 강경에 성경학원을 설치하고 원장 이종덕 목사, 교사로는 김용해, 한기춘, 장일수 등으로 교수진을 구성하였으며 당시 수강생은 52인이었다. 김용해, 『대한기독교침례회사』, 79.

20 민경배, 『한국기독교회사』, 554. 김인수, 『한국기독교회의 역사』, 580-581.

2. 동란과 한국교회, 그리고 선교의 재점화

1) 기독교의 피해

1945년 8월 15일 2차대전 종료와 더불어 한국은 해방을 맞았다. 한국의 모든 기독교인들은 해방을 맞이하여 신앙의 자유를 얻게 되었으며, 따라서 교회 재건과 신앙부흥에 매진하였다. 그러나 1950년 6월 25일 북한 공산정권이 남침하여 전면전이 발발하면서 한국 전역은 전쟁의 소용돌이에 휩싸이게 되었다. 전쟁은 한국의 모든 교회에 엄청난 고통을 야기하였다. 공산정권이 기독교회에 대해 특별한 적대의식을 가졌던 것은 공산주의의 이념이 기독교의 유신론에 정면으로 대립되는, 이른바 전형적인 유물론 사상[21]에 바탕을 두고 있었기 때문이다.

북한이 남침하자 서울 시내 각 교파의 일부 교역자들은 승동교회에 모여 서울을 사수(死守)할 비장한 결의를 하고 교회가 도울 수 있는 일이 무엇인지를 모색하였다. 그러나 6월 28일 서울이 완전히 북한의 수중에 넘어가면서 뜻을 이루지 못하였다. 국군이 한강 이남으로 후퇴하자 미처 피난길에 오르지 못한 채 서울에 남아 있던 교역자들은 온갖 고초를 당하였다. 또한 전국적으로 손양원[22], 김익두, 노영수, 송정근, 조민형, 신석구, 박경구 등 수많은 교역자들이 순교하였다. 신자들과 교회 지도자들은 각처로 흩어졌으며 피신하지 못한 신자들과 교회 지도자들은 공산군에 의해 핍박을 받고 학살당하였다. 이 전쟁으로 인해 북한주민 가운데 민간인 2백만 명, 군인 50만 명이 사망함으로써 인구의 4분의 1이 감소하였다. 8,700여 개의 공장과 기업소들이 완전히 파괴되었고 공업생산율은 64%로 줄었으며 주요 도시들은 90% 이상이 파괴되었다.[23] 교역자로는 장로교 240명, 감리교 46명이 순교 또는 행방불명되었다.[24] 남한에서는 장로교 541개 교회, 감리교

21 마르크스 이후 역사학과 사회학에서 유물론은 세계의 일반적인 체계를 가리키기보다는 물질적(경제적) 조건을 가지고 사회변화를 설명하는 방법을 가리키게 되었다. 엘리자베스 클레망 외 3인 공저, “유물론”, 『인물들과 개념들 철학사전』이정우 역(서울: 동녘, 2000), 266.

22 안용준, 『사랑의 원자탄』(서울: 성광문화사, 1999), 183.

23 한국기독교역사연구소 북한교회사집필위원회, 『북한교회사』(서울: 한국기독교역사연구소, 1999), 403.

24 민경배, 『한국기독교회사』, 561.

239개 교회, 성결교 106개 교회, 구세군 4영문이 파괴되었고 납치당한 교역자는 장로교 177명, 감리교 44명, 성결교 11명, 성공회 6명 등이었다.[25]

폭격으로 인해 파괴된 모습과 먼 곳에는 화염의 불길이 타오르는 모습

1950년 9월 28일 서울 수복과 함께 연합군의 북한 진입이 시작되자 북한 인민군들은 후퇴하기 직전에 예배당에 불을 지르고 기독교인들을 체포하여 집단으로 학살하였다. 한국에서 교회의 분포 밀도가 가장 높았던 용천과 의주 지역은 불행하게도 연합군이 진입하지 못한 지역이었기 때문에 적어도 수천 명의 신도가 학살되었을 것으로 추정된다. 1951년 1월 4일(1 · 4후퇴)에는 다수의 신자들이 연합군을 따라 월남할 수 있었다. 그러나 미처 월남하지 못한 신자들은 공산군에게 발각되는 대로 학살당하였고, 수많은 교회당이 불에 타 파손되었다.

2) 교회의 재건

① 재건연구회 조직

1950년 6 · 25동란으로 인하여 황폐화된 교회를 재건하기 위하여 각 교파의 대

25 『한국기독신문』, 1952년 6월 25일. 『기독교연감』(서울: 대한기독교서회, 1957), 37-42. 민경배, 『한국기독교회사』, 561. 이 통계가 정확하지는 않으며, 교회가 그 뿌리에서부터 받은 아픔과 고난을 다 보여줄 수도 없다.

표들은 1952년 1월 14일 재건연구회를 조직하였다. 이 연구회는 교회 및 주일학교, 교육, 문화, 사회면에 걸쳐 다양한 재건계획들을 세우고 실천운동을 전개하였다. 이 운동은 세계의 교회들이 한국에 원조할 수 있는 기틀을 마련해 놓았고 한국교회가 국가의 재건을 위해 봉사할 수 있는 기반도 닦아 놓았다. 또한 기독교세계봉사회, 국제선교협의회, 기독교 국제연합위원회의 대표들이 속속 한국을 방문함으로써 교회를 재건하기 위한 운동도 그만큼 활기를 띠게 되었다.[26]

동란 직후 선교회의 사업은 대체적으로 구호방면에 치중되어 있었으나 1953년 이후부터는 사업의 방향을 다시 교회 재건 쪽으로 돌렸다. 미국북장로회 선교회는 1953년 이후 35만 불을 원조하였고 1955년에는 다시 백만 불을 계상하였으며 교육, 의료 등 특수사업을 위한 원조자금도 수백만 불에 달하였다. 미국감리교 선교회에서는 1953년에 교회 재건비로 15만 불, 성결교 선교회에서는 30만 불을 계상하였다.[27] 감리교회는 1953년 6월 23일 미국선교본부로부터 대표들이 내한하여 한미합동감리교재건위원회를 열고 재건방안을 수립하여 적극 추진하였다. 장로교회도 선교협의회를 개최하고 교회 재건에 관한 구체적인 방안을 연구하기 시작하였다.

② 개신교 전래 70주년 부흥운동

교회 재건과 함께 영적인 신앙부흥운동도 활발하게 전개되었다. 장로회 총회는 1952년을 온 교인을 총동원하여 전도하는 해로 정하고, 개인전도, 집단전도, 교회의 지도 등에 주력하여 큰 성과를 보았다. 감리교회는 1953년을 웨슬레 250주년 기념 특별 부흥전도의 해로 정하고 대부흥운동을 전개하였고, 성결교회도 춘계대복음운동을 일으켰다. 특히 1954년은 장로교와 감리교가 한국에서 선교를 시작한 지 70주년이 되는 해이므로 선교 70주년 대부흥운동을 전개하였다.

이와 동시에 세계적인 대부흥가들도 내한하여 신앙운동에 합세하였다. 세계적인 대부흥가 피어스 목사(Bob Pierce)[28]는 한국동란 전에도 내한하여 부흥회를

26 김영재, 『한국교회사』, 265-266.

27 한국교회는 6 · 25동란 이후 외국의 선교기관과 사회사업 기관들로부터 교회 재건을 위한 재정적인 지원과 많은 구호물자를 받았다. 김영재, 『한국교회사』, 265.

28 중국에서 선교사로 사역하던 피어스는 1949년 김치선 박사가 이끌던 300만 구령운동에 동참하였다. 이후

개최하였고, 빌리 그레이엄(Billy Graham)[29] 목사는 1952년 12월 15일 부산에서 대전도 강연을 하였으며 1956년 2월에 재차 내한하여 특별 전도대회를 열었다.

③ 교육기관의 재건과 신설

한국교회는 한국에 과학문명을 받아들인 모체였고 현대교육의 공헌자였다. 교회가 이처럼 교육에 힘쓴 궁극적인 목적은 참기독교인을 양성하기 위한 것이었다.

교회의 발전은 교회에 출석하는 신자들에 의해서만 이루어진 것은 아니었다. 교회에서 경영하는 학교와 그 밖의 여러 기관에도 도움의 손길이 뻗쳤다. 일제강점기에 교회에서 경영하다 폐지되거나 휴교상태에 있던 학교들이 하나둘 복교되었고 본래 북한 지역에 설립되었던 학교들도 남한에서 재건되기 시작하였다. 한편 대학들은 여러 면에서 괄목할 만한 발전을 이루었다. 교회가 경영하는 서울 소재 대학들은 이화여자대학교와 연세대학교, 세브란스 의과대학이었는데 6·25동란 중에는 부산에서 임시교사를 설치하여 강의를 지속할 수 있었고 1953년에 서울로 옮겨 와 대규모 확장사업을 벌였다.[30] 평양에 있던 숭실대학교는 신사참배에 항거하여 1938년에 폐교되었으나 1954년에 서울에서 다시 같은 교명으로 문을 열었다.[31]

성경학교와 신학교들도 도처에 많이 신설되었다. 한국교회는 증가일로의 중고등학교와 보조를 맞추어 교회 지도자의 양성을 위하여 서울, 대전, 대구, 부산 등지에 기독교대학들을 신설하였다. 이처럼 한국교회는 학생들에게 기독교적 인

6·25동란이 일어나자 피어스는 종군기자로 참전하여 한경직 목사와 함께 선교사업을 감당하면서 한국인들을 위하여 다양한 사회사업을 전개하였다. 6·25동란으로 인한 전쟁의 아픔과 가족을 잃은 고통을 함께 나누며 1950년 9월 선명회(월드비전)를 조직하였다. 또한 미국에서 모금운동을 전개함으로써 한경직 목사와 함께 전쟁고아와 남편을 잃은 여성들을 위한 지원사업에 나섰다.

29 그레이엄은 1950년대 복음주의 성격의 기독교잡지인 *Christianity Today*를 창간하였다. 1952년 12월, 1956년, 1973년에 내한하였으며 1973년에는 서울 여의도집회를 주도하여 한국교회가 부흥하는 데 크게 공헌하였다. 이 여의도집회에서는 연인원 334만 명이 운집하였고 결신자 수는 44,000명에 이르렀다. 기독교대백과사전편찬위원회 편, "빌리 그레이엄", 『기독교대백과사전(8권)』, 254–255.

30 연희전문과 세브란스 의전은 1957년에 합병하여 연세대학교로 발족하였다.

31 1954년 서울에서 숭실대학으로 재건되었으며, 1971년 대전대학(1956년 미국 남장로교 재단에서 대전기독학관으로 설립하여 1959년 대학으로 승격)과 통합하여 교명을 숭전대학교로 변경하였다. 1983년에 대전캠퍼스는 다시 분립하여 한남대학교가 되었고, 서울캠퍼스는 1986년에 교명을 숭실대학교로 환원하였다. 기독교대백과사전편찬위원회 편, "숭전대학교", 『기독교대백과사전(9권)』, 887–888.

격을 함양시키기 위하여 교회 재건뿐만 아니라 교육에도 만전을 기하였다.

④ 특수전도운동

특수전도운동은 국군장병을 위한 전도사업, 형무소의 죄수를 대상으로 한 전도사업, 경찰전도사업, 병원전도사업 등을 통칭하여 일컫는다.

한국교회가 전쟁을 통하여 얻은 것은 백만 국군장병에게 복음을 전하고 확고한 정신무장을 시키기 위한 군목제도의 설립이었다. 그 첫 시작은 동란이 있기 전 1948년 11월 해군의 정훈장교 정달빈이 손원일 해군참모총장의 지시로 군인교회를 시작할 때부터의 일이다. 그러다가 동란 중 1950년 7월 제3육군병원에서 지송암, 김영환 목사가 상치병 전도에 헌신하였는데 육군 군목사업은 여기에 기원을 둔다고 볼 수 있다. 이 국군전도가 군목사업으로 확고하게 정착된 것은 1950년 12월 21일 대통령령으로 군목제도 설립의 유시가 내려질 때부터의 일이었다. 1970년 통계에 의하면 군목은 육군 261명, 해군 36명, 공군 37명이었다. 불교에서 군승을 시작한 것은 1969년부터이다.[32] 처음에는 순전히 교역자의 자격으로 군대 안에서 무보수로 전도사업을 시행하였으나 1954년부터는 군목을 정식 현역장교로 임명하였다.

이와 함께 형무소와 병원에 대한 전도사업도 진행되었다. 이로 인하여 선교는 다양성을 띤 복음전파 사역으로 발전하였다.

3) 선교의 재출발

이후 교회의 쇄신 문제와 신학적인 대립 문제로 인한 교회의 분열, 그리고 6 · 25동란으로 인한 수난과 혼란 속에서 교회는 선교에 관심을 기울일 여유가 없었다. 그러나 긴 수난기를 가까스로 벗어나면서 다시 세계선교에 관심을 가지기

32 민경배, 『한국기독교회사』, 575-576. 군목제도의 필요성은 동란을 통해 절실해졌고, 파견된 유엔군 대다수가 기독교인들이었다. 당시 대통령이자 감리교 장로였던 이승만은 군목제도를 대통령령으로 확정하여 공포하였다.

시작하였다. 동란을 겪으면서 한국교회는 숭고한 인류애도 함께 체험했기 때문에 비록 어려운 정황이었지만 해외선교에 적극적으로 나섰다.[33] 일반적으로 선교는 특정한 계기와 시기가 있기 마련이다. 1954년은 개신교 선교 70주년을 맞는 때였고 한국교회는 이때를 즈음하여 신앙부흥운동을 도모하고 해외선교에 대한 새로운 전기를 마련했다고 볼 수 있다. 또한 교회의 지도자들이 여러 국제적 규모의 각종 기독교대회에 참가하여 시야를 넓혔다. 그리고 영국과 미국의 선교실적과 동향을 살펴볼 때 선교사로 지망하는 사람들이 점차 줄어들어 심각한 인물난을 겪고 있다는 것을 파악하였고, 이러한 때 한국교회가 선교의 사명에 진력해야 한다는 점을 깊이 인식하게 되었다. 이처럼 한국교회에는 1955년 이전부터 이미 선교에 대한 관심과 열의가 고조되고 있었다.

1955년 1월 『기독공보』에서는 외지선교를 위한 한국교회의 호응을 보도하고 다음과 같이 선교사 파송을 촉구하였다.

> 외지선교를 함으로 얻게 되는 소득은 해외에 외교적 대공사(大公使)를 파견함에서 거두는 그것에 못지않은 결실을 하늘에서 받을 수 있을 것이며, 남에게 줌으로써 남에게 선한 빚을 지우는 일은 여러 가지 이익이 많은 것이다. 뿐만 아니라 국내 교회가 외지 선교사업을 함으로 해서 내적으로 단결 강화될 수 있고, 민족의 수준도 향상되는 것으로 본다. … 선교사를 보내자! 영미(英美)에서 받은 복음의 빚을 외국에 선교함으로 갚자! 이 일을 위해 기도하자! 십일조(十一條)를 잘라먹지 말고 바치자! 이런 것이 100주년을 맞은 한국교회의 새로운 과제일 것이며, 자손만대 복 받는 첩경이 아니겠는가.[34]

1955년 2월에 김성권(金聖權)과 최찬영(崔燦英)이 태국 파송 선교사로 임명을 받았다. 그러나 정부의 관료주의적인 비협조로 인하여 여권수속이 무려 1년이나 지연되다가 김성권의 출국은 보류되었고 최찬영 부부는 여권을 받아 1956년 5월에

33 민경배, 『한국기독교회사』, 577.

34 『기독공보』, 1955년 1월 17일. 장로교 총회 측 선교부는 1930년대에 중국 선교사로 파송받아 산동성 청도(靑島)에 머물러 있던 이대영(李大營) 목사의 귀국을 기다리면서 동남아의 선교를 위하여 태국부터 선교사를 파송할 계획을 세우고 7, 8명의 선교사들을 미리 내정해 두었다.

서야 태국으로 향하게 되었다. 이로써 한국교회의 세계선교가 재개된 것이다.[35] 1956년 9월에는 김순일(金順逸)이 선교사로 파송을 받아 태국선교에 합류하였다.[36]

1957년 3월에는 대만에 사는 교포들로부터 선교사 파송 요청을 받고 장로회 총회는 계화삼(桂華三)을 전도목사로 보냈다.[37] 장로교 고신총회는 1958년 5월에 김영진 선교사를 대만 본토인 선교를 위하여 파송하였다. 1961년 10월에는 이슬람 국가인 파키스탄 원주민을 선교하기 위해 이화여대 출신 전재옥, 조성자, 김은자 등이 위험을 무릅쓰고 입국하였다.[38]

그러나 이후 약 10년 동안 선교사 파송이 거의 중단되다시피 하였다. 이 기간에 선교사로 나간 사람은 겨우 세 사람에 불과하였다. 교회의 분열로 인한 교세 확장과 교회정치에만 관심을 갖다 보니 자연히 선교에는 소홀할 수밖에 없었던 것이다. 이러한 소강상태가 거의 10년이나 계속되었으나 1967년부터는 다시 선교사 파송을 재개하여 한 해에 두어 사람, 혹은 몇 사람씩 선교사로 내보냈다.[39]

35 박기호, 『한국교회 선교운동사』, 127-128.

36 박기호, 『한국교회 선교운동사』, 126-127. 김순일은 태국에 파송될 무렵 군목이었다. 1954년 7월 국제기독청년 봉사 캠프가 대구의 경북대학교에서 개최되었을 때 이 집회에 참석했던 태국 신학생 마나(Mana)는 김순일에게 한국 선교사들이 태국에 복음을 전해 줄 것을 당부하였고, 이때 김순일은 태국선교에 비전을 갖게 되었다.

37 박기호, 『한국교회 선교운동사』, 124. 계화삼은 만주 봉천(奉天) 소재 만주신학원을 졸업하고 연길(延吉)에서 목회를 시작하였으며, 중국어에 능통하였기 때문에 대만 파송 선교사로 적합한 인물이었다.

38 『이화80년사』(서울: 이화80년사편찬위원회, 1967), 440.

39 예장 합동 선교부는 1967년에 채은수를 대만에, 1971년 서만수를 인도네시아에, 1972년 조환을 괌에, 1972년 김형택을 일본에 파송하였다. 예장 통합도 1964년에 송예근을 태국에, 대만에는 정성원, 박성태를, 멕시코에는 우상범을, 브라질에는 김계용을, 이디오피아에는 박희민을, 월남에는 박성준을 파송하였다. 박기호, 『한국교회 선교운동사』, 124.

3. 교단의 분열과 신흥종교의 발생과 폐해

1) 장로교의 재분열

① 기장파 교단의 분립

장로교는 고려파가 분립[40]한 지 일 년 만에 기장파가 분립해 나가면서 또다시 분열의 진통을 겪어야만 하였다. 김재준을 중심으로 신학의 자유를 구가하는 신학자들이 일제 치하에서 설립했던 조선신학교는 해방 이후 유일한 신학교였기

---

40 "고려파"란 말은 자칭된 용어가 아니라 1945년 해방 이후 배교한 한국교회의 재건 과정에서 발생한 타칭된 용어이다. 1945년 광복과 함께 출옥한 한상동, 이기선 목사 등은 평양 산정현교회에서 한국교회의 교회재건운동을 본격적으로 전개했다. 그러나 기존의 친일파 목사와 동조 세력들은 배교와 배도의 과거 죄상을 공적으로 참회하기보다는 1943년 스스로 해체한 배교 총회의 조직과 기구를 복구하는 데만 열을 올렸다. 이와는 달리, 순교를 각오하고 신사참배를 거부한 고려파를 비롯한 재건파, 혁신복구파, 순장파, 다수파 등은 한국교회의 배교와 배도를 공적으로 참회하고 공적 선언을 통하여 한국교회를 바르게 재건하고자 했다. 이 과정에서 북쪽 공산당정권의 방해로 1946년 부산으로 남하한 한상동 목사는 주남선, 박윤선 목사와 함께 1946년 6월부터 진해에서 신학 강좌와 교회재건운동을 전개했다.

이 과정에서 해방 이전부터 남아있던 채필근의 평양신학교(일명 채필근신학교)와 김재준의 조선신학교는 성경적인 한국 장로교회의 신앙노선에 근거한 신학교가 아닌 일제의 정책에 동조하여 자유주의 신학을 선전하고 보급할 목적으로 세워진 친일 신학교였다.

이 같은 상황에서 한상동 목사 등은 1938년에 폐교된 조선예수교장로회신학교(일명 평양신학교)의 전통과 정신을 계승할 성경적인 바른 신학교육 기관이 필요하다는 것을 재삼 확인하고 '고려신학교'를 설립했다. 그러나 1946년 일제 치하 일본 기독교 조선교단 경남교구장을 맡고 있던 친일파 목사인 김길창이 친일파 목사, 장로 세력의 지원으로 경남노회장으로 선출되자, 기존 노회의 고려신학교 학생 추천을 취소하기로 가결하는 불법적인 사건을 발생시켰다. 이 일로 김길창과 친일파 세력이 주도하는 경남노회의 불법을 총회에 상소했으나 계속해서 개선되지 않자, 새로이 경남노회(법통)가 결성되기에 이르렀다. 하지만 총회는 새로이 구성된 경남노회를 오히려 불법적으로 축출하여 제거했다.

이 과정에 축출된 경남노회는 2년 동안 분열을 피하고자 노력했지만, 끝내 무산되고 고려파 지지자들은 총회로부터 일방적으로 분리를 당하자, 불가피하게 경남노회를 중심으로 대한예수교장로회 고려파가 1952년 9월에 조직하게 된다.

하지만 고려파는 1959년 '연동측' 현재 대한예수교장로회(통합)에서 분열한 '승동측' 현재 대한예수교장로회 (합동)과 신앙노선이 일치하여 대등한 조건으로 합동하기로 결정하여 '대한예수교장로회 합동'을 출범시켰다. 그러나 합동 3년 만에 고려파는 원래의 고려파로 환원했다. 이유는 총회가 합동공약을 불법적으로 위반하고 다수의 힘으로 일방적으로 밀어붙여 채 1년도 안되어 고려신학교를 폐쇄하기로 결정했기 때문이다. 승동측의 불법으로 1963년 합동 총회는 서로 분리되어 승동측은 '대한예수교장로회 합동'으로 고려파는 '대한예수교장로회 고려'로 환원하게 되었지만, 고려파는 1974년 제24회 총회의 "신자 간의 불신법정 고소가 가하다"는 결의로 인하여 반고소 고려측 총회(대한예수교장로회(고려))가 태동하게 되었다. 이는 이미 1958년 9월 제7회 총회에서 마산 문창교회당 분쟁사건을 불신법정에 송사한 것을 고소 취하하지 않자, 이병규 목사를 중심으로 경기노회(대한예수교장로회 계신)가 이탈한 역사적 배경과 원인이 상존해 왔었다. 이후에도 1990년 제21회 고신 서울노회와 고신 제41회, 제42회 총회가 불법으로 이혼한 목사의 소송사건을 정치성을 앞세워 총회재판부가 아닌 행정부로 보내어 묵살하자, 서울노회 다수의 목사와 교단 내 여러 교회가 이탈하여 고려개혁측(대한예수교장로회(고려개혁)) 총회가 또다시 태동하게 되었다.

그리고 2013년 12월 고려 총회 소속 경향교회내에 일부 장로들에 의해 불미스러운 사건이 일어나자 그 일로 둘러싼 갈등으로 인하여, 고려 총회 역시 둘로 나뉘어져 기존 경향교회와 고려 서울 남노회 소속의 일부 교회들이 하나둘씩 탈퇴하여 개혁고려측(대한예수교장로회(개혁고려)) 총회가 태동하게 되었다.

때문에 총회에서 운영하는 직영 신학교로 인준을 받을 수 있었다. 그러나 이 신학교가 진보주의 노선에 있다는 점을 들어 반대하는 보수주의 목사들이 많았다. 더욱이 한국으로 복귀한 외국 선교회들 가운데 캐나다 선교회를 제외하고는 조선신학교에 대하여 냉담하였다.

1947년 4월 18일, 조선신학교 재학생 중 51명이 총회에 "신앙은 보수적이나 신학은 자유"라는 조선신학교의 교육이념을 수긍할 수 없다며 이 문제를 해결해 달라고 진정하였다. 이에 총회는 심사위원회를 구성하고 사건의 진상을 조사하여 보고하도록 조치하였다. 박형룡이 고려신학교의 교장직을 사임하고 서울로 올라오자 보수 진영 목사들은 그들의 소신을 실현하기 위하여 1948년 6월 20일에 서울 창동교회에서 장로회신학교를 시작하였다.[41] 총회에서는 이 신학교를 총회 직영 신학교로 인준함과 동시에 기존의 조선신학교와 병합하도록 결의하였으나 실현되지 않자 1951년 5월 25일에 열린 총회에서는 두 신학교를 모두 폐쇄하고 새로운 하나의 총회 직영 신학교를 설립하려고 하였다. 급기야 1953년 6월 10일 김재준이 이끄는 기장 측은 장로회 총회를 이탈하여 한국신학교 강당에서 총회를 개최함으로써 또 하나의 총회를 조직하였으며, 1954년에 분립한 교단의 이름을 한국기독교장로회라고 칭하였다.

한편 한국의 국제복음선교회운동은 1948년부터 시작되었다. 조선신학교에서 자유주의 신학에 반기를 든 51명의 학생과 그 외 10여 명이 복음동지회를 발족하고 1952년 12월 국제위원회에 정식으로 가입신청을 하였다. 이 운동에 가담한 사람들은 본래 복음주의 보수 정통을 수호하는 모임이라고 표방하였다.

② 합동파와 통합파 분열

장로교 내부에는 일찍부터 서로 상반된 입장에서 에큐메니칼과 복음주의 노선이 공존해 왔다. 그러나 교단 내의 재정 유용 문제[42]와 세계교회협의회 탈퇴문

41 남영환, 『한국기독교 교단사』(서울: 도서출판영문, 1995), 485-486.

42 신학교 부지를 마련하기 위하여 박형룡 교장이 3,000만 환을 관리하고 있었는데 박호근이 교통비, 접대비, 교섭비 등을 이유로 기금을 유용하여 두 달 만에 이 거금을 탕진하였다. 이 사건은 WCC, 총대 선정 문제 등과 더불어 통합과 합동이 분열하는 계기가 되었다. 김인수, 『한국기독교회의 역사』, 625.

제, 총대 선정 문제 등으로 첨예하게 대립하면서 이들 두 노선은 각기 갈라져 마침내 독립된 교단을 형성하기에 이르렀다.

세계기독교협의회(World Christian Council, WCC)에 대해 의견대립이 치열해지면서 1959년 대한예수교장로회는 세 번째로 큰 분열을 겪게 되었다. 장로교는 신학적인 견해 차이로 인해 세 파로 나뉘어 신학적으로 점점 더 멀어졌는데, 소위 좌파(左派)와 우파(右派)가 떨어져 나가고 남은 큰 몸체의 장로교회를 또다시 갈라놓게 되었다.[43] 1958년 박형룡 박사는 세계교회협의회가 신학적으로 자유주의 및 혼합주의의 노선에 서 있다고 비판하였으며 김의환 박사 역시 이에 동조하여 같은 입장을 표명하였다.[44] 1957년 제42회 장로회 총회에서는 일단 이 운동의 교회친선과 사업협동에만 참여하고 교파합동에는 반대한다고 결의하였다. 그러나 1959년 9월 28일 대전에서 열린 제44회 총회는 WCC에 찬성하는 측과 반대하는 측의 그룹이 형성되었으며 개회 벽두부터 두 파의 치열한 싸움으로 전개되었다. 결국 같은 해 11월 23일에는 이 싸움이 합동 측과 통합 측으로 갈라놓는 결과를 초래하였다.[45]

2) 신흥종교 발생과 폐해

① 신흥종교의 발생

신흥종교는 대부분 사회적 변동기나 정치적 혼란기, 특별히 경제적으로 힘든 시기에 발흥하는 공통점이 있다. 한국에서는 35년간의 일제강점기와 6 · 25동란기에 성행하였다. 특히 6 · 25동란을 통해서 한국은 총체적으로 혼란에 빠졌고 대부분의 신흥종교가 이때 발생하였다. 이러한 정치적 혼란기에 신흥종교는 난국을 타개하고 지상천국을 건설한다는 그럴싸한 이념으로 신도들을 불러 모았고, 사람

43 민경배, 『한국기독교회사』, 581–582. 김인수, 『한국기독교회의 역사』, 631–632.

44 장동민, 『박형룡의 신학연구』, 378. 박형룡은 1958년 『신학지남』에 "에큐메니칼운동의 교리와 목적"이라는 글을 내고 WCC에 대해 반대하는 입장을 표명하였다. 박형룡은 WCC를 경계해야 할 이유로서 신신학에 기초되어 있고 이를 통하여 단일교회운동을 시도하려 한다는 점을 들었다.

45 WCC를 반대하는 총대들은 1959년 11월 승동교회에서 '합동총회'를 결성하였고, WCC를 지지하는 총대들은 1960년 2월 17일 서울 새문안교회에서 '통합총회'를 따로 소집하였다.

들은 인생의 허무를 느껴 무언가를 의지하고자 신흥종교에 빠져들게 되었다.

정치적 사회적 혼란기에 교회는 아무런 도움도 주지 못하였다. 불안과 죽음의 공포에서 벗어나기 위해 애쓰는 사람들에게 교회는 의지처가 되어야 함에도 오히려 교회는 싸움과 분열의 늪에서 헤어나지 못하였다. 전쟁의 참담한 시련 속에서 한국교회는 신학노선의 차이 때문에 분열을 거듭하였고 일부에서는 치부를 일삼았다. 따라서 신앙을 간직하며 의롭게 살아가고자 했던 사람들은 교회로부터 멀어졌고 이때에 우후죽순처럼 신흥종교들이 도처에서 일어나 신자들을 현혹하였다.

대부분의 신흥종교 교주들은 자신들이 재림주(친림주) 혹은 성령 하나님이라고 주장하면서 카리스마적인 지배체제를 확립하였다. 이들의 교리는 기성종교의 교리를 왜곡시키거나 병용하여 혼합주의적인 특성을 지니고 있었으며 매우 현실적이고도 구체적인 내세관을 제시하였다. 신흥종교들은 임박한 종말을 예고하면서 말세 심판을 경고하고 위기의식을 조장하였다. 또한 미신적이고도 주술적인 신비체험까지 강조하여 비윤리적인 문제를 유발시켰다. 아울러 기성교회들을 비난하고 적대감정을 불러일으킴으로써 신자들을 신흥종교로 흡수 · 유입하였다.

② 주요 신흥종교

용문산기도원

용문산기도원은 나운몽(羅雲夢)이 설립하였다. 그는 1914년 1월 7일 평북 박천군에서 태어났다. 오산중학교 2학년 중퇴 후 일본에 가서 임업학교를 다니다가 중단하고 귀국하여 방랑생활을 하였다. 나운몽은 1940년 6월 13일 용문산(龍門山)을 사들여 애향숙(愛鄕塾)을 세우고 계몽운동을 하다가 일제의 감시로 문을 닫았다. 해방이 되자 서울에 올라와 감리교회에서 장로로 장립받았다. 1947년 4월 용문산에서 폐쇄되었던 애향숙을 재건하고 부흥전도, 문서전도, 기도전도에 착수하였다. 그는 유교경전인 주역에 근거하여 자기 나름대로 성경을 해석하였고 소위 '동양적 특수 신령신학'을 제창하여 기독교의 색체를 띤 혼합적인 교리를 가

르쳤다.[46]

나운몽은 사생활에도 문제가 있어 이단으로 정죄되었으며 특유의 부흥전도, 문서전도, 기도전도 등을 통하여 한국교계에 많은 악영향을 끼쳤다. 그의 영향으로 기도원을 중심으로 한 입신, 방언, 신유, 진동 등을 중시하는 유사한 신비주의 이단운동들이 우후죽순 식으로 난립하였다.

통일교

교주 문선명은 1920년 1월 6일(음력) 평북 정주군 관주면 상사리에서 태어났다. 부모는 기독교 신자였으며 농사가 주업이었다. 문선명은 1946년에 월남하여 김백문이 세운 이스라엘수도원에서 약 4개월간 원리교리를 배우고 다시 월북하였다. 그 후 문선명은 본처가 있었음에도 유부녀인 김 모 여인과 강제 혼례식을 올리려다 내무서원에게 체포되어 흥남교도소에서 복역하였다. 6 · 25동란 때 유엔군의 북진으로 석방되어 1951년 1 · 4후퇴 당시 남하하였으며 부산에서 집회를 시작하였다.[47]

1954년 5월 10일 문선명은 서울 성동구 무학동에서 '세계기독교통일신령협회'(약칭: 통일교)를 설립하여 교주가 되었다. 통일교는 문선명을 재림주로 받들면서 극비리에 피가름교리를 실천하고 있다. 통일교의『원리강론』의 기본교리는 창조론, 타락론, 복귀섭리론 등으로 동양역철학의 음양설을 도입하여 체계화되었다.[48] 이들의 예배 절차는 기성교회와 별반 차이가 없으나 학습, 세례 등의 성례는 없다. 통일교는 불신자들보다는 기존 신자들을 대상으로 구역제전도, 노상전도, 집단전도, 문서전도 등의 방법을 동원하여 포섭하며 특히 학생과 지식층을

---

46 용문산은 경부선 추풍령역에서 동쪽으로 15리 떨어진 곳에 있으며 나운몽 추종자들은 이 용문산을 남한 중심에 위치한 성산(聖山)이라고 불렀다. 용문산운동의 광적 신비주의, 토착화 복음화론, 타계주의 천국론 등을 비판한 관점에 대해서는 다음 자료를 참고할 것. 박영관, 『이단종파비판(2)』(서울: 예수교문서선교회, 1984), 135-152.

47 이현갑, 『세계의 종교들』(서울: 도서출판청파, 1991), 209-210.

48 창조론, 타락론, 복귀섭리론 등 통일교의 교리에 대해서는 다음 문헌을 참고할 것. 이현갑, 『세계의 종교들』, 209-212. 박영관, 『이단종파비판(1)』, 50-74. 전택부, 『한국교회발전사』, 324-325. 통일교의 원리복음을 비판한 모리야마 사도시의 저서로 『원리복음 통일협회의 오류』가 있다. 이 책에서는 성경관, 창조원리, 타락원리, 메시아관, 십자가, 재림관의 오류를 소개하였다. 모리야마 사도시, 『원리복음 통일협회의 오류』(서울: 도서출판대망사, 1990).

상대로 접근한다. 이들은 추종자들의 헌신을 통하여 막대한 자본과 부동산을 소유하고 있으며 부를 축척하여 이를 기반으로 수많은 단체들을 조직하였다.[49] 심지어 목사들과 교수들을 유인하여 지지자로 흡수하는 등 유럽과 미국의 교회들도 경계할 정도로 적그리스도의 신흥종교로 발돋음하였다.

전도관

박태선은 평북 영변군 농가에서 태어났다. 그는 초등학교를 마친 후 일본 동경에 가서 고학으로 공업학교를 졸업하였다. 정밀기계공업에 종사하면서 성경을 탐독하고 나름대로 기독교인으로서 신앙생활을 하였다. 해방이 되자 귀국하여 남대문교회에서 집사가 되었으며 장로 장립까지 받았다. 이후 박태선은 1955년 1월부터 서울 무학교회 부흥집회를 시발점으로 전국 각지를 돌아다니며 부흥집회를 인도하였다. 자신을 추종하는 세력이 결집되자 1955년 6월 자신이 소속한 장로교에서 탈퇴하여 7월 1일에는 '한국예수교전도관부흥협회'를 조직하였다.[50]

집회에서 성공을 거둔 박태선은 약 2년 동안 전국을 순회하면서 자신의 세력을 확장하기 위해 수단방법을 가리지 않았고, 집회에서 모은 많은 금품은 목적이 분명하지 않은 곳에 탕진하였다. 그는 1957년 경기도 소사에 제1차 신앙촌을 건설하였으며, 1960년대에 덕소에 신앙촌을 세워 전성기를 맞았고, 1970년대 들어서는 쇠퇴하였다. 그는 자신을 '불의 사자', '감람나무', '동방의 의인'이라고 자처하면서 소위 오묘원리[51]를 통해 우매한 신도들을 정신적, 윤리적, 그리고 물질적으로 유린하였다.

49 통일교 주요기관과 기업체는 다음 문헌을 참고할 것. 박준철, 『문선명 통일 제국의 멸망과 나의 빼앗긴 30년 잃어버린 30년』(서울: 도서출판진리와생명사2000), 422-424.

50 전택부, 『한국교회발전사』, 323.

51 전도관의 오묘원리의 창조론, 타락론, 구원론, 성령론, 말세론에 대해서는 다음 문헌을 참고할 것. 박영관, 『이단종파비판(1)』, 141-159. 이현갑, 『세계의 종교들』(서울: 도서출판청파, 1991), 199-201.

4. 기독교 연합사업

1) 기독청년운동

① 기독교청년회(YMCA)[52]

한국이 기독교청년회와 관계를 맺게 된 것은 캐나다기독교청년회에서 1888년에 게일(James S. Gale) 선교사를 한국에 파송하면서부터였다. 이후 아펜젤러와 언더우드가 기독교청년회 설립을 위하여 노력하였고, 1901년 기독교청년회 국제위원회는 질레트(Philip Gillette)를 한국에 파송하여 한국 최초의 외국인 기독교청년회 간사로 일하게 하였다. 질레트는 서울에서 배재학당 학생들과 함께 기독교청년회 사업을 전개하였다.[53] 당시에는 이 기관의 명칭을 황성기독교청년회[54]라고 하였다.

1903년 10월 28일에 정식으로 기독교청년회가 발족되어 초대 회장에 헐버트(H. B. Hulbert), 총무에 질레트가 선출되었다. 이렇게 첫발을 디딘 기독교청년회는 교육사업을 시작하여 주간학교와 야간학교를 운영하였으며 한국 최초로 공업학교도 설립하였다. 점차 확대된 기독교청년회는 1923년에 이르러 16개의 학생기독교청년회가 조직되었고 학생 수는 무려 3,175명에 달하였다. 이처럼 기독교청년회 운동이 전국으로 확산되자 일제는 기독교 세력을 억압하기 위한 방책을 세우기 위해 고심하였다. 최남선은 기독교청년회의 공헌으로서 강연회, 토론회, 환등회, 음악회, 직업교육, 체육 등 일곱 가지를 들었다. 이준은 토론회 심사원으로 활약하였으며, 환등회는 민충식 등 사진과를 졸업한 학생들에 의하여 활동사진으로 발전됨으로써 한국영화의 기초를 다질 수 있었다. 또 음악회는 김인식, 홍난파, 김영환 등 저명한 음악가들에 의하여 개척되었다.[55]

---

52 기독교대백과사전편찬위원회 편, "기독교청년회, 한국", 『기독교대백과사전(2권)』, 1189-1191.

53 김인수, 『한국기독교회의 역사』, 298.

54 '황성기독교청년회'(皇城基督教青年會)의 '황성'은 고종 황제가 다스리는 자주독립국 대한제국의 수도라는 의미를 갖는다.

55 전택부, 『한국교회발전사』, 161.

해방을 맞으면서 기독교청년회 운동은 다시 활기를 띠었다. 1946년부터 대한기독교청년회가 개최되었고, 1948년에는 제1차 연합대회가 열렸는데 이때의 회장은 감리교 총리사였던 양주삼 목사였다. 6 · 25동란 중에 기독교청년회 건물이 파괴되었으나 1961년 이후에 재건되었다. 1951년 정기대회 때에는 3년에 한 번씩 모이는 대회를 2년에 한 번씩 모이기로 수정하여 결의하였고 세브란스 의과대학장으로 재직하던 이용설이 회장에 피택되었다. 1954년에 이르러 지방에 25개 기독교청년회, 18개의 학생 기독교청년회, 64개의 하이와이 (Y)클럽이 있었고 1956년에는 (Y) 회원수가 4,527명, 소년 회원 수가 6,059명으로 늘어났다. 이후 계속 확장되어 1969년에는 회원 수가 18,833명이나 되어 세계적인 클럽으로 발전하였다.

② 여자기독교청년회(YWCA)

신교육을 받은 여성 선각자들은 1922년 8월에 최초로 여자기독교청년회를 조직하여 국민생활을 향상시키고 발전시키는 데 주도적인 역할을 감당하였다.[56] 한국에서의 여자기독교청년회 운동은 처음부터 한국인 지도자들에 의하여 시작되었고 외국의 원조를 받지 않고 24년간 동안 운영해 나갔다. 여자기독교청년회 조직에 결정적인 공헌을 남긴 사람들은 감리교의 김활란[57]과 장로교의 김필례[58]였다. 이 두 여성 지도자는 1922년 중국 북경에서 열린 세계기독교학생연맹대회에 참석하고 돌아와 전국을 순회하면서 여자기독교청년회 조직의 필요성을 역설하였고 서둘러 기구를 조직하였다.

이 단체의 목적은 다음과 같았다.[59]

첫째, 여성들로 하여금 하나님이 창조주임을 믿게 한다.

---

56 여자기독교청년회 임원진에는 회장 유각경, 부회장 김함라, 서기 신의경, 부서기 김성실, 회계 김영순, 부회계 한복순 등이 선출되었다. 『기독신보』, 1923년 1월 10일.

57 김활란은 1923년 김필례, 유각경 등과 더불어 YWCA를 설립하였고, 1924년 세계대회에 가입하는 데 주도적 구실을 하였다. 기독교대백과사전편찬위원회 편, "김활란", 『기독교대백과사전(3권)』, 319-321.

58 1922년 3월 김활란과 함께 중국 북경에서 개최된 세계기독교학생대회(WSCF)에 참석하였다. 6월 중순에는 하령회를 조직하여 김활란, 유각경 등과 YWCA를 설립하고 총무에 취임하여 농촌운동과 여성의 지위향상을 위해 노력하였다. 기독교대백과사전편찬위원회 편, "김필례", 『기독교대백과사전(3권)』, 307-308.

59 손인수, 『원한경의 삶과 교육사상: H. H. 언더우드의 선교 교육과 한국학 연구』(서울: 연세대학교출판부, 1992), 220. 여자기독교청년회는 수양회, 하령회, 금주금연운동, 생활개선운동, 공창폐지 운동, 물산장려운동, 여성지위향상운동 등을 전개하였다.

둘째, 온 인류는 하나님 안에서 한 형제자매 됨을 인정하게 한다.

셋째, 구세주이신 예수의 교훈을 자기생활에 실천하게 함으로써 평화롭고 정의로운 사회를 건설한다.

이 기구는 여성운동, 청년운동, 기독교운동, 회원운동의 특징을 가졌다. 해방 후에는 외국으로부터 원조를 받아 여자기독교청년회 운동을 재개하였고 지도자 양성에 주력하였다. 동란 이후에는 파괴된 교회를 재건하는 일과 성인교육에 힘쓰는 한편, 전쟁미망인을 위한 사업회관을 설립하였으며 고아원, 수입이 적은 여자들을 위한 숙박소 등도 운영하였다. 이처럼 여자기독교청년회 운동은 교회에서는 활동성이 있는 그리스도인이 되며, 모든 계층의 국민생활이 다 그리스도의 정신에 입각한 생활이 되도록 하자는 데 목적을 두고 활발하게 전개되었다.

2) 기독교문화 사업

한국의 기독교가 한국문화사에 끼친 영향은 실로 지대하였다. 교회는 민주주의 사상을 고취시켰으며 한국의 신문화를 수립하는 데 많은 도움을 주었다. 해방 이후 한국교회의 문화사업은 교회 자체를 위하는 것은 물론이고 일반 문화사업도 활발하게 전개해 나가는 동인이 되었다.

① 기독교방송국

1949년 이승만 정부는 500와트의 기독교방송국 설치를 인가하였다. 이 방송국을 설치하는 데 드는 비용 약 12만 달러는 한국에 주재한 선교사들이 부담하였다. 모든 장비가 수송되어 오는 도중 동란이 발발하여 일본에서 지체되다가 휴전이 된 후 설비를 갖추고 방송을 시작하였다. 기독교방송이 시작되기 전에 한국방송(HLKA)을 통해 이따금씩 월드비전(World Vision)을 통해 밥 피어스, 빌리 그레이엄, 옥호열(H. Voelkelo) 등의 설교가 한경직 목사의 통역으로 방송되기도 하였다.[60]

60 김인수, 『한국기독교회의 역사』, 609. 기독교방송국을 설치하기 위한 12만 달러는 미국북장로교회와 미국감리교회가 4만 달러, 캐나다 장로교회가 7천 달러, 미국 남장로교회가 5천 달러를 감당하였다.

② 대한기독교교육협회

대한기독교교육협회는 1922년 설립된 한국주일학교연합회의 후신이다. 주일학교연합회 당시에는 대체적으로 주일학교에 관련된 책들만 발행하였지만 대한기독교교육협회에서는 종교 교육에 관한 전반적인 책들과 폭넓은 교회의 활동을 위해 필요한 다양한 서적들을 발행하여 보급하고 있다. 이 협회의 가장 중요한 사업 중의 하나는 주일학교 교재와 교사 양성을 위해 교사 양성용 서적을 출판하는 일이다. 1980년 8월에 조직된 대한기독교교육협회 지방협회는 모두 16개 지부로 구성되었다.[61]

협회의 주요사업으로는 기독교 교육을 위한 교재들을 편집하는 일에 중점을 두었으며 아동부, 중고등부, 장년부를 위한 세계통일주일공과, 연령별 계단공과, 성경교과서와 여름성경학교 교재 등을 발행하였고 기독교 교육 지도자 양성을 위하여 통신교육도 병행하여 실시하였다.[62]

3) 자선사업

현재 한국의 민간 자선단체 중 90% 정도를 교회에서 운영하고 있다. 이와 같은 사실은 기독교회가 얼마나 자선사업에 열정적으로 참여하고 있는지를 반영한다.

① 은혜원

은혜원 사업은 1960년에 시작되었다. 이 사업은 한국의 윤락여성들을 기독교 정신으로 갱생시키는 데 역점을 두고 활동을 전개하였다. 은혜원은 절망감에 빠져 있는 윤락여성들의 간절한 소망을 이루어 주어야 한다는 목적으로 설립되었다. 은혜원에 들어올 수 있는 조건은 지난날 환락의 생활에서 벗어나 성결한 삶을 살기로 다짐하는 자라야 한다.

61 대한기독교교육협회 지방협회는 16개 지부는 청주, 원주, 대전, 대구, 부산, 울산, 전주, 광주, 목포, 춘천, 의정부, 인천, 천안, 마산, 부천, 여수 등지에 설립되었다.

62 기독교대백과사전편찬위원회 편, "대한기독교교육협회", 『기독교대백과사전(3권)』, 1111-1112.

② 한국기독교봉사회

한국기독교봉사회는 외국의 구호물자를 받지 않고 교회 자체적으로 어려운 처지에 있는 동족들을 돕자는 목적으로 1963년 7월에 설립되었다. 당시는 한국동란이 휴전을 맞은 지 10년쯤 경과한 때로 경제적인 어려움을 극복하기 위하여 한참 노력하던 시기였다. 그리하여 구제의 취지로 한국기독교연합회의 여섯 교파의 지도자들이 모여 한국기독교봉사회를 조직하였다.

이와 같이 한국교회는 항상 어려운 시기에 교회가 감당해야 할 본분과 사명을 잊지 않았고 그리스도께서 보여주신 사랑의 정신으로서 교회와 사회를 연결하여 봉사하는 일에 솔선수범하였다.

Part 05

/

한국 기독교 선교의 도약기

Story 15

복음주의운동과 선교

1. 복음주의 신앙과 신학운동

한국에서 미국의 복음주의협의회(이하 NAE)[1]와 접촉을 갖게 된 것은 1950년 초였으며 한국 NAE가 발족된 것은 1952년이었다. 1947년 조선신학교의 자유주의 신학에 반기를 들고 장로교 총회에 진정한 51명의 신학생들과 10명의 한국교회 지도자들이 하기수양회에서 조직하였다. 설립총회에서 회장에 정규오, 부회장에 손치호, 총무에 조동진, 고문에 박형룡이 추대되었다. NAE는 반(反) WCC[2] 운동을 전개한다는 취지로 1955년 8월에 세계복음주의협의회(이하WEF)[3]에 가입하였다.

1972년에는 서울신학대학의 조종남, 장로회신학대학의 한철하, 고신대학의 오병세, 총신대학의 김의환이 한국 내의 신학 정립과 해외 학자들과의 신학운동을 시작할 수 있는 터를 닦기 위하여 한국복음주의신학회를 결성하였다. 그러나 개혁주의를 표방하는 장로교회의 목사들과 다수의 신학자들이 이를 거부하거나

1 제2차 세계대전 이후 복음주의는 이전 근본주의와의 차별을 드러내려는 의도에서 사용되고 있다. 복음주의의 대변적 기구는 1942년 미국에서 오켄가(Harold J. Ockenga)의 지도로 조직된 전국 복음주의자협회(National Association of Evangelicals)의 설립을 통해 공식화되었다. NAE는 엄격한 근본주의자들보다는 비교적 온건한 복음주의자 그룹이었다. 흔히 신복음주의로 알려진 새로운 형태의 복음주의로 이해할 수 있다. 대표적인 인물들로서 헤렐드 오켄가, 칼 헨리, 빌리 그레이엄 등을 들 수 있다.

2 세계교회협의회(World Council of Churches, WCC)는 세계적인 연합운동 협의회이다. 1948년 네덜란드 암스테르담 총회를 시작으로 에큐메니컬 운동을 위해 결성되었다. 세계의 주류 기독교 교단들인 개신교, 성공회, 정교회 등이 회원교단으로 참여하고 있으며, 로마 천주교 교회도 옵저버(참관인)지위로 참여하고 있다. 본부는 스위스 제네바에 있다.

3 1951년에 20개국의 복음주의자협회들이 모여서 세계복음주의협의회(WEF)를 결성하였다. 2001년에는 세계복음주의연맹(World Evangelical Alliance, WEA)으로 개칭하였다.

참여하기를 주저하는 바람에 별 진전을 보지 못하다가 1973년 빌리 그레이엄의 전도집회와 엑스플로74[4]를 거치면서 차츰 복음주의운동이 확산되었다.

1978년에 박조준, 한철하 등 몇몇 복음주의 신앙을 가진 목사들이 한국복음주의협의회(KEF)[5] 조직을 위한 준비모임을 가진 후, 1981년 5월 7일 아세아연합신학대학에서 설립총회를 열었다. 총회에서는 회장에 박조준, 부회장에 김준곤, 한철하, 정진경, 나원용, 총무에 이종윤, 협동총무에 최훈, 서기에 림인식 등 임원진을 선임하였다. 이와 같이 교회의 목회자들이 복음주의협의회를 결성하여 복음주의운동을 가동함에 따라 복음주의 신학자들도 그간에 묵혀 두었던 한국복음주의신학회를 새롭게 조직하였다. 1981년 11월 4일, 교파를 초월한 14명의 현직 교수들이 서울 서대문 소재 아세아연합신학대학원에 모여 김명혁, 손봉호, 이종윤이 초안한 회칙을 수정하고 통과시킴으로써 한국복음주의신학회를 결성하였다. 이 신학회에서는 1982년 8월 18일부터 22일까지 영락교회에서 열린 '교회갱신을 위한 아세아대회'를 주관하고, 8월 23일부터 9월 5일 아세아연합신학원에서 열린 '제3세계 신학자대회', '제6차 아세아 신학자대회'를 지원하고 협조하였다. 그 후 1984년 6월 1일 아세아연합신학대학교에서 제1회 강좌를 열고 피터 바이어하우스(Peter Beyerhaus)를 초빙하여 "현대 선교신학의 동향과 복음주의 신학의 방향"이라는 강의를 듣고 토의하였다. 합동 측 총신대 신학부와 고신대의 다수의 교수들이 초기에는 소극적으로 참여했으나 점차 적극성을 띠고 참여하는 신학교와 교수들이 늘어나면서 복음주의신학회는 WCC의 신학교육기금(TEF) 회원 학교로 구성된 전국신학대학협의회와 대칭을 이루는 학회로 활동하며 발전하였다. 복음주의신학회는 1982년에 학회지 『성경과 신학』 창간호를 내놓았으며, 2004년

4 엑스플로74대회는 초교파적으로 12,0000개 교회가 참여한 최대의 전도집회였으며 연인원 655만 명이 참하였다. 전도요원들은 매일 32만여 명씩 총 194만 명이 집중훈련을 받았다. 전도요원 훈련자 중 22만 명은 여의도광장과 주변 학교에서 합숙하였고, 10만 명은 서울과 수도권을 왕래하며 봉사하였다. 참가자는 중·고등학생 87,400명, 대학생 25,300명, 평신도 193,200명, 목회자 13,000명, 교수 500명, 의료인 312명, 법조인 208명 등이었다.

5 한국복음주의협의회는 사회정의 실현과 사랑의 실천 등 사회에 대한 교회의 책임을 통감하고 이를 위한 제반활동에 임하였다. "현 시국에 대한 복음주의자들의 제언(1985. 5)", "공정한 선거를 위한 복음주의자들의 입장(1987. 11)", "5·18특별법 제정에 즈음하여(1995. 11)", "통일한국을 향한 우리의 비전과 입장(2006. 10)" 등의 성명을 발표하였다. 또한 북한동포 돕기, 조선족 돕기 등 지속적인 구제사역과 더불어 세계 각국의 재난을 당한 이재민들을 돕기 위하여 긴급구호금 모금활동을 전개하였다.

400여 명의 회원을 둔 규모가 큰 학회로 성장하였다. 1999년에는 복음주의신학회 내에 역사신학회를 시작으로 각 전공별 신학회가 조직되어 분야별로 학회지를 발행하는 등 연구활동을 활발하게 전개하고 있다.

숭실대학교 한국기독교문화연구소는 1967년에 설립되어 초대 소장으로 김양선 교수가 선임되었다. 현대신학을 연구하면서도 복음주의 신앙과 신학을 경주한 김영한 교수가 1986부터 1990년까지, 1993년부터 2003년까지 소장으로 재임하는 동안 기독교문화연구소는 숭실기독문화 포럼을 6차례 열었고, 5차례의 국제학술 심포지엄을 포함하는 기독교문화세미나를 13차례나 열었다. 또한 목회자를 위한 세미나를 12차례 개최함으로써 복음주의 신학에 기여하였다.[6] 기독교문화세미나에서는 한국의 근대화와 기독교를 위시하여 한국사회와 기독교, 한국기독교와 예술, 기독교와 문화, 기독교와 맑시즘, 한국 기독교와 윤리, 생태계의 위기와 한국 기독교, 한국 기독교와 사이비 이단 운동 등의 주제를 다루었으며, 국제심포지엄에서는 21세기를 앞두고 창조와 미래, 포스트모더니즘과 기독교, 기독교와 타종교 등 필요한 주제들을 폭넓게 논의하였다.

복음주의협의회는 1984년 10월 22일 신촌성결교회에서 제2차 총회를 갖고 회칙을 개정한 후 중앙위원과 임원을 선임하여 임원진을 보강하였다. 임원진은 고문에 박윤선, 김창인, 회장에 정진경, 부회장에 김준곤, 림인식, 최훈, 한해일, 회계에 이승하, 중앙위원으로는 박종렬, 이만식, 이창식, 임옥, 전제옥, 정영관, 조종남 등이 선임되었다. 복음주의협의회는 매월 장소를 옮겨 가며 조찬기도회를 열고 교역자들의 친목을 도모하는 한편, 때때로 케직사경회[7]를 비롯한 공개 신앙 강좌를 개최하고 교회와 신학, 사회 문제 등 여러 가지 주제들과 현안들을

6 한국기독교문화연구소는 숭실대학교 부설연구소이며 1967년 10월 개교 70주년을 기념하여 설립되었다. 한국의 기독교문화, 기독교사회, 교화와 선교역사, 기독교 문화선교, 기독교 리더십훈련을 위하여 연구, 자료수집, 지도자 및 연구자 양성에 기여함을 목적으로 한다.

7 케직은 잉글랜드의 컴버랜드(Cumberland)에 있는 인구 3천 명 내지 4천 명의 작은 도시이다. 1875년 6월 29일부터 7월 2일까지 이 마을에서 사경회가 개최되었다. 사경회 첫날에는 약 300명 내지 400명이 참석하였다. 이 모임은 영국 전역은 물론 미국의 오벌린, 오하이오, 메인주의 도시들, 나아가 캐나다 국경에서도 참석했을 정도였다. 케직사경회는 성 요한 교회의 목사 하트포드-베터스비(T. D. Hartford-Battersby)가 성결집회를 개최한 데서 시작되었으며 에반 홉킨스(Evan Hopkins)가 주 강사로 초빙되었다. 이 운동은 무디의 부흥운동과 한국의 평양부흥회에도 영향을 미쳤다.

두고 견해를 피력하는 발표회를 연다. 때때로 케직사경회를 비롯한 공개 신앙 강좌도 개최하며, 아세아 신학자대회를 개최하거나 지원하고 협조하였다. 또한 주일성수를 위하여 정부에 건의하는 일을 비롯하여 북한돕기운동, 탈북동포 돕기 결연운동, 아프리카 난민 돕기운동 등을 전개하였으며, WEF를 재정적으로 협조하는 등 선교와 봉사에 적극적으로 참여하였다.

1974년 WEF가 스위스 로잔협약((Lausanne Covenant)[8]에서 영혼구원을 위한 선교를 우선적인 과제로 알되 정치와 사회 문제에 소홀히 했던 것을 뉘우치며 향후 힘써 참여할 것을 다짐하였는데, 한국복음주의협의회는 이를 적극적으로 실천하며 노력해 왔다. 합동신학교 교수이자 강변교회 목사 김명혁은 1992년까지 총무직을 맡았으며, 그 이후 화평교회 목사 안만수가 2001년까지 총무직을 수행하면서 각 모임에서 발표한 여러 지도적인 인사들의 성명서와 글들의 모음집을 내놓았다.

1970년대 중반을 지나면서 복음주의 문서운동이 활발해지기 시작하였다. 정기간행물로는 1985년 4월에 두란노 서원(대표: 하용조)에서 평신도를 위한 신앙지 『빛과 소금』 창간호가 나왔으며, 1989년 7월에는 『목회와 신학』[9]이 출간되어 복음주의 신학을 독려하고, 신학과 목회 실제와의 가교역할을 시도하였다. 『목회와 신학』에 버금가는 『월간목회』가 1976년 9월에 창간되었으며, 신흥종교와 이단종파의 실상을 밝히고 고발하는 사명감에 투철했던 탁명환(卓明煥)은 1970년 1월 국제종교문제연구소[10]를 설립하고 1982년 8월에 『현대종교』[11] 창간호를

8 협약 내용은 주로 존 스토트(John Stott)가 작성하였고 토론과 동의를 거쳐 1974년 7월 16일부터 25일까지 개최된 스위스 로잔대회의 공동선언문으로 발표되었다. 로잔협약은 15개 항의 신학 전반의 주제를 다루었는데 그 내용은 다음과 같다. '하나님의 목적', '성경의 권위와 능력', '그리스도의 유일성과 보편성', '전도의 본질', '그리스도인의 사회적 책임', '교회와 전도', '전도를 위한 협력', '복음전도와 파트너십', '복음 전도의 긴박성', '전도와 문화', '교육과 리더쉽', '영적 충돌', '자유와 핍박', '성령의 능력', '그리스도의 재림' 등.

9 목회적 대안과 신학적 이슈를 진단하는 월간 잡지로 교회가 건강한 성장에 이르도록 방향을 안내하고, 목회자와 지도자, 그리고 선교사에게 유용한 목회 정보와 자료를 수록하였다.

10 한국 및 전 세계에 분포되어 있는 여러 종교현상의 학문적인 연구와 아울러 사회적 물의를 야기하는 역기능적인 사이비종교의 정화까지 포함하여 광범위하게 연구할 목적으로 1970년 1월에 탁명환이 설립하였다.

11 1970년에 신흥종교 연구자인 탁명환이 설립한 국제종교문제연구소에서 발행하는 월간 잡지로 각종 이단이나 사이비 종교집단의 폐해를 고발하는 내용을 담았다. 설립자 탁명환에 이어 차남인 탁지원 교수가 대표로 취임하였다.

내어놓았다.

1962년부터 시작한 생명의말씀사(대표: 김재권), 1975년의 성광문화사(대표: 이성하), 1975년의 기독교문서선교회(대표: 박영호), 1977년의 도서출판엠마오(대표: 김성호), 1983년의 크리스챤다이제스트(대표: 박명곤) 등의 출판사들이 복음주의서적 출판에 크게 공헌하였다.

2. 복음주의와 개혁주의

장로교 신학교 교수들과 목회자들이 복음주의운동이나 신학회에 참여하는 일에 주저하는 이유는 복음주의를 협의의 개념에서 이해하여 개혁주의 전통에 충실하고자 하는 생각 때문이다. 개혁주의는 루터교와 함께 개신교 신학과 교회의 두 주요한 전통이다. 루터는 칭의론을 말하면서 구원론에 더 많은 관심을 기울였고, 칼빈은 하나님의 주권사상과 함께 통전적(通全的)인 신학을 말하였다. 장로교는 개혁주의 신앙을 가진 청교도들이 생성한 교회 가운데 하나이다. 청교도들의 경건생활은 경건주의에 큰 영향을 미쳤으며 루터교적 경건주의는 18세기 부흥운동에 기여하였다.

그런데 오늘날 '복음주의'는 성경을 비평하는 자유주의에 대항하여 성경을 하나님의 말씀으로 믿는 보수적인 신앙을 통칭하는 용어로도 통용되고 있다. 그러나 복음주의가 가졌던 본래의 함축성은 여전히 상존한다. 즉 복음주의는 교파를 초월하여 선교하며 영혼을 구원하는 일이므로 더 신령주의적이며 주로 구원을 베푸는 하나님의 특별은총에 관심을 둔다. 반면에 '개혁주의'는 통전적인 신학을 말한다. 교회의 전통을 중시하고, 구원을 베푸시는 하나님의 주권을 절대시하며, 특별은총과 함께 모든 사람과 만물의 생존을 위해 베푸시는 하나님의 일반은총을 강조한다. 복음주의는 구원을 위한 인간의 자의적인 결단을 촉구하는 아르미니우스주의적인 견해도 모두 수용하는 데 반하여 개혁주의 신학은 하나님의 주권교리와 예정교리[12]에 비중을 둠으로써 개혁주의 신학적 전통에 충실하려는 이들은 복음주의 신앙운동에 참여하기를 망설인다.

한국교회에 온 장로교 선교사들은 대다수가 미국의 각성운동을 경험하고 온 이들이었으며 보수성이 투철하면서도 경건주의와 복음주의의 양면적 성향이 강하였다.[13] 한국교회는 아직도 믿지 않는 대다수의 국민들에게 복음을 전해야 할 상황이므로, 구령사역에 초점을 두는 설교가 중요하다는 점을 깊이 인식해야 한다. 또한 한국교회는 소수의 종교집단이 아니라 사회의 주도적인 세력을 형성하는 상당수의 신자가 있는 종교기관으로 성장하였다는 점에서, 그리스도인들이 사회구성원으로서 하나님의 백성답게 살도록 가르치는 통전적인 신학을 보여주는 개혁주의 전통 또한 존중해야 한다.

3. 한국교회와 참여신학

한국 장로교회는 개혁주의 신학을 표방해 왔으나 바르게 정착하여 발전하지는 못하였다. 1930년대부터 1950년대까지 개혁주의를 표방하는 보수 장로교회는 자유주의와 현대신학의 성경관에 대항하여 성경을 하나님의 말씀으로 믿는 신앙을 변증하는 일에 많은 정력을 쏟았다.[14] 그 결과 과도한 논쟁이 봇물처럼 쏟아졌다. 물론 올바른 성경관이 정통신학의 필수적인 전제이긴 하지만 그렇다고 해서 신학의 전부는 아니다. 그러고 보면 보수 장로교회는 개혁신학의 전제에 대한 주장만을 반복해 온 셈이다. 그러고 보면 일제의 핍박, 6 · 25동란과 교회의

12 예정론에 있어, 칼빈주의가 이중예정론을 주장한 반면 아르미니우스주의는 이중예지예정(二重豫知豫定)을 주장한다. 결국 이 신학은 '하나님의 주권이냐' 아니면 '인간의 의지냐'를 묻는 자유의지 논쟁으로 귀결된다.

13 한국에 프로테스탄트가 성공한 직접적인 동기, 그리고 한국 개신교의 초기 형태, 이 이중의 근거역할을 감당한 것이 바로 경건주의와 복음주의였다. 이는 순수한 복음의 삶만을 중추로 삼는 신앙형태이다. 한국에 들어온 이 계통의 선교사들은 복음주의적이었다고 단언할 수 있다. 민경배, 『한국기독교회사』, 149.

14 김재준의 "이사야의 「임마누엘」 예언 연구"로 불거진 박형룡과의 대결구도, 채필근, 송창근, 김재준, 한경직 등이 연루된 아빙돈 단권주석 사건 등은 당시 성경관이 얼마나 첨예하게 대립하는 뜨거운 논점이었는지를 시사한다.

분열, 교회정치에 대한 관심 등 상황적인 국면들이 개혁신학의 발전을 저해하는 요소로 작용한 것이 사실이다.

한국 보수 장로교회의 신앙에는 근본주의와 세대주의 혹은 경건주의적 신앙이 복잡하게 얽혀 용해되어 있다. 성경을 문자적으로 이해하는 경향과 종말론에 대한 편중된 관심, 예수 그리스도를 구속사의 중심으로 보지 못하는 잘못된 역사관과 구원관, 구약과 신약의 불연속성과 연속성 및 통일성에 대한 이해의 결여, 하나님과 예수 그리스도의 인격, 그리스도의 구원사역에 대한 객관적인 교리에 대한 설교보다는 믿음 · 체험 · 교회봉사 등에 치중하는 설교 등 설교 주제 선택의 불균형 문제가 있다. 또한 율법주의적 성향, 일반은총에 대한 이해 부족, 반지성주의 경향, 사회와 문화에 대한 관심의 결여 등은 개혁주의 신학의 전통에서 가르치는 내용과는 상이한 점들이다. 많은 보수적인 장로교 신자들이 이러한 비개혁적인 신앙에 그대로 움츠려 있게 된 것은 신학교육의 부실에서도 기인하지만, 신학의 양극화에서 오는 경계심에서 비롯되었다고도 볼 수 있다. 1930년을 전후하여 유학파 신학자들, 혹은 자유주의에 물든 인사들이 성경에 대한 역사비평을 통하여 대담하게도 성경의 권위에 도전하였기 때문이다.[15]

1960년대 초반에는 복음을 재해석해야 한다는 토착화신학[16]이 성행하였고, 1960년대 후반부터는 기독교의 비종교화를 말하면서 교회의 적극적인 사회참여를 내용으로 한 세속화신학이 주창되었으며 동시에 다른 종교를 존중하고 인정하는 가운데 대화를 통하여 그들 가운데서 복음을 발견하도록 함으로써 선교를 달성해야 한다는 WCC의 '하나님의 선교'(*Missio Dei*)[17]가 수용되었다.

---

15 예를 들어 김춘배의 여권 문제, 김영주의 모세오경 문서설, 신흥우의 적극신앙단 사건, 김재준의 "이사야의 「임마누엘」 예언연구", 아빙돈 단권주석 사건 등을 성경의 권위 논쟁과 관련된 대표적인 사례들로 볼 수 있다.

16 1960년대 토착화신학은 두 부류가 있었다. 하나는 복음의 토착화로서 복음을 한국적으로 새롭게 해석하려는 입장이고, 다른 하나는 기독교의 문화적인 영역에 국한하여 보려는 견해이다. 윤성범, 유동식, 김광식 등은 전자에, 김정준, 이종성, 한철하, 홍현설 등은 후자에 속한다. 김영재, 『한국교회사』, 291–292.

17 '미시오 데이'(*missio Dei*)란 '하나님의 보내심'이라는 개념에서 온 표현이다. 1934년 독일 선교학자 칼 하텐스타인이 칼 바르트의 '액치오 데이'(*actio Dei*, 하나님의 행위)에서 암시를 받아 만든 용어이다.

1970년대부터는 정치신학[18] 혹은 해방신학[19]의 소개와 함께 민중신학[20]이 맹위를 떨쳤다. 민중신학은 민중을 가난한 자, 소외당한 자, 억눌림을 당하는 피지배자로 보고 신학의 관심과 출발을 이들의 해방에 두는 상황신학이다. 상황신학은 이러한 주제를 성경에서 뿐만 아니라 한국의 역사와 상황에서 찾음으로써 성경을 민중신학을 위해 필요하고 유익한 문서의 하나로 상대화하였다. 민중을 교회의 주체로, 역사를 지배자와 피지배자의 투쟁사로 보려는 관점에서 기독교의 역사를 재해석하였다. 물론 민주화운동과 사회운동에 신학적인 동기를 부여하려는 의도는 좋다. 그러나 그것이 우리 삶의 문제의 전부가 아닌데도 신학이 그 일을 위하여 존재한다는 식으로, 교회의 역사와 전통적인 신앙고백을 모두 부정하거나 가치를 전도하여 평가하는 것은 옳지 않다.

1980년대를 지나면서 세계정세와 국내의 정치적 사회적 상황의 변동으로 민중신학의 역할과 의미가 퇴색하자, 자유주의 신학자들은 기독교와 타종교와의 대화[21]를 논의하고, WCC의 선교신학의 경향과 함께 기독교 자체를 상대화하는 종교다원주의[22]를 선호하게 되었다. 1990년대 초에 이르러 30년 전에 토착화신학

18 1970년대의 신학의 기류는 정치신학이라고 표현될 수 있다. 정치신학은 몰트만과 로마 가톨릭 신학자 메츠(J. Metz) 등에 의해서 강조되었다. 이 신학은 기독교 신학의 정치의식을 각성시키려 하며 신앙 자체가 메시아적 관련을 가지고 있고 신학 자체가 정치적 차원 속에 있다는 것을 분명히 표명한다. 정치신학에서는 십자가에 죽은 그리스도의 부활과 그의 다시 오심의 희망의 근거 위에서 이 세상의 현실을 논한다. 가난한 자, 눌린 자 그리고 인류의 고통 속에 들어가 그들의 고통을 덜어주고 삶의 조건을 개선하며 하나님의 정의로운 나라를 선포해야 한다는 기독교의 책임성을 강조한다.

19 20세기 중후반 라틴아메리카 천주교 신학자들을 중심으로 발전하였다. 이들은 빈곤하고 압제받는 사람들의 입장에서 신학을 논함으로써 현장신학의 노선을 취하였다. 기독교의 가르침을 공의가 사라진 정치, 경제, 사회적 조건으로부터의 해방이라는 지평에서 해석하고 실천을 추구했던 신학운동이다. 1960년대 라틴아메리카를 중심으로 시작되어 천주교 신학자들이 주도하였고, 개신교 진영에서는 진보주의 노선에 선 신학자들이 참여하였다.

20 대표적인 학자로 안병무를 들 수 있다. 그는 1970년대에 서남동, 문익환, 현영학, 서광선 등과 더불어 유신체제에 저항하여 민주화운동에 나서 민중신학을 주도한 학자였다. 이 시기에 안병무는 줄곧 한신대학교에 몸담고 후학들을 지도하면서 서남동과 더불어 민주화운동과 관련하여 집필작업에 몰두하였다. 이 과정에서 가난한 자들, 약한 자들로 대변되는 민중에 대한 사무친 한을 자신의 신학에 접목하여 토착화함으로써 민중신학을 개척한 대표적인 학자가 되었다. 안수강, "안병무의 민중신학(民衆神學) 고찰", 『역사신학논총』 22집(2011년), 55. 민중신학을 잘 설명해 주는 다음 문헌을 참고할 것. 이 문헌에는 민중신학을 정립한 학자들의 학술적 논지들이 수록되어 있다. *CTC-CCA, Minjung Theology: People as the Subjects of History*(Maryknoll, NY: Orbis Books, 1983).

21 타종교와의 대화를 주장한 대변적 학자로 변선환을 들 수 있다. 변선환은 한국의 고난과 한국의 종교성이 겸손하게 만나야 한다는 점을 제안하면서 휴머니티의 실현을 추구하기 위해서는 투쟁하는 타종교의 구원론과도 대화할 수 있어야 한다고 했으며 비기독교 구원론에서 출발하는 한국적 신학으로 거듭나야 한다고 주장하였다. 변선환, "타종교와 신학", 『종교다원주의와 기독교』(서울: 도서출판나단, 1993), 211.

22 종교다원주의(Pluralistic Theology of Religions)란, "여러 개의 원리들(principles)이 있다"는 다원(多元)과

의 논의를 주도했던 이들은 토착화신학의 귀착점이 결국 종교다원주의라고 주장하였다. 신학의 자유를 구가하는 신학자들의 신학이 급진적이고 과격한 신학으로 발전하는 정도가 아니라 아예 종교 혼합주의로, 탈기독교적인 종교 이론으로까지 치닫게 되어 전통적인 기독교 신앙과 신학을 수호하려는 입장에서는 대화의 접촉점마저 찾을 수 없을 지경이 되었다. 기독교적 사회윤리를 논하고 문화와 정치, 사회에의 참여를 주장해 온 사람들이 주로 자유주의 계열에 속한 신학자들이었으므로, 보수적인 교회의 지도자들은 그러한 주제 역시 자유주의 신학자들이나 관심을 가지고 다루어야 할 산물로 간주하려는 경향이 있다. 보수적인 교회의 지도자들이 자유주의 신학은 배격하더라도 그들이 다루는 주제까지 외면하면서 영혼구원에만 관심을 두는 편협한 세계관을 가져야 할 이유가 없다.

1980년대에 보수적이며 복음주의적인 목회자들과 신학자들이 복음주의협의회에서 문화와 정치, 사회 문제에 관심을 갖고 북한동포 돕기 운동을 적극적으로 전개하였다. 구제 봉사에 많은 예산을 할애하여 편성하는 교회도 많아졌다. 이는 매우 고무적인 현상이며 교회는 이러한 의식과 실천의지를 더욱 활성화해야 할 책임이 있다.

4. 복음화운동과 대형 부흥집회

1) 전국 복음화운동

① 준비작업

1960년대 초기의 4 · 19혁명과 5 · 16군사정변 이후 급변하는 사회상황에서 허탈한 상태에 빠져 있던 민족에게 복음을 전하기 위한 일환으로 교회 지도자들은

"어떠한 일을 굳게 지키는 일정한 방침 또는 그 뜻, 혹은 주장"을 의미하는 주의(主義)의 합성어로서 소위 "진리를 판정하는 원리가 여럿이다"라는 의미를 갖는다. 대표적인 학자들로서는 힉(John Hick), 스미스(Wilfred C. Smith), 니터(Paul Knitter)가 있으며 한국 학자들로서는 변선환, 길희성 등을 들 수 있다.

1965년을 '복음화운동의 해'로 정하여 초교파적인 조직을 갖추고 전도운동을 추진하였다. 마침 1965년은 토마스 목사가 평양 대동강에서 순교한 지 99주년 되는 해였고, 개신교가 한국에 전래된 지 80주년이 되는 뜻 깊은 해였다. 일부 보수적인 지도자들은 복음화운동이 WCC운동과 관련이 있는 것이 아닌가 하는 의구심에서 망설이기도 하였으나 차츰 적극적으로 참여했을 뿐 아니라 천주교까지도 이에 동참하였다. 그리하여 한국교회 지도자들은 1965년을 복음화운동의 해로 정하고 개신교 각 교파와 교단을 망라하여 전국적으로 대규모의 전도운동을 추진하기로 의견을 모았다.

1964년 10월 16일, 김활란 박사의 주도로 이화여자대학교에서 75명이 모여 남미에서 성공적으로 진행되고 있는 복음화운동에 관한 보고를 듣고 우리나라에서도 그와 같은 복음화운동을 추진하기로 결의하였다. "3천만을 그리스도에게로!"라는 표어를 내걸고 전국 주요 도시와 4만 개의 부락에 복음을 골고루 전파하여 온 겨레가 모두 복음을 듣게 하자는 것이었다. 준비위원들은 여러 차례의 회합을 거쳐 각 교단 대표 300명을 회원으로 하는 복음화운동 전국위원회를 구성하기로 협의하였다. 장로교 합동 측 30명, 통합 측 30명, 고신 측 10명, 성경장로교 5명, 감리교 32명, 기장 30명, 구세군 15명, 기독교 성결교 5명, 성공회 8명, 정교회 5명, 침례회 총회 5명, 오순절 교회 5명, 그리스도교 5명, 루터교 5명, 나사렛교회 5명, 복음교회 15명, 기타 기관 20명으로 정하였으며 천주교 측에서도 35명이 선정되었다.

복음화운동위원회는 중앙위원으로 명예회장에 한경직, 김활란, 위원장에 홍현설, 부위원장에 강신명, 김창석, 김창근, 김윤찬, 이혜영, 장운용, 조광원, 차광석, 황철도 등 12명으로, 분과위원장 13명, 평신도위원 15명, 기관대표 12명으로 조직되었다. 그리하여 1965년 한 해 동안 농촌전도, 도시전도, 학원전도와 군(軍)전도, 개인별 혹은 그룹별 전도 등 가능한 모든 방법을 동원하여 다방면에 걸쳐 전도활동을 교단별로 혹은 연합적으로 전개하도록 추진하였다.

② 복음화운동의 전개

1965년 5월 1일 복음화운동위원회는 중국인 부흥사 조세광 목사[23]를 초청하여 전국 각지를 순회하며 본격적인 집회를 가졌다. 조세광 목사 이외에도 한경직, 김활란, 이기혁, 이권찬, 이상근, 김옥길, 조동진, 조신일, 명신익, 지원용, 강원용 목사와 여러 인사를 포함하여 4백여 명의 지도자들이 동원되었다. 이 복음화운동은 1년간 계속되었고 전국 각 도시와 지방에서 놀라운 역사가 일어났다. 1965년 12월 30일 후암장로교회에서 큰 성과가 나타난 복음화운동을 기념하며 봉헌예배를 드렸다. 지방에서는 각 지구별로 12월 26일 주일에 복음화예배를 드렸다. 1년 만에 막을 내린 전국복음화운동에서 동원된 강사는 무려 4백여 명에 이르고 동원된 인원만도 1백만 명이나 되었다.

1965년 11월 5일 서울운동장에서 전국신도대회가 개최되었다. 홍현설 대회장의 사회로 열린 이 집회에서 한경직 목사가 주제 강연을 맡았고 조향록 목사, 김옥길 박사, 고범서 교수의 "교회는 일치를, 사회는 봉사를, 민족에게는 소망을"이라는 신도선언이 있었다.

한국교회가 여러 교파와 교단으로 갈라져 있었음에도 불구하고 복음화운동을 범 교단적으로 연합하여 추진한 것은 참으로 뜻있는 일이었다. 이 사역은 여러 교회들이 교회의 목적과 시대적인 사명을 인식하고 공감하는 가운데 이루어졌다. 그것은 또한 여러 교회가 하나가 되어 전통적인 경건주의적 전도정신을 실천하고 열정적으로 복음을 전파했다는 점에서 가치가 있다. 교회들은 복음주의 입장에서 볼 때 부정적인 토착화신학과 같은 이론에 구애받지 않고 과감하게 전도운동을 추진하였다. 그것은 1909년의 백만인 구령운동, 1915년의 박람회 기회를 포착하여 추진한 전도운동, 1920년의 전도운동, 1930년에 시작한 3년간의 전도

23 조세광 목사는 1908년 11월 8일 중국 상해에서 태어났다. 1924년에 세례를 받았고 남경 북지나신학교를 졸업한 후 1928년 이후부터 교역에 임하였다. 그는 인도네시아에서 9년간 선교사업을 하였고 1954년에는 인도네시아에 가말리엘대학을 설립하였다. 1956년 조세광 목사는 크리스찬 투데이 잡지사 주최로 서독에서 열린 세계복음전도집회에 빌리 그레이엄 목사와 함께 초빙되어 놀라운 역사를 나타내었다. 그는 정열적인 웅변과 단순한 복음적인 설교 내용으로 대중집회에 큰 감명을 주었다. 1965년에 내한하여 5월 4일부터 6월 15일까지 서울, 김제, 이리, 부산, 대구, 목포, 논산, 인천 등지에서 70여 회에 걸쳐 대중집회를 가졌고 583,000명이 동원되는 성과를 얻었다. 기독교대백과사전편찬위원회 편, "조세광", 『기독교대백과사전(13권)』, 1228.

운동 등 한국교회가 수시로 시도한 전도운동의 전통을 이어받은 전형적인 복음화운동이었다.

2) 빌리 그레이엄의 전도집회

1970년대는 교회가 급속하게 성장한 시기였다. 이러한 발전은 교파를 초월한 대형 집회들을 통해서 이루어진 결과라고 평가할 수 있을 것이다.[24] 복음화운동추진위원회는 다시 대형 집회를 통하여 전도운동을 전개할 것을 기획하였다. 먼저 1973년 한국교회는 "5천만을 그리스도에게"라는 주제를 설정하고 빌리 그레이엄 목사를 초빙하여 전국의 주요 도시에서 전도집회를 가졌다. 이 전도집회의 명예회장은 백낙준 박사, 대회장은 한경직 목사가 맡았다.

이 대회는 초교파적인 대집회[25]로서 1973년 5월 16일에 대전 전도대회를 서막으로 개최되었다. 빌리 그레이엄의 한국 전도집회는 지방과 서울로 나뉘어 진행

24 김인수, 『한국기독교회의 역사』, 665.

25 여기에 동참한 교파는 다음과 같다. 구세군대한본영, 기독교대한감리회, 기독교대한성결교회, 기독교대한하나님의성회, 기독교한국오순절교회, 대한기독교나사렛교회, 대한성공회, 대한예수교장로회(고신), 대한예수교장로회(통합), 대한예수교장로회(합동), 예수교대한감리회, 예수교대한성경교회, 한국그리스도교회, 한국기독교장로회, 한국루터교회, 한국연합오순절교회, 한국침례회연맹 등. 김인수, 『한국기독교회의 역사』, 665-666.

되었는데 지방은 준비대회로서 그의 일행들이 인도하였고, 서울 전도집회는 빌리 그레이엄 자신이 직접 참여하여 인도하였다.

전도대회는 대구, 춘천, 전주, 광주, 부산 등 도시에서의 대회를 거쳐 5월 30일부터 6월 3일까지 열린 서울 전도대회를 끝으로 폐회되었다. 5월 30일에는 여의도광장에 516,000명이 모였으며, 지방 집회에 참석한 연인원수 약 120만 명, 서울 집회에 참석한 연인원수 약 320만 명으로 총 440만 명에 달하였다.[26] 연합성가대만도 연인원 4만여 명이 참가한데다 10만여 명의 결신자를 얻은 기록적인 대형 집회였다. "5천만을 그리스도에게"라는 주제하에 시행된 이 집회에서 한국교회는 다시 한 번 사명의식을 새롭게 인식할 수 있었고 세계복음화의 기수가 될 것을 다짐하였다.

빌리 그레이엄 전도 집회 1973년

26 김인수, 『한국기독교회의 역사』, 666.

3) 엑스플로74

1974년 8월 13일부터 나흘 간 여의도광장에서 엑스플로74(Explo74)[27]라는 이름으로 국제대학생선교회의 후원 아래 한국대학생선교회의 주도로 대전도집회가 열렸다. 대학생선교회(Campus Crusade for Christ)는 빌브라이트(William Billbright)가 1951년에 설립한 선교단체로 167개국에 지부가 조직되어 있으며, 한국에서는 1958년부터 김준곤 목사가 이 단체를 지도하며 이끌었다. '엑스플로74는 '예수혁명', '성령의 제3폭발'이라는 주제와 "민족의 가슴마다 그리스도를 심어 이 땅에 성령의 계절이 임하게 하자"라는 구호 아래 개최되었다. 국제대학생선교회 총재 빌브라이트를 위시하여 한경직, 김준곤 등 저명인사들이 주 강사로 나서서 설교와 강연을 담당하였다. 5월 13일 첫 집회에 70만의 사람들이 모여들었다.[28]

주목할 점으로서는 이 대회에 세계 90여 국가에서 3,000여 명이 참가함으로써 국제대회의의 성격을 띠었다는 사실이다. 또한 이 대회는 역대 다른 대회와는 달리 단순하게 일과성 집회로 종료된 것이 아니라 계속 전도훈련을 시켜 전도하게 하는 합숙 전도훈련 프로그램이 포함되어 있었다.[29]

4) 77민족복음화성회

1977년 8월에는 77민족복음화성회가 여의도광장에서 개최되었다. 이 집회는 17개 교단 300여 명의 목회자들이 모여 발족한 초교파단체로 국내 7천만 민족의 복음화와 세계복음화를 위해 설립되었다. 이때 사상 처음으로 1만 명이 넘는 성가대가 동원되었다. 이 집회를 계획한 것은 앞서 1973년의 빌리 그레이엄 집회, 1974년의 엑스플로74대회를 체험하면서 한국인에 의한 자주적인 대민족부흥집

27 엑스플로는 원래 미국대학생선교회가 주도한 대전도집회였으며 1972년 미국 대회는 달라스의 코튼블운동장에서 63개국의 대표단을 포함하여 10만 명이 모인 가운데 열렸다. 이 대회에서 세계복음화를 표방하였고 각국 대표자들은 자국에서의 전도운동을 활성화시킬 것을 다짐하였다. 당시 한국대표단의 김준곤 목사는 이 대회석상에서 1974년의 엑스플로74 대회를 한국에서 유치하겠다고 선언하였다.

28 김영재, 『한국교회사』, 325–326.

29 김인수, 『한국기독교회의 역사』, 666–667.

회의 필요성을 느꼈기 때문이다.[30] 77민족복음화집회는 1977년 8월 15일에 시작하여 18일까지 여의도광장에서 개최되었다. 이 집회의 주제는 "민족복음화를 위하여, 한국인에 의해서, 오직 성령으로"였다. 150만 명이 운집하였으며 2만 4천여 명의 결신자를 얻었고 성황리에 막을 내렸다.

5) 80세계복음화대회

1980년에 종전의 모든 기록을 대폭 갱신하는 대형 집회가 '80세계복음화대회'라는 이름으로 개최되었다. 김준곤을 위원장으로 하는 추진위원회는 교단의 공적인 대표들로 구성되지 않고 초교파적으로 교회의 지도층 인사들로 구성되었으며 한경직, 김준곤, 빌브라이트 등 14명의 강사들이 집회의 주 강사로 설교하였다. 집회는 11일 전야기도회를 시작으로 15일까지 열렸다. 세계선교의 중추적인 역할을 담당할 것을 강조하는 한편, 한국민족이 복음화될 때 정의로운 사회가 건설되고, 나아가서 민족의 숙원인 통일이 달성될 것임을 역설하였다. 주최 측의 추산에 의하면 전야기도회에 100만 명, 12일 개막일에 250만 명, 13일에는 200만 명, 14일에는 270만 명, 15일에는 230만 명이 참석한데다가 매일 밤 철야기도회에 100만 명씩 참석하였으므로, 이를 모두 합한 연인원은 1,700만 명에 달하였으며 70만 명의 결신자를 얻었다.[31]

참석 연인원을 산출하여 수를 과시하는 것은 교회의 주보에서조차도 흔히 볼 수 있는 문제점이지만, 여하튼 80세계복음화대회는 기독교 역사상 전무후무한 매머드 집회였으며, 한국 기독교의 교세를 과시한 집회가 되었다. 나라의 민주정치 실현을 염원하는 국민들의 꿈이 무산되고, 민주화를 부르짖던 사람들이 정치적으로 핍박을 당하던 시점에서, 이러한 큰 집회를 개최하는 것에 대해 비판적 시각도 있었다. 기독교인들을 사회현실을 외면하고 도피하게 만든다는 비판을

30 김인수, 『한국기독교회의 역사』, 667. 77민족복음화대성회 집회를 발기한 목적은 다음 세 가지로 정리할 수 있다. ① 하나님의 말씀인 성경이 민족성회의 소집을 명하기 때문이다. ② 복음전도만이 우리 민족을 살리는 유일한 길임을 굳게 믿기 때문이다. ③ 한국인에 의하여 민족성회를 주도한다.

31 김영재, 『한국교회사』, 326.

받았던 것이다. 또한 이렇게 큰 집회를 개최하기 위해서는 막대한 경비가 소요된다는 점도 문제점으로 지적받았다. 그러나 이 집회를 통하여 70만의 결신자를 얻은 것이 사실이라면, 그 사실 하나가 여러 문제점들을 충분히 상쇄하고도 남음이 있다고 볼 수 있다.

한국에 대형 교회가 많이 등장한 데는 여러 가지 이유가 있지만 그 가운데 깊이 성찰해 보아야 할 사안이 있다. 그리스도인들이 예배의 참뜻을 이해하고 교회의 지체이자 사랑의 공동체를 구성하는 일원으로 모범을 보여주어야 함에도 불구하고 예배와 교회생활에서 설교를 듣는 일에 큰 가치를 두고 좋은 설교자를 찾아 이리저리 임의로 교적을 옮기는 교인들이 늘어났다는 점이다.[32]

한국에서 대형 집회가 가능하게 된 것은 단지 교인들의 영적인 갈급 때문만은 아니었다. 대형 교회들이 즐비하게 들어서면서 인원을 동원할 수 있는 체제와 능력을 갖추었기 때문이었다. 이미 한국 기독교인들은 대형 교회를 체험하며 이러한 유형의 대형 집회에 익숙해져 있었다.

복음화운동은 이러한 대규모 전도대회를 통해서 뿐만 아니라 교회와 직접 혹은 간접으로 관계를 가졌거나 아니면 아주 독립적인 여러 선교단체들을 통하여 조직력을 바탕으로 추진되었다. 월드비전선교회, 성경반포회, 성서공회, 나병선교회, 항공선교회, 한국대학생선교회(CCC), 한국기독학생회(IVF)[33], SFC, CBA, 성서유니온(Scripture Union), 네비게이터선교회(Navigators), 조이선교회(Joy Mission) 등 여러 선교단체들을 통하여 복음화 운동이 추진되었다. 이 단체들은 대체적으로 대학생과 특수한 위치에 있는 사람들을 대상으로 하여 조직된 선교단체들인

32 김영재, 『한국교회사』, 326–327. 교파를 초월하는 대형 집회가 너무 빈번하게 열림으로 말미암아 교회에 미친 부정적인 영향도 있었다는 점을 간과해서는 안 된다. 빈번한 대형 집회의 영향으로 한국교회에는 부흥회 붐이 일어났다. 그러나 무분별하게 강단을 교류함으로써 교파교회 신학의 특이성이 무시당하게 된 것도 문제였다. 삼위일체 하나님의 한 위(位)이신 성령에 '폭발'이란 말을 갖다 붙이는 것은 있을 수 없는 비신학적인 불경이다. 그것은 상업적인 광고 효과를 노려 자극적인 말을 마구 만들어 대는 세속화된 세태의 산물이지 결코 건전한 신학적인 용어가 될 수는 없다. 지역 교회에서 개최하는 부흥집회를 '기드온 작전'이니 '홍해 작전'이니 하는 전쟁문화에서 나온 용어를 무분별하게 사용하는 풍토가 조성된 것은 매우 유감스러운 일이다. 그리고 부흥사협회라는 이름이 말하듯이 직업적인 부흥사들이 출현하여 활동을 하게 된 것도 하나의 시대적인 산물로 보아야 할 것이다.

33 캠퍼스복음화, 기독학사운동, 세계선교를 목표로 하는 복음단체로 1956년에 시작되었다. 2011년 현재 중앙회와 21개 지방회가 조직되어 있고 중앙회에는 학원사역부, 선교부, 대외협력부, IVF 미디어, GLC리더십센터, 캠퍼스사역연구소, 복음주의연구소, 일상생활사역연구소 등이 설치되어 있다.

데, 이중에는 지역 교회와 갈등관계에 있는 단체들도 있으나 넓은 의미에서는 한국교회의 성장에 보탬이 되는 운동을 추진하는 것으로 평가해야 한다. 이 단체들은 대부분 복음주의적인 신학적 배경을 가졌으며, 개인전도 혹은 그룹 성경공부 등 부흥집회와는 대조적인 전도방법을 사용함으로써 지역 교회의 성경공부 방식에도 신선한 영향을 미쳤다.[34]

5. 복음화대회와 선교

1) 한국선교의 도약을 위한 발판 마련

한국교회의 해외 선교역사는 1907년 장로교 독노회에서 선교사 파송을 결의한 때로부터 현재에 이르기까지 크게 4기로 대별할 수 있다.

제1기는 1907년 평양부흥운동 이후 이기풍 목사가 제주도에 선교사로 파송된 때로부터 해방까지로 볼 수 있다.

제2기는 해방 이후부터 1965년까지이다. 6 · 25동란 시기와 개신교 전래 70주년인 1954년을 포함하여, 1955년 최찬영과 김순일이 태국에 파송된 때로부터 대형 복음화대회가 시작되기 전인 1965년까지에 해당된다.

제 3기는 복음화대회 이후인 1966년부터 1990년까지이다.

제4기는 1991년부터 현재까지로 볼 수 있다.[35]

---

34 김영재, 『한국교회사』, 328.

35 박기호는 해외 선교역사를 제1기는 일제 식민 통치하에서의 선교로 이기풍 목사가 제주도로 파송된 때(1907)부터 방지일 목사가 산동을 떠나 귀국한 때까지(1957)로 보았다. 제2기는 제2차 세계대전 이후의 선교로 최찬영 목사와 김순일 목사가 태국에 파송된 때부터(1956) 최찬영 목사가 35년 간의 선교사역을 마치고 은퇴한 때(1991)까지로 보았다. 그리고 제3기는 근대의 선교로 김의환 목사가 1968년 해외선교회(Overseas Missionary Fellowship) 소속 선교사로 일본에 파송되었다가 비자를 받지 못하여 한국으로 돌아와 총신에서 가르치며 선교운동을 일으키기 시작한 때부터 현재까지로 보았다. 박기호, 『한국교회 선교운동사』, 41–42. 박영환은 피선교지로서 한국교회의 출발–복음의 수용(구한말–1910년), 고난 가운데서 한국선교의 출발–박해와 선교(1910–1945년), 타문화를 향한 한국선교의 출발–해방과 선교(1945–1960년), 세계선교의 틀을 만드는 한국교회의 세계선교(1961–1980년), 선교대국으로서 한국교회의 세계선교–평화통일 선교(북한선교)(1980년대–21세기)로 5시기로 구분한다. 박영환, 『핵심 선교학개론』(인천 : 도서출판 바울, 2003), 183–186.

민족복음화운동 이후 그 이전까지는 소강상태에 머물렀던 선교사 파송이 1967년부터 다시 회복되어 매해 소수의 인원이나마 선교사로 나가게 되었다. 그러다가 1977년 후반부터 선교사 파송이 활기를 띠기 시작하였다. 경제가 성장하면서 도시의 유력한 교회들이 재정적으로 윤택하게 된 것도 선교활동에 큰 보탬이 되었다. 그런데 선교의 열기가 고조된 것은 교회들이 먼저 선교에 열정을 가진 데서 비롯되었다기보다는 소수의 선교사 지망생들의 노력 때문이었다.

구미의 선교사들이 교회를 세우지 못한 선교 오지에 한국 선교사들이 들어가 교회를 설립한 사례들은 감격적이다. 교회가 설립되지 않은 곳에서 일하는 선교사들은 첫출발에서부터 이후의 모든 과정에서 전개되는 일들을 도맡아 감당해야 한다. 본국에서 후원자를 물색하여 지원을 호소하는 일에서부터 선교현지에 파송받아 현지인들에게 복음을 전파하며 교회를 설립하고 목회를 감당하기까지 일연의 모든 사역을 전적으로 하나님께 의존하여야 한다. 오직 믿음으로 지도력을 발휘하면서 자신에게 주어진 소임을 수행해 나가야 하는 위치에 있다. 이렇게 선교사역에 투신하는 사람들은 대부분 보수적이며 경건주의적인 신앙과 신학적 배경을 가진 사람들이다.

2) 1970년대와 1980년대의 한국선교의 특징

사회변화도 생각해 보아야 하는데 5 · 16군사정변 이후 유신체제에 이르면서 교회는 새로운 국면에 처하게 된다. 독재에 항거하는 교회의 사회참여운동이 시작되었던 것이다. 1970년에는 전태일의 분신사건으로 민주화운동이 본격화되었고, 교회는 산업현장을 찾아 산업선교에 임하였다. 유신정권과 투쟁하면서 교회를 통한 빈민선교라는 새로운 차원의 선교전략도 수립하였다. 또한 해외 이주민 중심의 한인선교가 세계 곳곳에서 본격적으로 시작되었다. 이러한 사역들을 감당하기 위한 다양한 선교기구들이 조직되었는데, 이 기구들은 한국의 고도의 경제성장과 깊은 관련이 있다. 대형 복음화대회들, 그리고 대학생선교회(CCC)[36] 등의 선교단체들을 통하여 시작되었던 복음전도훈련은 한국교회가 급성장하는 결과를 가져왔다.

1970년대 이후 해외 선교단체들이 국내에 유입되면서 선교에 큰 영향을 끼쳤다. 한인 교포사회를 중심으로 세계선교 준비도 활발하게 진행되어 한국교회에 도전의식을 심어주었다. 대학생 선교단체인 JOY, IVF, CCC 등의 활동도 많은 선교 헌신자들을 배출하였다. 여러 정황으로 살펴볼 때 한국교회가 세계선교를 시작한 시기는 1970년 이후로 보는 것이 일반적인 견해이다.

1980년대는 한국선교의 분기점이 되는 시기였다. 한국교회는 교단 중심으로 해외선교를 활발하게 전개하였으며, 국제선교단체들은 한국교회의 선교의 가능성을 높게 보고 한국에 진출하였다. 이로써 한국교회는 선교 지역의 광역화를 실현하였다.

36 한국대학생선교회는 1958년에 김준곤 목사에 의해서 시작되었다. 6 · 25동란 당시 부친과 아내가 학살당하고, 죽을 고비를 숱하게 넘긴 김준곤 목사는 1957년 미국 플러신학교에 유학하던 중 로키산맥에 위치한 수양관 포리스트 홈(Forest Home)에서 간증할 기회를 얻었다. 그 자리에 참석한 빌브라이트가 김준곤 목사의 간증에 깊이 감명을 받고 동역자가 되어 줄 것을 제안한 것이 계기가 되어 해외국가 최초의 대학생선교회인 한국대학생선교회가 발족될 수 있었다. 한국대학생선교회는 전도, 육성, 훈련, 파송을 목적으로 하여 1974년 엑스플로74를 비롯한 80세계복음화대성회, '95 세계선교대회 등을 통하여 한국교회의 제자화운동과 영적 부흥에 기여해 왔으며 선교열을 고취시켰다.

Part 06

선교대국으로의 중흥기

Story 16

선교대국으로 도약하는 한국교회

1980년대는 외래 관광객의 대량 유치와 내국인 해외여행 자유화의 기반이 마련되면서 관광 분야가 크게 활성화되었다. 관광 분야의 활성화는 선교에 관심을 촉발하는 계기가 되었다. 더군다나 1988년에는 구소련이 붕괴되면서 세계적으로 냉전 기류가 사라졌으며, 한국은 88올림픽으로 여행이 보편화되면서 선교가 촉진되는 새로운 전환점을 맞았다.

1. 해외선교의 결실: 1980년대-2000년대

1) 1970년대의 내연(內燃), 이후의 외연(外延)

1970년대의 복음화운동을 통해 내실을 다진 기독교는 1980년대에 그 힘을 밖으로 분출하였다. 1970년대를 내연에 대응한다면 그 이후 1980년대부터는 도약을 도모하는 외연에 해당되는 셈이다. 이러한 내연과 외연의 유기적 인과관계는 기독교의 선교가 활성화되는 결과를 가져왔다.

특별히 1988년도는 선교사역이 비약적으로 발전할 수 있는 기회의 시기였다. 1986년 아시안게임에 이어 불과 2년 후인 1988년에 서울올림픽이 개최되면서 기독교계는 선교의 호기를 맞이하였다. 서울올림픽은 그 어느 때보다도 한국의 위상이 상향조정되는 계기가 되었다. 세계선교에 관심을 기울였을 뿐 아니라 한 걸음 더 나아가 북한을 대상으로 한 "민족의 통일과 평화에 대한 한국기독교회 선언"이 발표되었고 이에 따라 북한선교 활동이 개척되는 계기를 마련하였다. 북한동포 돕기운동이 일어났으며 이를 계기로 남북화해와 교류의 물꼬가 트였고 간접선교를 시도할 수 있게 되었다.

1989년에는 한국에서도 해외여행 자유화 조치가 시행되면서 내국인들의 해외여행이 폭증하였다. 이 여행 자유화는 선교사역에도 영향을 미쳤다. 더군다나 선교사들이 자유롭게 해외선교의 기회를 얻게 되었고, 이로써 선교사 파송과 단기전도여행은 양적인 면에서나 질적인 면에서나 폭발적인 도약을 보여주었다.[1]

아쉽게도 1994년도부터는 관광수지가 적자로 돌아섰다. 1997년 말부터 시작된 외환위기에 따른 IMF체제 기간에는 해외관광은 전체적으로 침체기 국면을 맞이하였다. 따라서 선교활동도 상당히 위축되는 양상이 전개되었다. 그럼에도 불구하고 한국교회는 이 난관을 믿음으로 극복하였으며 재정적인 어려움을 견디어 냈다. IMF체제를 벗어나기 시작한 2000년에 들어서는 한국을 찾는 외래 관광객이 늘어 500만 명에 이르렀다. 2001년에는 인천 신공항이 개항되었으며, 2002년에는 한일월드컵이 개최되어 한국의 국력이 크게 신장되었다. 이를 계기로 한국교회는 선교에 박차를 가할 수 있었다. 2004년부터 불기 시작한 한류열풍 또한 세계에 한국의 이미지를 알리는 호기를 마련해 주었다. 주 5일제 근무가 실시되면서 국내관광산업은 더욱 활성화되었고, 내국인의 해외여행도 급증하여 전도여행은 한국 기독교인들의 필수사항처럼 인식되었다.

2) 한국 선교사 사역 현황

한국에 있는 선교단체들이 선교사를 파송하여 해외선교에 참여하기 시작한

1 1991년도에 외래 관광객이 300만 명을 돌파하였고, 1992년에는 중국과 수교하여 관광이 다변화되는 계기가 되었다. 중국과의 수교는 지리적으로 가깝고 또 같은 동양권이라는 면에서 질적으로나 양적으로 선교의 장에서 다른 차원을 고려해 볼 수 있는 계기가 되었다. 북한선교에 대한 우회적인 방법으로서 중국선교를 중시하게 되었다는 점 또한 고무적이다.

것은 1976년부터였다. 1976년에 한국해외선교회와 충현세계선교회, 1977년에는 국제선교협력기구(KIM), 1978년에는 오메가선교회, 1979년에는 한국외항선교회, 1980년에는 모슬렘지역선교회, 1981년에는 해외선교회(GMF), 국제선교회와 C & MA, 1984년에는 월드 컨선(World Concern), 한국기독교선교회, 한국선교회, 아세아연합신학대학연구원선교회, 대학생선교회(CCC), 1985년에는 방화선교회, 그루터기, 대학생성경읽기선교회(UBF), 1986년에는 GMT, Joy선교회, 파이디온선교회, 아시아선교회, 1987년에는 한국기독교의료선교협회, 방글라데시개발협회, 세계선교회, 1989년에는 모슬렘세계복음화선교회, 북한선교회가 선교에 동참하였다.

선교사 수는 1979년에 93명, 1982년에 323명, 1986년에 511명, 1989년에 1,178명, 1990년에 1,645명, 1992년에 2,576명, 이렇게 기하급수적으로 늘어 1994년 6월 31일의 통계에 의하면, 해외에서 활동하는 한국 선교사는 모두 3,272명으로 집계되었다. 그리고 1996년에 4,482명, 1998년에 5,948명으로 1998년 IMF경제 위기 상황이 닥쳐 왔음에도 불구하고, 오히려 한국교회는 이러한 재정적 위기를 복음을 전파할 수 있는 기회로 삼았다. 이에 따라 IMF 위기가 선교의 수적 성장에는 큰 영향을 미치지는 못하였다. 그리하여 선교사 수가 IMF 때보다도 늘어 2000년에는 8,103명, 2002년 말 10,422명에 이르렀다. 2004년에는 12,159명, 2005년에는 13,318명, 2006년에는 14,896명, 2007년에는 17,697명, 2008년에는 19,413명, 2009년에는 20,445명, 2010년에는 22,014명이며, 2012년 말에는 25,000명이 넘은 것으로 집계되었다.[2] 한국교회가 세계 각국으로 파송한 선교사가 169개국 24,742명에 달하는 것으로 조사됐다. 이는 2011년 기준에 비해 1,411명이 증가한 수치다. 이 같은 수치는 한국세계선교협의회(KWMA, 회장 강승삼 목사)가 발표한 선교사 파송현황에 따른 것이며 2012년 12월말 기준으로 집계된 전체 선교사는 25,665명이나 이중 1,847명은 이중 소속인 것으로 파악됐다.

KWMA 측은 이번 조사가 회원교단과 선교단체는 물론 비회원까지 가

2 이 통계는 KWMA의 통계를 참고하였다. 이종우, 『한국교회 선교역사』, 210.

급적 폭넓게 협조를 구해 합산한 결과이나 "실제로 조사 범위에 들어가 있지 않은 단체들도 존재하기 때문에 한국 선교사의 파송 숫자는 더 많은 것으로 예측할 수 있다"고 설명했다. 실제로 "선교지에서 조사한 통계는 한국에서 수집된 통계보다 많은데 그 이유는 각 개교회나 노회가 파송한 선교사는 총회 선교부 통계에서 누락되기 때문"이라는 것이 KWMA의 설명이다.

이들 선교사 중 교단 선교부 소속 선교사가 43%, 선교단체 소속 선교사가 57%로 나타났다. 교단 가운데는 예장 합동측 총회가 총 2,263명 가운데 지난해 134명 증가로 선교사를 가장 많이 파송한 교단으로 확인됐으며, 감리교회가 118명 증가로 1,302명, 예장 통합은 72명 증가로 1,309명으로 각각 나타났다.

선교단체들은 예년과 차이가 없이 한국대학생성경읽기선교회, 인터콥, 국제대학선교협의회 등이 선교사가 많은 단체로 나타났고, 증가폭만 놓고 보면 인터콥이 2011년 677명에서 2012년 762명으로 85명이 늘어 가장 많이 증가했으며, 바울선교회가 75명 증가로 398명, 두란노해외선교회가 24명 증가로 380명을 각각 파송한 것으로 조사됐다.

선교사들이 가장 많이 활동하는 선교지는 2011년과 거의 변동이 없어 동북아 X국, 미국, 필리핀, 일본, 인도, 태국, 러시아, 인도네시아, 캄보디아, 독일 등의 순으로 나타났다. 그러나 169개 활동 국가 중 상위 10개 국가에 전체 선교사의 50% 이상이 활동하고 있는 것으로 조사돼 선교사의 쏠림 현상은 여전한 숙제라고 KWMA는 설명했다.

한국 선교사들의 주요 사역을 보면 첫 번째는 교회개척으로 126개국에서 8,846명의 선교사가 활동하고 있었고, 제자훈련(6,883명), 캠퍼스 선교(2,200명), 교육(1,046), 복지/개발(736) 등이 그 뒤를 이었다. 선교사 자녀 숫자도 늘어 2011년 15,913명에서 매년 늘어가는 추세로 2016년에는 16,586명으로 673명 증가했다.

KWMA는 올해 파송현황에 대해 분석하며 여전히 일반선교지역(G1, G2)에 많은 선교사가 파송돼 있지만, 전방개척지역(F1,F2,F3)도 14,995명이 파송돼(58.4%) 꾸준히 증가하는 추세라고 설명했다. 그러나 전방개척지역으로 분류되는 88개국 가운데, 상위 7개국에만 59.6%(8,940명)가 몰려있는 것으로 나타났다.

KWMA는 "선교사 현황 파악은 우리가 무엇을 더 해야 하고, 무엇을 줄여야 하며, 어떤 선교적 과제들이 있는가를 읽어낼 수 있는 틀이기 때문에 더욱 정확한 수치 파악을 위해 노력해야 하는 것"이라며 "그렇게 하기 위해서는 연례적인 통계 조사에 적극 협조해 주는 단체들의 자세가 매우 중요하다"고 단체들에게 협력해 줄 것을 요청했다.

파송 대상 국가도 1979년 26개국에서 1982년 37개국, 1986년 47개국, 1989년 72개국으로 비약적으로 늘어났다. 1990년대에 들어서자 선교사는 더욱 급증하여 1990년 87개 국가에 1,645명, 1992년 105개 국가에 2,576명, 1994년 119개 국가에 3,272명, 1996년 138개 국가에 4,402명, 1998년 145개 국가에 5,948명, 2000년 162개 국가에 8,103명, 2016년에는 28,326명으로 증가하였다.[3]

1970년대에는 외국에 거주하는 교포들을 돌볼 목회자들이 선교사로 나가는 경우가 많아서 선교사들의 평균연령이 비교적 높은 편이었으나, 1980년대에는 선교지의 본토인을 위해서 나가는 선교사들이 늘어나면서 선교사들의 평균연령도 낮아졌다. 초대교회의 선교 거점이 유대인의 회당이었듯이 오늘날에는 160여 개국에 퍼져있는 한국인 디아스포라가 선교의 거점이 되고 있다.

최근 2014년 말, 한국교회가 파송한 선교사는 2013년보다 932명 증가한 170개국 2만 6,677명인 것으로 나타났다. 한국세계선교협의회(회장: 신동우 목사 · 이하 KWMA)는 1월 8일 산돌중앙교회(신동우 목사)에서 제25회 정기총회를 열고 이 같은 내용을 발표했다. 매년 한국교회의 선교사 증가수치는 2012년 1,411명, 2013년 1,003명 등 꾸준히 1,000명대를 유지해 왔으나 2015년에 처음으로 1,000명 선이 무너졌다. KWMA는 이것이 선교계의 하락세라기보다 개교회의 선교 열기는 죽지 않았으나 기독교가 경제적, 사회적으로 어려움을 겪으면서 나타난 불가피한 현상인 것으로 풀이했다. 증가수치가 둔화되기는 했으나 꾸준히 선교사를 파송하고 있고, 청년자원을 발굴하기가 쉽지 않은 대신 은퇴 후 시니어 선교사들이 많아진

3 KWMA는 2016년 한국 선교사가 파송된 국가는 169개국이며, 총 2만3331명이 선교사로 활동하고 있다고 밝혔다. 선교사를 가장 많이 보낸 교단과 선교단체는 각각 예장 합동과 한국대학생성경읽기선교회였다(표 참조). 선교사 10대 파송국가는 중국, 미국, 일본, 필리핀, 인도, 러시아, 태국,,인도네시아, 독일, 캄보디아 순이었으며, 선교사 자녀수는 1만5913명이었다.

것은 긍정적인 부분이었다.

KWMA는 통계에 잡히지 않은 비공개 선교단체의 파송이나 교회 및 노회 차원 파송 선교사도 상당수인 것으로 파악했다. 어려운 상황에서도 선교사들은 스스로 활동범위를 넓히려고 노력했다. 듀얼 멤버십을 가진 선교사들이 2,180명으로 늘어난 것이 그것을 반증하고 있다. KWMA 사무총장 한정국 선교사는 "GMS 등 큰 선교단체들이 듀얼 멤버십을 허용해 주고 있고, 선교사들 역시 사역과 후원이 어려워지면서 다양하게 파트너십을 맺고 활동하게 된 결과"라고 설명했다.

한국 선교사들이 가장 많이 파송된 선교지는 동북아시아 X국, 미국, 필리핀 순인 것으로 조사됐으며, 대륙별로 살펴보았을 때는 아시아 지역이 가장 많았다. 상위 10개 국가에 전체 선교사의 50% 이상이 활동하고 있는 것으로 보아 10대 선교국이 한국선교에 있어 주력 선교대상이었다. 아시아는 전방개척지역에 해당하는 국가들이 많은 곳이라는 점에서 선교사들이 많은 것은 고무적이나, 동북남아시아에 파송된 선교사 1만 1,845명 중 48%가 동북아시아 X국과 일본에만 집중돼 있는 것은 점검해 보아야 할 부분으로 지적됐다.

개척지수별 선교사 상황에서도 복음주의자 비율이 0~5% 미만이고 박해 지역인 F3지역에는 2030년까지 5만 3657명의 한국 선교사들이 더 필요한 반면 복음주의자 비율이 15.5% 이상인 G2의 경우에는 2030년까지 3,802명의 한국 선교사를 줄여야 하는 것으로 조사됐다. 전체적으로 봤을 때도 여전히 중복투자와 전략적 재배치가 중점적으로 고려되어야 하는 상황인 것으로 파악되고 있다.[4]

선교사들이 자치, 자립, 자전의 네비우스 원칙을 가지고 선교지에 맞는 자신학화(自神學化)를 추구하도록 해야 한다. 또한 각 나라별로 난립되어 있는 선교사회를 통일해 나라별 한인선교사협의회로 전환하도록 해야 할 것이다. 그동안 친교 성격의 선교사회가 나라별로 상당수 있지만, 인정할만한 지도자가 세워지지 않을 때는 분란이 일어나기도 하는 등, 하나의 공식화된 협의회가 있어야 한다.

4 http://www.missiodei.kr/bbs/board.php?bo_table=free_m_date&wr_id=6

3) 다문화사회에서의 선교

선교의 개념을 구심적 선교(Centripetal mission)와 원심적 선교(Centrifugal mission)로 나누어서 생각할 때 이스라엘의 선교는 구심적이라고 할 수 있다. 구약의 구원을 구심적이라고 하면 다른 민족들이 구원 후에 하나님의 성산인 시온으로 나아온다는 측면에서 그렇게 본다. 다른 민족들이 예루살렘으로 나아온다는 측면에서 예루살렘을 세계적 도성(Ecumenical City)이라고 부른다.

그러나 구약이 선교를 특히 구심적 범주에서 보지만 이것은 배타적으로 그런 것은 아니다. 그 예로 이사야 42:6, 49:6을 들 수 있고 그 외도 많다. 이방의 빛은 구심적이면서도 원심적인 움직임을 나타내는 데 적절한 표현이다. 어두움에서 빛나는 빛은 사람들을 그것으로 끌어들일 뿐 아니라 그것은 지경을 넘어서 밖으로 나간다. 이사야 49:6은 하나님의 구원이 땅끝까지 이르게 하리라고 이해되는데, 이것은 땅끝까지 이르는 빛의 성질을 잘 반영한 표현이다.

이런 관점에서 구약의 선교는 구심적이며 신약의 선교는 원심적이라고 하면서도 양자를 획일적으로 구분해서는 안 된다. 여기서 우리가 주의할 점이 있다.

첫째, 구심적 선교나 원심적 선교 이 두 가지 모습의 선교는 본질적으로 다른 것이 아니라 사실상 하나의 선교이다. 비록 신약의 모든 선교가 언뜻 보기에는 원심적 선교로 보이나 실제는 그렇지 않다. 동시에 구약의 선교도 언제나 구심적인 선교만은 아니다.

이상에서 볼 때 구약의 선교를 단순히 구심적 선교로 보거나 신약에는 원심적 선교만이 있다고 보는 것은 문제가 있음을 알 수 있다. 창세기만 보더라도 아브라함이나 이삭, 야곱을 통해 야훼 하나님이 다른 민족에게 알려졌고, 요셉의 경우는 예수 그리스도를 예표하는 인물로서 애굽의 바로 왕 뿐만 아니라 온 애굽 백성들, 그리고 주위의 모든 백성들이 다 그의 은혜를 입고 그의 하나님을 찬양하였음을 알 수 있다(창 41:38). 또 사도행전에서는 예루살렘교회나 안디옥교회가 구심적 역할을 하고 있음도 찾아볼 수 있다. 결론적으로 구약과 신약의 선교는 구심적 선교와 원심적 선교가 동시적으로 나타나고 있는데 구약은 전자가, 신약은 후자가 다소 강조되었다고 보는 것이 타당하다. 선교의 방향은 일방적으로 나가는 선교뿐 아니라 들어오는 것에 관한, 즉 구심적인 선교에 대해 성경은 이미 우리에게 계시했던 것이다.

현재 한국의 선교는 전통적인 선교의 방향을 원심적으로만 사고하던 이전의 고정된 패러다임을 바꿔야 할 시점이다. 한국사회는 이주노동자 문화가 유입되면서 다문화 가정, 유학생들과 더불어 자신들의 도덕성과, 인간성과 그리고 종교성의 실체를 대내외적으로 실험하며, 검증받게 되었다고 보인다. 선교를 위한 교회는 다민족, 다문화 가정을 위한 다양한 선교 콘텐츠를 계발해야 한다. 우선 다문화 교육프로그램으로 인종 간 경계를 허무는 기회를 마련해야 한다. 다문화가족 구성원들과 만남의 계기가 필요하다. 마을 체육대회, 마을잔치, 주민과의 만남의 밤 행사를 들 수 있다.

심도 있는 접근으로 그들에게 한국어 성경쓰기 프로그램, 교인들의 다문화 가정 경험 프로그램을 행한다. 특히 다문화 가정 자녀들을 위한 이중 언어를 구사할 수 있는 국제화시대의 인재로 양성할 뿐만 아니라 신앙과 인성을 교육하여 미래 선교 한국의 인재로 양성해야 한다. 이러한 구체적인 사역을 하려면 목회자, 선교사, 신학생 등이 선교적 위임령을 받은 자로서 성경적 다문화에 대한 인식을 교인들에게 심어주어 이주 외국인을 단순한 '동정의 대상'이 아닌 인격적 주체로 바라볼 수 있어야 한다. 다문화사회에서 한국교회는 내외국민 모두에 대한 포용과 배려를 아끼지 않는 열린 마음이 필요한 때이며 이주 여성과 자녀, 외국인 노동자, 외국인 유학생, 새터민 등의 영혼을 품고 껴안으며 선교적 교회가 되어야 한다.

사실상 외국인 근로자 선교사역은 92년부터 시작되었다. 주로 공단 지역에 위치한 개교회나 선교단체 중심으로 작은 형태의 모임이 서서히 결성되면서부터이다. 92년 7월 희년선교회(이문식 목사)에서는 구로공단의 필리핀인 중심으로 영어 예배를 시작하였고 이들의 당면 의료, 노동, 인권 문제를 상담하며 지속적인 접촉점을 마련하게 되었다. 92년 7월 1일 감리교 지인식 목사는 경기도 광주 지역에 재한외국인 선교교회를 설립하여 최초로 다국가가 함께 예배를 드리는 모임을 만들었다. 이곳도 인권상담과 의료봉사를 점차 병행하며 자리를 잡아 갔다. 중국 교포

사역은 91년 2월초부터 서울역 전도팀을 구성하여 시작한 중국교포선교협의회(총무 강성실 목사)가 있었으며, 주로 대중집회, 양육집회 형식으로 12차례에 걸쳐 시도하였고 또한 신림동에 사랑의 집을 운영, 공동생활을 하며 신앙훈련을 하였었다. 그 밖에 성공회 성생원교회(이정호 신부), 은혜교회(고수영 전도사), 갈릴리교회(인명진 목사)등으로 외국인 선교에 대한 초기 사역이 점차 확산되게 되었다. 점차 사역하는 단체들 간의 정보교환과 경험 나눔이 요구되면서 연합모임을 형성하게 되었다. 최초의 외국인 근로자 선교를 위한 연합모임은 희년선교회 주관으로 주로 복음주의권을 중심으로 93년 3월 5일 남서울교회에서의 모였다. 이 모임은 전호진 교수의 설교와 발제로 이루어졌는데, 발제는 이문식 목사(외국인 노동자 현황과 선교적 과제), 강철민 목사(중국 교포사역),이득수 간사(무슬림사역), 지인식 목사(외국인 교회사역), 강명규 간사(공단 지역에서의 총체적 선교사역), 최효식 목사(지역 교회에서의 외국인사역), 한정국 선교사(바람직한 외국인 선교의 방향)등이 진행하였다. 또한 93년 3월 19일 한국교회 백주년 기념관에서 한국교회 노동자선교회(NCC 92년 11월 27일 발족, 인명진 대표) 주최로 '외국인 노동자선교정책협의회'모임을 하게 되었다. 외국인 노동자를 향한 한국교회의 선교적 과제라는 제목으로 인명진 목사의 주제발표와 성생원교회, 희년선교회, 재한외국인교회의 사례발표가 있었다. 또한 종합토의시 복음주의 단체나 진보단체를 떠나 외국인 노동자 선교 문제는 함께 풀어가자는 제의가 있었고 이에 협의회 모임을 재구성하기로 합의하여 외국인노동자선교협의회 준비위원회를 구성하였다. 93년 7월 2일 외국인 노동자 선교를 위한 연합모임을 갈릴리교회에서 개최, 한국교회 외국인 노동자 선교협의회를 창립하고 공동의장으로 인명진 목사(갈릴리교회), 이만열 장로(희년선교회)를 추대하게 되었다. 94년 12월 인천 지역 외국인노동자선교협의회(실무자 김교철 선교사)가 창립하는 등 전국적으로 95년 40여 곳에서 외국인 선교사역을 시작하였다.

기독교 정신으로 설립된 초, 중등학생들을 위한 국제학교들이 있으며 기독교 대안학교(예, 분당우리학교)들이 설립되고 있다. 이들에게는 예술, 체육, 기술, 다문화 분야를 집중교육하는 특징이 있다.

현재 약 240만여 명(2018년 법무부 통계) 외국인 이주민 가운데 약 17만여 명이 외국 유학생이다. 정부차원에서는 각 대학마다 운영지원하는 외국인 자원센터를 통해 상담사를 고용하여 활동 중에 있다. 이들의 업무는 매우 과중한 상태에 있는 게 현실이다.

한국교회는 선교적 차원에서 학부생 이상의 석, 박사 전체 유학생들을 위한 선교단체가 이미 조직되어 있다. 현재까지 전국 400개 대학을 대상으로 '글로벌 비전공동체,' '한국세계유학생선교협의회'가 설립되어 있어서 멘토링으로 유학생들을 신앙인으로 변화시키고 사관학교식으로 훈련하고 예수제자양육을 목표로 하고 있다. 현재 이들을 위한 한국교회의 선교적 지원은 장학금을 지원하는 복지차원에 머무는 상태에 있다. 감리교에서는 일대일 학생을 입양하여 기도지원을 실시하는 경우와 사관학교의 형식의 학교를 설립하여 신앙교육과 신학을 교육하여 소수정예의 선교적 제자양육을 실시하고 있는 곳도 있다.

한국사회는 이미 다문화사회로 진입했다. 이주 노동자, 국제결혼 이민자, 새터민, 외국인 유학생 등 270여만 명이 다문화 가정을 중심으로 다문화사회로 나아가고 있다. 그럼에도 여전히 우리 속에 여전히 남아 있는 혈통주의, 단일민족주의에 근거한 배타성은 다문화 가족들의 적응을 가장 어렵게 만드는 원인이 되고 있다.

다문화 사회, 이주민들을 돌보는 것은 사회적 약자를 돌보라는 성경의 선교적 위임령과 가르침에 순종하는 것인 동시에 신앙으로 훈련된 이들을 그들의 고국 선교사로 파송(역파송)할 수 있는 기회이다. 유대인이 이방인과 나그네를 홀대하여 복음의 걸림돌이 되었던 것을 타산지석으로 삼아 선교, 복지, 교육, 문화의 차원에서 이들을 잘 섬겨야겠다. 특히 이슬람권, 중 · 북부 아프리카, 중동에서 사역하는 선교사들은 구심적인 선교의 호기로 보고 교회가 적극적으로 이주 노동자나 난민들에게 복음 전할 기회라고 강력히 설득하고 있다. 그러나 다른 한편 난민의 수용 문제는 국가의 미래와 관련하여 세밀하게 수행하지 않으면 안 된다는 점도 깊이 고려해야 할 것이다. 만약 아무런 제약 없이 무조건 받을 경우 이들로 인해 파생되는 사회의 혼란이 올 수 있으며, 예상치 못한 복잡한 문제는 유럽의 다문화정책의 공식 실패(예, 앙겔라 메르켈 독일 총리, 데이비드 케머런 영국 총리, 니콜라 사르코지 프랑스 대통령)를 선언한 예들처럼 우리 사회에 큰 재앙이 될 수도 있다는 것도 명심해야 한다.

4) 선교의 공과 성찰

지난 세기를 돌이켜 볼 때 한국교회의 선교운동은 나름대로 장단점을 모두 가지고 있다. 장점으로는 개혁주의 신학, 청교도적 신앙, 선교비전, 선교에 대한 뛰어난 열정, 영적 역동성, 거대한 인적 재정적 자원, 헌신, 근면을 바탕으로 한 선교운동의 성공사례들이 있다. 반면에 한국교회는 선교에 있어 약점들도 안고 있다. 부적절한 선교신학, 단일 문화적 관점, 선교전략의 부족, 경쟁적 개인주의, 지도자 선발과 훈련 과정의 부적절성, 파송후원, 수용기관 간의 협력 부족 등이다.[5]

조동진은 한국교회 선교가 지닌 과제를 다음 열 가지로 짚었는데[6] 향후 선교정책을 수립하는 데 유용한 지침으로 삼을 수 있는 사안들이다.

첫째, 한국교회의 거대한 인적, 물적 잠재력은 한국 기독교인들로 하여금 선교를 오해하게 하고, 자신들을 과대평가하여 과시하게 하는 것으로 보인다.

둘째, 한국 목사들과 기독교인들은 진정으로 선교하는 교회로 거듭나기도 전에 선교에 대한 열망에 사로잡혀 지나친 환각에 빠져 해외선교의 열병을 앓고 있다.

셋째, 수십만, 수백만의 사람들이 동원된 한국교회의 대중집회운동은 매우 오용되고 선교의 동기, 방법, 목적도 크게 빗나갔다.

넷째, 교회가 기르거나 양육한 자가 아닌 교회 밖 길가에서 잡초처럼 자란 선교 후보생들의 수가 늘어남에 따라 교회와 선교회, 선교사 간의 건강한 상호관계를 위협하는 비정상적인 상황이 전개되고 있다.

다섯째, 교단 선교위원회와 선교기구들은 선교사들을 관리하고, 선교지를 개

---

5 이종우, 『한국교회 선교역사』, 210.

6 조동진, "서구선교의 몰락과 제3세계 선교의 여명", 김의환 편, 『복음주의 선교신학의 동향』(서울: 생명의 말씀사, 1990), 36.

발하고, 선교자금을 관리할 능력을 완전히 상실하고 있다.

여섯째, 지원하는 교회는 선교사가 선교비를 모금하는 기회를 남용하고, 부적절한 도움과 감독으로 인하여 때때로 자금을 잘못 관리하게 될 때 해외선교가 타당한지를 의심받기 시작하였다.

일곱째, 세계선교에 대한 인적 물적 자원의 관리가 전혀 없기 때문에 선교두뇌가 고갈되고 선교자금의 누출이 증가하고 있다.

여덟째, 선교 경험이 누적되고 선교사 수가 증가함에도 불구하고 본국 선교위원회와 선교회에는 경험과 지식을 모두 갖춘 팅크탱크(두뇌집단)가 없으며, 선교회 운용과 관리를 위한 적절한 시스템도 전혀 없다.

아홉째, 한국교회가 비서구 선교사 운동의 특이성을 생각하지 않고 서구 선교사들의 방식을 그대로 추종하고 모방함으로 인하여 여러 가지 부작용이 국내외에서 일어나고 있다.

열째, 통제원리와 선교지와 선교회 간에 일어나는 역사적 문제에 대한 신중한 연구도 하지 않은 채 선교사를 선발하여 임명하고, 더군다나 국제간의 관계가 좋지 않을 때 마찰과 알력이 잦다.

5) 연대별 선교역사

1627년 네덜란드 벨테브레(John J. Weltevree)가 제주 앞바다에 표류하여 개신교와 접촉한 시기로부터 2000년 세계선교대회에 이르기까지 선교역사와 관련지을 만한 연대별 주요역사를 정리하면 다음과 같다.

1627. 네덜란드 벨테브레 일본으로 교역 차 향해 중 제주 앞바다에 표류
1653. 하멜(Hendrik Hamel) 일본으로 가던 중 제주에 표류 36명 제주 감영에 압송
1816. 맥스웰과 홀, 군함으로 마량진 갈곳에 정박하여 조대복에게 성경을 전함
1832. 7. 귀츨라프(네덜란드 선교회), 충청도 고대에서 전도문서와 성경을 전함
1874. 10. 로스 선교사, 고려문 여행에서 백홍준 부친에게 한문 신약전서를 전함

1880. 백홍준, 기독교서적을 휴대하여 투옥되었다가 석방됨

1882. 10. 6. 서상륜, 영국성서공회 한국 최초의 권서로 한국에 파송받음

1883. 10. 로스 · 서상륜 역 요한복음, 누가복음, 사도행전 출간

1884. 6. 29. 한국 최초 교회인 소래교회 설립

1884. 9. 20. 의료선교사 알렌 미국공사관의 공의로 내한함

1884. 11. 로스, 서간도 한인촌을 방문하여 12월에 한국인 75명에게 세례를 줌

1885. 1. 21. 스크랜톤 선교사 한국을 향해 뉴욕 출발

1885. 4. 5. 미국의 장로교 선교사 언더우드와 감리교 선교사 아펜젤러 인천에 상륙

1885. 4. 5. 기독교대한감리회 여선교회 설립

1885. 4. 9. 알렌, 광혜원 설립(이후 제중원으로 개칭)

1885. 10. 11. 알렌 선교사 집에서 외국인 12명이 한국 최초의 성찬식 거행

1886. 5. 31. 미감리회 여선교사 스크랜톤 대부인, 이화여학교 설립(서울 정동)

1886. 6. 8. 배재학당 개교

1886. 7. 노춘경, 국내에서 한국인 최초로 세례를 받음

1866. 9. 2. 토마스 선교사 대동강변에서 순교함

1887. 1. 서경조, 최명오, 정공빈 언더우드 선교사에게 세례받음

1887. 9. 27. 언더우드, 새문안교회 설립(로스와 한국인 신자 14명 참석)

1888. 4. 28. 전도금지령

1889. 게일 선교사, 펜윅 선교사 내한

1889. 10. 호주 빅토리아장로교회에서 데이비스 선교사와 메리 선교사 파송

1890. 4. 데이비스 선교사 과로, 천연두, 폐렴으로 소천

1897. 5. 예수병원 설립. 남장로회 한국 여선교사인 의사 잉골드에 의해서 설립 개원됨.

1897. 5. 2. 고양읍교회 설립(미국 남감리회 초대 선교사 리드)

1898. 9. 캐나다장로회 그리어슨(R. G. Grierson), 푸트, 맥레 선교사 파송

1900. 9. 9. 정동제일교회에서 신약전서 출판 기념예배 드림

1901. 5. 14. 한국 최초의 목사안수(김창식, 김기범)

1902. 6. 아펜젤러, 목포의 번역자회의 참석차 항해 중 선박충돌 사고로 순교

1903. 10. 28. 기독교청년회 설립

1906. 현 기독교한국침례회 교단설립총회(대화회), 교단 명을 대한기독교회로 정함

1907. 5. 30. 김상준과 정빈, 조선야소교동양선교회 복음전도관 설립
1907. 6. 감리교 협성신학교 개교
1907. 9. 17. 대한예수교장로회 독노회 설립
1908. 3. 1. 한국인 목사 길선주 주례로 최초의 세례식 거행
1908. 10. 8. 구세군 한국본영 설립
1909. 7. 1. 『구세공보』 창간(구세신문)
1910. 2. 15. 구세군사관학교 개교(한국 개전 17개월 만에 사관학교 개교)
1911. 3. 13. 경성성서학원(서울신학대학교 전신) 설립
1911. 9. 대구 남문교회에서 열린 제5회 조선노회에서 7개 노회 조직 결의
1911. 12. 4. 경기충청노회 설립
1912. 2. 1. 한국교회 주일학교 위원회 설립
1912. 9. 1. 대한예수교장로회 설립총회
1914. 1. 19. 한국 최초의 유치원인 이화유치원 개원
1915. 12. 7. 『기독신보』 발행(1937년까지 속간)
1916. 9. 2. 경북노회 분립. 제12회 경상노회에서 경북, 경남노회 분립 허락
1919. 2. 26. 한국기독교연합공의회 조직
1919. 3. 1. 삼일독립운동이 전국으로 전개됨
1919. 4.15 수원 제암리교회 학살 사건
1922. 11. 20. 기독교양재여숙 설립(경성대한여자기독교청년회가 설립한 사회교육기관)
1922. 11. 25. 기성 교단기관지 『활천』 창간호 발행
1923. 8. 18. 한국 YWCA연합회 결성
1924. 9. 13. 경기노회 충청노회와 분립
1925. 10. 1. 한국 최초의 신학박사 남궁혁, 평양신학교 부임
1926. 11. 60주년 영국성서공회 한국지부 설립
1926. 2. 18. 기독교연구회(한국 YMCA) 설립
1928. 7. 24. 청년면려회 제3회 하계대회 및 정기총회
1929. 2. 27. 성결교회 제1회 연회 소집(교회법 제정)
1931. 9. 11. 금강산 기독교 수양관 봉헌(대한예수교장로회 총회 추진)
1931. 5. 29. 『기독교 증험론』 발행(평양 장로회신학교 발행)

1931. 6. 14. 한국에서 최초 여자 목사안수(기감 여선교사들)

1933. 1. 20.『기독교세계』창간(기독교감리회의 교회기관지)

1934. 6. 14. 한국감리교선교 선교50주년기념식(배재학교)

1935. 12. 22. 기독교대한복음교회 설립(최태용 중심)

1936. 5. 25. 천주교에서 신사참배 성명서 발표

1936. 7. 19.『기독교보』발행

1937. 4. 1. 그리스도교한국선교회 설립(존 체이스 선교사)

1938. 2. 8. 주기철 목사 평양형무소 구금

1938. 2. 12. 장로교 평양신학교 학생들의 신사참배 반대운동

1938. 9. 10. 장로교 신사참배 결의

1938.10. YMCA, YWCA를 해산시키고 일본기독교청년회에 종속시킴

1938. 8. 16.『기독신문』발행(1942년 4월 23일까지 발행됨)

1941. 12. 31. 기독교대한감리회청년연합회 설립

1942. 4. 29.『기독교신문』발행(장로교, 감리교, 성결교, 구세군 합동기관지)

1943. 9. 일제 주일 밤 예배, 삼일기도회 금지령

1944. 4. 21. 주기철 목사 순교

1945. 8. 15. 해방

1946. 4. 기독교조선성결교회 제1회 총회

1945. 9. 1. 출옥성도들 교회재건운동 시작, 북한장로교회 재건

1946. 1. 17.『기독공보』발행

1947. 5. 1.『기독교신문』발행

1948. 4. 20. 기독교박물관설립

1948. 5. 31. 대한민국 국회 첫 개회를 기도로 시작함

1948. 6. 서울에서 장로회신학교 개교

1951. 1. 9. 기독교연합전시비상대책위원회 설립(동란 중 조직된 기독교 연합기관)

1951. 9. 18. 대한예수교장로회 총회신학교 개교

1952. 12. 15. 빌리 그레이엄, 부산과 서울에서 전도집회

1953. 4. 기독교대한하나님의성회(순복음) 설립 총회

1953. 5. 한국선명회 설립과 함께 구호사업 개시

1953. 7. 28. 기독교문화사 설립(기독교 출판기관. 김성준 목사)

1953. 11. 13. 기독교어린이문화관 설립(초교파 어린이 문화사업 및 출판 사업기관)
1954. 12. 15. 기독교방송(CBS) 한국 최초의 민간방송으로 방송 개시
1956. 9. 15. 김양선의『한국기독교해방10년사』장로회 총회 종교 교육부 발행
1956. 12. 23. 극동방송 개국(복음주의 연맹선교회에 의해 개국)
1956. 3. 15.『기독교문화』발행(기독교 계간 잡지)
1957. 11. 1. 한국대학생선교회(CCC) 설립
1958. 5. 10. 한국예수교오순절교회 설립
1958. 9. 1. 국방부 군종과 발족
1958. 4. 19. 그리스도신학대학교 설립
1959. 9. 24. 제44회 장로회 총회에서 합동 측과 통합 측으로 분리됨
1960. 5. 20.『기도』발행(세계문서선교회의 한국지부인 한국가정문서선교회의 기관지)
1961. 9. 1. 대학생성경읽기선교회 설립(이사무엘 선교사와 Sarah Barrry 선교사)
1962. 8. 31. 기독교근로전도회, 한국 설립(불우 근로자와 청소년들에게 복음을 전함)
1963. 4. 28.『금주의 설교』발행(기독교명설교집편찬회에서 발행)
1963. 4. 23. 기독교구국연합전도회 설립(기독교연합기구)
1963. 6. 3. 기독교오순절협동교회연합회 설립(오순절교단으로 박덕종 목사가 설립)
1964. 1. 21. 기독교인권옹호상담소 설립
1965. 1. 4.『기독신보』발행(대한예수교장로회 합동 측 교단 기관지)
1966. 3. 1. 기독교사회윤리위원회 설립(부산기독복음병원 원장 장기려 박사 중심)
1967.『개편찬송가』간행
1968. 2. 24. 예수교 한국독립교회 연합회 총회 설립
1969. 1. 10. 한국기독교의료선교협회 설립
1972. 5. 29. 군복음화후원회 설립(한경직 목사 중심, 영락교회에서 설립)
1975. 8. 31. 기독교선교에 관한 서울선언 설립
1978. 2. 16. 기독교서점협의회, 전국 설립(한국기독교서점 연합기구)
1979. 9. 15. 기성 교단설립 70주년 기념회관인 성결회관 준공
1981. 1. 29. 100주년기념사업회 규약확정 20개 교단과 연합기관 참가
1981. 4. 9. 한국찬송가공회 설립. 한국 개신교 통일찬송가 사업을 위한 교파연합 기관
1983. 10. 한국찬송가공회에서 개신교가 함께 사용하는 558곡의 찬송가 발행

1984. 8. 15. 한국개신교백주년선교대회(여의도광장)

1984. 8. 31. 한국교회 100주년 기념관 개관

1986. 12. 10. 한국컴퓨터선교회(KCM) 설립

1987. 9. 28. 제77차 침례교 연차 총회에서 기독교한국침례회 해외선교회 발족

1988. 9. 9. 제1회 한국디아스포라 세계대회(서울 영락교회)

1988. 12. 10. 『국민일보』 창간(16면 발행)

1989. 4. 28. 한국기독교총연합회 설립

1989. 10. 8. 제1차 의료선교대회(한국기독교의료선교협회) 개최

1991. 11. 5–8. 2000년대를 향한 민족과 세계복음화 회의 개최

1992. 2. 4. 한국세계선교협의회(KWMA) 설립

1992. 8. 15. 92세계성령화대성회 여의도광장에서 개최

1995. 5. 15–17. 제2차 민족과 세계복음화 회의 개최

1995. 5. 17–25. 95세계선교대회(GCOWE '95)

1996. 8. 5–10. 선교한국 '96(한양대학교)

1997. 5. 30. 기성 교단설립 90주년기념대회 중앙교회에서 개최

1997. 8. 10–13. 제1회 기독교사대회를 개최(기독교사단체연합, 강원대)

1998. 12. 15. 기독교방송 표준 FM 개국(주파수 98.1MHz, 출력 10KW)

1999. 5. 5. 침례교선교 110주년 축하집회(잠실 올림픽 주경기장)

1999. 10. 12. 기독교대책위원회 단군상 건립 중단요구

1999. 11. 30. 대한성서공회 '수출의 탑' 수상(105개 언어, 전 세계 성경의 20% 공급)

1999. 12. 23–25. 영적 각성과 세계선교를 위한 '한국교회비전 큰잔치'(성탄절 기념행사)

2000. 8. 14–18. 2000년 세계선교대회(KWMA 주최, 서울)

Bibliography

참고문헌

김남식, 『신사참배와 한국교회』 (서울: 새순출판사, 1990)

기독교대백과사전편찬위원회 편, 『기독교대백과사전』 (서울: 기독교문사, 1994)

김상준, 『사중교리』 (아산: 도서출판한국성결교회역사박물관, 2010)

김수진, 『한국기독교 선구자 이수정』 (서울: 도서출판진흥, 2006)

김양선, 『한국기독교해방십년사』 (서울: 대한예수교장로회총회교육부, 1956)

김영재, 『한국교회사』 (서울: 개혁주의신행협회, 2001),

김요나, 『총신90년사: 1901−1991)』, 176. 이재영 편, 『제90회 총회 회의결의 및 요람』 (서울: 대한예수교장로회총회사무국, 2006)

김용해, 『대한기독교침례회사』 (서울: 성청사, 1964)

김은홍, 『개혁주의생명신학 선교론』 (서울: 도서출판 대서, 2013)

김인수, 『한국기독교회의 역사』 (서울: 장로회신학대학교출판부, 1998)

김인서, "靈溪先生小傳(上)," 『神學指南』13/6 (1931년 11월), 37−41.

김인서, "靈溪先生小傳(中)," 『神學指南』14/1 (1932년 1월), 37−43.

김인서, "靈溪先生小傳(中二)," 『神學指南』14/2 (1932년 3월), 33−36.

김인서, "靈溪先生小傳(下)," 33−36.

김인서, "靈溪先生小傳 續一," 27−31.

김인서, "靈溪先生小傳 後篇二," 『信仰生活』 5/2 (1936년 2월), 25−29.

김인서, "靈溪先生小傳 後篇三," 『信仰生活』 5/3 (1936년 3월), 28−32.

김재준, "성서해석," 주재용, 『김재준의 생애와 사상』 (서울: 풍만출판사, 1986)

김해성 외 3인, 『초기 한국교회 해외선교 연구』 (서울: 총신대학교부설선교연구소)

기진오, 『한국 기독교 문학사론』

남영환, 『한국기독교 교단사』(서울: 도서출판영문, 1995)
댐 킴벌, 『그들이 꿈꾸는 교회』 차명호 역, (They like Jesus but not the church). (서울: 미션 월드, 2008)
리진호, 『한국성서백년사(1)』(서울: 대한기독교서회, 1996)
미국기독교연합회 동양문제위원회 편, "三一運動秘史" 민경배 역. 『기독교사상』 99호 (1966년).
민경배, 『순교자 주기철 목사』(서울: 대한기독교출판사, 1985)
민경배, 『한국기독교회사』(서울: 연세대학교 출판부, 2008),
박기호, 『한국교회 선교운동사』(서울: 아시아선교연구소출판부, 1999)
박보경, "한국 장로교회 초기 여성선교사의 사역과 선교학적의의(1908-1942)," 『선교와 신학』 19집 (2007년 6월)
박영관, 『이단종파비판(1)』(서울: 예수교문서선교회, 1982)
박영창, 『순교자 박관준 장로 일대기』(서울: 두란노, 1998)
박영환, 『핵심 선교학개론』(인천: 도서출판 바울, 2003)
박용규, "평양 장로회신학교(1901-1910)," 『神學指南』 68/2(2001년 6월)
박용규, 『한국기독교회사 2』(서울: 생명의 말씀사, 2011)
방지일, "방효원 선교사와 산동선교," 『선교와 신학』 19집 (2007년 6월)
변선환, "타종교와 신학," 『종교다원주의와 기독교』(서울: 도서출판나단, 1993)
변창욱, "한국 장로교회 선교사 파송 100년(1907-1956)," 『선교와 신학』 19 (2007년 6월)
배티 사적지 편, 『최양업 신부의 서한』(청주: 천주교 청주교구, 1997)
백낙준, 『한국개신교사: 1832-1910』(서울: 연세대학교출판부, 1991)
백종구, 『한국 초기 개신교 선교운동과 선교신학』(서울: 한국교회사학연구원, 2002)
상종렬, 『조선왕조실록』(서울: 이다미디어, 2003)
성지 배론관리소 편, 『상재상서(上宰相書)』(제천: 배론관리소)
손인수, 『원한경의 삶과 교육사상: H. H. 언더우드의 선교교육과 한국학 연구』(서울: 연세대학교출판부, 1992)
신호철, 『양화진 선교사의 삶』(서울: 양화진선교회, 2005)
안수강, 『길선주 목사의 말세론 연구』(서울: 예영커뮤니케이션, 2008)
안수강, "황사영(黃嗣永)의 백서(帛書) 고찰," 『역사신학논총』 24집 (2012년)
안수강, "정약종(丁若鍾)의 주교요지(主敎要旨) 고찰," 『역사신학논총』 26집(2013년)
안수강, "李樹廷의 信仰告白書와 宣教師派送呼訴文 문헌 분석," 『한국교회사학회지』 33

집(2012년 12월)
안이숙, 『죽으면 죽으리라: 失格된 순교자의 수기』 (서울: 기독교문사, 1981)
안정복, "천학문답"(天學問答), 『천주교전교박해사: 벽위편(闢衛編)』
엘리자베스 클레망 외 3인 공저, "유물론", 『인물들과 개념들 철학사전』 이정우 역. (서울: 동녘, 2000)
오윤태, 『한국기독교사: 한국경교사편』 (서울: 혜선문화사, 1973)
유홍렬, 『고종치하 서학 수난의 연구』 (서울: 을유문화사, 1962)
이기백, 『한국사신론』 (서울: 일조각, 2002)
이덕주, "영계 길선주 목사의 말세론(I)," 『살림』 3호 (1987년 2월)
이만열, 『한국기독교사특강』 (서울: 성경읽기사, 1987)
이만열, 『한국기독교문화운동사』 (서울: 대한기독교출판사, 1992)
이만채 편, 『천주교전교박해사: 벽위편(闢衛編)』 (서울: 삼경당, 1984)
이영헌, 『한국기독교사』 (서울: 컨콜디아사, 1991)
이익, "천주실의 발문," 『천주실의』 송영배 외 5인 역(서울: 서울대학교출판부, 1999)
이응호, 『한국성결교회사논집』 (서울: 성청사, 1991)
이종우, 『한국교회 선교역사』 (천안: 백석대학교)
이태웅, 『한국교회의 해외선교, 그 이론과 실제』 (서울: 죠이선교회출판부, 2001)
이현갑, 『세계의 종교들』 (서울: 도서출판청파, 1991)
이홍직, "정약용", 『국사대사전』 (서울: 대영출판사, 1977)
장병일, "復興運動의 횃불– 靈溪 吉善宙 牧師의 生涯와 思想", 『기독교사상』 (1966년 12월)
조동진, "서구선교의 몰락과 제3세계 선교의 여명," 김의환 편, 『복음주의 선교신학의 동향』(서울: 생명의 말씀사, 1990)
주도홍, 『개혁교회 경건주의』 (서울: 도서출판대서, 2011)
주영해, 『주기철 설교집』 (서울: 도서출판엠마오, 1988)
전택부, 『한국교회발전사』 (서울: 대한기독교출판사, 1992)
정성한, "한석진 목사와 일본선교," 『선교와 신학』 제19집(2007년 6월)
차재명 편, 『조선예수교장로회사기(상)』, 조선예수교장로회총회
평양노회사 편찬위원회, 『평양노회사』 (평양노회사 편찬위원회, 1990)
한국교회사학회, 한국복음주의역사신학회 편, 『내게 천 개의 목숨이 있다면』(서울: 대한예수교장로회양화진문제해결을위한대책위원회, 2013)

『이화80년사』(서울: 이화80년사편찬위원회, 1967),
『기독공보』, 1955년 1월 17일.
『기독신보』, 1923년 1월 10일.
『기독교연감』, (서울: 대한기독교서회, 1957),
『독립신문』, 1896년 7월 23일, 24일.
『독립신문』, 1905년 9월 10일.
『동아일보』, 1977년 1월 4일.
『한국기독신문』, 1952년 6월 25일.
『황성신문』, 1905년 11월 20일.

Allen, Lillias H. Underwood, 『언더우드』 이만열 역. (서울: 기독교문사, 1999)

Appenzeller, Henry Gerhart. 『자유와 빛을 주소서』 노종해 역. (서울: 대한기독교서회, 1989)

Bunyan, J., 『텬로력뎡』 J. S. Gale 부부 공역. (서울: The Trilingual Press, 1895)

Calvin, John, *Institutes of the Christian Religion*(Vol. 1), Translated by Ford Lewis Battles(Philadelphia: The Westminster Press, 1960)

Cumings, Bruce. *The Origins of the Korean War*, vol. 2. The Roaring of the Cataract 1947–1950. (Princeton University Press, 1990)

Fisher, James E.. *Democracy and Mission Education in Korea* (New York: 1918)

Hamel, Hendrik. 『하멜표류기』 신복룡 역. (서울: 집문당, 1999)

Hall, Basil. 『조선서해탐사기』 신복룡, 정성자 역. (서울: 집문당, 1999)

Kim, Nam Sik. *A History of Presbyterian Church in Korea* (Jackson: Reformed Academy, 1985)

McBirnie, William S. 『열두 사도들의 발자취』 이남종 역. (서울: 도서출판솔로몬, 1995)

Moyer, Elgin S., 『인물중심의 교회사』 곽안전, 심재원 역. (서울: 대한기독교서회, 1986)

Newton, Horace, 『알렌의 일기』 김원모 역. (서울: 단국대학교출판부, 1991)

Ricci, Matteo, The True Meaning of the Lord of Heaven: T'ien–chu Shih–i Translated by D. Lancashire, P. H. Kuo–chen. (Taipei, Paris, Hong Kong: Ricci Institute, 1985)